JUNG,
O ASTRÓLOGO

Liz Greene

JUNG, O ASTRÓLOGO

❦

Um Estudo Histórico sobre os
Escritos de Astrologia na Obra de Carl G. Jung

Tradução
Márcia Ferreira
Psicóloga pós-graduada em Psicanálise e em Psicologia Analítica
Astróloga certificada internacionalmente (EUA)

Editora
Pensamento
SÃO PAULO

Título do original: *Jung's Studies in Astrology – Prophecy, Magic, and the Qualities of Time*.
Copyright © 2018 Liz Greene.

Tradução autorizada da edição em inglês publicada pela Routledge, uma divisão da Taylor & Francis Group.

Copyright da edição brasileira © 2023 Editora Pensamento-Cultrix Ltda.

1ª edição 2023.

Todos os direitos reservados. Nenhuma parte desta obra pode ser reproduzida ou usada de qualquer forma ou por qualquer meio, eletrônico ou mecânico, inclusive fotocópias, gravações ou sistema de armazenamento em banco de dados, sem permissão por escrito, exceto nos casos de trechos curtos citados em resenhas críticas ou artigos de revistas.

A Editora Pensamento não se responsabiliza por eventuais mudanças ocorridas nos endereços convencionais ou eletrônicos citados neste livro.

Editor: Adilson Silva Ramachandra
Gerente editorial: Roseli de S. Ferraz
Preparação de originais: Alessandra Miranda de Sá
Gerente de produção editorial: Indiara Faria Kayo
Editoração eletrônica: Join Bureau
Revisão: Adriane Gozzo

Dados Internacionais de Catalogação na Publicação (CIP)
(Câmara Brasileira do Livro, SP, Brasil)

Greene, Liz
   Jung, o astrólogo: um estudo histórico sobre os escritos de astrologia na obra de Carl G. Jung / Liz Greene; tradução Márcia Ferreira. – São Paulo: Editora Pensamento, 2023.

   Título original: JunStudies in astrology: prophecy, magic, and the qualities of time
   Bibliografia.
   ISBN 978-85-315-2302-1

   1. Astrologia 2. Jung, Carl Gustav, 1875-1961 3. Psicologia junguiana I. Título.

23-155442   CDD-133.5

Índices para catálogo sistemático:

1. Astrologia 133.5
Eliane de Freitas Leite – Bibliotecária – CRB 8/8415

Direitos de tradução para a língua portuguesa adquiridos com exclusividade pela
EDITORA PENSAMENTO-CULTRIX LTDA., que se reserva a
propriedade literária desta tradução.
Rua Dr. Mário Vicente, 368 — 04270-000 — São Paulo, SP — Fone: (11) 2066-9000
http://www.editorapensamento.com.br
E-mail: atendimento@editorapensamento.com.br
Foi feito o depósito legal.

SUMÁRIO

Imagens 9
Uma nota sobre referências 11
Prefácio por Sonu Shamdasani 13
Agradecimentos 17
Introdução: a busca por "assuntos deploráveis" 19

1 A compreensão de Jung sobre astrologia 43
    A astrologia no início do século XX 44
    A libido e as qualidades do tempo 49
    Os quatro elementos e os tipos psicológicos 55
    Planetas e complexos 61
    Transformação e individuação 65
    Astrologia e alquimia 67

2 Os astrólogos de Jung 79
    As fontes astrológicas de Jung 80
    A astrologia "moderna" de Alan Leo 83
    A astrologia "rosacruciana" de Max Heindel 90

    Mitos e símbolos astrológicos 100
    John Thorburn e os mapas de "época" 104
    Os mapas de "época" de Thorburn 110
    A influência de Jung na astrologia 114
    Símbolos e doutrinas 121

3 Imaginação ativa e teurgia 135
    As origens da imaginação ativa 136
    Sumpatheia, sunthemata e **sumbola** 145

4 Invocando o *daimon* 163
    A cadeia do platonismo hierático 164
    O "divino" Jâmblico 169
    As pinturas hieráticas de Jung 176
    Epitedeiotes: "adequação", "aptidão" ou "receptividade" 179
    O "mestre da casa" 181
    O "santo anjo da guarda" 186
    Os grimórios de Jung 189

5 "O grande destino" 215
    Uma rosa com qualquer outro nome 215
    Natureza, criação e reencarnação 219
    Destino e individuação 222
    O *Heimarmene* estoico 225
    O *Heimarmene* gnóstico 232
    Saturno e Abraxas 236
    G. R. S. Mead e *Pistis Sophia* 239
    Mead e Jung 242
    O destino astral e o corpo "sutil" 247
    Destino e compulsão 250
    O *Heimarmene* hermético 251

6 "O caminho do que está por vir" 273
   A ideia da "Nova Era" 274
   O deus no ovo 276
   A Era de Aquário 281
   Fontes antigas para a Nova Era 286
   Fontes novas para a Nova Era 290
   O tempo do novo Aion 298
   O mapa natal de Jesus 300

Conclusão 313
   "Essa maldita coisa funciona mesmo após a morte" 314
   Ciência e arte 318
   O "espírito deste tempo" 321
   Invocando o "espírito das profundezas" 326

Bibliografia 333

Índice Remissivo 385

IMAGENS

Figuras

2.1.	Alan Leo	84
2.2.	Anotações de Jung em *Astrologia para Todos, Parte II*, de Alan Leo	87
2.3.	"Mapa Especial" que relaciona o horóscopo natal de Jung a parágrafos específicos em *The Key to Your Own Nativity*, de Alan Leo.	88
2.4.	Max Heindel	91
2.5.	Capa do curso de correspondência de astrologia da Fraternidade Rosacruz	94
2.6.	Planilha de Dados do horóscopo natal da Fraternidade Rosacruz feita para o local, a hora, a data e o ano de nascimento de Jung	96
2.7.	Horóscopo natal delineado por Jung para um indivíduo desconhecido, nascido em 12 de agosto de 1891	98
2.8.	Cálculos de Jung para o horóscopo natal de sua filha Helene, nascida em 18 de março de 1914, às 5h50, em Küsnacht	99
2.9.	Desenho de John M. Thorburn do mapa natal de Jung incluído em uma carta datada de 19 de agosto de 1928	106

2.10. Mapa natal de Alan Leo delineado em seu formulário de horóscopo natal pré-impresso criado por ele 107

2.11. Mapa de "época" de Jung delineado por John M. Thorburn 111

2.12. Horóscopo natal de Jung com progressão para 1939-1940, delineado por Liliane Frey-Rohn 115

2.13. Mapa natal de Jung delineado por M. C. Bond, com movimentações planetárias progredidas para 1926 118

4.1. Busto de Plotino, final do século III EC, Museu Ostia Antica 166

4.2. Concepção de gravura do século XVII de Jâmblico Chalcidensis 171

6.1. Rebekka Aleida Biegel 299

6.2. Diagrama de Kepler do Grande Ciclo de Mutação de Júpiter e Saturno 302

Gravuras

1. Exemplo de *melothesia* de um calendário de Stegmüller von Wiesensteig, 1443 208

2. Cosmos aristotélico mostrando as esferas planetárias com o reino sublunar corruptível dos quatro elementos abaixo do da Lua 209

3. A divindade solar de cabeça de leão, Chnoubis ou Chnoumis, que Jung usou na pintura cosmológica intitulada *Systema Munditotius* 210

4. Frontispício para *Aion*: o deus Aion Mitraico com cabeça de leão, Romano, século II a III EC. Museu Gregorio Profano, Vaticano 211

5. "O caminho do que está por vir" 212

6. Frontispício de Dupuis, *Origines de tous les cultes* (Paris: H. Agasse, 1795) 213

UMA NOTA SOBRE AS REFERÊNCIAS

As obras de C. G. Jung citadas no texto são apresentadas nas notas finais pelo número do volume em *The Collected Works of C. G. Jung*, seguido do número do parágrafo. Por exemplo: Jung, CW13, pars. 82-4. A informação completa sobre a publicação é fornecida na Bibliografia. As obras citadas por Jung não incluídas nos *Collected Works* (*Obras Completas*) são apresentadas nas notas finais pelo título principal; pelo volume, se aplicável; e pelo número da página, com os detalhes completos da publicação dados na Bibliografia. Por exemplo: Jung, *Visions Seminars* I:23. A autobiografia de Jung, *Memórias, Sonhos, Reflexões*, é apresentada nas notas finais como *MDR* (do título em inglês), com os detalhes completos da publicação fornecidos na Bibliografia.

As obras de Platão e de outros autores antigos citadas no texto em tradução em inglês são fornecidas nas notas finais de acordo com o título da obra e a referência-padrão de parágrafo, com referências completas que incluem a tradução e informações de publicação dadas na Bibliografia. Por exemplo: Platão, *O Banquete*, 52a-56c; Jâmblico, *De Mysteriis*, I.21.

As obras de Sigmund Freud citadas no texto são fornecidas pelo número do volume na *Standard Edition of the Works of Sigmund Freud*, seguido do número da página da edição específica que utilizei. Por exemplo:

Freud, SE5, p. 155. A tradução completa e informações de publicação são fornecidas na Bibliografia.

Quando uma obra citada tem um subtítulo, apenas o título principal é indicado nas notas finais, com os detalhes da publicação e a referência de página, embora o título completo seja fornecido na Bibliografia.

PREFÁCIO

Esta é uma obra que tenho procurado em vão há várias décadas; contudo, paradoxalmente, só poderia ter sido escrita agora. Durante anos, tentei situar o lugar da astrologia na obra de Jung. Tal como um enigma hermético, os signos e os códigos da astrologia eram ambos bem evidentes, enquanto seu significado, ao mesmo tempo, permanecia oculto: desde as indicações de estudo acerca do assunto na correspondência com Freud e em inúmeras recordações de pacientes e colaboradores até as abundantes referências no trabalho alquímico, no papel do "experimento astrológico" em seu trabalho sobre sincronicidade, passando pelo referencial astrológico abrangente do estudo a respeito do significado psicológico da precessão dos equinócios em *Aion*. Além disso, poucos eram os caminhos que ligavam isso ao corpo principal de seu trabalho a seu processo de formação. A retomada do trabalho de Jung pelos astrólogos no século XX complicou ainda mais a questão, pois era evidente que uma rede complexa de receptividade também precisava ser reconstruída. E, para finalizar, havia a escassez de material sobressalente sobre a história da astrologia no fim do século XIX e início do século XX que pudesse servir de orientação e ponto de partida.

A solução para esse enigma surgiu de duas maneiras. Em primeiro lugar, a publicação de *O Livro Vermelho – Liber Novus* de Jung abriu o caminho, pela primeira vez com base em uma documentação principal, para o estudo das conexões entre as leituras acadêmicas de Jung: como estimulavam seus sonhos, suas visões e suas fantasias; como ele as utilizava para construir uma cosmologia pessoal sob a forma de obra literária, teológica, filosófica e pictórica, fomentada por paralelos simbólicos; e como ele tentou destilar tudo isso na linguagem conceitual de uma nova psicologia em elaboração, a qual, por sua vez, utilizou como chave hermenêutica para o estudo comparativo do processo de transformação nas tradições esotéricas. Uma fonte documental crítica estava agora disponível, sendo capaz de relacionar sua vida, sua prática e seu trabalho, a qual serviria, ainda, de alavanca para deslocar os escombros dos inúmeros mitos e lendas que vinham crescendo sobre seu trabalho. Em segundo lugar, surgiu uma escritora com a devida bagagem acadêmica no respectivo campo capaz de utilizar esse conteúdo para situar o lugar da astrologia no trabalho de Jung, e o trabalho de Jung na história da astrologia.

Esta obra não vê a psicologia por uma lente astrológica, nem vê a astrologia por uma lente psicológica – embora forneça um material muito rico para tais considerações. Pelo contrário, acompanha a evolução de Jung no uso da astrologia – ou, como a obra demonstra, uma série de formas e correntes de astrologia – na construção da sua psicologia, a qual, por sua vez, abriu caminho para uma astrologia com inclinação psicológica. Se as astrologias que Jung utilizou foram múltiplas, também o foram seus usos por Jung: na autocompreensão, na autoexperimentação (em particular, na relação de sua imaginação ativa com a teurgia), como complemento para sua prática, na compreensão do simbolismo e da hermenêutica, passando, ainda, pelos estudos posteriores de astrologia em suas obras acadêmicas.

A psicologia de Jung é marcada não só pelo seu objeto em questão, mas também pelo leque de disciplinas a que recorreu. No entanto, os estudos de Jung têm sido povoados por uma abundância de relatos monocausais, os quais, embora se concentrem em um elemento, forçam-no a se manter de forma sinedóquica, *pars pro toto*, quer a fonte seja (proeminentemente)

Freud, o gnosticismo, a Cabala, a tradição estética alemã ou o espiritualismo. Embora algumas dessas obras tenham contribuído com valiosos *insights*, não abordaram, ao mesmo tempo, a forma sincrética e combinatória da qual Jung se valeria em uma variedade de campos. Até agora, o papel da astrologia tem estado ausente nessa mistura. Em termos críticos, este estudo não cai na armadilha de propor mais um relato monocausal, mas situa os usos de Jung da astrologia em um panorama mais amplo, de maneira contextual e histórica não valorativa. Em particular, este trabalho é também um estudo crítico da relação de Jung com o esoterismo e o hermetismo, uma vez que, em muitos aspectos, a astrologia se constituiu um elemento inevitável dessas correntes (algo negligenciado nos estudos de Jung e do esoterismo até esta data). Em decorrência, esta obra tende a ser uma leitura instrutiva e essencial por mérito próprio, ao mesmo tempo que ressitua e retifica uma série de outras obras.

— SONU SHAMDASANI

AGRADECIMENTOS

Gostaria de oferecer minha profunda gratidão ao professor Sonu Shamdasani pela cuidadosa leitura do manuscrito e pelo apoio e pelas sugestões úteis que ofereceu ao longo de todo o processo. Desejo também agradecer a Andreas Jung e a sua esposa, Vreni, por terem me dado sua generosa permissão para examinar o conteúdo dos arquivos particulares e de documentos pessoais de Jung, e pelo interesse e apoio na escrita deste livro.

INTRODUÇÃO

A Busca por "Assuntos Deploráveis"

"O êxtase ou a visão começam quando o pensamento cessa, *para a nossa consciência*, a fim de proceder a partir de nós mesmos. Difere de sonhar, porque o sujeito está acordado. Difere das alucinações, porque não há perturbação orgânica [...]. Por último, difere da inspiração poética, porque a imaginação é passiva. Que pessoas perfeitamente sãs vivenciam com frequência tais visões não há nenhuma dúvida."[1]

— William Ralph Inge

"O espírito das profundezas, desde tempos imemoriais e por todo o futuro, tem poder maior do que o espírito deste tempo, que muda com as gerações. O espírito das profundezas subjugou todo o orgulho e a arrogância ao poder do julgamento. Ele me tirou a crença na ciência, roubou-me a alegria de explicar e ordenar as coisas e deixou a devoção aos ideais do tempo morrer em mim. Obrigou-me a chegar às últimas e mais simples coisas."[2]

— C. G. Jung

Alguns domínios do conhecimento são facilmente distinguíveis uns dos outros: arqueologia, por exemplo, ou zoologia. Outros domínios, como a medicina, são também facilmente identificáveis, embora tão amplos que requeiram mais clareza por meio de subdivisões como ginecologia, cardiologia e cirurgia ortopédica. Outros, ainda, são resistentes a qualquer definição precisa, mesmo com miríades de subdivisões, e podem ser considerados limítrofes. Os assuntos limítrofes tendem a se espalhar indiscriminadamente por interfaces, entre esferas de estudo díspares como a religião, a psicologia e a magia, estas próprias notoriamente resistentes a qualquer definição universalmente aceita. São essas enigmáticas fronteiras da exploração humana que o historiador Otto Neugebauer chamou outrora de "assuntos deploráveis".[3] A maneira como C. G. Jung investigou, adaptou e interpretou a astrologia – uma das mais significativas e duradouras do ponto de vista histórico, bem como uma das mais mal compreendidas desses domínios limítrofes – constitui o tema deste livro.[4]

Acadêmicos gostam de saber os nomes das coisas e as categorias a que pertencem. Com essa finalidade, conceberam-se construções acadêmicas como "neoplatonismo", denominação criada pela primeira vez no final do século XVIII para descrever as crenças religiosas, as filosofias e as práticas de um grupo de indivíduos que viveu entre os séculos III e VI em áreas muito díspares do Império Romano, com denominadores culturais diferentes. Esses indivíduos nunca se intitularam "neo", mas tentavam, à própria maneira, interpretar o trabalho de Platão de acordo com suas perspectivas e experiências pessoais.[5] Partilhavam o amor pelas ideias de Platão e a convicção de que ainda havia muito na obra Platônica que mereceria mais elucidação. "Neoplatonismo" é uma categoria útil porque situa esses indivíduos em um período aproximadamente identificável, em um sistema filosófico mais ou menos reconhecível e em um amplo contexto cultural. Mas, como rótulo definitivo, "Neoplatonismo" pode obscurecer as enormes diferenças entre as ideias e doutrinas promulgadas, por exemplo, por Plotino (c. 204-270 EC), cujas *Enéadas* exerceram influência duradoura na teologia cristã, e Jâmblico (c. 245-325 EC), o líder da academia platônica na Síria, cujo texto sobre teurgia, *De Mysteriis*, foi particularmente atraente para os ocultistas do final do século XIX.[6] Da mesma maneira, o "Neoplatonismo" pode obscurecer as enormes diferenças de interpretação – ou, como se entende em dias atuais, a "recepção"[7] – desses autores, desde o momento de sua escrita até os dias de hoje.

Um outro exemplo de uma classificação acadêmica aparentemente precisa, mas bastante enganosa, é o termo "Renascença". De meados do século XIX a meados do século XX, parecia bem claro para os historiadores o que se entendia por "Renascença":[8] ela abrangeu o período entre o início do século XV e meados do século XVII, alimentada pela tradução do grego para o latim de textos clássicos e da Antiguidade Tardia, outrora perdidos para o Ocidente, mas depois acessíveis com a queda de Constantinopla para os turco-otomanos em 1453.[9] A Renascença italiana, vista sob essa perspectiva, representa um renascimento dramaticamente repentino e espontâneo da filosofia e da arte pagãs antigas, em um contexto cristão ocidental representado pelas pinturas de Botticelli e Da Vinci; pelas esculturas de Michelangelo; pelas elucidações filosóficas platônicas e herméticas de Marsilio Ficino; pelas explicações cabalísticas de Pico della Mirandola; pela poesia de Petrarca, Boccaccio e Angelo Poliziano; e pela genialidade científica de Galileu e Copérnico.[10] Também foi o prenúncio do ressurgimento das três "ciências ocultas" da Antiguidade – astrologia, alquimia e magia[11] –, as quais, mais tarde, se revelaram tão fascinantes para Jung. Mas essa definição de "Renascença" tem sido contestada no meio acadêmico há mais de cinquenta anos.[12] O período de grande expansão religiosa e científica entre 1050 e 1250 é agora conhecido como o "Renascimento do século XII" e, tal como o Renascimento italiano posterior, envolveu também a importação de textos sobre magia, astrologia e alquimia, desta vez dos mundos judaico e muçulmano do sul da Espanha e do Oriente Médio. O Renascimento italiano é agora visto como o resultado inevitável da Renascença do século XII, reforçada pelo desenvolvimento de livros impressos, o que, eventualmente, levou à Reforma e ao que hoje se conhece como período primitivo moderno na história ocidental.[13] Categorias como "modernidade primitiva" podem, elas próprias, com o tempo, ser revistas e atualizadas. A historiografia de qualquer lugar ou período da cultura humana, e de qualquer gênero de criatividade humana, é tão reveladora e complexa como a própria história.[14]

Muitas pessoas fora do meio acadêmico não têm dificuldade em identificar-se como "religiosas". Mas os acadêmicos continuam a discutir ferozmente a definição do termo "religião" de acordo com critérios que podem não significar nada para aqueles que depositam firmemente sua confiança no inefável por meio da experiência direta, mas nunca entraram num local de culto coletivamente reconhecido ou chamam sua divindade por um nome convencionalmente reconhecido.[15] Como muitos desses indivíduos não têm nenhuma intenção de pôr os pés em uma igreja, uma capela, uma sinagoga, uma mesquita ou um templo, suas perspectivas são consideradas quer como "cultos da Nova Era" – como é o caso de muitas espiritualidades contemporâneas[16] –, quer como parte do processo moderno de "secularização": outra categoria construída, como o "neoplatonismo", que serve aos propósitos do meio acadêmico, mas não reflete, com fidelidade, e pode até deturpar rudemente, ideias, crenças, experiências e aspirações individuais das pessoas agrupadas sob tais rótulos.[17]

Até mesmo o termo "moderno" é passível de questionamento. Podemos nos considerar "modernos" e falar do mundo "moderno" ou mesmo "pós-moderno". Entende-se a psicologia como uma ciência "moderna"; a astrologia, ao contrário, é considerada "pré-moderna", e sua popularidade indestrutível continua a desconcertar os investigadores de inclinação sociológica. Mas será a modernidade um período preciso da história que começou na época do "Iluminismo" (outra construção acadêmica), no final do século XVIII? Será a modernidade um passo evolutivo no progresso social ou um passo regressivo? É o produto da industrialização, da secularização, da ciência ou do "desencanto?[18] Seria "moderno" uma perspectiva que ocorreu muitas vezes na história, talvez de forma cíclica, refletindo certa maneira de ver a realidade? Ou será que "moderno" se refere apenas a uma categoria fluida que as pessoas têm usado ao longo da história, embora sob outros nomes, para se diferenciarem de um passado percebido como "primitivo"?[19]

As categorias construídas academicamente, mesmo quando discordam de modo implacável ou estão sujeitas a revisão constante, são úteis, até porque, em um trabalho acadêmico, é aconselhável fazer-se entender, declarando com clareza o que se quer dizer com determinado termo. Mas essas categorias devem, necessariamente, permanecer hipotéticas e fluidas, porque nunca duas culturas, nem dois indivíduos, concordarão com precisão sobre o que constitui religião, magia ou psicologia. A astrologia também, em geral considerada pelos historiadores uma entidade monolítica sob a rubrica de "adivinhação",[20] precisa ser compreendida como um produto cultural pluralista. Sempre existiram muitas astrologias em termos das diversas cosmologias, filosofias, técnicas, modos de interpretação e aplicações materiais e espirituais desenvolvidas por seus praticantes.[21] Embora as representações simbólicas da astrologia ocidental tenham permanecido relativamente consistentes ao longo de muitos séculos,[22] a abordagem astrológica de Jung, com orientação psicológica, é muito diferente da astrologia aristotélica de Ptolomeu no século II, a qual, por sua vez, difere da astrologia mágica dos adeptos da Ordem Hermética da Aurora Dourada no final do século XIX e da astrologia teosófica de Alan Leo no início do século XX, enraizada na reinterpretação de H. P. Blavatsky das ideias neoplatônicas e gnósticas sobre a evolução espiritual da alma.

Em décadas recentes, a especificidade cultural tornou-se um poderoso instrumento no meio acadêmico para assegurar que as definições acadêmicas de esferas da atividade humana, como "religião", permaneçam fluidas. Mas, ao mesmo tempo, espera-se, paradoxalmente, que essas definições forneçam fronteiras claras e estáveis entre áreas distintas da experiência humana que possam estar entrelaçadas com mais sutileza do que à primeira vista se poderia perceber. Por exemplo, pode-se ser um psicólogo da religião, mas não é fácil ser um psicólogo abertamente religioso sem correr o risco de perder a credibilidade aos olhos daqueles que veem a psicologia apenas como ciência.[23] Sonu Shamdasani salientou que grande parte da controvérsia em torno do trabalho de Jung assenta-se no fato de ele ter sido "um dos mais proeminentes psicólogos modernos a afirmar valores religiosos".[24] Pode-se ser um estudioso de magia, ou um estudioso de astrologia, mas não se pode praticar magia ritual ou astrologia sem que se façam perguntas sérias sobre o "empirismo"[25] acadêmico de alguém – embora seja problemático, e talvez até impossível, discutir tais campos de forma inteligente sem nenhuma experiência direta proveniente deles. Como Shamdasani afirma, a "atenção não ridicularizadora de Jung a esses temas foi suficiente para assinalá-lo como ocultista".[26] Quando a não ridicularização leva à experimentação direta (como aconteceu com Jung), questões de genuína relevância, como quais *insights* psicológicos valiosos poderiam ser obtidos dessa experimentação, não são propostas pelos críticos. O preconceito e a opinião desinformada, e mesmo a hostilidade pessoal, podem substituir o "agnosticismo metodológico" e o testemunho da experiência individual. [27]

Mesmo figuras do mundo antigo podem sofrer desse tipo de imposição anacrônica de paradigmas culturais dos dias atuais. A reputação de Jâmblico, rotulado como "mágico" pelo historiador religioso E. R. Dodds em meados do século XX, nunca se recuperou por completo do pressuposto de que a filosofia racional e o misticismo teúrgico são mutuamente excludentes; Jâmblico ainda é, apesar dos recentes esforços acadêmicos das duas últimas décadas, visto por alguns acadêmicos como um "ocultista depravado".[28] Como Zeke Mazur salientou em um artigo sobre as raízes mágicas do misticismo "racional" de Plotino: "Grande parte da erudição anterior supôs, de forma consciente ou não, que a magia é uma categoria radicalmente distinta tanto da filosofia como da 'alta' religião".[29] E, enquanto a "reabilitação" dos neoplatônicos de inclinação teúrgica como Jâmblico esteja, enfim, sendo seguida em alguns setores, esse tipo de neutralidade de senso comum nem sempre se estende ao domínio da psicologia acadêmica. O trabalho de psicólogos e psicoterapeutas que passam demasiado tempo explorando zonas limítrofes costuma encontrar recepção imparcial.

No mundo dos "assuntos deploráveis", categorias precisas tendem a se dissolver, fundir-se e acasalar entre si para gerar novos híbridos. Os conhecimentos adquiridos com base na experiência direta podem se revelar tão importantes quanto análises intelectuais e metodologias científicas, e as fronteiras imprecisas são a norma. Por mais perturbador que isso possa ser, ideias de grande atividade e longevidade podem ser vistas em sua manifestação mais dinâmica enquanto ainda se encontram em processo de transformação e adaptação criativa a determinados meios culturais, sem terem sido, ainda, transformadas na inércia codificada pelas exigências de preocupações acadêmicas, socioeconômicas e políticas específicas. Os "assuntos deploráveis", por mais abundantes e importantes que sejam as provas documentais, ainda constituem uma selva acadêmica relativamente inexplorada até bem pouco tempo atrás, na qual não existem regras genuínas e indiscutíveis para a metodologia escolástica ou a ontologia religiosa. Isso pode se revelar desconfortável, e a tentação de transformar a selva em um jardim tratado com cuidado pela aplicação de podadeiras intelectuais, herbicidas e inseticidas é,, por vezes, irresistível. Mas é apenas quando essas esferas forem exploradas em seu interior, assim como em seu exterior, que será possível se dar um pensamento genuinamente criativo.

Jung passou muito tempo em interfaces liminares entre psicologia e religião, psicologia e magia, magia e misticismo e misticismo e medicina. Como qualquer outro indivíduo, ele era vulnerável aos valores dominantes de seu tempo e de sua cultura e sofria enormemente cada vez que se aventurava além da cerca de arame farpado que rodeava e protegia a escolhida profissão de psiquiatra, procurando *insights* psicológicos no que agora se entende como assuntos "esotéricos". Não fica claro se os assuntos estudados por Jung são, de fato, "esotéricos"; depende de como o termo é definido e em qual período histórico a definição surgiu.[30] A astrologia costuma ser considerada uma esfera de estudo "esotérica", mas, até o final do século XVIII, era uma corrente dominante e, apesar dos esforços contínuos para obstruir sua prática ou desafiar sua legitimidade em várias conjunturas históricas, permaneceu um aspecto intrínseco, embora por vezes encoberto, das cosmologias religiosas tanto do Oriente como do Ocidente. Muitos dos temas que Jung estudou mesclam diferentes esferas da experiência humana: a arte serve como instrumento de magia; os símbolos astrológicos produzem *insight* psicológico; as imagens oníricas abrem portais para experiências religiosas disfarçadas de loucura; Deus e o inconsciente tornam-se indistintos; a medicina se une ao ritual xamânico; e a sexualidade é um rito mágico sagrado. Contudo, o rótulo "esotérico" pode ser reconfortante para os acadêmicos porque, uma vez que esse termo tenha recebido limites fixos,[31] já não é mais necessário tolerar a incerteza de se o que Jung fez foi psicologia ou religião, ou se, ao se tentar distinguir entre as duas, poderia se estar formulando a pergunta errada. Na opinião de muitos acadêmicos, Jung não era um psicólogo adequado, mas, sim, um "esotérico" com viés "religioso", cujo trabalho está enraizado no Romantismo alemão do século XIX.[32] Isso, aparentemente, coloca-o em segurança em uma categoria reconhecível na qual, até bem pouco tempo atrás, presumia-se que, assim como um *gênio* traiçoeiro em uma garrafa, ele permaneceria em silêncio.

No outono de 2009, uma nova obra de Jung intitulada *O Livro Vermelho – Liber Novus* foi, enfim, lançada para publicação.[33] Perto da época de sua morte em 1961, Jung fez os seguintes comentários sobre o período de sua vida em que estava empenhado na criação do *Liber Novus*:

> Os anos em que eu buscava minhas imagens interiores foram os mais importantes da minha vida – neles tudo o que era essencial foi decidido. Tudo começou ali; os últimos detalhes são apenas suplementos e esclarecimentos do conteúdo que irrompeu do inconsciente e que, no início, me inundou. Foi a matéria-prima para o trabalho de uma vida.[34]

O Liber Novus, conhecido como *O Livro Vermelho* devido à sua encadernação em capa de couro vermelha, é a revisão caligráfica de uma série de diários particulares de Jung, conhecidos como *Os Livros Negros*, que abrangem o período de 1913 – o tempo de sua pausa com Freud – a 1932. A obra é tanto textual quanto pictórica. Quase todas as páginas contêm uma imagem colorida, todas elas de beleza impressionante e execução impecável, e a escrita caligráfica imita um manuscrito medieval com iluminuras. A narrativa dominante do *Liber Novus* é a viagem de Jung da alienação à restauração de sua alma, por meio do longo e doloroso processo de integração de uma fenda em sua própria natureza: o conflito aparentemente irreconciliável entre razão e revelação, mundos externo e interno, subjetividade e objetividade, e entre o cientista e o visionário religioso, ambos os quais ele vivenciou como dimensões autênticas, exigentes e que se excluem mutuamente do seu próprio ser.

A existência do *Liber Novus* fora um segredo revelado quando as memórias autobiográficas de Jung, *Memórias, Sonhos, Reflexões*, foram publicadas em alemão em 1961 e em inglês em 1962,[35] já que ele descreveu a gênese do *Liber Novus* nesta obra; e exemplares inéditos da obra vinham circulando entre os colegas mais próximos de Jung durante algum tempo. Mas nunca tinha sido acessível a um público leitor mais amplo, nem mesmo à maioria dos psicólogos analíticos fora do círculo íntimo de Jung. Agora sua publicação tem inspirado uma proliferação de livros, artigos, *workshops*, entrevistas, palestras e comentários, desde críticas em jornais e seminários na internet até interpretações em revistas analíticas ou mesmo em *sites* de grupos pagãos modernos, um dos quais, com considerável boa argumentação, tendo declarado *on-line* que o *Liber Novus* é "o mais importante grimório da nossa era moderna".[36]

A reputação de Jung no mundo da psicologia clínica tem sido sempre ambígua. Muitas vezes visto como um místico ou mesmo, na opinião do analista freudiano D. W. Winnicott, um esquizofrênico que, de alguma maneira, conseguiu curar a si próprio,[37] os modelos teóricos de Jung foram considerados questionáveis porque não são "científicos" o bastante. É difícil demonstrar por experiências repetitivas a existência e a localização dos arquétipos do inconsciente coletivo.[38] Os atuais paradigmas da psicologia clínica tendem a favorecer abordagens cognitivas da mente humana, mais receptivas às metodologias das ciências naturais.[39] Segundo David Tacey, professor de Psicanálise na Universidade La Trobe em Melbourne, na Austrália, uma das razões pelas quais Jung foi marginalizado no âmbito dos departamentos da universidade de Psicologia foi porque "seu trabalho não se enquadra em nenhuma disciplina acadêmica específica. É provável que o pessoal de psicologia se refira a ele como estudos religiosos".[40]

De modo surpreendente, a visão de Jung como "não científico" foi também promulgada na esfera acadêmica dos estudos esotéricos, uma área do universo acadêmico que, até bem pouco tempo atrás, era bastante marginalizada e da qual se poderia esperar, razoavelmente, uma abordagem mais neutra, do ponto de vista metodológico, e tolerante em relação aos profissionais. Essa percepção de Jung sugere que, uma vez que ele tenha se baseado em fontes esotéricas na formulação de seus modelos psicológicos, deveria ser considerado um esotérico, já que, como parece evidente, o esoterismo e a psicologia são mutuamente excludentes.[41] Um exemplo desse tipo de abordagem é oferecido por Richard Noll, cujo tratamento aparentemente acadêmico de Jung tem sido desafiado em termos de sua neutralidade e até mesmo veracidade. G. William Barnard, ao descrever o trabalho de Noll, sugere:

> Também parece que, sob as boas intenções, a princípio, impecáveis de Noll, outros motivos mais carregados de emoção estão em ação. Noll não oferece apenas uma descrição neutra e distanciada de Jung. Em vez disso, e em grande parte da mesma maneira que outros acadêmicos que desprezam as várias perspectivas incultas de psicologia-como-religião o fazem, poderia se argumentar que Noll busca descredenciar Jung tão somente por sua filiação a uma série de movimentos ocultistas ativos naquela época, na Europa.[42]

Pode-se argumentar que Barnard tenha sido cortês em excesso em sua avaliação de Noll. John Haule, analista junguiano formado em Zurique, na Suíça, ao descrever várias biografias de Jung, repudia Noll como um "sensacionalista".[43]* Sonu Shamdasani, em *Cult Fictions*, da mesma forma, retira a luva de pelica e destaca com impecável academicismo a desonestidade e a malícia com que Noll construiu seu plano de ataques a Jung.[44] Jung também tem sido interpretado por alguns acadêmicos como um filósofo da religião que utilizou em segredo modelos psicológicos para apoiar reivindicações metafísicas. Isso parece tornar suas teorias psicológicas duvidosas porque ele escondeu sua crença na existência de Deus sob o manto da análise psicológica da experiência religiosa.[45] A crença religiosa, como Ann Bedford Ulinov sugeriu com ironia, poderia "contaminar o processo de aprendizagem com um fervor proselitista".[46]

Embora ainda não tenha sido demonstrado, em termos empíricos, que a crença em Deus seja mutuamente excludente em relação à capacidade de gerar pesquisas científicas úteis, parece haver uma suposição tácita de que se deva ser um ateu ou, no mínimo, um agnóstico para produzir uma psicologia científica legítima. Essa perspectiva baseia-se em suposições particulares sobre a natureza da psicologia como uma ciência mais bem exercida no espectro mais amplo da medicina. Tais suposições, um reflexo da obsessão do início do século XX pelo "cientificismo", atormentaram o próprio Jung. Mas estão expostas a sérios desafios hoje, não apenas por terapeutas praticantes de várias convicções, mas também por aqueles historiadores que se lembram da observação incisiva de Thomas Kuhn de que a ciência, em vez de acumular com regularidade verdades inquestionáveis, tende a dar guinadas de paradigma em paradigma.[47] Entretanto, as tensões em torno da posição de Jung no meio acadêmico, apesar da frequência de opiniões desinformadas e da falta de experiência

---

* O termo utilizado pela autora foi *muckraker*, que se refere ao jornalismo sensacionalista, mais especificamente, a jornalistas progressistas que denunciavam publicamente a corrupção política. (N. da T.)

direta com o processo analítico, refletem, com precisão, o profundo conflito do próprio Jung entre "verdades" demonstráveis pela ciência e sua experiência visionária.

Apesar do lugar ambíguo de Jung no mundo da psicologia clínica, sua influência tem sido difundida em diversas correntes da psicologia transpessoal.[48] Nos círculos teológicos, há muito tempo ele tem sido favorecido por teólogos com inclinação para a psicologia, já que a crença, nesse contexto, "não é considerada um inconveniente, mas um recurso".[49] É provável que a jornada espiritual apresentada no *Liber Novus* aumente, ao invés de diminuir, a influência de Jung nessa esfera.[50] No campo da literatura, as ideias de Jung brilham como fios fluorescentes no trabalho de romancistas como James Joyce, Hermann Hesse e Thomas Mann,[51] e estudiosos da literatura do século XX, além de explorarem esses tópicos, utilizam, com frequência, modelos junguianos como metodologia para explorar os principais temas de textos literários.[52] Durante muitas décadas, as ideias de Jung também exerceram enorme influência sobre historiadores da religião como Mircea Eliade, Gilles Quispel, Henry Corbin e Pierre Riffard, que analisaram a repetição de temas como o mito e o ritual em diversas culturas e épocas históricas, abraçando a ideia de Jung de padrões arquetípicos como reflexos das dinâmicas mais profundas da imaginação humana. Quispel referiu-se a esses padrões como "estruturas básicas de apercepção religiosa"; Riffard chamou-os de "estruturas antropológicas", o que implica uma predisposição humana transcultural para gerar ideias religiosas de acordo com padrões específicos de pensamento.[53] As conferências de Eranos, que começaram em 1933 e foram realizadas anualmente em Ascona, Suíça, até 1976, foram inspiradas no trabalho de Jung e atraíram a participação de Eliade e Corbin, assim como de Gershom Scholem, o pioneiro da pesquisa acadêmica moderna sobre a Cabala judaica. Esses eruditos foram todos influenciados de várias maneiras pela teoria dos arquétipos de Jung, concentrando-se nas características genéricas das religiões e na centralidade da experiência mística, mais do que nas formas de culto específicas do ponto de vista cultural e em suas dimensões sociais e políticas. Durante várias décadas, a abordagem deles influenciou o estudo da religião em todas as partes do mundo.[54]

Mas todos os paradigmas, como Kuhn observou com sabedoria, têm vida finita e parece que, assim como os corpos celestiais, se movem em ciclos. Na taxonomia zoológica, por exemplo, o debate entre *lumpers* (os que agrupam diferentes subpopulações de determinado gênero animal e enfatizam suas semelhanças como uma única espécie) e *splitters* (os que se concentram nas diferenças e dão a cada subpopulação um nome de espécie específico) ecoa o debate em curso nos estudos históricos e religiosos entre abordagens "universalistas" e "específicas" da cultura.[55] A abordagem específica da cultura para a história das religiões, agora dominante no meio acadêmico, tem servido como retificação necessária para os perigos das grandes "metanarrativas",[56] mas, às vezes, pode ser levada a extremos. Dessa perspectiva, as teorias de Jung são "universalistas" ou "essencialistas" e, portanto, não têm fundamento[57] – embora o próprio Jung tenha enfatizado continuamente a adaptabilidade cultural e a fluidez dos temas míticos.[58] O método de Jung de "amplificação" para alcançar a melhor compreensão de um símbolo pela comparação com outros símbolos não é, como às vezes se presume, um meio de abstrair "categorias" universais, mas, sim, uma maneira de entrar em contato com e vivenciar dimensões dinâmicas do símbolo em si.[59]

> A essência da hermenêutica [...] consiste em acrescentar mais analogias àquelas já dadas pelo símbolo [...]. O símbolo inicial é muito ampliado e enriquecido por esse procedimento, sendo o resultado uma imagem bastante complexa e multiforme [...]. Daí resultam certas linhas psicológicas de desenvolvimento, tanto de natureza individual quanto coletiva. Nenhuma ciência sobre a terra poderia provar a exatidão dessas linhas [...]. Mas essas linhas justificam sua validade por seu *valor para a vida*.[60]

Foi essa abordagem que Jung adotou em seu uso de símbolos astrológicos como forma de hermenêutica.

Essa tendência nos círculos esotéricos contemporâneos de validar filosofias ocultas por meio dos modelos psicológicos de Jung tem sido chamada de "junguianismo".[61] Esse termo é aplicável a astrólogos do século XX, como Dane Rudhyar (1895-1985) e Alexander Ruperti (1913-1998), que selecionaram temas particulares na obra de Jung e os utilizaram para justificar uma série de interpretações orientadas pela teosofia.[62] A influência de Jung sobre as astrologias contemporâneas por certo foi vigorosa, até porque ele mesmo praticou a astrologia: a influência fluiu para os dois lados. Mas o objetivo deste livro não é desdenhar das teorias psicológicas de Jung como se fossem uma modernização das doutrinas esotéricas adaptadas às exigências de uma era moderna "cientificista".[63] A astrologia de Jung ajudou a moldar seus modelos psicológicos com base na escrita do *Liber Novus* em diante, e a astrologia moderna foi profundamente reformulada pelos conceitos psicológicos de Jung. Isso não confirma nem nega a validade de nenhum dos campos de estudo; apenas enfatiza a importância de explorar ambas as esferas do modo mais profundo possível se se busca a compreensão da gênese e do desenvolvimento de um sistema psicológico cuja influência, apesar das críticas da psicologia acadêmica, continua a crescer. A biblioteca bastante eclética de Jung, sua amizade com indivíduos como o teosofista G. R. S. Mead e sua correspondência com astrólogos como André Barbault, John M. Thorburn e B. V. Raman levaram-no muito além das fronteiras do mundo da Clínica Burghölzli, permitindo que ideias fora desse ambiente clínico fertilizassem o desenvolvimento de seus modelos psicológicos.[64] Esses modelos, por sua vez, tiveram depois um enorme impacto em muitas esferas da exploração humana, além do que se entende, em termos acadêmicos, ou mesmo coloquiais, por psicologia.

Uma figura tão influente quanto Jung nos campos da psicologia, da literatura, da filosofia, da teologia, da história e das espiritualidades contemporâneas será, sem dúvida, o tema de muitas biografias e análises.

Algumas delas são hagiográficas, outras objetivamente afirmativas, algumas conscientemente neutras, outras objetivamente críticas e algumas, ainda, hostis e agressivas. Vários trabalhos acadêmicos recentes sobre Jung, anteriores à publicação do *Liber Novus*, exploraram algumas das fontes que inspiraram seus modelos psicológicos. Essas investigações analisam o envolvimento precoce de Jung no espiritualismo, bem como as várias abordagens não convencionais da atual psicologia "subliminar" dos primeiros anos do século XX.[65] A preocupação de Jung com os gnósticos da Antiguidade Tardia tem sido a fonte de outros trabalhos,[66] e sua ligação com as correntes românticas alemãs tem fornecido combustível para uma série de trabalhos acadêmicos.[67] Vários autores notaram a conexão de Jung com Mead, sugerindo que a compreensão inicial de Jung sobre conteúdos gnósticos, órficos e herméticos dependia, em grande parte, das traduções e elucidações de inclinação teosófica de Mead.[68] Modelos psicológicos e filosóficos anteriores, como o elã vital de Henri Bergson, o "vitalismo" de Hans Driesch e o *die Psychoide* de Eugen Bleuler também foram considerados,[69] assim como a confiança de Jung nas explorações filosóficas de Nietzsche, Schopenhauer e Kant.[70] Todas essas perspectivas são altamente relevantes para se compreender a gênese das ideias de Jung; ele não abraçou com exclusividade nenhuma corrente de pensamento ou corpo de doutrinas, mas procurou corroboração para suas próprias experiências e as de seus pacientes em uma enorme variedade de fontes, muitas delas pertencentes a domínios liminares.

A astrologia de Jung nunca foi objeto de uma investigação aprofundada, mesmo por psicólogos analíticos, apesar do número impressionantemente grande de referências a ela em seus trabalhos e cartas publicadas. Há pouco tempo, foi publicada uma bem-vinda e muito necessária compilação das referências de Jung à astrologia, focando, pela primeira vez, essa dimensão importante e singular de seu pensamento.[71] Mas este volume, parte de uma série de volumes que apresentam as opiniões de Jung sobre vários assuntos, é mais uma compilação do que uma monografia, e não se destina a explorar as fontes históricas de seu interesse e conhecimento em astrologia. É possível que alguns analistas junguianos, ao discutirem o trabalho de seu pai fundador, não possam tolerar com facilidade qualquer mácula à sua reputação pelos "assuntos deploráveis" que ainda estão muito vivos, embora sejam tratados com desprezo pela comunidade científica – até porque tal associação pode ser, e tem sido, utilizada por críticos hostis para justificar seu desdém com a validade da psicologia de Jung. Em decorrência, tem se dado pouca atenção às próprias declarações de Jung: que ele começou a estudar astrologia enquanto ainda trabalhava com Freud "a fim de encontrar uma pista para o núcleo da verdade psicológica";[72] que ele usou horóscopos natais para entender melhor as dinâmicas inconscientes de seus pacientes "em casos de diagnóstico psicológico difícil";[73] que ele recomendou que qualquer pessoa com formação em psicoterapia deveria aprender astrologia;[74] e que o valor da astrologia "é suficientemente óbvio para o psicólogo, já que a astrologia representa a soma de todo o conhecimento psicológico da Antiguidade".[75] Essas são declarações de peso, mas seu pleno significado é, em geral, reconhecido apenas por profissionais da área de astrologia. Também não foi feita nenhuma pesquisa sobre o grande número de interpretações de seu próprio horóscopo natal* que Jung solicitou a praticantes de astrologia, em especial na Grã-Bretanha e nos Estados Unidos, nem sobre os inúmeros horóscopos natais de pacientes, amigos e familiares, tanto em sua caligrafia como na de Emma Jung, encontrados em seus arquivos particulares.

As declarações publicadas por Jung e, mais ainda, as provas documentais de seus trabalhos particulares deixam claro o fato de que a astrologia era de imensa importância para ele, pessoalmente e em seu trabalho com a psicologia. No entanto, essa importância tem sido, em grande parte, ignorada. Também ignorado é o fato de que as várias cosmologias antigas com as quais Jung estava preocupado enquanto trabalhava no

---

* O termo "horóscopo" (no original, *horoscope*) é usado no livro com sentido de "mapa natal". (N. da T.).

Liber Novus – gnóstica, neoplatônica, órfica, hermética – foram, como ele mesmo observou, baseadas em uma cosmologia astrológica que se concentrava na origem celestial da alma humana, no dilema do destino planetário e na jornada da alma, auxiliada pelo ritual teúrgico, rumo à sua transformação e liberdade para além das compulsões das esferas planetárias.[76] A preocupação persistente de Jung com o destino astral como compulsão interior, sua interpretação do destino no contexto da "individuação" e o uso da teurgia em psicoterapia não são assuntos que costumam ser discutidos em trabalhos sobre o desenvolvimento e a aplicação de suas ideias.

Para explorar por completo a astrologia de Jung, este livro analisa essas cosmologias mais antigas e as interpretações e aplicações que Jung desenvolveu, com base no que encontrou nas fontes primárias e nas interpretações acadêmicas posteriores disponíveis a ele. Meu segundo livro, *Astrologia Oculta no Livro Vermelho de Carl G. Jung,* foca no próprio *Liber Novus* e nas formas como a astrologia impregna tanto o texto quanto as imagens dessa notável jornada humana pessoal e, ao mesmo tempo, mítica. Se, como o próprio Jung declarou, os anos que passou trabalhando no *Liber Novus* proporcionaram a matéria-prima para todas as suas teorias posteriores, a astrologia, então, como Jung a compreendeu e trabalhou com ela, é, inquestionavelmente, uma das mais importantes pedras fundamentais da psicologia analítica e precisa ser reconhecida como tal, sem preconceitos e com o mesmo agnosticismo metodológico que Ninian Smart recomendou há muito tempo para todos os acadêmicos, qualquer que fosse seu campo de pesquisa.

Notas

1. William Ralph Inge, *Christian Mysticism.* (Londres: Methuen, 1899), p. 23.
2. Jung, *Liber Novus,* p. 229. Todos os números de páginas fornecidos para citações do *Liber Novus* referem-se à tradução em inglês, não ao texto original em alemão de Jung, a menos que seja indicado de outra forma.

3. Otto E. Neugebauer, "The Study of Wretched Subjects", *Isis* 42 (1951), p. 111.
4. Ver Patrick Curry, "The Historiography of Astrology", em Günther Oestmann, H. Darrel Rutkin e Kocku von Stuckrad (orgs.), *Horoscopes and Public Spheres* (Berlim: Walter de Gruyter, 2005), pp. 261-74.
5. Para o desenvolvimento do termo "neoplatônico" em alemão e inglês, ver Robert Ziomkowski, "Neoplatonismo", em Maryanne Cline Horowitz (org.), *New Dictionary of the History of Ideas*, 6 volumes (Detroit, MI: Charles Scribner's Sons, 2005), 4:1628.
6. *De Mysteriis* de Jâmblico foi chamado originalmente de *The Reply of the Master Abammon to the Letter of Porphyry to Anebo*. Marsilio Ficino deu-lhe o título de *De Mysteriis Ægyptiorum*, em meados do século XV.
7. Para "recepção" como termo acadêmico recente, ver Terry Eagleton, *Literary Theory* (Londres: Blackwell, 1996), pp. 47-78.
8. Sobre um dos primeiros usos do termo "Renascença", ver Jacob Burckhardt, *The Civilization of the Renaissance in Italy*, trad. Samuel George Chetwynd Middlemore (Nova York: Doubleday, 1878).
9. Para esta abordagem da Renascença, ver Frances A. Yates, *Giordano Bruno and the Hermetic Tradition* (Londres: Routledge & Kegan Paul, 1964). [*Giordano Bruno e a Tradição Hermética*. São Paulo: Cultrix, 1987 (fora de catálogo).]
10. Ver Edgar Wind, *Pagan Mysteries in the Renaissance* (Londres: Faber & Faber, 1968); Jean Seznec, *The Survival of the Pagan Gods*, trad. Barbara F. Sessions (Nova York: Pantheon, 1953).
11. Ver Yates, *Giordano Bruno*; D. P. Walker, *Spiritual and Demonic Magic* (Londres: Warburg Institute, 1958).
12. Ver Erwin Panofsky, *Renaissance and Renascences in Western Art*, 2 volumes (Estocolmo: Almqvist & Wiksell, 1960).
13. Ver R. N. Swanson, *The 12th-Century Renaissance* (Manchester: University of Manchester Press, 1999).
14. Ver John Burrow, *A History of Histories* (Londres: Penguin, 2009).
15. Para uma visão geral das várias definições acadêmicas de "religião", ver James Thrower, *Religion* (Edimburgo: Edinburgh University Press, 1999).
16. Para o uso do termo "culto" para espiritualidades contemporâneas, ver Eileen Barker e Margit Warburg (orgs.), *New Religions and New Religiosity* (Aarhus: Aarhus University Press, 1998). Para o uso do termo "culto" de Richard Noll

em referência a Jung, ver Sonu Shamdasani, *Cult Fictions: C.G. Jung and the Founding of Analytical Psychology* (Londres: Routledge, 1998), pp. 1-12.

17. Para "secularização", ver William H. Swatos e Daniel V. A. Olson (orgs.), *The Secularization Debate* (Nova York: Rowman & Littlefield, 2000).

18. Para o conceito de "desencanto", ver Alkis Kontos, "The World Disenchanted, and the Return of Gods and Demons", em Asher Horowitz e Terry Maley (orgs.), *The Barbarism of Reason* (Toronto: University of Toronto Press, 1994), pp. 223-47.

19. Ver, por exemplo, a idealização de Jâmblico da "antiga" teologia egípcia em Jâmblico, *De Mysteriis*, trad. Emma C. Clarke, John M. Dillon e Jackson P. Hershbell (Atlanta, GA: Sociedade de Literatura Bíblica, 2003), Livros VII e VIII. Todas as citações de *De Mysteriis* usadas neste livro são provenientes dessa tradução, a menos que seja citado de outra forma.

20. Para a definição do primeiro século AEC da astrologia como adivinhação, ver Cícero, *De divinatione*, em *On Old Age, on Friendship, on Divination*, trad. W. A. Falconer (Cambridge, MA: Harvard University Press, 1970), II:44.93. Para equações eruditas modernas de astrologia com adivinhação, ver Tamsyn Barton, *Ancient Astrology* (Londres: Routledge, 1994), p. 11; Sarah Iles Johnston, "Introduction: Divining Divination", em Sarah Iles Johnston e Peter T. Struck (orgs.), *Mantikê* (Leiden: Brill, 2005), p. 7. Para uma visão alternativa, ver Liz Greene, "Is Astrology a Divinatory System?", *Culture and Cosmos* 12:1 (2008), pp. 3-30.

21. Para a diversidade de astrologias ao longo da história, ver Nicholas Campion e Liz Greene (orgs.), *Astrologies* (Lampeter: Sophia Centre Press, 2011).

22. Ver Liz Greene, "Signs, Signatures, and Symbols: The Language of Heaven", em Campion e Greene (orgs.), *Astrologies*, pp. 17-46.

23. M. Scott Peck (1936-2005), psiquiatra e místico cristão, produziu dois *best-sellers*: *The Road Less Travelled* (Londres: Hutchinson, 1983) e *People of the Lie* (Londres: Rider, 1988). Esses livros lhe renderam a reputação de "guru de autoajuda". Embora respeitadíssimo nos círculos cristãos, a importância de seu trabalho tem sido negligenciada no mundo da psicologia clínica.

24. Shamdasani, *Cult Fictions*, p. 10.

25. Para o questionável academicismo do praticante "religioso", ver Wouter J. Hanegraaff, *Esotericism and the Academy* (Cambridge: Cambridge University Press, 2012), pp. 340-70. Ver também Alasdair MacIntyre, "Is Understanding Religion Compatible with Believing?", em Russell T. McCutcheon (org.), *The*

Insider/Outsider Problem in the Study of Religion: A Reader (Londres: Cassell, 1999), pp. 37-49.

26. Shamdasani, *Cult Fictions*, p. 3.
27. Para "agnosticismo metodológico", ver Ninian Smart, *The Science of Religion and the Sociology of Knowledge* (Princeton, NJ: Princeton University Press, 1973).
28. Para comentários sobre essa tendência erudita, ver Gregory Shaw, "Theurgy", *Traditio* 41 (1985), pp. 1-28, esp. pp. 4-6.
29. Zeke Mazur, "*Unio Magica* Part I: On the Magical origins of Plotinus Mysticism", *Dionysius* 21 (2003), pp. 23-52, na p. 24.
30. Para a definição acadêmica recente de "esotérico", ver Antoine Faivre e Karen-Clare Voss, "Western Esotericism and the Science of Religion", *Numen* 42:1 (1995), pp. 48-77. Para uma definição diferente, ver Moshe Halbertal, *Concealment and Revelation* (Princeton, NJ: Princeton University Press, 2007), p. 1.
31. Ver Faivre e Voss, "Western Esotericism". Para uma elaboração mais completa dessa definição, ver Wouter J. Hanegraaff, *New Age Religion and Western Culture* (Leiden: Brill, 1996), pp. 384-410.
32. Ver, por exemplo, Hanegraaff, *New Age Religion*, pp. 497-501; Valentine C. Hubbs, "German Romanticism and C. G. Jung", *Journal of Evolutionary Psychology* 4:1-2 (1983), pp. 17-24. Shamdasani relaciona o Romantismo alemão ao entendimento de Jung sobre o "sonho profético e o diagnóstico"; ver Sonu Shamdasani, *Jung and the Making of Modern Psychology* (Cambridge: Cambridge University Press, 2003), p. 147.
33. Para a história da publicação do *Liber Novus*, ver Introdução de Sonu Shamdasani em Jung, *Liber Novus*, pp. viii-xii. Para a própria descrição de Jung sobre a gênese do *Liber Novus*, ver C. G. Jung, *Memories, Dreams, Reflections*, org. Aniela Jaffé, trad. Richard e Clara Winston (Londres: Routledge & Kegan Paul, 1963), pp. 194-225.
34. Jung, *MDR*, p. 225.
35. Para a autenticidade questionável de parte do conteúdo deste trabalho, ver Sonu Shamdasani, "Memories, Dreams, Omissions", em Paul Bishop, *Jung in Contexts* (Londres: Routledge, 1999), pp. 33-50.
36. Disponível em: http://wildhunt.org/blog/tag/liber-novus.
37. Ver D. W. Winnicott, "Review of C. G. Jung, *Memories, Dreams, Reflections*", *International Journal of Psycho-analysis* 45 (1964), pp. 450-55.

38. Para o contraste entre a abordagem hermenêutica de Jung e a abordagem das ciências naturais, ver William E. Smythe e Angelina Baydala, "The Hermeneutic Background of C. G. Jung", *Journal of Analytical Psychology* 57 (2012), pp. 57-75.
39. Duas exceções no Reino Unido são dignas de nota: o Centro de Estudos Psicanalíticos da Universidade de Essex, fundado em 1993, que explora tanto abordagens clínicas quanto acadêmicas nos modelos freudianos e junguianos, e o programa de pós-graduação em Estudos Psicanalíticos na University College, Londres, onde Sonu Shamdasani, editor do *Liber Novus*, é professor sobre Filêmon da História de Jung.
40. David Tacey, "The Challenge of Teaching Jung in the University", em Kelly Bulkeley e Clodagh Weldon (org.), *Teaching Jung* (Oxford: Oxford University Press, 2011), pp. 13-27, na p. 15.
41. Ver, por exemplo, Hanegraaff, *New Age Religion*, pp. 496-513.
42. G. William Barnard, "Diving into the Depths", em Diane Jonte-Pace e William B. Parsons (orgs.), *Religion and Psychology* (Londres: Routledge, 2001), pp. 297-318.
43. John Ryan Haule, "Personal Secrets, Ethical Questions", em Bulkeley e Weldon (orgs.), *Teaching Jung*, pp. 151-67, na p. 151.
44. Shamdasani, *Cult Fictions*, pp. 107-12.
45. Ver Robert A. Segal, "Jung as Psychologist of Religion and Jung as Philosopher of Religion", *Journal of Analytical Psychology* 55 (2010), pp. 361-84.
46. Ann Bedford Ulinov, "Teaching Jung in a Theological Seminary", em Bulkeley e Weldon (orgs.), *Teaching Jung*, pp. 51-59, na p. 53.
47. Thomas Kuhn, *The Structure of Scientific Revolutions* (Chicago: University of Chicago Press, 1962).
48. Ver, por exemplo, Ira Progoff, *The Symbolic and the Real* (Nova York: McGraw-Hill, 1973); Abraham Maslow, *Toward a Psychology of Being* (Londres: John Wiley & Sons, 1968).
49. Ulanov, "Teaching Jung in a Theological Seminary", p. 53.
50. Ver, por exemplo, John P. Dourley, *The Intellectual Autobiography of a Jungian Theologian* (Lampeter: Edwin Mellen Press, 2006); Brendan Collins, "Wisdom in Jung's Answer to Job", *Biblical Theology Bulletin* 21 (1991), pp. 97-101.
51. Para Joyce, ver Hiromi Yoshida, *Joyce and Jung* (Nova York: Peter Lang, 2007). A filha de Joyce, Lucia, começou a fazer análise com Jung em 1934. Para Hesse, ver Miguel Serrano, *C. G. Jung and Hermann Hesse* (Einsiedeln, Suíça:

Daimon Verlag, 1998). Hesse foi o paciente analítico do assistente de Jung, J. B. Lang (1883-1945). Para Mann, ver Paul Bishop, "Thomas Mann and C. G. Jung", em Bishop (org.), *Jung in Contexts*, pp. 154-88.

52. Ver Terence Dawson, "Jung, Literature, and Literary Criticism", em Polly Young-Eisendrath e Terence Dawson (orgs.), *The Cambridge Companion to Jung* (Cambridge: Cambridge University Press, 1997), pp. 255-80; Bettina L. Knapp, *A Jungian Approach to Literature* (Carbondale: Southern Illinois University Press, 1984).

53. Gilles Quispel, *Gnosis als Weltreligion* (Zurique: Origo Verlag, 1951), p. 39; Pierre Riffard, *L'esoterisme* (Paris: Laffont, 1990), p. 135. Para a influência de Jung sobre Corbin, ver Stephen Wasserstrom, *Religion After Religion* (Princeton, NJ: Princeton University Press, 1999). Para mais informações sobre as conferências de Eranos, ver Hans Thomas Hakl, *Eranos*, trad. Christopher McIntosh (Montreal: McGill-Queens University Press, 2013).

54. Ver Wasserstrom, *Religion After Religion*, p. 3.

55. Para o debate em taxonomia zoológica, ver Stephen Budiansky, *The Character of Cats* (Londres: Weidenfeld e Nicolson, 2002), pp. 8-9.

56. Para "metanarrativas" e seus problemas metodológicos, ver Charlotte Aull Davies, *Reflexive Ethnography* (Londres: Routledge, 1999), pp. 4-5.

57. Para uma discussão sobre o suposto "essencialismo" de Jung, ver David L. Miller, "Misprision", em Bulkeley e Weldon (orgs.), *Teaching Jung*, pp. 29-50, especialmente pp. 36-39.

58. Ver, por exemplo, Jung, CW9i, pars. 111-147. Ver também Roger Brooke, "Jung in the Academy: A Response to David Tacey", *Journal of Analytical Psychology* 42:2 (1997), pp. 285-96; James S. Baumlin, "Reading/Misreading Jung", *College Literature* 32:1 (2005), pp. 177-86.

59. Ver Smythe e Baydala, "The Hermeneutic Background of C. G. Jung"; John Beebe, "Can There Be a Science of the Symbolic?", em Bulkeley e Weldon (orgs.), *Teaching Jung*, pp. 255-68.

60. Jung, "The Conception of the Unconscious", em Jung, *Collected Papers on Analytical Psychology*, p. 469.

61. Para "junguianismo", ver Olav Hammer, *Claiming Knowledge* (Leiden: Brill, 2004), pp. 67-68.

62. Ver Nicholas Campion, "Is Astrology a Symbolic Language?", em Nicholas Campion e Liz Greene (orgs.), *Sky and Symbol* (Lampeter: Sophia Centre Press, 2013), pp. 9-46, na p. 22.

63. Ver Hammer, *Claiming Knowledge*, pp. 69-70.
64. Para Jung e Mead, ver capítulo 5. Para a *Fraternitas Saturni*, ver capítulo 4. Para a correspondência de Jung com Barbault, ver Capítulo 1.
65. Para o envolvimento de Jung com o espiritismo, ver F. X. Charet, *Spiritualism and the Foundations of C. G. Jung's Psychology* (Albany: SUNY Press, 1993). Para o interesse de Jung em cristalomancia, escrita automática e hipnose, ver Wendy Swan, "C. G. Jung's Psychotherapeutic Technique of Active Imagination in Historical Context", *Psychoanalysis and History* 10:2 (2008), pp. 185-204. [O termo utilizado pela autora foi *crystal-gazing*. Cristalomancia refere-se à arte de prever o futuro com cristais. (N. da T.)]
66. Para o interesse de Jung nos gnósticos, ver Robert A. Segal (org.), *The Gnostic Jung* (Princeton, NJ: Princeton University Press, 1992); Stephan A. Hoeller, *The Gnostic Jung and the Seven Sermons to the Dead* (Wheaton, IL: Theosophical Publishing House, 1982).
67. Ver Hanegraaff, *New Age Religion*, pp. 496-513; Paul Bishop, *Analytical Psychology and German Classical Aesthetics* (Londres: Routledge, 2009).
68. Para a dependência de Jung de Mead devido a suas interpretações do material gnóstico e hermético, ver Hanegraaff, *New Age Religion*, p. 510; Noll, *The Jung Cult*, pp. 69, 326.
69. Para Bergson, ver Shamdasani, *Jung and the Making of Modern Psychology*, pp. 77 e 129; Beatrice Hinkle, "Jung's Libido Theory and the Bergsonian Philosophy", *Nova York Medical Journal* 30 (1914), pp. 1080-086. Para Driesch e Bleuler, ver Ann Addison, "Jung, Vitalism, and 'the Psychoid': An Historical Reconstruction", *Journal of Analytical Psychology* 54 (2009), pp. 123-42.
70. Ver Lucy Huskinson, *Nietzsche and Jung* (Londres: Routledge, 2004); James L. Jarrett (org.), *Jung's Seminar on Nietzsche's Zarathustra* (Princeton, NJ: Princeton University Press, 1997).
71. C. G. Jung, *Jung on Astrology*, org. por Keiron le Grice e Safron Rossi (Londres: Routledge, 2017).
72. C. G. Jung, Carta a Sigmund Freud, 12 de junho de 1911, em *C. G. Jung Letters*, vol. 1, pp. 23-24.
73. Carta a B. V. Raman, 6 de setembro de 1947, em *C. G. Jung Letters*, vol. 1, pp. 475-76.
74. Carta de Ira Progoff a Cary F. Baynes, cortesia de Sonu Shamdasani.
75. Jung, CW15, par. 81.

76. Para as discussões de Jung sobre o destino e a ascensão planetária da alma, ver Capítulo 5. Para esse tema nas religiões da Antiguidade Tardia, ver Alan F. Segal, "Heavenly Ascent in Hellenistic Judaism, Early Christianity and Their Environment", em *Aufstieg und Niedergang der römischen Welt* (ANRW), vol. 2, org. por W. Haase (Berlim: De Gruyter, 1980), pp. 1333-394; Ioan P. Couliano, *Psychanodia I* (Leiden: Brill, 1983).

1 A COMPREENSÃO DE JUNG SOBRE ASTROLOGIA

"Embora eu deva admitir o uso da Astrologia para prever o resultado de certas causas, isto não é de importância vital [...]. Essa consideração, naturalmente, abre toda a questão de Destino *versus* Livre-Arbítrio e determina, de imediato, a diferença entre o astrólogo "exotérico" e o astrólogo "esotérico". O primeiro é um fatalista inveterado, que se crê para sempre sob a ruína do Destino [...]. O astrólogo esotérico não tem tal crença. Sua fé se baseia na convicção de que, do mesmo modo que um homem semeia, tal será a sua colheita; seu lema é "Homem, Conheça a Si Mesmo."[1]

— Alan Leo

"O sol, a lua e os planetas foram os expoentes, digamos assim, de certos componentes psíquicos ou psicológicos do caráter humano; e é por isso que a astrologia pode dar informações mais ou menos válidas sobre o caráter [...]. Os mistérios religiosos da Antiguidade Tardia estavam todos preocupados em libertar o homem do Heimarmene; em outras palavras, em libertá-lo da qualidade compulsiva dos fundamentos de seu próprio caráter."[2]

— C. G. Jung

A astrologia no início do século XX

Como convém à sua natureza liminar, a astrologia está aberta a muitas definições. Dar sentido à astrologia de Jung requer colocá-la em algum tipo de contexto: como era vista no Ocidente na época em que Jung iniciou seus estudos? Patrick Curry ofereceu uma descrição admiravelmente abrangente da astrologia: é "a prática de relacionar corpos celestes a vidas e eventos na Terra, e a tradição que assim foi gerada".[3] A astronomia envolve a observação e a medição dos corpos celestes, mas a astrologia atribui um significado a eles em relação à experiência humana. Embora a história da astrologia ocidental durante os anos em que Jung trabalhou no *Liber Novus* esteja além do escopo deste livro,[4] ainda assim as diferentes abordagens da astrologia atual no final do século XIX e início do século XX são relevantes para a compreensão de Jung a respeito dela.

A astrologia como método de previsão de eventos era tão onipresente nos círculos esotéricos no *fin de siècle* quanto tinha sido na Idade Média; com poucas exceções, os astrólogos de língua alemã que escreviam na época em que Jung começou a trabalhar no *Liber Novus* buscavam a astrologia como um método para prever o futuro.[5] Não houve nenhum "movimento" astrológico alemão específico até meados dos anos 1920,[6] e a astrologia orientada para a psicologia que depois começou a se desenvolver no mundo de língua alemã dependia, sobretudo, das próprias publicações de Jung. Mas dois outros tipos de astrologia, com antecedentes na Antiguidade Tardia, surgiram na Grã-Bretanha na virada do século e aos poucos começaram a influenciar astrólogos tanto na Europa quanto na América. Essas "novas" astrologias – embora não fossem, de fato, nada novas – estavam, em grande, parte relacionadas ao trabalho da Sociedade Teosófica, fundada por Helena Petrovna Blavatsky em 1875, e à Ordem Hermética da Aurora Dourada, fundada por William Wynn Westcott, Samuel Liddell MacGregor Mathers e William Robert Woodman em 1888.[7] Astrólogos de inclinação teosófica como Alan Leo, cujo trabalho se discutirá em mais detalhes no próximo capítulo, preocuparam-se com o que o horóscopo natal poderia indicar sobre o desenvolvimento espiritual do indivíduo, enquanto astrólogos ocultistas como Frederick Hockley e MacGregor Mathers, ambos mágicos praticantes, adaptaram a astrologia a rituais mágicos derivados de textos neoplatônicos e da magia astral cabalística do período medieval. Suas aplicações da astrologia diziam respeito à invocação de potências celestes pelo uso de símbolos astrológicos, sigilos e talismãs, a fim de alcançar a transformação espiritual e psicológica individual.[8] Embora os astrólogos envolvidos na Aurora Dourada e em outras sociedades ocultas utilizassem horóscopos natais para fins caracterológicos e divinatórios, particularmente na avaliação da adequação de um neófito para a iniciação e o momento correto de um ritual mágico, seu foco foi mais interno e forneceu um protótipo para a abordagem psicológica da astrologia que o próprio Jung desenvolveu.[9]

Embora não houvesse surgido ainda nenhuma evidência que indicasse que Jung conhecia o trabalho de Hockley e MacGregor Mathers, ele estava familiarizado com os escritos de outros membros da Aurora Dourada e havia adquirido uma série de textos mágicos mais antigos, com ênfase semelhante, durante o tempo em que trabalhara no *Liber Novus*.[10] A amizade de Jung com o antigo secretário da Sociedade Teosófica, G. R. S. Mead,[11] e sua confiança em astrólogos de tendência teosófica para interpretações do horóscopo natal sugerem que foi na comunidade esotérica britânica que ele encontrou a maior inspiração para sua compreensão psicológica da astrologia. Desde o início, Jung – apesar de não imune ao desejo de especular sobre o futuro – não parecia estar prioritariamente interessado na previsão literal dos eventos. Em vez disso, preocupava-se com eventos psicológicos e procurou compreender o que o horóscopo natal como mapa simbólico poderia revelar em termos de psique individual e de seu desdobramento ao longo do tempo. Ele manteve essa posição no decorrer de toda a sua vida. Em uma longa carta para o astrólogo francês André Barbault, escrita em 1954, Jung declarou:

> Há muitos exemplos de analogias marcantes entre as constelações astrológicas e eventos psicológicos [...]. A astrologia, assim como o inconsciente coletivo com o qual a psicologia se preocupa, consiste em configurações simbólicas: os "planetas" são os deuses, símbolos dos poderes do inconsciente [...]. Eu diria que o astrólogo nem sempre considera suas declarações meras possibilidades. A interpretação, às vezes, é muito literal e não simbólica o suficiente.[12]

Sempre foi um segredo revelado nos círculos analíticos que Jung estava profundamente envolvido com a astrologia. No entanto, mesmo dentro dessa comunidade voltada ao conhecimento, alguns analistas, bem como alguns grupos de formação junguiana, têm demonstrado um nível considerável de desconforto sobre essa predileção aparentemente tão questionável.[13] Houve momentos em que o próprio Jung sentiu necessidade de esconder a extensão de seu interesse pela astrologia, ainda que dos próprios colegas. Em uma carta a Michael Fordham (1905-1995), que fundou a Sociedade de Psicologia Analítica em Londres em 1946 e colaborou com a publicação inglesa de Jung dos *Collected Works*, Jung, defendendo a pesquisa astrológica descrita em seus dois ensaios sobre sincronicidade,[14] escreveu:

> Você não precisa realmente acreditar em uma só palavra de astrologia para fazer um horóscopo natal ou observar estatísticas. Sou cético até certo ponto e, no entanto, posso fazer e vivenciar todo tipo de experiências mânticas. Posso até mesmo repetir alguns procedimentos alquímicos absurdos sem a menor convicção, por pura curiosidade. Você também pode assistir a uma missa sem acreditar na transubstanciação [...] e ir a uma reunião comunista sem acreditar em Stalin.[15]

Essa carta foi datada de 15 de dezembro de 1954, sete meses apenas após a carta de Jung para Barbault descrevendo as "impressionantes analogias" entre configurações astrológicas e eventos psicológicos. É improvável que Jung tenha sofrido uma mudança repentina de opinião em relação à astrologia durante aqueles meses ou tentado bajular gratuitamente um astrólogo profissional como Barbault. Ao contrário, Jung parece ter achado mais sábio disfarçar sua pesquisa astrológica como um "experimento mântico", ao mesmo tempo que tentava explicar a Fordham em cartas posteriores, de modo tão diplomático quanto possível, que as várias críticas a seus experimentos se deviam a "uma profunda falta de conhecimento astrológico",[16] e que os resultados estatísticos eram "muito favoráveis à astrologia".[17] Não há indício de que Fordham alguma vez tenha se convencido disso.[18] A preocupação de Jung em manter seu trabalho astrológico sob sigilo também é evidente em uma carta escrita em 1953 pelo psicoterapeuta norte-americano Ira Progoff (1921-1998), que estudou com Jung em Zurique de 1952 a 1955, para Cary F. Baynes, que traduziu uma série de obras de Jung para o inglês:

> Você ficará muito interessado em saber que o dr. J. me aconselhou a estudar Astrologia quando eu voltar [...]. Ele diz que todo analista deveria estar equipado com ela, porque há casos de *borderline* em que ela fornece pistas bem valiosas. Não acho que ele apreciaria que soubessem que ele tem a Astrologia em tal conta. Embora tenha dito, de fato, que não sente mais necessidade de ser tão cauteloso a esse respeito quanto costumava ser.[19]

O horóscopo natal de Progoff, delineado por mãos desconhecidas, é um dos que pertencem à grande coleção de mapas de pacientes e colegas nos arquivos particulares de Jung.

A absorção de Jung do simbolismo alquímico pode ser mais aceitável nos círculos analíticos porque a alquimia se separa com segurança do mundo moderno por um respeitoso intervalo histórico e pode ser vista como um curioso lapso na história da ciência. E, de qualquer maneira, Jung não era um alquimista praticante no sentido literal. Mas a astrologia, fazendo parte do mundo moderno, bem como do mundo antigo e medieval, não parece ser algo com que um psicólogo de inclinação racional deva se envolver, em particular nas formas muito simplistas com que é apresentada na imprensa popular. Andrew Samuels, em seu trabalho abrangente, *Jung e os Pós-junguianos*, nunca menciona a preocupação de Jung com o *Heimarmene*, o conceito da Antiguidade Tardia sobre destino astral,[20] fazendo apenas uma referência desdenhosa à astrologia.[21] Robert Segal, um prolífico escritor e conferencista sobre as ideias de Jung, jamais discute a predileção de Jung pela tradição astral, mesmo em sua longa introdução a uma seleção de considerações junguianas a respeito do gnosticismo – corrente religiosa com fortes raízes em uma cosmologia astral e profundamente preocupada com o destino astrológico como compulsão interna.[22]

Tentar interpretar a obra de um autor de forma seletiva, de acordo com os preconceitos do intérprete e da moda prevalente nos meios acadêmicos, quase nunca é uma novidade nesse ambiente. A imposição do "viés do pesquisador" tem se dado desde que os alegoristas gregos discutiam o que Orfeu "de fato" queria dizer; Jâmblico e Porfírio discordaram da "verdadeira" visão platônica do mundo; e os teólogos cristãos insistiram que haviam descoberto as "assinaturas" ocultas de suas próprias verdades tanto na Torá quanto na Cabala judaica.[23] A tentativa de limpar a reputação de um grande pensador científico da mancha dos "assuntos deploráveis" tem sido constantemente perpetrada por estudiosos modernos a figuras como Galileu, que, além de sua reconhecida contribuição para a história da ciência, foi um astrólogo engajado, bem como astrônomo.[24] No entanto, além do fenômeno milenar do "viés do pesquisador" e de seus caprichos, e não importando os extensos e reveladores documentos astrológicos nos arquivos particulares de Jung, as *Obras Completas* por si sós, assim como as cartas publicadas de Jung para Freud e outros, refletem até mesmo ao leitor leigo, clara e inquestionavelmente, a preocupação permanente e bastante séria de Jung com a filosofia, a natureza e as aplicações práticas da astrologia como forma de exegese psicológica.

A libido e as qualidades do tempo

A partir de sua correspondência publicada, Jung parece ter começado sua exploração da astrologia na primavera de 1911, enquanto ainda trabalhava com Freud.[25] Em uma carta a Freud, datada de 8 de maio daquele ano, Jung escreveu:

> No momento, estou pesquisando a astrologia, que parece indispensável para a compreensão adequada da mitologia. Há coisas estranhas e maravilhosas nessas terras de escuridão.[26]

A resposta de Freud não foi antagônica, mas ele expressou ansiedade em relação a essa última exibição de excentricidade de seu discípulo predileto:

> Estou ciente de que você é movido pela mais íntima inclinação para o estudo do oculto e tenho certeza de que voltará para casa ricamente munido. [...] Você será acusado de misticismo.[27]

Esta última observação revelou-se totalmente profética. Em uma outra carta a Freud, datada de 12 de junho do mesmo ano, Jung comentou ainda mais sobre os estudos astrológicos, revelando uma ênfase crescente na importância da astrologia para a psicologia:

> Minhas noites são ocupadas, em grande parte, pela astrologia. Faço cálculos de horóscopo natal a fim de encontrar uma pista para o cerne da verdade psicológica [...]. Parece que os signos do zodíaco são imagens do caráter; em outras palavras, símbolos da libido que retratam as qualidades típicas dela em determinado momento.[28]

Em sua resposta, Freud se recusou a comentar esse envolvimento cada vez maior com a astrologia, embora pudesse não estar tão desinteressado quanto fazia parecer. Em 1896, onze anos antes de conhecer Jung, Freud escreveu uma carta a seu amigo íntimo e colega médico, Wilhelm Fliess (1858-1928), comentando a teoria idiossincrática de Fliess sobre "periodicidade vital": a ideia de que os ciclos astronômicos influenciam tanto os períodos históricos como os órgãos do corpo humano.[29]

> Você sabe que não sou de rir de fantasias como essas sobre períodos históricos [...]. Há algo nessas ideias; é o pressentimento simbólico de realidades desconhecidas com as quais elas têm algo em comum [...]. É possível que não se possa mais escapar de reconhecer as influências celestiais. Curvo-me diante de você, um astrólogo honorário.[30]

O que quer que ele tenha querido dizer com essa declaração, Freud não parecia estar disposto a entrar em uma discussão com Jung sobre a própria visão a respeito de "influências celestiais". Em 1910, um ano antes de Jung anunciar seu envolvimento com a astrologia, Freud tinha pedido a ele que o ajudasse a formar um "baluarte inabalável" contra "a maré negra de lama – do ocultismo".[31] Jung, como era compreensível, estava desconfiado do que ele entendia como o "voo dele [de Freud] mesmo [...] daquele outro lado dele que talvez pudesse ser chamado de místico".[32] A dolorosa e acrimoniosa ruptura entre eles veio logo depois, quando Jung publicou *Transformações e Símbolos da Libido*, em 1911--1912.[33] Como Jung mesmo colocou: "A publicação do livro marca o fim de nossa amizade".[34]

Por mais importante que seja a admissão de Jung sobre o valor da astrologia em fornecer *insights* psicológicos, sua segunda carta a Freud também é significativa devido à forma como Jung usou o termo "libido". Para ele, ela não se limitava ao instinto sexual, como Freud havia insistido, mas abrangia a energia psíquica bruta de vida manifestando-se como "impulso criativo".[35] Essa abrangência do conceito de libido foi expressa com clareza quando *Transformações* foi publicado pela primeira vez e, aliada à compreensão de Jung sobre o ciclo do zodíaco como um retrato imaginário dos ciclos da libido, sugere que a astrologia já havia começado a influenciar sua compreensão da dinâmica psicológica pelo menos dois anos antes da ruptura definitiva com Freud. Jung, a princípio, descreveu o imagético astrológico como "projeção" – a imposição inconsciente de um conteúdo psicológico interior sobre um objeto externo –, inferindo, aparentemente, que a astrologia era totalmente um produto da psique humana, sem nenhuma conexão real com os céus. Mas sua carta a Freud revela, na verdade, uma visão muito mais sutil. O filósofo francês Henri Bergson tinha desenvolvido um conceito que chamou de *élan vital* ("força vital"), e Jung pegou emprestada a expressão de Bergson, *durée créatrice*, ou "poder criativo", como sinônimo da libido que existe em toda parte e em tudo.[36] Dentro dessa estrutura, os símbolos do zodíaco, embora suas imagens específicas possam ser geradas pela psique humana, encontram correspondência com algo inerente à própria realidade, refletida nas qualidades do tempo. "Tempo e poder criativo", Jung insistiu, "são absolutamente idênticos".[37] Há, em outras palavras, uma forma de "simpatia" ou ressonância entre o que os seres humanos vivenciam e formulam em seu imaginário como imagens zodiacais e o que de fato faz parte da própria vida, desdobrando-se, assim, o vigor criativo por meio dos atributos particulares de cada momento individual. Enquanto os símbolos astrológicos – como projeções psíquicas – podem não ter conexão com os céus em nível físico, os ciclos dos céus refletem qualidades temporais que estão "lá fora" tanto quanto "aqui dentro".

Jung enfatizou essa ideia de ressonância entre a psique humana e os ciclos celestiais em um de seus seminários, "Interpretação das Visões", apresentado em Zurique, em 1932:

> A astrologia pode ser bastante desconhecida para você de modo consciente, mas para seu inconsciente ela é intimamente bem conhecida [...]. As qualidades dos diferentes meses do ano, em outras palavras, os signos do zodíaco, são, de fato, projeções de nosso

conhecimento inconsciente do tempo e das qualidades do tempo. É como se houvesse um profundo conhecimento em nosso inconsciente, baseado em experiências inconscientes, de que certas coisas originadas em certos momentos do ano têm tais e tais qualidades.[38]

Essa perspectiva faz eco à declaração de Platão de que o tempo é "a imagem em movimento da eternidade", e de que os céus, assim como os dias, as noites, os meses e os anos gerados pelo movimento cíclico dos corpos celestes, "são todos partes do tempo".[39] Nos *Visions Seminars*, Jung aprofundou seu entendimento sobre as qualidades do tempo como expressas em imagens zodiacais individuais. O período entre a terceira semana de julho e a terceira semana de agosto, representado por Leão, o Leão celestial, é "apaixonante, ardente, perigoso e... excessivamente masculina", e simboliza "a ideia de poder".[40] Touro, o Touro celestial – o "signo de maio" –, é "a força criativa inconsciente e cega".[41] Como veremos no capítulo 6, a compreensão de Jung sobre o assim chamado Ano Platônico, o grande ciclo de vinte e seis mil anos que mapeia o movimento do ponto do equinócio vernal ao longo das constelações zodiacais, também foi baseada na percepção do ciclo do zodíaco como símbolo das qualidades do tempo. Jung estava convencido de que o inconsciente coletivo e a psique individual refletem essas mudanças constantes das qualidades da libido, e de que os ciclos da história – em particular, a formação de novas imagens religiosas – espelham os grandes ciclos de precessão equinocial.

A primeira referência à astrologia publicada por Jung surgiu logo após sua carta a Freud, em um ensaio intitulado "The Theory of Psychoanalysis" ["A Teoria da Psicanálise"]. Esse ensaio foi apresentado, a princípio, como uma série de palestras na faculdade de medicina da Universidade de Fordham, em Nova York, nos Estados Unidos, em setembro de 1912, quando Jung e Freud cruzaram o Atlântico para propagar a mensagem da psicanálise ao *establishment* psiquiátrico norte-americano.[42] Nessa época, a relação entre Jung e seu mentor já estava tensa, a ponto de ruptura.[43] Uma tradução alemã do ensaio de Jung foi publicada em 1913, com a versão em inglês aparecendo em cinco edições da revista norte-americana *The Psychoanalytic Review*, entre 1913 e 1915.[44] Discutindo o sonho de uma paciente, Jung se referiu ao tema mítico da morte e da ressurreição e declarou:

> Esse tema é encontrado em inúmeros mitos em todo o mundo [...]. Seu significado imediato implícito é astromitológico: o Sol é engolido pelo monstro marinho e nasce de novo pela manhã. É claro, o todo da astromitologia é, no fundo, nada além de psicologia – psicologia inconsciente – projetada nos céus, pois os mitos nunca foram e nunca serão feitos conscientemente; eles surgem do inconsciente do homem.[45]

Essa afirmação foi formulada com cautela para evitar mal-entendidos: "astrologia" tornou-se "astromitologia", termo, sem dúvida, mais apropriado para os estudantes de medicina de uma universidade dirigida por jesuítas.[46] Mas ela faz lembrar a carta de Jung a Freud do ano anterior, na qual Jung afirmou que o zodíaco é uma projeção imaginária da psique humana sobre os céus. A declaração de Jung a Freud de que a astrologia é "indispensável" para a compreensão da mitologia sugere que ele tomou a "astromitologia" – narrativas sobre os corpos celestes – como fonte de todo o mito, uma percepção apoiada pelos mais antigos mitos cosmogônicos existentes, dos sumérios e babilônios.[47] Na visão de Jung, as experiências humanas mais fundamentais de nascimento, juventude, maturidade e morte, tanto físicas quanto psicológicas, são "projetadas" nos ciclos do Sol, de planetas e constelações, os quais se elevam, culminam e se põem, apenas para se elevar mais uma vez em um ciclo aparentemente eterno.

A suposição de Jung de uma misteriosa e "empática" conexão entre psique e cosmos pode já ter sido enraizada com firmeza na época em que ele proferiu suas palestras aos estudantes da Universidade de Fordham. Robert Segal argumentou que Jung era um "modernista" seguindo a tradição de *Sir* James Frazer e Edward Burnett Tylor no final do século XIX, porque Jung promulgou uma "separação clara do psicológico em relação ao físico e ao metafísico – a separação do interno em relação ao externo".[48] Mas essa observação é relevante apenas para as declarações bem incipientes de Jung, que podem bem ter sido formuladas para evitar conflitos com Freud e se proteger do ridículo. O que é muito interessante sobre a observação feita por Jung na Universidade de Fordham é que ele sentiu a necessidade de fazê-la. Em 1912, Jung, em sua posição oficial como freudiano, pareceu oferecer uma explicação "científica" da astrologia em Fordham: a ubíqua experiência humana de nascimento e morte é imaginada como uma narrativa solar, a qual oferece também a promessa de renascimento, assim como a atribuição de significado a um evento celestial natural. Essa abordagem, como sugere Segal, parece ecoar *O Ramo de Ouro*, de Frazer, que apresentou a jornada cíclica do deus-sol ou de seu substituto humano, o herói solar, como um esforço da "mente primitiva" para explicar o fenômeno natural do nascer e do pôr do sol, bem como inserir significado à assustadora realidade da brevidade da vida humana. O mito, portanto, nada mais é do que uma má ciência e um esforço para fugir do fato existencial da mortalidade humana. Mas a declaração de Jung foi bem mais sutil, insinuando a importância psicológica que ele já havia começado a atribuir à percepção de significado nos ciclos celestiais. Seu comentário aos estudantes de Fordham prefigurou o que surgiu logo em seguida no *Liber Novus*: o significado central do Sol astrológico como símbolo de um Eu interior, transpessoal.

Uma vez que o *Transformações* foi publicado e o repúdio de Jung à psicanálise freudiana se tornou público, referências à astrologia nos vários artigos incluídos nas *Obras Completas* tornaram-se mais frequentes. Essas referências refletem um contínuo e profundo envolvimento com a astrologia, pontuado por várias cartas aos colegas e amigos, revelando a crescente confiança de Jung no simbolismo astrológico como fonte de *insight* tanto de seus pacientes quanto de si mesmo. Apesar da constante preocupação com a apresentação de uma abordagem científica em seu trabalho, Jung, às vezes, exibia senso de humor malicioso: lançava observações casuais sobre astrologia em seus ensaios, com os tradicionais glifos planetários e zodiacais – referências que os colegas de profissão provavelmente não entenderiam e que Jung não se dava o trabalho de explicar.

Um exemplo dessa propensão maliciosa é apresentado em um ensaio publicado pela primeira vez em alemão em 1934.[49] Nesse artigo, Jung estudava uma paciente que ele chamou de "srta. X",[50] "nascida nos primeiros graus de Câncer".[51] Em uma nota de rodapé a essa informação, Jung comentou, de forma casual, que o horóscopo natal da srta. X "mostra quatro signos de Terra, mas nenhum signo de Ar". Isso não devia significar muito para um leitor não familiarizado com a terminologia astrológica. Para um astrólogo, porém, "quatro signos de Terra, mas nenhum de Ar", indica que, no horóscopo natal, não há planetas colocados em nenhum dos signos zodiacais da triplicidade de Ar (Gêmeos, Libra e/ou Aquário), mas, sim, quatro planetas colocados nos signos da triplicidade de Terra (Touro, Virgem e/ou Capricórnio).[52] Existe, em outras palavras, uma ênfase excessiva inerente aos atributos caracterológicos pertinentes ao símbolo da Terra e uma ausência dos atributos pertinentes ao símbolo do Ar. Seguindo essa informação, para a qual Jung não ofereceu nenhuma interpretação, ele então declarou de modo lacônico:

O perigo proveniente do *animus* se reflete em ☽ □ ☿.[53]

Além da provável perplexidade que essa declaração deve ter despertado entre os não iniciados na astrologia, há três ideias importantes expressas na breve análise de Jung sobre o horóscopo natal da srta. X. A primeira está relacionada à sua formulação dos "tipos" psicológicos e à relação deles com os quatro elementos astrológicos.

Os quatro elementos e os tipos psicológicos

Publicado pela primeira vez em 1921, a pesquisa de *Tipos Psicológicos* foi realizada entre 1913 e 1918, enquanto Jung estava imerso nas visões do

Liber Novus e ao mesmo tempo trabalhava para aprofundar seu conhecimento astrológico.⁵⁴ A teoria dos tipos de Jung fornece modelos de orientação geral do indivíduo para o mundo (extrovertido ou introvertido) e as quatro "funções da consciência" (pensamento, sentimento, sensação e intuição): modos de adaptação pelos quais uma pessoa percebe e avalia a realidade. Trata-se de um modelo dinâmico em que há constante movimento, desenvolvimento e mudança ao longo da vida, com a emersão de integração e plenitude em proporção direta ao grau de esforço do indivíduo para se tornar consciente desses aspectos da personalidade inerentemente "fracos" e não desenvolvidos.

De todos os modelos de Jung, sua tipologia psicológica provou ser a mais popular. Ela tem sido amplificada de inúmeras maneiras, tanto na psicologia cognitiva quanto em vários meios comerciais – um desdobramento que o próprio Jung poderia ter achado bastante questionável, dada sua profunda desconfiança do "espírito do tempo". A Tipologia de Myers--Briggs (MBTI – Myers-Briggs Type Indicator), publicada pela primeira vez em 1943 por Katharine Briggs e Isabel Myers, e baseada no trabalho de Jung, ainda é muito utilizada na área de orientação vocacional, bem como na análise de personalidade e em aconselhamentos conjugais, apesar das inúmeras críticas à sua exatidão e eficácia.⁵⁵ Desde 1977, o *Journal of Psychological Type* tem oferecido uma sequência constante de artigos sobre o assunto, e o Center for Applications of Psychological Type, organização que promulga, em dias atuais, os indicadores de tipos, oferece em seu *website* uma cartilha "rápida e fácil" a respeito dos arquétipos, cujas brevidade e simplicidade trazem à mente o All-England Summarize Proust Competition do Monty Python*. Tornou-se também lugar-comum nos textos modernos de astrologia aplicar a teoria de Jung aos quatro tipos funcionais psicológicos para os elementos astrológicos, oferecendo interpretações desses elementos com base nas descrições de Jung.⁵⁷

---

* Campeonato Inglês de Resumir Proust. (N. da T.)

Sem dúvida, os elementos astrológicos foram importantes na avaliação de Jung sobre o horóscopo natal dos pacientes, como indicam seus comentários sobre a srta. X. Esses elementos também são relevantes para os personagens que Jung encontrou nas visões que registrou no *Liber Novus*, já que essas figuras são descritas em termos de elementos particulares: o Vermelho, por exemplo, usa "roupas vermelho-fogo".[58] Os elementos, e suas qualidades aristotélicas concomitantes de quente ou frio, úmido ou seco, são também um aspecto essencial de pano de fundo ou cenário paisagístico em que os personagens do *Liber Novus* aparecem. Essa é a "composição de lugar" descrita nos *Exercícios Espirituais* de Santo Inácio de Loyola, uma obra do século XVI que foi de considerável importância para Jung.[59] No *Liber Novus*, o anacoreta Ammonius, por exemplo, aparece em uma paisagem desértica quente e seca, embora ele mesmo seja descrito como seco e frio: em termos aristotélicos, ele é uma figura terrestre que habita, e que é dependente de, uma paisagem de fogo.[60] Esses tipos de associação de elementos do *Liber Novus* são discutidos em mais detalhes no *Astrologia Oculta no Livro Vermelho de Carl G. Jung*.

Os textos astrológicos e alquímicos da Antiguidade Tardia, medieval e do início da modernidade da biblioteca de Jung forneceram-lhe uma rica matriz de especulações sobre os quatro elementos. A primeira evidência textual existente dos elementos aparece nos escritos do filósofo Empédocles, no século V AEC. Mas, apesar da declaração de Jung de que Empédocles "tentou impor a ordem no caos dos fenômenos naturais dividindo-os em quatro elementos",[61] o próprio Empédocles se referiu a eles como "raízes" em vez de "elementos". São divindades, não substâncias, e geram as "formas e cores de todas as coisas mortais".[62] Platão foi o primeiro a chamá-los de "elementos" (*stoicheia*), posteriormente à palavra grega para as letras do alfabeto; letras do grego antigo, como hebraico, eram idênticas aos números, e o número, para Platão, provia a base arquetípica de todas as coisas.[63] Para Jung, também, os números eram arquetípicos, existentes tanto dentro como fora da psique humana:

Não se sabe se os números foram descobertos ou inventados. Acho que a contagem, ou seja, a utilização de números, foi inventada; entretanto, os números foram encontrados dentro e fora de nós. Os números são como arquétipos, *que estão tanto fora quanto dentro*.[64]

No segundo século EC, o astrólogo Cláudio Ptolomeu, embora não tenha usado o termo "elemento", adotou as associações de Aristóteles de quente, frio, úmido e seco em relação aos elementos, as quais são todas mesclas dos quatro atributos: a Terra é seca e fria; o Fogo é seco e quente; a Água é úmida e fria; e o Ar é úmido e quente,[65] sendo que os temperamentos associados aos quatro elementos astrológicos refletem essas qualidades em termos caracterológicos e fisiológicos.[66] Vettius Valens, um contemporâneo mais jovem de Ptolomeu, cujo trabalho, assim como o de Ptolomeu, era familiar a Jung,[67] foi o primeiro astrólogo a atribuir os elementos a quatro grupos de três signos zodiacais, cada um chamado de "triplicidades" ou "trigons". Segundo Valens, o elemento Fogo compreende a triplicidade de Áries, Leão e Sagitário; Terra, a triplicidade de Touro, Virgem e Capricórnio; Ar, a triplicidade de Gêmeos, Libra e Aquário; e Água, a triplicidade de Câncer, Escorpião e Peixes.[68] Essa ideia de triplicidades astrológicas provou ser uma tradição bastante longeva, reaparecendo em textos astrológicos medievais e do início da modernidade, e eventualmente em trabalhos de astrólogos modernos que forneceram o conteúdo com o qual Jung aprendeu a delinear e a ler, pela primeira vez, os horóscopos natais.[69] Em sua descrição dos tipos funcionais – pensamento, sentimento, sensação e intuição[70] –, Jung não os designou de modo explícito para os quatro elementos, Ar, Água, Terra e Fogo, embora tenha deixado claro em *Tipos Psicológicos* que acreditava existir essa correlação:

> Desde os primeiros tempos foram feitas tentativas de classificar as pessoas de acordo com os tipos, e assim colocar ordem no caos. As mais antigas tentativas conhecidas por nós foram feitas por astrólogos orientais, que conceberam as assim chamadas triplicidades

dos quatro elementos – Ar, Água, Terra e Fogo [...]. De acordo com essa visão antiquíssima, os que nascem nessas triplicidades compartilham dessa natureza de ar ou de fogo e terão um temperamento e destino correspondentes.[71]

Jung também se referiu às teorias de Cláudio Galeno (129-216 EC), médico-cirurgião e astrólogo, cujos quatro "temperamentos", derivados do médico Hipócrates, do século V AEC, equiparavam o elemento Ar ao temperamento sanguíneo; a Água ao fleumático; o Fogo ao colérico; e a Terra ao melancólico. Jung declarou que Galeno merecia "o crédito por ter criado uma classificação psicológica de seres humanos que já perdurava por dois mil anos".[72] A insistência de Jung de que os quatro elementos da astrologia haviam proporcionado a forma mais primitiva de tipologia pode ser contestada; tem-se argumentado que as teorias de temperamento não começaram com a astrologia, mas, sim, que a astrologia as tomou da filosofia e da medicina.[73] Entretanto, o que é relevante no contexto da astrologia de Jung é aquilo em que ele mesmo acreditava, e ele parece ter corroborado sua teoria da história antiga implícita nos quatro tipos funcionais com a suposição de que a astrologia havia fornecido o primeiro modelo para eles.

A comparação entre descrições de Jung dos tipos funcionais e descrições dos elementos fornecidas por textos astrológicos contemporâneos oferece uma pista para um dos caminhos, possivelmente o primeiro, pelo qual Jung chegou à sua tipologia. Alan Leo, cujo trabalho foi publicado mais de uma década antes de Jung escrever *Tipos Psicológicos*, descreveu o elemento Ar como "a mente superior", relacionada a "extensão e expansão"; os signos de Ar abstraem a "essência" de situações e objetos externos e relacionam essa essência a um "ideal".[74] Para Jung, a função pensamento é um "processo intelectual" que começa com a percepção dos objetos, "tentando sujeitá-los a uma ideia subjetiva".[75] Leo descreveu o elemento Terra como "o corpo denso do homem", representando "solidez e estabilidade"; a Terra é o "plano de ação, conservação de energia, e forças concentradas". Virgem, como um dos signos de Terra, reflete o poder de "interpretar as sensações de forma mais ou menos correta".[76] Para Jung, a função sensação, como percepção dos sentidos, é inteiramente dependente da evidência da realidade material:

> Como a sensação é, sobretudo, condicionada pelo objeto, os objetos que excitam as sensações mais fortes serão decisivos para a psicologia do indivíduo [...]. Objetos são valorizados na medida em que excitam as sensações e, na medida em que se encontrem dentro do poder da sensação, são plenamente aceitos na consciência se compatíveis ou não com julgamentos racionais. O único critério de seu valor é a intensidade da sensação produzida por suas qualidades objetivas.[77]

A elaboração de Jung do elemento astrológico Terra, incluída em um ensaio que escreveu em 1928 sobre o papel dos suíços na Europa, não foi plenamente elogiosa.[78] Tampouco suas descrições dos tipos psicológicos tiveram o intuito da bajulação; e seu retrato dos signos de Terra, que lembra as descrições que ele fez da função sensação, seguiu com fidelidade as interpretações oferecidas pelos astrólogos, desde Ptolomeu a Alan Leo, em termos de qualidades de caráter associadas a esse elemento "seco" e "frio".

> Desde tempos antigos, o signo astrológico da Suíça era ou Virgem ou Touro; ambos são signos de Terra, um indício seguro de que o caráter terreno dos suíços não havia escapado aos antigos astrólogos. Com base nessa ligação dos suíços com a terra vem todas as suas qualidades, tanto ruins quanto boas: o pragmatismo, a visão limitada, a não espiritualidade, a parcimônia, solidez, teimosia, antipatia por estrangeiros, desconfiança, assim como aquele horrível *Schwitzerdütsch** e a recusa em ser incomodado, ou, para colocar em termos políticos, sua neutralidade.[79]

---

* Literalmente Suíço-Alemão. Nome coletivo para os dialetos alemães falados na Suíça de língua alemã. (N. do E.)

De acordo com esse modelo, a paciente de Jung, srta. X, nascida com "quatro signos de Terra"*, estava inerentemente inclinada a se relacionar com a vida pela função sensação bem adaptada, focada no particular, não no geral, bem como no nível concreto da existência, em vez de no significado oculto ou em relação a ideias mais amplas. Com "nenhum signo de Ar" – ou seja, nenhum planeta colocado em algum dos três signos de Ar no nascimento –, sua função pensamento, embora capaz de exibir alto grau de inteligência, era menos consciente e, portanto, menos adaptada; em decorrência, mais vulnerável ao domínio das inclinações críticas, opinativas e divisórias do *animus* inconsciente, exacerbada por uma configuração desagradável de Lua-Mercúrio que Jung descreveu em sua enigmática nota de rodapé.[80] A divisão de Jung dos tipos funcionais em polaridades – expressões extrovertidas e introvertidas de cada função – não corresponde à divisão tripartite de Alan Leo de cada elemento, no que é conhecido na astrologia como quadruplicidades: "cardinais" (iniciadoras), "fixas" (estabilizadoras) e "mutáveis" (interpretativas e adaptáveis).[81] Mas tanto Leo quanto Jung postularam, para cada um dos quatro tipos de personalidade, uma variedade de modos de percepção e ação dentro de determinada esfera de experiência. Ambos também insistiram que o tipo funcional, ou elemento, necessita ser considerado em relação a outros fatores da personalidade individual, a fim de ser devidamente compreendido e, se necessário, integrado com mais plenitude à consciência por um esforço deliberado. Ambos, em outras palavras, compreenderam suas tipologias como algo dinâmico, flexível e evolutivo, em vez de estático e imóvel.

Planetas e complexos

A segunda ideia expressa na descrição de Jung da composição astrológica da srta. X se relaciona com seu entendimento de que as configurações

---

* Aqui, a frase se refere a quatro planetas em signos de Terra. (N. da T.)

planetárias – os "deuses planetários" em relação dinâmica entre si – simbolizam complexos inconscientes, expressos imaginariamente por narrativas míticas que retratam de forma simbólica a estrutura e a teleologia desse complexo. O *animus*, de acordo com Jung, personifica o aspecto masculino inconsciente da psique feminina e, no horóscopo natal da srta. X, é simbolizado, em parte, pelo planeta Mercúrio, que ameaça as qualidades femininas instintivas da Lua pela tensão do ângulo difícil entre eles. Essa tensão é, por sua vez, exacerbada pela qualidade pouco sofisticada da função pensamento da srta. X.[82] Visto dessa maneira, um complexo inconsciente não é o produto nem de eventos traumáticos da infância nem de impulsos instintivos reprimidos; é inerente e arquetípico, embora suas expressões sejam matizadas tanto pelas circunstâncias quanto por escolhas conscientes.

Na época em que Jung escreveu *Psicologia do Inconsciente*, sua compreensão dos complexos havia se desviado radicalmente de pontos de vista anteriores, propostos por Freud e seus predecessores.[83] Freud compreendia os complexos como ancorados nos impulsos instintivos; no modelo freudiano, o complexo (e, em particular, o complexo de Édipo) é o principal fator na dinâmica psíquica. O mito é secundário: uma poética e, ao mesmo tempo, expressão sublimada dos impulsos instintivos reprimidos por causa de tabus sociais. Os mitos podem, portanto, ser analisados em termos intelectuais e "reduzidos" a tabus sociais de conflitos sexuais inconscientes.[84] Assim, quando Édipo, inadvertidamente, assassina seu pai Laio e se casa com a mãe Jocasta, a narrativa mítica é "meramente" um retrato poético do desejo inconsciente que cada filho tem de destruir o pai para obter a posse sexual da mãe. Subjacente ao mítico Édipo está o "complexo de Édipo".

Para Freud, assim como para seus predecessores, o complexo é sempre patológico, porque envolve uma repressão de fortes impulsos instintivos que resulta em conflito e sofrimento psíquico. Os complexos não são "normais", muito menos criativos ou indícios de uma teleologia significativa, e devem ser superados:

> Eles [neuróticos] adoecem com os mesmos complexos contra os quais nós, pessoas saudáveis, também lutamos. A única diferença é que as pessoas saudáveis sabem como superar esses complexos sem nenhum grande dano demonstrável na vida prática, enquanto nos casos neuróticos a supressão dos complexos é bem-sucedida somente à custa de dispendiosas formações substitutivas.[85]

Jung, ao contrário, em certo momento, chegou a compreender que por trás do "complexo de Édipo" está o próprio Édipo – não como realidade histórica, mas como o retrato imaginário de uma energia psíquica dinâmica da qual o impulso sexual representa apenas uma dimensão. A destruição do pai por Édipo e a união com sua mãe poderiam, nesse contexto, refletir não apenas um desejo incestuoso proibido e literal, mas também um desejo humano fundamental de quebrar o poder do ego racional (o pai) para fundir-se com, e ser transformado por, as profundezas do inconsciente (a mãe) – processo interior que constitui o tema principal do *Liber Novus*.[86] Os complexos, tal como Jung desenvolveu a ideia pela primeira vez em 1912 em *Psicologia do Inconsciente*, são as expressões psíquicas da libido, as quais não se limitam apenas aos desejos edípicos proibidos. Os complexos fazem parte de processos de vida fundamentais, psíquicos e espirituais, bem como instintivos, e não são meros produtos da repressão do instinto sexual. Seu poder compulsivo e muitas vezes destrutivo surge não de sua malignidade inata, mas do que Jung percebeu como o fracasso do indivíduo em reconhecer e integrar sua teleologia mais profunda:

> Pois, se ele permite que sua libido fique presa em um meio infantil, e não a liberta para fins superiores, ele cai sob o feitiço da compulsão inconsciente. Onde quer que esteja, o inconsciente então recriará o meio infantil projetando seus complexos, reproduzindo, assim, tudo de novo, e desafiando seus interesses vitais, a mesma dependência e falta de liberdade que antes caracterizou seu relacionamento com os

pais. Seu destino não está mais nas próprias mãos: seu Τυχαι και Μοιραι (fortunas e destinos) caem das estrelas.⁸⁷

Para Jung, o mito veio primeiro. Tal como sugeriu na Universidade de Fordham em 1912, os mitos emergem das projeções de padrões psíquicos fundamentais sobre os céus, que proporcionam um excelente "gancho", porque espelham em resposta os mesmos padrões por meio das qualidades do tempo. Esses padrões se dão "tanto fora quanto dentro". O Sol nasce de uma escuridão desconhecida todas as manhãs e mergulha de volta na escuridão à noite; o ser humano emerge de uma escuridão desconhecida ao nascer e retorna a essa escuridão desconhecida na morte, com a esperança de que, assim como o Sol, alguns fragmentos imortais sobreviverão à morte e renascerão de alguma maneira, em algum tempo, em algum lugar.

O mito encarna, assim, o complexo em forma imaginária. Complexo e mito são a mesma coisa: o primeiro é vivenciado como compulsão psíquica, e o segundo, como uma imagem psíquica que pode, por si só, facilitar a consciência e a transformação da compulsão. A expressão individual do complexo, por sua vez, segue canais específicos moldados por uma sucessão única de experiências pessoais e pelas respostas a essas experiências; mas as próprias respostas estão enraizadas no temperamento inerente. A tipologia e o complexo estão, portanto, intimamente relacionados. Jung acreditava que o coletivo também tem complexos, assim como as religiões, assim como os ciclos da história. Tudo o que tem vida e dinamismo está, assim, "fadado" pela natureza de seus complexos, os quais são padrões inerentes percebidos pela psique humana como narrativas míticas que determinam tanto o caráter quanto o destino. Estudos de possessão demoníaca, o fenômeno de múltiplas personalidades, transes mediúnicos, rituais xamânicos, exorcismo, transes de cura hipnóticos, escrita automática e visões em cristais contribuíram para a crescente apreciação de Jung dos conteúdos do complexo inconsciente como mítico e transpessoal em vez de pessoal e patológico.⁸⁸ E, para Jung, os arquétipos que estão no cerne de cada complexo são simbolizados por deuses planetários:

> A viagem pelas casas planetárias [...] significa, portanto, a superação de um obstáculo psíquico, ou de um complexo autônomo, devidamente representado por um deus ou demônio planetário.[89]

Transformação e individuação

A terceira ideia implícita na análise de Jung sobre o horóscopo natal da srta. X é a possibilidade de transformação. Os complexos, assim como os destinos planetários, são negociáveis em seu nível de expressão, se não em sua essência. Se Jung não acreditasse na possibilidade de mudança, não teria aceitado a srta. X como paciente, nem se referido ao "perigo" do *animus* em vez de a um destino irrevogável. "Perigo" sugere que algo pode ser mitigado ou evitado, desde que haja conhecimento e percepção suficientes; o breve comentário de Jung sobre Mercúrio em um aspecto de quadratura em relação à Lua não é descrito como um evento preordenado, mas como uma dinâmica psicológica passível de intervenção consciente. A ideia de um processo de desenvolvimento iniciado pela própria psique inconsciente – a transformação do instinto em "propósitos superiores" pelo poder dos símbolos – fornece o tema central de *Transformações*, fazendo eco a uma afirmação seminal feita por Jâmblico no século III EC: são os próprios deuses, por vontade própria e por meio dos próprios símbolos, que se encarregam do ritual teúrgico e realizam a transformação da alma individual.[90] Essa ideia está intimamente ligada ao conceito de "individuação" de Jung, que ele definiu como o processo interno pelo qual um indivíduo pode alcançar a plena integração de sua personalidade inerente e única:

> Individuação significa tornar-se um "in-divíduo" e, na medida em que a "individualidade" inclui nossa singularidade mais íntima,

última e incomparável, implica também tornar-se o próprio eu. Poderíamos, portanto, traduzir individuação como "chegar à individualidade" ou à "autorrealização".[91]

Mas esse processo não pode ser alcançado somente pelo poder da vontade consciente; depende da cooperação do inconsciente ou, em termos do que foi dito por Jâmblico, dos próprios deuses.

Jung associou a individuação a um grau de liberdade psicológica, mais uma vez comparando o desdobramento do processo com o mito da jornada da alma pelas esferas planetárias:

> A jornada pelas casas planetárias se resume a tomar consciência das boas e más qualidades de nosso caráter, e a apoteose não significa mais do que a máxima consciência, o que equivale à máxima liberdade da vontade.[92]

Liberdade "máxima", deve-se notar, não é o mesmo que liberdade completa. Comentando a jornada planetária da alma tal como descrita em um romance do final do século XV por Francesco Colonna, intitulado *Hypnerotomachia Poliphili* (*Batalha de Amor em Sonho de Polifilo*), Jung observou que o autor criou um documento psicológico que é "um exemplo perfeito do curso e do simbolismo do processo de individuação".[93] Parece, levando em conta a analogia de Jung da jornada celestial da alma com o processo de individuação, que ele entendeu o horóscopo natal não apenas como um mapa psicológico de caráter e complexos, mas também como uma narrativa significativa ou, na verdade, uma jornada mítica pessoal. Essa jornada se desdobra ao longo do tempo por uma sequência de experiências de vida relacionadas em termos de sentido por um princípio organizador central, entendido como *Self*, e se move em direção à experiência de uma personalidade integrada e uma vida significativa.

Na visão de Jung, enquanto esse processo ocorre com naturalidade em todos os seres humanos e é iniciado pela própria psique inconsciente, técnicas de trabalho analítico, como a imaginação ativa, aprofundam e aperfeiçoam o processo,[94] tornando possível para um indivíduo como a srta. X lidar com o "perigo proveniente do *animus*" de forma consciente e mais criativa. Jung nunca sugeriu que a srta. X pudesse substituir seu horóscopo natal por um diferente. Mas ele parece ter desenvolvido a convicção de que a relação entre a consciência e o reino arquetípico precisava se tornar um diálogo, não um monólogo, e que participar do diálogo com a receptividade apropriada poderia afetar tanto o indivíduo quanto os misteriosos padrões arquetípicos que constituem o destino individual.

Astrologia e alquimia

Nos anos seguintes à conclusão do *Liber Novus*, as declarações de Jung sobre astrologia tornaram-se mais frequentes em suas correspondências, palestras e nos trabalhos publicados. Enquanto ele continuava a formular sua experiência astrológica com termos como "sincronicidade", que ele esperava ser aceitáveis para uma comunidade científica, também aprofundava sua compreensão da relação da astrologia com outras esferas liminares, em particular a alquimia, cujo simbolismo, do mesmo modo, proveu-lhe um modelo do processo de individuação. Jung insistiu que a astrologia e a alquimia sempre estiveram entrelaçadas:

> As figuras alquímicas, em especial os deuses dos metais, devem ser sempre considerados também astrologicamente [...]. Os símbolos alquímicos estão saturados de astrologia.[95]

Em outro ensaio, ele sugeriu, escrevendo como astrólogo, que tanto o conhecimento de mitologia quanto o de alquimia eram necessários para a interpretação psicológica dos indicadores astrológicos:

A alquimia é inconcebível sem a influência de sua irmã mais velha, a astrologia, e as declarações destas três disciplinas [mitologia, alquimia, astrologia] devem ser levadas em consideração em qualquer avaliação psicológica dos luminares [Sol e Lua].[96]

Essa relação íntima se baseia na ideia de que a astrologia e a alquimia, e os mitos que as acompanham, apresentam o processo de individuação de forma simbólica. A astrologia, assim como a alquimia, está "incessantemente empenhada em preservar a ponte para [...] a psique inconsciente"; a astrologia "levou a mente consciente de volta ao conhecimento do Heimarmene, ou seja, à dependência de caráter e destino em certos momentos no tempo".[97] A fusão do simbolismo alquímico com o de sua "irmã mais velha", a astrologia, levou Jung a perceber um paralelo impressionante entre as etapas da obra alquímica, os retratos gnóstico, neoplatônico e hermético da jornada da alma através das esferas planetárias e o caminho sinuoso pelo qual a psique individual atinge a integração e a plenitude.

> Astrologicamente [...] esse processo [alquimia] corresponde a uma ascensão pelos planetas, desde o escuro, frio e distante Saturno até o Sol [...]. A ascensão pelas esferas planetárias significava, portanto, algo como um desdobramento das qualidades caracterológicas indicadas pelo horóscopo natal [...]. Qualquer pessoa que tenha passado por todas as esferas está livre da compulsão; ela ganha a coroa da vitória e transforma-se em algo como um deus.[98]

Em anos posteriores, Jung manteve a insistência de que a astrologia poderia ser de imenso valor para a psicologia. Em uma carta ao astrólogo indiano Bangalore Venkata Raman, escrita em 1947, ele declarou:[99]

> Como sou psicólogo, estou interessado, sobretudo, na luz particular que o horóscopo natal lança sobre certas complicações do caráter. Em casos de diagnóstico psicológico difícil, costumo lançar

mão de um horóscopo natal para ter outro ponto de vista, de um ângulo totalmente diferente. Devo dizer que, muitas vezes, descobri que os dados astrológicos elucidavam certos pontos que, de outra forma, eu não teria sido capaz de entender. Com base nessas experiências, formei a opinião de que a astrologia é de particular interesse para o psicólogo.[100]

Os deuses planetários, de acordo com Jung, são símbolos dos dominantes arquetípicos do inconsciente coletivo, presentes em cada psique humana, mas, de acordo com o momento específico do nascimento, surgem no indivíduo como um padrão único de inter-relações que representam "um momento exato no colóquio dos deuses, o que significa dizer os arquétipos psíquicos". Jung sugeriu a André Barbault que esses padrões eram "expressos de maneira reconhecível no horóscopo natal", embora estejam igualmente presentes na própria vida.[101] A ideia de que a astrologia é mera projeção humana sobre um céu inanimado – a compreensão de Frazer do mito como má ciência – tinha, para Jung, sido suplantada havia muito tempo, se é que em algum momento ele tenha pensado desse modo, para começo de conversa.

Notas

1. Alan Leo, *The Progressed Horoscope* (Londres: Modern Astrology Office, 1905), p. iii.
2. Jung, *Modern Psychology*, vol. 5-6, p. 120.
3. Patrick Curry, "Astrology", em Kelly Boyd (org.), *The Encyclopedia of Historians and Historican Writing* (Londres: Fitzroy Dearborn, 1999), pp. 55-57.
4. Para astrologia no *fin de siècle*, ver Nicholas Campion, *A History of Western Astrology*, vol. 2 (Londres: Continuum, 2009), pp. 229-39. Para a história da astrologia britânica durante essa época, ver Patrick Curry, *A Confusion of Prophets* (Londres: Collins & Brown, 1992).

5. Entre os astrólogos alemães que escreveram durante a década de 1920 e se encontram na biblioteca de Jung, estão: Karl Brandler-Pracht, Adolph Drechsler, A. Frank Glahn, Alexander von Steiger e H. von Klöckler. Para Brandler-Pracht e Von Klöckler, ver Ellic Howe, *Urania's Children* (Londres: William Kimber, 1967), pp. 81-83 e 99-100. Para Dreschler, ver James H. Holden, *A History of Horoscopic Astrology* (Tempe, AZ: American Federation of Astrologers, 1996), p. 256. Nenhum desses astrólogos tinha publicado livros durante o período inicial dos estudos de Jung.
6. Howe, *Urania's Children*, p. 95.
7. Para a história da Sociedade Teosófica, ver Bruce F. Campbell, *Ancient Wisdom Revived* (Berkeley: University of California Press, 1980). Para a história da Aurora Dourada, ver Robert A. Gilbert, *The Golden Dawn Scrapbook* (Slough: Quantum, 1997). Para o contexto social, ver Alex Owen, *The Place of Enchantment* (Chicago: University of Chicago Press, 2004).
8. Para o uso da magia astral nos rituais da Aurora Dourada e a literatura produzida pelos membros dessa Ordem, ver Liz Greene, *Magi e Maggidim* (Lampeter: Sophia Centre Press, 2012), pp. 244-73, e as referências aí mencionadas.
9. Para astrologia horoscópica na Aurora Dourada, ver J. W. Brodie-Innes *et al.*, *Astrology of the Golden Dawn*, org. por Darcy Küntz (Sequim, WA: Holmes Publishing Group, 1996).
10. Para uma discussão completa, ver os Capítulos 2 e 3. Jung estava familiarizado com o trabalho de vários membros da Aurora Dourada e seus grupos separatistas, entre eles A. E. Waite, Algernon Blackwood, Arthur Machen e Israel Regardie.
11. Ver Capítulo 4. Mead parece ter se envolvido com magia cabalística; ver Greene, *Magi e Maggidim*, pp. 289-92.
12. C. G. Jung, Carta a André Barbault, 26 de maio de 1954, em Jung, *C. G. Jung Letters*, vol. 2, pp. 175-77. Para a perspectiva psicológica de Barbault, ver André Barbault, *De la psychanalyse à l'Astrologie* (Paris: Seuil, 1961); André Barbault, "L'astrologia, psicologia del profondo dell'antichità", *Ricerca '90* 48 (2001), pp. 105-13.
13. Os grupos de formação analítica variam nas atitudes em relação à astrologia de Jung. O Instituto C. G. Jung, em Zurique, tem realizado cursos de astrologia por muitas décadas, e nos últimos anos a Associação de Analistas Junguianos, em Londres, tem oferecido seminários sobre astrologia e sincronicidade. A Sociedade de Psicologia Analítica de Londres, ao contrário, nunca incluiu a astrologia como parte de seu currículo.

14. Ver Jung, "Synchronicity", CW8, pars. 816-968; Jung, "On Synchronicity", CW8, pars. 969- 997; Jung, "On Synchronicity", CW18, pars. 1193-1212.
15. C. G. Jung, Carta a Michael S. Fordham, 15 de dezembro de 1954, Wellcome Library, Londres, PP/FOR/C.1/1/2:Box 7. Todas as cartas citadas entre Fordham e Jung pertencem a esse arquivo de materiais.
16. C. G. Jung, Carta a Michael J. Fordham, 9 de novembro de 1954.
17. C. G. Jung, Carta a Michael J. Fordham, 20 de outubro de 1954.
18. A correspondência de Jung com Fordham foi amigável. Fordham foi solícito ao sugerir que Liliane Frey, que colaborou com Jung no "experimento astrológico", poderia escrever um breve prefácio delineando as tradições astrológicas implícitas no experimento (Michael S. Fordham, carta para C. G. Jung, 20 de outubro de 1954). Ele também garantiu a Jung que, embora não pudesse "falar com certo ar de autoridade sobre esse difícil tópico", sabia o que era um horóscopo natal (Michael S. Fordham, carta a C. G. Jung, 10 de janeiro de 1955). Isso se confirma por um horóscopo natal feito para Fordham no estilo alemão por uma mão desconhecida, acompanhado de uma análise datilografada, usando tanto linguagem técnica astrológica quanto termos junguianos como "possessão da *anima*" (Wellcome Library PP/ FOR/A.4). Esse horóscopo natal não tem data nem assinatura. Não foi feito por Jung; é provável que Fordham o tenha solicitado a um astrólogo suíço ou alemão, mas optado por não mencioná-lo a Jung.
19. Ira Progoff, carta a Cary F. Baynes, 18 de maio de 1953, cortesia de Sonu Shamdasani.
20. Para a opinião de Jung sobre *Heimarmene*, ver Capítulo 5.
21. Andrew Samuels, *Jung and the Post-Jungians* (Londres: Routledge & Kegan Paul, 1985), p. 123.
22. Ver Segal (org.), *The Gnostic Jung*, pp. 3-52.
23. Para a alegoria grega, ver Peter T. Struck, *Birth of the Symbol* (Princeton, NJ: Princeton University Press, 2004). Para textos órficos, ver Gábor Betegh, org. e trad., *The Derveni Papyrus* (Cambridge: Cambridge University Press, 2004); W. K. C. Guthrie, *Orpheus and Greek Religion* (Londres: Methuen, 1952). Para interpretações cristãs da Cabala como "prefiguração" da doutrina trinitária cristã, ver Joseph Dan (org.), *The Christian Kabbalah* (Cambridge, MA: Harvard University Press, 1997).
24. Ver Nicholas Campion e Nick Kollerstrom (orgs.), "Galileo's Astrology", *Culture and Cosmos* 7:1 (2003).

25. Jung pode ter começado suas explorações astrológicas ainda antes. Ele adquiriu uma edição original do ensaio de Alan Leo sobre o planeta Marte, que apareceu em 1910 na revista de Leo, *Modern Astrology*. Mais tarde, Leo publicou esse material em forma de livro: *Mars the War Lord* (Londres: L. N. Fowler, 1915). Jung também comprou essa obra, um indício de que havia adquirido a versão anterior, quando foi publicada pela primeira vez.
26. *The Freud-Jung Letters*, org. por William McGuire, trad. Ralph Manheim e R. F. C. Hull (Londres: Hogarth Press/Routledge & Kegan Paul, 1977), 254J, p. 421.
27. *Freud-Jung Letters*, 255F, p. 422.
28. *Freud-Jung Letters*, 259J, p. 427.
29. Ver Wilhelm Fliess, *Der Ablauf des Lebens* (Leipzig: F. Deuticke, 1906). Para a "vital periodicidade" de Fliess – embora sem nenhuma menção específica à astrologia –, ver Frank J. Sulloway, *Freud, Biologist of the Mind* (Cambridge, MA: Harvard University Press, 1992), pp. 152-58.
30. Sigmund Freud, Carta a Wilhelm Fliess, 9 de outubro de 1896, em Jeffrey Moussaieff Masson (org. e trad.), *The Complete Letters of Sigmund Freud to Wilhelm Fliess, 1887-1904* (Cambridge, MA: Harvard University Press, 1985), p. 200. Ver também Nicholas Campion, "Sigmund Freud's Investigation of Astrology", *Culture and Cosmos* 2:1 (1998), pp. 49-53; Frank McGillion, "The Influence of Wilhelm Fliess' Cosmology on Sigmund Freud", *Culture and Cosmos* 2:1 (1998), pp. 33-48.
31. Jung, *MDR*, p. 173.
32. Jung, *MDR*, p. 175.
33. Jung, *Wandlungen und Symbole der Libido* (Leipzig: Dueticke Verlag, 1912). A primeira tradução inglesa, *Psychology of the Unconscious*, surgiu em 1917 e foi revisada e reeditada como Jung, CW5, em 1956. Citações da edição de 1917 serão referidas adiante como *Psychology of the Unconscious*.
34. Jung, *Introduction to Jungian Psychology*, p. 27.
35. Ver Jung, *Psychology of the Unconscious*, pp. 77-86.
36. O conceito de elã vital de Bergson influenciou bastante a compreensão de Jung sobre a libido. Jung adquiriu uma tradução alemã da obra de Bergson, *L'energie spirituelle* (Paris: Librairie F. Alcan, 1919), e se refere ao elã vital com frequência nos *Collected Works*; ver Jung, CW3, par. 418; Jung, CW4, par. 568; Jung, CW6, par. 540; Jung, CW8, par. 55. Jung acusou Bergson de "criptomnesia", insistindo em que Bergson tivesse, de modo inconsciente, extraído sua ideia do *durée créatrice* do neoplatônico Plotinus; ver Jung, *Visions Seminars*,

vol. 2, p. 325. É mais provável que a ideia tenha vindo dos conhecimentos hassídicos de Bergson; ver Ben-Ami Scharfstein, *The Roots of Bergson's Philosophy* (Nova York: Columbia University Press, 1943).

37. Jung, *The Visions Seminars*, vol. 2, p. 325.
38. Jung, *The Visions Seminars*, vol. 1, p. 44.
39. Platão,*Timeu*, 37c-e.
40. Jung, *The Visions Seminars*, vol. 1, p. 175-76.
41. Jung, *The Visions Seminars*, vol. 1, pp. 39-40.
42. Ver Sonu Shamdasani, "Introdução: Nova York, 1912", em Sonu Shamdasani (org.), *Jung contra Freud* (Princeton, NJ: Princeton University Press, 2011), pp. vii-xxi; John Ryan Haule, "Freud and Jung: A Failure of Eros", *Harvest* 39 (1993), pp. 147-58.
43. Para a descrição de Jung de sua viagem à América com Freud, veja suas cartas a Emma em Jung, *MDR,* pp. 400-04.
44. Jung, "Versuch einer Darstellung der psychoanalytischen Theorie", em *Jahrbuch für psycho-analytische und psychopathologische Forschungen*, V (Viena e Leipzig, 1913); Jung, "The Theory of Psychoanalysis", *The Psychoanalytic Review* (Nova York), I (1913-14), pp. 1-4, e II (1915), p. 1.
45. Jung, CW4, par. 477.
46. A Universidade Fordham foi fundada pela Diocese Católica de Nova York em 1841 e colocada aos cuidados dos jesuítas logo depois. Embora se trate de uma universidade de pesquisa independente, o atual conselho de curadores a descreve como "de tradição jesuíta".
47. Ver o épico babilônico *Enuma Elish*, no qual a divindade solar Marduk molda os céus e as constelações zodiacais a partir do corpo de sua mãe assassinada, Tiamat, e as frases iniciais do Gênesis, nas quais as primeiras criações de Deus são o Sol e a Lua.
48. Robert A. Segal, "Jung's Very Twentieth-Century View of Myth", *Journal of Analytical Psychology* 48 (2003), pp. 593-617, na p. 593.
49. "Zur Empirie des Individuationsprozesses" foi publicado pela primeira vez no *Eranos-Jahrbuch*, em 1934, e publicado em inglês como Jung, *The Integration of the Personality*, trad. Stanley Dell (Nova York: Farrar & Rinehart, 1939; Londres, 1940). A versão publicada na CW9i é, de acordo com Jung, "completamente revisada e ampliada".

50. A "srta. X" foi Kristine Mann (1873-1945), médica norte-americana que foi paciente de Jung entre 1921 e 1922. Ver Thomas B. Kirsch, *The Jungians* (Londres: Routledge, 2012), p. 65.
51. Jung, CW9i, par. 606.
52. Na época em que Jung escreveu este ensaio, Plutão havia acabado de ser descoberto e não foi incluído na avaliação de Jung. Havia, portanto, nove planetas conhecidos por ele.
53. Jung, CW9i, par. 606, n. 166. Os glifos indicam a Lua em um ângulo "de quadratura" ou a 90° de Mercúrio.
54. C. G. Jung, *Psychologische Typen* (Zurique: Rascher Verlag, 1921). O trabalho foi o primeiro publicado em inglês por Jung, *Psychological Types, or, the Psychology of Individuation*, trad. H. G. Baynes (Londres: Kegan Paul, Trench, Trubner, 1923), e reapareceu, com pouca revisão, mas com nova tradução de R. F. C. Hull, em 1959, como CW6. Ver "Nota editorial" em Jung, CW6, pp. v-vi.
55. Para o MBTI, ver Isabel Briggs Myers, *An Introduction to Type* (Oxford: Oxford Psychologists Press, 2000 [1990]). Para críticas, ver David J. Pittinger, "Measuring the MBTI... and Coming Up Short', *Journal of Career Planning and Employment* 54:1 (1993), pp. 48-52.
56. Disponível em: www.capt.org/research/psychological-type-journal.htm#. O "All-England Summarize Proust Competition", escrito por Graham Chapman, John Cleese, Eric Idle, Terry Jones, Michael Palin e Terry Gilliam, foi transmitido na TV pela BBC em 16 de novembro de 1972 como episódio 5, temporada 3, de *Monty Python's Flying Circus*.
57. Ver, por exemplo, Stephen Arroyo, *Astrology, Psychology, and the Four Elements* (Davis, CA: CRCS, 1975).
58. Jung, *Liber Novus*, p. 275. Para mais informações sobre o Vermelho, ver Liz Greene, *The Astrological World of Jung's Liber Novus* (Londres: Routledge, 2018), Capítulo 1.
59. Ver Capítulo 2.
60. Jung, *Liber Novus*, pp. 267-73.
61. Jung, CW6, par. 960.
62. Empédocles, frag. 71, citado em John Burnet, *Early Greek Philosophy* (Londres: A&C Black, 1920), pp. 215-16. Jung citou Empédocles com frequência: ver Jung, CW8, par. 55; Jung, CW9ii, par. 35; Jung, CW11, pars. 62, 93, 104, 246; Jung, CW12, pars. 109, 433, 436; Jung, CW13, par. 242; Jung, CW15, par. 11.

63. Ver Platão, *Timeu*, 48b.
64. Jung, Carta a Michael J. Fordham, 20 de outubro de 1954. Itálico meu.
65. Ver Aristóteles, *On Coming-to-Be and Passing Away*, trad. Forster e Furley, em *Aristotle III* (Cambridge, MA: Harvard University Press, 1955), II:4, pp. 279-81. Para o desenvolvimento dessa ideia no trabalho de Galeno, ver Peter Brain, *Galen on Bloodletting* (Cambridge: Cambridge University Press, 1986).
66. Ver Ptolomeu, *Tetrabiblos*, I:3.27. Jung estava familiarizado com o trabalho de Ptolomeu; ver Jung, CW8, par. 869; Jung, CW9ii, par. 128 e 149; Jung, CW14, par. 576.
67. Jung cita o *Anthologiarium* de Valens em Jung, CW13, par. 412.
68. Vettius Valens, *The Anthology*, trad. Robert Schmidt (Berkeley Springs, WV: Golden Hind Press, 1993-96), Livro I, pp. 7-16.
69. Para a história inicial dos elementos, ver Dorian Gieseler Greenbaum, *Temperament* (Bournemouth: Wessex Astrologer, 2005), pp. 5-44.
70. Para descrições dos "tipos funcionais", ver Jung, CW6, pars. 556-671.
71. Jung, CW6, par. 933. "Oriental" aqui significa mesopotâmico, babilônico ou do Oriente Médio.
72. Jung, CW6, pars. 883-84.
73. Ver Greenbaum,*Temperament*, p. 47.
74. Alan Leo, *The Art of Synthesis* (Londres: Modern Astrology Office, 1912), p. 179; Alan Leo, *How to Judge a Nativity* (Londres: Modern Astrology Office, 1903), p. 14.
75. Jung, CW6, pars. 577-81.
76. Leo, *The Art of Synthesis*, pp. 177-78; Leo, *How to Judge a Nativity*, p. 14.
77. Jung, CW6, pars. 604-05.
78. C. G. Jung, "The Swiss Line in the European Spectrum", em Jung, CW10, pars. 903-24, publicado, a princípio, como "Die Bedeutung der schweizerischen Linie im Spektrum Europas", *Neue Schweitzer Rundschau* 24:6 (1928), pp. 1-11.
79. Jung, CW10, par. 914.
80. Para a propensão do *animus* para se expressar de formas críticas e discriminatórias, ver Jung, CW7, pars. 296-340; Jung, CW13, pars. 57-63; Jung, CW9ii, pars. 20-42.
81. Esta divisão compreende as "quadruplicidades" astrológicas: três grupos de quatro signos cada um voltados para a ação (cardinal), a estabilização (fixo) e

a adaptação (mutável). Cada signo zodiacal participa, assim, de um elemento (triplicidade) e de um modo de resposta (quadruplicidade). Ver Leo, *How to Judge a Nativity*, pp. 14-5.

82. Para a associação de Jung da Lua com o feminino instintivo, ver Jung, CW14, pars. 154-73; Jung, CW9i, par. 156. Para descrições das relações planetárias (aspectos) na astrologia, ver Leo, *How to Judge a Nativity*, pp. 39-67; Charles E. O. Carter, *The Astrological Aspects* (Londres: Theosophical Publishing House, 1930). Jung tinha uma obra anterior desse astrólogo em inglês, *An Encyclopaedia of Psychological Astrology* (Londres: Theosophical Publishing House, 1924).

83. Esses predecessores foram Jean-Martin Charcot (1825-93), Pierre Janet (1859-1947) e Josef Breuer (1842-1925). Para o trabalho de Charcot, ver Jean-Martin Charcot, *Clinical Lectures on Diseases of the Nervous System*, org. por Ruth Harris, trad. Por Thomas Savill (Londres: Routledge, 1991 [1886]). Para a ideia de Janet de complexos como *idées fixes,* ver Pierre Janet, *The Major Symptoms of Hysteria* (Nova York: Macmillan, 1924). Para Breuer, ver Freud e Breuer, SE2. Para o entendimento de Freud sobre complexos, ver Freud, SE7.

84. Ver Jung, CW8, pars. 194-219.

85. Freud, SE7, p.188.

86. Para essa abordagem do mito de Édipo, ver Erich Neumann, *The Origins and History of Consciousness* (Princeton, NJ: Princeton University Press, 1954). [*História das Origens da Consciência*. São Paulo: Cultrix, 2ª edição, 2022.]

87. Jung, CW5, par. 644.

88. Para trabalhos de psicólogos analíticos sobre os complexos, ver Erel Shalit, *The Complex* (Toronto: Inner City Books, 2002); Edward F. Edinger, *Ego and Archetype* (Nova York: Putnam, 1972). Para complexos em ciclos históricos e coletivos, ver Thomas Singer e Samuel L. Kimbles (orgs.), *The Cultural Complex* (Londres: Routledge, 2004); James L. Henderson, *A Bridge Across Time* (Londres: Turnstone, 1975). [*Ego e Arquétipo*. São Paulo: Cultrix, 2ª edição, 2020.]

89. Jung, CW14, par. 308.

90. Para mais informações sobre a teurgia de Jâmblico e sua importância no trabalho de Jung, ver o Capítulo 3.

91. Jung, CW7, par. 266.

92. Jung, CW14, par. 309. "Casas", neste caso, referem-se às "moradas" celestiais ou "esferas planetárias", conforme aparecem nas literaturas gnóstica e hermética.

A "apoteose" é descrita em textos como os *Poimandres* herméticos como uma experiência de ascensão além das esferas planetárias, em uma união com a divindade, resultando na transformação do indivíduo. Jung tinha a tradução de Mead de *Poimandres*: para a passagem relevante, ver G. R. S. Mead (org. e trad.), *Thrice-Greatest Hermes*, 3 vols. (Londres: Theosophical Publishing Society, 1906), II:15-16. Para uma tradução mais recente, ver Brian P. Copenhaver (org. e trad.), *Hermetica* (Cambridge: Cambridge University Press, 1992), *CH*1:25-26.

93. Jung, CW14, par. 297. Para a única tradução inglesa completa da *Hypnerotomachia*, ver Joscelyn Godwin (trad.), *Hypnerotomachia Poliphili* (Londres: Thames e Hudson, 1999). Ver também Greene, *The Astrological World of Jung's Liber Novus*, conclusão.

94. Jung, CW14, pars. 752-55.

95. Jung, CW14, pars. 311 e 353.

96. Jung, CW14, par. 222.

97. Jung, CW12, par. 40. Para uma discussão mais detalhada da compreensão de Jung sobre o *Heimarmene*, ver Capítulo 5.

98. Jung, CW14, par. 308.

99. B. V. Raman (1912-1998) foi um astrólogo indiano influente que publicou uma série de livros e artigos sobre astrologia hindu ou védica, tendo editado uma revista chamada *The Astrological Magazine*, à qual Jung fez referências em sua carta. Ver B. V. Raman, *How to Judge a Horoscope*, 2 vols. (Columbia, MO: South Asia Books, 2000).

100. C. G. Jung, Carta a B. V. Raman, 6 de setembro de 1947, em Jung, *C. G. Jung Letters*, vol. 1, pp. 475-76.

101. Jung, Carta a André Barbault, p. 176.

2 OS ASTRÓLOGOS DE JUNG

"Mas, se as estrelas anunciam o futuro [...] que explicação para a causa temos nós a oferecer? [...] Podemos pensar nas estrelas como letras perpetuamente gravadas nos céus ou inscritas em definitivo e ainda em movimento enquanto seguem com as outras tarefas que lhes são atribuídas; a essas tarefas principais sucederá a qualidade de *significante* [...]. Tudo está repleto de símbolos; o homem sábio é o homem que em qualquer coisa pode interpretar uma outra."[1]

— PLOTINO

"No símbolo, há a liberação da força humana atada que luta contra a escuridão [...]. Com certeza se pode ganhar liberdade externa por meio de ações poderosas, mas cria-se a liberdade interior somente através do símbolo. O símbolo é a palavra que sai da boca, que não apenas é falada, mas que se levanta das profundezas do *self* como uma palavra de poder e grande necessidade, colocando-se de modo inesperado na língua."[2]

— C. G. JUNG

As fontes astrológicas de Jung

As fontes astrológicas que Jung citou para consumo público nas *Obras Completas* são aquelas que os séculos passados transformaram em artefatos históricos. Entre elas, estão obras como a de Ptolomeu, *Tetrabiblos*, do século II; *De Magnis Coniunctionibus*, de Abu Ma'shar, do século IX e publicada em latim em 1515; e a de Jerome Cardan, do século XVII, *Commentaria in Ptolomaeum de Astrorum Indiciis*.[3] Jung evitou mencionar qualquer praticante de astrologia que estivesse vivo ao se referir ao assunto em sua obra publicada, exceto os autores envolvidos em pesquisas estatísticas. Embora fosse certo que os textos mais antigos lhe fornecessem importantes *insights*, é improvável que Jung tenha aprendido, de fato, a delinear um horóscopo natal com base neles; não apenas a linguagem é obscura, mas também os cálculos matemáticos, quando descritos, dependem da observação e medição reais dos céus, e não da comodidade das tabelas publicadas com as posições planetárias, conhecidas como efemérides, disponíveis à época de Jung. O desconforto de Jung em revelar a extensão e as fontes de suas investigações astrológicas parece tê-lo perseguido ao longo de toda a sua vida.

No estudo "Synchronicity: an Acausal Connecting Principle" ["Sincronicidade: Um Princípio de Conexões Acausais"],[4] Jung apresentou considerável conhecimento técnico astrológico. Ele se referia livremente aos exploradores de fenômenos psíquicos do século XX, como J. B. Rhine,[5] e reconheceu os resultados estatísticos de experimentos astrológicos realizados nas décadas de 1920 e 1930 por pesquisadores como o astrólogo suíço Karl Ernst Krafft e o astrólogo francês Paul Flambart.[6] Mas citou, para suas interpretações de horóscopo natal, apenas os "grandes nomes" da astrologia antiga, medieval e do início da modernidade, acompanhados de vários textos sobre alquimia e obras de respeitáveis filósofos – Fílon de Alexandria, Plotino, Schopenhauer –, os quais demonstravam simpatia com o assunto.[7] Não está claro nas primeiras cartas de Jung a Freud se ele estava "investigando" a astrologia – ou, para ser mais preciso, aprendendo a delinear e interpretar horóscopos natais – nos textos que havia adquirido ou se tinha um tutor particular. De acordo com o neto de Jung, Ulrich Hoerni, Jung "obteve seus conhecimentos de livros, e não de algum professor particular".[8]

Richard Noll alega que "pensa-se" que Toni Wolff ensinou astrologia a Jung, mas quem "pensou" isso não é mencionado com precisão; e, em todo caso, os estudos astrológicos de Jung antecederam seu encontro com Wolff em pelo menos dois anos.[9] Jung não mencionou nenhuma fonte para Freud, embora, mais tarde, ele tenha desfrutado de uma animada correspondência com astrólogos profissionais como Barbault e Raman. Mas, embora as *Obras Completas* incluam apenas fontes astrológicas dignas de estudo que observam um respeitável intervalo histórico, a coleção privada de livros de astrologia moderna de Jung conta outra história. Ao mesmo tempo que ele reunia trabalhos individuais publicados a partir de meados dos anos 1920 em diante por astrólogos alemães, franceses, britânicos e norte-americanos, os únicos livros na biblioteca de Jung que haviam sido publicados pouco antes de suas duas cartas a Freud, e que foram, provavelmente, fontes modernas para seus primeiros estudos, são os de três astrólogos britânicos. Desses três, apenas um forneceu interesse suficiente para que Jung adquirisse mais de uma das obras do autor.

O primeiro desses textos britânicos, uma obra intitulada *The Text-Book of Astrology*, de Alfred John Pearce (1840-1923), foi publicado originalmente em 1889 como uma série de volumes que tratavam de diversos temas astrológicos, entre eles a leitura do horóscopo natal, a interpretação de mapas nacionais e eventos políticos, astrometeorologia, astrologia médica e astrologia eletiva (a escolha do momento apropriado para iniciar um empreendimento). Essas obras menores apareceram em um único volume em 1911, a edição que Jung adquiriu. James Holden, diretor de pesquisa da Federação Americana de Astrólogos, que publicou uma reedição da obra de Pearce em 2006, comenta que o livro de Pearce é "tradicional" e "desprovido da tendência psicológica colocada em ação por seu (de Pearce) contemporâneo mais jovem, Alan Leo". Com um viés que reflete sua visão pessoal em termos do que constitui uma astrologia válida – um debate que vem sendo travado no mundo dos praticantes de astrologia há mais de dois milênios –, Holden afirma, ainda, que *The Text-Book of Astrology* "precede as complicações apresentadas pelo esoterismo [...] e interpretações psicológicas vagas".[10] Pearce era bastante antagônico a qualquer astrologia que seguisse o rastro das nuvens esotéricas, declarando de forma categórica: "Estabelecemos os limites da magia e do espiritualismo". A astrologia teosófica de Alan Leo, de acordo com Pearce, é "um absurdo supersticioso".[11]

Mas, se Pearce não estava interessado no esoterismo nem em "interpretações psicológicas vagas", parece que Jung não estava interessado em Pearce. Embora Pearce tenha escrito inúmeros outros trabalhos astrológicos, *The Text-Book of Astrology* é a única publicação desse astrólogo britânico a ser encontrada na biblioteca de Jung.[12] Jung tampouco parece ter se sentido atraído pelas revistas que Pearce editou,[13] embora tenha adquirido uma coleção considerável de outras revistas esotéricas com conteúdo astrológico, como *The Occult Review*, de Ralph Shirley, e a própria revista de Mead, *The Quest*.[14] Parece que a "tendência psicológica" que surgia na astrologia britânica na virada do século XX foi mais gratificante para Jung durante a época em que ele formulava suas teorias sobre a natureza e a dinâmica da psique humana.

O segundo trabalho que Jung adquiriu de um escritor astrólogo britânico durante esse período foi *The Key to Astrology*, de Raphael.[15] Era a moda da época para os astrólogos adotarem pseudônimos celestiais, em geral nomes de anjos associados a determinado planeta. Uma série de astrólogos que editassem certa revista poderiam usar o mesmo pseudônimo na sequência, como foi o caso de Raphael. O anjo Rafael, um dos sete arcanjos, costuma estar relacionado a Mercúrio, o planeta, na tradição astrológica, mais envolvido com a escrita e a comunicação de ideias e, portanto, o mais apropriado para o editor de uma revista.[16] Raphael foi, a princípio, o pseudônimo de um astrólogo chamado Robert Cross Smith

(1795-1832). O pseudônimo de Smith foi, então, adotado pelo astrólogo John Palmer (1807-1837) e por quatro astrólogos posteriores, antes de Robert Thomas Cross (1850-1923), autor de *The Key to Astrology*, assumir o nome.[17] *The Key to Astrology* foi publicado originalmente em 1896, embora mais tarde tenha passado por uma série de reimpressões. A edição particular de Jung surgiu em 1909. Assim como Pearce, Raphael era tradicional e prolífico, tendo publicado outras obras, como *Raphael's Horary Astrology* (1897). E, também como Pearce, Raphael editou um almanaque, previsivelmente intitulado *Raphael's Almanac*. Assim como ocorreu com Pearce, tem-se a impressão de que, tendo lido uma obra desse autor, Jung não ficou impressionado o suficiente para adquirir alguma outra.

A astrologia "moderna" de Alan Leo

O terceiro astrólogo britânico cujo trabalho foi publicado por volta da época em que Jung começou seus estudos parece ter ocupado posição bem mais alta na estima de Jung em relação a Pearce e Raphael. Alan Leo, cujo nome de nascimento era William Frederick Allan (1860-1917), foi uma figura no mundo esotérico do *fin de siècle* britânico porque, quase sozinho, conduziu a astrologia à era moderna como ferramenta para a percepção do caráter, em vez de método de previsão.[18] Leo não apresentava erudição em nenhuma esfera da psicologia clínica ou no meio acadêmico clássico, contando quase por completo com as obras de sua mentora, H. P. Blavatsky, fundadora da Sociedade Teosófica. De acordo com a esposa de Leo, Bessie, que produziu uma hagiografia do marido dois anos após sua morte, Leo não estudou outros trabalhos astrológicos além dos de Raphael, tendo se baseado apenas nos textos principais de Blavatsky sobre teosofia, *Isis Unveiled* e *The Secret Doctrine*,* para adquirir

---

* *Ísis sem Véu* (IV vols.). São Paulo: Pensamento, 1991. *A Doutrina Secreta* (VI vols.). São Paulo: Pensamento, 1980.

FIGURA 2.1. Alan Leo.

seu conhecimento espiritual.[19] Em uma seção de sua biografia intitulada "Alan Leo's Faith" ["A Fé de Alan Leo"], Bessie Leo citou as percepções cosmológicas e religiosas nas quais o entendimento do marido sobre astrologia foi baseado:

> Acredito que o Princípio que dá vida habita em nós e sem nós vem da Suprema Inteligência através dos Raios do Sol [...]. Creio que a Alma da Humanidade é imortal ou perpétua; e estou convencido de que cada alma ou mente individual é simbolizada pela Lua em seu fluxo e refluxo [...] também por sua relação com as Esferas Planetárias de Influência [...]. Cada homem obtém sua força de vontade de uma Esfera Planetária de Influência, que ele

usa, ou de que abusa, e pela qual pode superar tendências malignas e controlar sua natureza animal, daí que a Astrologia ensina que Caráter é Destino.[20]

Alan Leo ingressou na Sociedade Teosófica em 1890, quando se envolveu com G. R. S. Mead, então secretário da sociedade, na criação de um alojamento teosófico em Brixton (bairro em Londres, na Inglaterra). A biografia de Bessie sobre o marido é um tesouro de informações com relatos pessoais sobre o surgimento da manifestação inicial da astrologia psicológica na virada do século, tendo muitos ecos no próprio trabalho de Jung. O mais importante deles é o significado central do Sol no horóscopo natal, que foi uma das grandes inovações de Leo na astrologia moderna. Ele obteve a ideia dos ensinamentos quase neoplatônicos de Blavatsky sobre o Sol "espiritual" invisível, ou Logos Solar, como a encarnação da divindade,[21] sendo esse conceito também reconhecível na identificação de Jung dessa potência solar noética como foco da jornada interior no *Liber Novus*.[22]

Jung adquiriu as primeiras edições de alguns dos textos de Leo, alguns dos quais foram publicados, a princípio, como artigos na própria revista de Leo, *Modern Astrology*. Esses artigos apareceram depois em folhetos individuais, sendo então compilados e republicados, em alguns anos, como volumes individuais e revisados. A forte influência de Leo sobre as imagens astrológicas de Jung em seu *Liber Novus* é discutida em mais detalhes nos capítulos apropriados de *Astrologia Oculta no Livro Vermelho de Carl G. Jung*. Mas os recortes de Jung dos livros de Leo contam uma história interessante por si só. Jung era muito cuidadoso com seus livros; ele não fazia orelhas nas páginas nem as desfigurava com tinta. Algumas seções particulares de certos livros favoritos eram assinaladas levemente a lápis com linhas verticais nas margens, indicando um parágrafo significativo, ou encontrava-se o sublinhado ocasional de uma frase ou referência. Às vezes, ele escrevia algumas palavras a lápis na margem de um trabalho no qual estivesse particularmente interessado, ou um ponto de interrogação, se questionasse a opinião de um autor. *Astrologia para Todos*, de Alan Leo, foi publicado originalmente em dois volumes, em 1899.²³ O primeiro volume discute a interpretação da carta natal pela combinação dos signos do Sol e da Lua. O segundo volume compreende tabelas matemáticas e instruções detalhadas para o cálculo de um horóscopo natal. Uma segunda edição de ambos os volumes foi publicada em 1904; é essa a edição que Jung obteve. Como uma terceira edição revisada apareceu em 1908, e uma quarta em 1912, é provável que Jung tenha adquirido seu exemplar antes da terceira edição, o que sugere ter começado sua exploração da astrologia muito antes da data indicada pela carta a Freud.

Jung também tinha começado a reunir um aparato técnico sobre astrologia, tal como as efemérides – tabelas publicadas das posições planetárias –, cinco anos antes de sua carta a Freud. Como essas tabelas planetárias eram produzidas a cada ano, uma efeméride para 1906 só seria útil para aquele ano,²⁴ embora seja possível que Jung tenha adquirido suas efemérides de 1906 em data posterior, para calcular o horóscopo natal de sua filha, Gret, que nasceu naquele ano.²⁵ O exemplar de Jung de *Astrologia para Todos, Parte II* está repleto de anotações; nele, podem se ver datas específicas que Jung sublinhou com lápis de cor, além de uma série de cálculos matemáticos a lápis nas margens. Jung parecia estar aprendendo o processo de elaborar um horóscopo natal com base nas instruções dadas no livro de Leo.²⁶ Essa evidência, e uma semelhança inconfundível entre os dois homens em suas frases e ideias sobre configurações astrológicas particulares, sugerem que Jung vinha lendo, e aprendendo com, uma sucessão de publicações de Leo durante todo o período em que trabalhou no *Liber Novus*.

Uma outra indicação muito mais marcante de que Jung confiava nas interpretações astrológicas de Alan Leo é fornecida por um documento intitulado "The Key to Your Own Nativity: Special Chart" ["A Chave para sua Própria Natividade: Mapa Especial"], que Jung recebeu do psicanalista holandês dr. Johan van Ophuijsen em 1911 – o ano em que ele

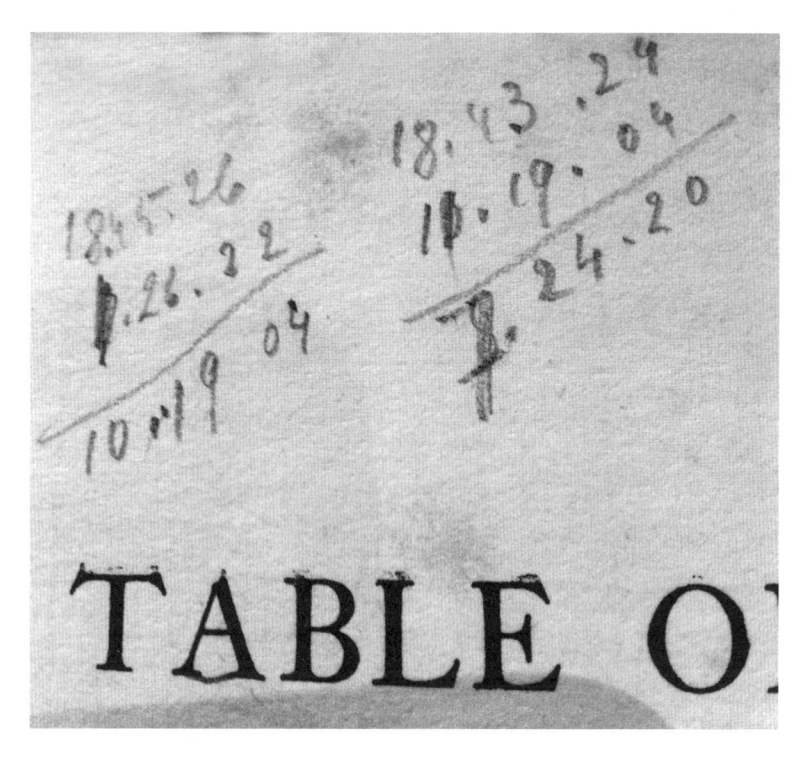

FIGURA 2.2. Anotações de Jung no *Astrologia para Todos, Parte II*, de Alan Leo.[27]

informou a Freud que estava "investigando" a astrologia. Van Ophuijsen (1882-1950), cuja assinatura está no documento, foi um discípulo de Freud e tinha passado um tempo em Zurique como paciente de Jung, entre 1911 e 1913, enquanto Jung ainda fazia parte, reconhecidamente, da *côterie* psicanalítica.[28] Van Ophuijsen tornou-se cofundador da Sociedade Psicanalítica Holandesa em 1917. Foi um dos vários psicanalistas que tentaram resolver o crescente conflito entre Freud e Jung e esteve presente em uma reunião entre os dois em Munique, na Alemanha, em novembro de 1912, organizada para discutir o aumento da antipatia entre eles e elaborar algum tipo de reconciliação. Depois que Freud e Jung romperam, Van Ophuijsen permaneceu como um freudiano convicto. Entretanto, seu envolvimento com a astrologia sugere que a falta de

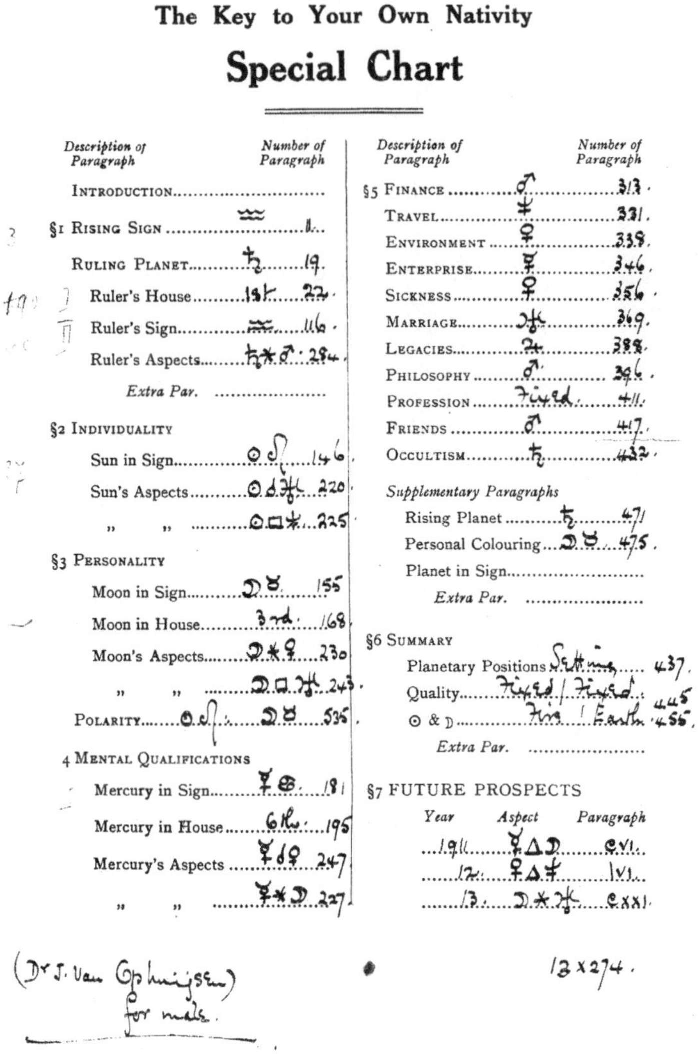

The Key to Your Own Nativity
Special Chart

Description of Paragraph	Number of Paragraph	Description of Paragraph	Number of Paragraph
Introduction............		§5 Finance........ ♂	313
§1 Rising Sign........ ♒	1	Travel....... ☿	331
Ruling Planet.... ♄	19	Environment.... ♀	339
Ruler's House.... 1st	22	Enterprise.... ☿	346
Ruler's Sign....... ♒	116	Sickness...... ♀	356
Ruler's Aspects.... ♄✶♂	284	Marriage..... ♃	369
Extra Par.		Legacies..... ♃	388
§2 Individuality		Philosophy..... ♂	396
Sun in Sign..... ☉ ♌	146	Profession... Fixed	411
Sun's Aspects..... ☉ △ ♃	220	Friends...... ♂	417
" " .... ☉ □ ✶	225	Occultism..... ♄	432
§3 Personality		Supplementary Paragraphs	
Moon in Sign..... ☽ ♉	155	Rising Planet.... ♄	471
Moon in House.... 3rd	168	Personal Colouring.. ☽ ♉	475
Moon's Aspects.. ☽✶♀	230	Planet in Sign.....	
" " ...... ☽ □ ♃	243	Extra Par.	
Polarity...... ☉ ♌ / ☽ ♉	535	§6 Summary	
4 Mental Qualifications		Planetary Positions	437
Mercury in Sign.... ☿ ♋	181	Quality..... Fixed / Fixed	445
Mercury in House.. 6th	195	☉ & ☽ ..... Fire / Earth	456
Mercury's Aspects ... ☿ △ ♂	247	Extra Par.	
" " ...... ☿✶☽	227	§7 Future Prospects	
		Year Aspect Paragraph	
		1911 ☿ △ ☽ cvi	
		12 ♀ △ ♃ cvi	
		13 ☽ ✶ ♃ cxxi	

(Dr J. Van Ophuijsen)
for male.

12 x 274.

FIGURA 2.3. Mapa Especial que relaciona o horóscopo natal de Jung a parágrafos específicos em *The Key to Your Own Nativity*,[33] de Alan Leo.

resposta de Freud ao interesse de Jung pelo assunto ou não foi compartilhada por seus seguidores, ou não refletiu a visão real de Freud à época. O Mapa Especial (Figura 2.3) não fornece nenhum nome e apenas diz "para sexo masculino" ("for male", em inglês), mas lista todas as posições planetárias de Jung no momento de seu nascimento. Estava destinado, como o título indica, a ser complementado por parágrafos específicos em *The Key to Your Own Nativity*, de Leo, publicado em 1910.[29] Um exemplo da aplicação geral do Mapa Especial é dado no início do livro de Leo, com informações das posições planetárias do rei Jorge V como ilustração. A cada posição planetária no Mapa Especial é atribuído um número de parágrafo que se correlaciona à passagem descritiva apropriada no livro de Leo.

O formulário em branco no qual as informações astrológicas de Jung foram escritas é do Escritório de Astrologia Moderna de Leo, em Londres, um indício de que Van Ophuijsen trabalhava oficialmente como tutor da escola de Leo ou tinha obtido um formulário da escola. Embora ele possa ter obtido cópias do formulário em branco incluídas ao final de *The Key to Your Own Nativity*,[30] o documento nos arquivos particulares de Jung não é uma cópia, nem mimeografado nem arrancado de um livro, e sim um formulário impresso individual. As notas escritas à mão de Van Ophuijsen estão em inglês. É impossível saber pelo próprio Mapa Especial se os dois homens discutiram o documento com certa profundidade, embora, dada a presença de Van Ophuijsen em Zurique por dois anos como colega e paciente de Jung, seria surpreendente se não o tivessem feito. O mapa diz, de forma explícita, que Saturno no horóscopo natal de Jung é o "planeta regente" (Figura 2.3), e se refere ao parágrafo do livro de Leo no qual se descreve Saturno como provedor de "uma disposição sóbria, séria e pensativa", conferindo o dom da "mente meditativa".[31] Como veremos mais adiante, essa regência saturnina do horóscopo natal de Jung foi importantíssima para ele e é relevante, em particular, para certas imagens do *Liber Novus*.

No canto inferior direito do Mapa Especial há uma seção intitulada Prospecções Futuras (Figura 2.3), na qual Van Ophuijsen inseriu os movimentos dos planetas de Jung após o nascimento para os anos de 1911, 1912 e 1913.[32] É evidente que o Mapa Especial foi preparado em 1911, justamente na época em que Jung anunciou seus estudos astrológicos a Freud, fornecendo, assim, uma das primeiras referências documentais da importante fonte de pesquisa astrológica de Jung à época. Também sugere que, apesar da "maré obscura do ocultismo", a apresentação de Jung a Alan Leo foi encorajada, se não iniciada de fato, por um dos colegas de Freud. Em 1911, Jung não parecia estar sozinho, entre os colegas psicanalistas, em sua busca por "assuntos deploráveis".

A seção Prospecções Futuras do Mapa Especial, que abrange o período preciso da ruptura entre Jung e Freud, a publicação de *Psicologia do Inconsciente* e o início dos trabalhos sobre o *Liber Novus* também sugerem que Jung possa ter buscado *insights* astrológicos para ajudar nas crescentes tensões entre ele e Freud. Em 1911, Jung não estava apenas "investigando" a astrologia; estava, sim, lendo e aprendendo com assiduidade os livros de Alan Leo e tinha recebido – é provável que a pedido seu – um horóscopo natal calculado por um psicanalista familiarizado com a escola de Leo e ligado ao material interpretativo que Leo havia fornecido em seu texto publicado. Parece provável que a maioria, se não todas, das incursões iniciais de Jung na astrologia foram bastante matizadas pela perspectiva psicoespiritual distinta oferecida pelas extensas obras de Leo.

A astrologia "rosacruciana" de Max Heindel

Em 1909, um esoterista dinamarquês chamado Carl Louis von Grasshoff (1865-1919), mais tarde conhecido por Max Heindel, fundou uma escola em Seattle, Washington (EUA), a qual descreveu como "Fraternidade Rosacruz: Associação de Místicos Cristãos". A missão da escola de Heindel era preparar o público para a aproximação da Era de Aquário, pela promulgação da "verdadeira filosofia" dos rosa-cruzes. Essa "verdadeira filosofia" estava relacionada a uma lendária fraternidade histórica supostamente fundada em 1313 por um místico cristão chamado Christian Rosenkreutz. Assim como a narrativa da fundação da maçonaria, a narrativa da fundação dos rosa-cruzes, cuja existência foi proclamada pela

FIGURA 2.4. Max Heindel.

primeira vez no início do século XVII por uma série de panfletos publicados, conhecidos como "Manifestos Rosacruzes",[34] é difícil, se não impossível, de confirmar por evidências históricas, bem como a existência de qualquer personagem histórico chamado Christian Rosenkreutz. No entanto, desde o século XVII, vários grupos e correntes ligados ao início da alquimia moderna e à maçonaria se proclamaram "rosacrucianos",[35] e uma longa sequência de trabalhos de membros que se dizem pertencentes à "Ordem" tem continuado até os dias atuais. A sugestão de que Jung estivesse profundamente interessado nos rosa-cruzes pode ser observada no grande número de referências encontradas nas *Obras Completas*[36] e também por sua familiaridade e respeito pelas obras de A. E. Waite

(1857-1942), ex-teosofista e membro da Ordem Hermética da Aurora Dourada, assim como historiador rosa-cruz, alquímico e pertencente à tradição do Graal, que, em 1915, estabeleceu o próprio grupo rosa-cruz chamado Fellowship of the Rosy Cross.[37]

Em 1911, Max Heindel estabeleceu um lar permanente para sua organização rosa-cruz em Oceanside, Califórnia (EUA), que existe até hoje e, mesmo nestes tempos multiculturais e pós-modernos, ainda é conhecida como "Associação de Místicos Cristãos".[38] Heindel foi muito influenciado pelo trabalho do esoterista alemão Rudolph Steiner (1861-1925), ele próprio formado originalmente pela Sociedade Teosófica de Blavatsky antes de se afastar devido à inclinação exclusivamente oriental de Blavatsky. Steiner depois fundou a própria escola, conhecida como Antroposofia,[39] e Jung, sem nenhuma surpresa, estava tão familiarizado com essa corrente esotérica alemã, em particular, quanto com a teosofia britânica, tendo sido crítico de ambas. A Sociedade Antroposófica de Steiner, assim como a Sociedade Teosófica de Blavatsky, era, na opinião de Jung, um movimento "de caráter genuinamente religioso", mas disfarçado de "ciência espiritual", e, apesar dos esforços de Steiner, não conseguiu se desenvolver como igreja organizada.[40] Algo semelhante foi dito, é claro, sobre Jung: que sua psicologia analítica era "de um caráter genuinamente religioso", mas disfarçada de psicologia científica.[41] Apesar das críticas de Jung a Steiner, e embora Jung achasse a antroposofia, assim como a teosofia, pouco atraente com seus dogmas oficiais e estrutura organizacional, as ideias de Steiner, muitas das quais inspiradas em Goethe, sendo particularmente suscetíveis de serem incorporadas a um contexto psicológico-astrológico, não parecem ter sido repudiadas com tanta facilidade.[42]

Assim como Blavatsky, Max Heindel acreditava ter recebido comunicações de entidades espirituais desencarnadas altamente evoluídas. Ele chamou seus guias espirituais de Irmãos Anciãos, e são essas comunicações que formaram a base das doutrinas da Fraternidade. Heindel foi um prolífico professor e escritor; seus livros mais importantes foram *Conceito*

Rosacruz do Cosmos, obra semelhante em gênero a *A Doutrina Secreta,* de Blavatsky, e *A Mensagem das Estrelas*, uma das várias obras que ele produziu sobre astrologia e suas aplicações tanto na cura como no que entendia como crescimento espiritual.[43] Nenhum dos livros de Heindel aparece no catálogo da biblioteca particular de Jung. Mas parece que Jung estava mais interessado em Heindel do que essa ausência de obras pode sugerir. Mesmo que Jung nunca tenha comprado, de fato, nenhum trabalho de Heindel, ele iniciou um curso de estudo astrológico na Fraternidade Rosacruz de Heindel em meados dos anos 1920, com base nesse material rosa-cruz, para entendimento não apenas do próprio horóscopo natal, mas também, como discutido em mais detalhes no Capítulo 5, de certos temas em sua interpretação das Idades Astrológicas, ou *Aions*.

A instituição de Heindel naquela época, assim como agora, oferecia cursos por correspondência tanto em Filosofia Rosa-cruz quanto em astrologia; Jung parece ter se matriculado neste último. Não está claro por quanto tempo ele seguiu o curso, pois o conteúdo dos arquivos não está datado, e parece estar faltando muita coisa; ele pode ter tentado apenas algumas aulas e as abandonado, ou pode ter completado o curso. O primeiro caso é mais provável, pois Jung teve pouca paciência com ensinamentos dogmáticos repletos de verdades religiosas, e Heindel era a correção dogmática em pessoa. O curso foi anunciado como um programa de estudos que ensinava "a importância da astrologia como uma fase da religião e uma ciência divina", e, seguindo o entendimento particular de Heindel da astrologia como conhecimento espiritual em vez de adivinhação, ele estava aberto a "qualquer um que não estivesse envolvido com adivinhação ou métodos similares de comercialização de conhecimento espiritual".[45] O material nos arquivos de Jung consiste de várias páginas, começando com um diagrama de capa que mostra um esquema astrológico geral, mas abrangente, incluindo os signos tradicionais zodiacais divididos em suas triplicidades (elementos), quadruplicidades ("cardinais", "fixos" e "mutáveis"), decanatos (divisões de cada signo em

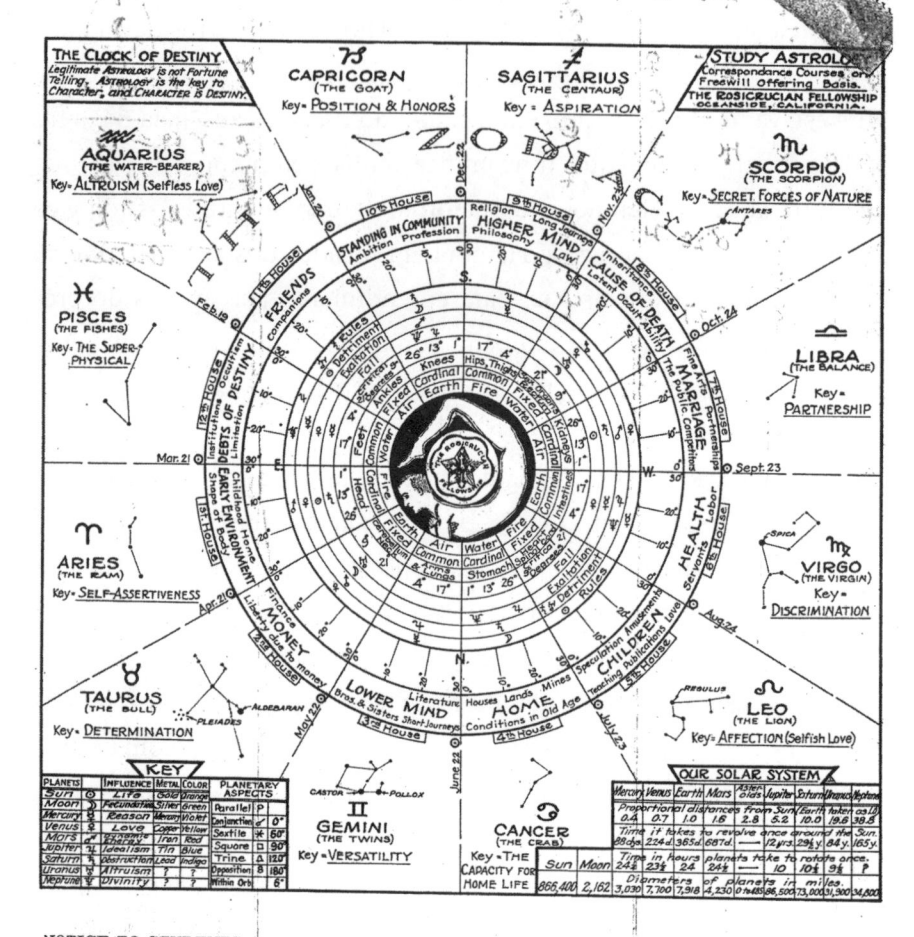

FIGURA 2.5. Capa do curso de correspondência de astrologia da Fraternidade Rosacruz.[46]

segmentos de dez graus) e planetas regentes, bem como as esferas da vida que cada um dos doze setores ou "casas" do horóscopo natal abrange.

Abaixo do diagrama há um parágrafo intitulado "Aviso aos Estudantes" ("Notice to Students", na Figura 2.5); o diagrama, documento impresso original, não mimeógrafo, é uma introdução destinada a neófitos que tivessem acabado de se matricular no curso por correspondência.

> Este mapa foi elaborado para lhe dar uma visão geral do assunto Astrologia como um todo [...]. Deve ser usado como meio de correlacionar as informações obtidas de forma gradual em nosso curso por correspondência e em nossos livros. Um estudo cuidadoso lhe trará compensações [...]. Se tiver alguma dúvida sobre ele, sugerimos que, na medida do possível, espere até conseguir obter respostas com seu estudo ao longo do curso por correspondência e nos livros recomendados [...]. À medida que for avançando no estudo do assunto, você vai adicionar constantemente novas palavras-chave à sua lista anterior.

Em seguida a essa capa, há uma Planilha de Dados do Horóscopo Natal (Figura 2.6), com o nome do aluno deixado em branco, embora tenha sido escolhida a data, o local e o horário de nascimento de Jung. A caligrafia não é de Jung, sendo provável que a informação tenha sido preenchida por um dos tutores que dirigem o curso. O indício de que o astrólogo é norte-americano é pela maneira como as datas são escritas, com o mês primeiro e depois o dia. Uma lista de planetas em trânsito é fornecida para várias datas em 1928. Uma segunda Planilha de Dados do Horóscopo Natal, com a mesma caligrafia, apresenta, mais uma vez, o mapa natal de Jung (com o nome deixado em branco), mas com as posições planetárias progredidas para 1926, 1927 e 1928. Uma terceira Planilha de Dados do Horóscopo Natal mostra as posições planetárias progredidas para 1929. Enfim, uma quarta Planilha de Dados do Horóscopo Natal

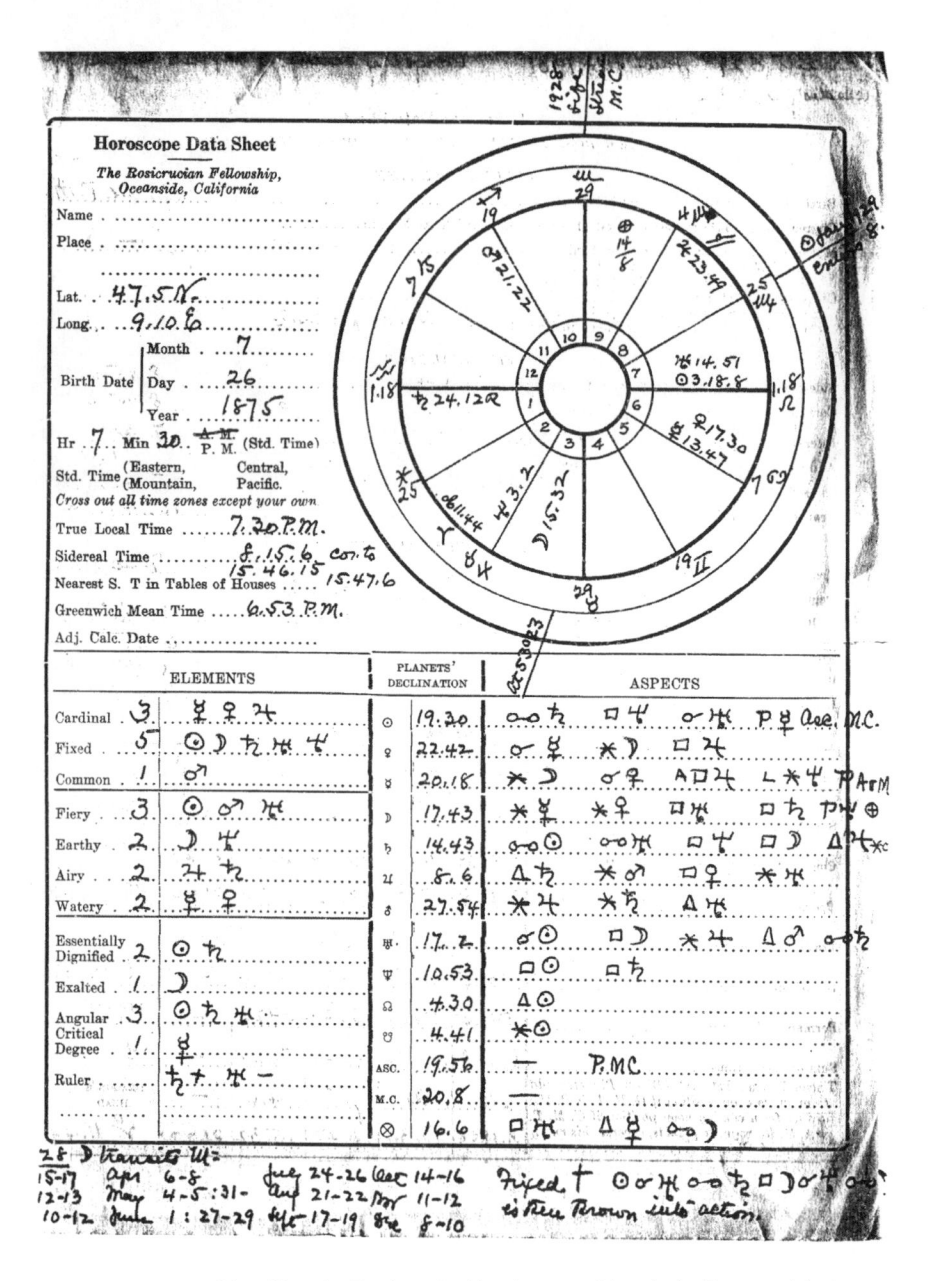

FIGURA 2.6. Planilha de Dados do Horóscopo Natal da Fraternidade Rosacruz feita para o local, a hora, a data e o ano de nascimento de Jung.[47]

apresenta uma lista dos planetas natais e em trânsito para 1931. Todas essas listas de dados de horóscopo natal são desenhadas com o mesmo traço, em formulários-padrão pré-impressos em branco com o logotipo da Fraternidade Rosacruz na parte superior. É impossível saber com base nos documentos existentes se Jung solicitou todos esses mapas ao mesmo tempo ou durante um período de vários anos, já que os papéis não estão datados. Foi nesse mesmo período – de meados a final dos anos 1920 – que Jung se envolveu em uma longa correspondência com um astrólogo britânico chamado John Thorburn, discutido em mais detalhes a seguir, solicitando-lhe uma interpretação de sua carta natal. Foi também nesse período que Jung completou sua transcrição caligráfica do *Liber Novus*.

É possível que Jung tenha recrutado um amigo já envolvido com a organização de Heindel para produzir esses horóscopos natais para ele. Há vários mapas nos arquivos particulares de Jung que foram preparados para colegas e pacientes – entre eles Freud, Toni Wolff e Eugen Bleuler (1857-1939), que foi o mentor de Jung na Clínica Burghölzli de 1900 a 1909 – por outros indivíduos que não ele próprio. Alguns foram delineados por Emma Jung, que parecia estar tão envolvida com astrologia quanto o próprio Jung; outros foram feitos por desconhecidos.[48] Alguns poucos foram preparados pelo próprio Jung, como o mostrado na Figura 2.7, para um indivíduo desconhecido, e uma folha de cálculo que Jung fez para a filha Helene, nascida em 1914.

Entretanto, se as tabelas rosa-cruzes foram preparadas por alguém que não tenha sido um tutor da Fraternidade, é difícil entender por que a capa geral para os estudantes foi incluída nos materiais. Além disso, mesmo que Jung não tivesse se inscrito no curso, sua escolha do astrólogo para fornecer os materiais é, por si só, reveladora: ele escolheu um norte-americano, que seguiu uma astrologia de visão esotérica ou espiritual, fazendo eco ao interesse de Jung pelo astrólogo de inclinação teosófica Alan Leo. Embora Jung não fosse mais um associado rosa-cruz, tampouco um teosofista, ele parece ter considerado a abordagem de Heindel à astrologia mais agradável do que as aplicações preditivas

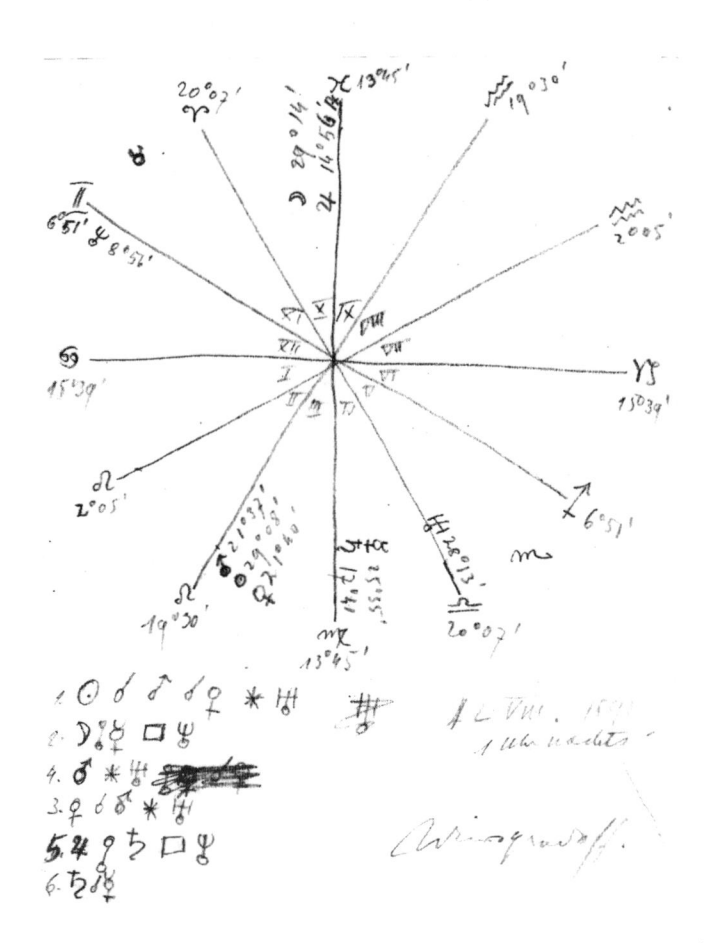

FIGURA 2.7. Horóscopo natal delineado por Jung para um indivíduo desconhecido, nascido em 12 de agosto de 1891.[49]

disponíveis na época, tanto em inglês quanto em alemão, porque Heindel promulgou um processo de transformação interior dinâmico que poderia ser compreendido tanto psicológica quanto espiritualmente. Assim como Leo, Heindel incorporou a ideia de reencarnação em sua compreensão do horóscopo natal:

> Nunca se deve esquecer, entretanto, que nosso horóscopo natal mostra o que fizemos em vidas passadas, e aquele que tem a configuração que atrai os amigos deve ter sido gentil e grato,

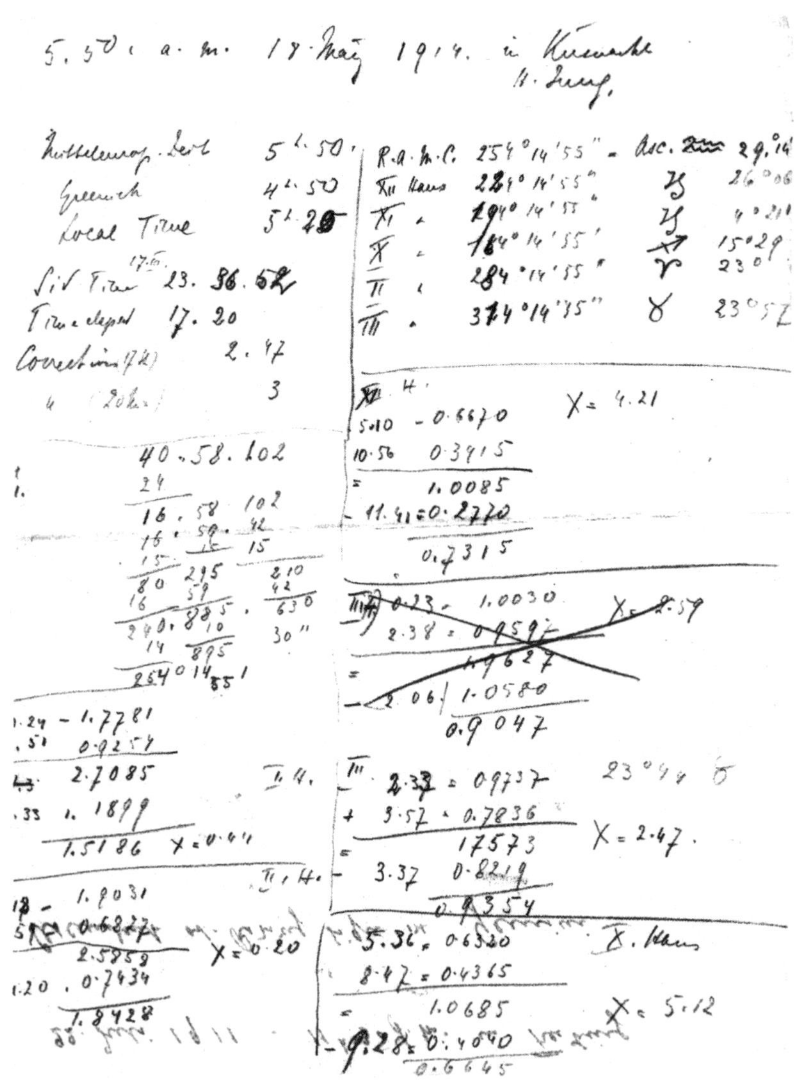

FIGURA 2.8. Cálculos de Jung para o horóscopo natal de sua filha Helene, nascida em 18 de março de 1914, às 5h50, em Küsnacht.[50]

enquanto aquele que atrai o lado ruim da natureza humana e faz inimigos é ele próprio egoísta e não amigável. Mas, se ele se esforçar para se desviar de seus caminhos e fizer alguns sacrifícios pelos outros, também superará, em tempo, os aspectos indesejáveis, pois os Anjos das Estrelas não estão maldosamente inclinados a flagelar ninguém.[51]

Em sua extrema certeza e simplicidade moral, isto dificilmente poderia ser interpretado como uma compreensão "psicológica" do horóscopo natal. Mas a astrologia de Heindel estava interessada em um esforço consciente para transformar as propensões habituais de caráter e, nesse sentido, era mais adaptável à abordagem psicológica de Jung do que uma simples descrição dos traços de personalidade ou um prognóstico de eventos futuros preestabelecidos.

Mitos e símbolos astrológicos

Há outros elementos no trabalho de Heindel que merecem uma análise mais detalhada em relação à compreensão de Jung sobre configurações astrológicas. O uso de narrativas míticas na interpretação dos símbolos astrológicos é marca registrada da abordagem de Heindel e se assemelha muito ao conceito de "amplificação" de Jung: o uso de histórias míticas e imagens para elucidar os significados mais profundos e as associações de um símbolo. Heindel era cristão confesso e não teria considerado histórias sobre a vida de Jesus um mito, e as narrativas míticas que descreveu relacionavam-se, em geral, ao grande drama cosmológico da evolução humana apresentado no *Ísis sem Véu,* de Blavatsky. No entanto, algumas das imagens utilizadas por Heindel – que, muitas vezes, eram menos cristãs do que ele estaria disposto a reconhecer – ecoam a maneira pela qual Jung também se baseava em temas míticos para dar um sopro de vida e teleologia a descrições caracterológicas, de outra forma estáticas, dos signos zodiacais.

Em *Mensagem das Estrelas*, por exemplo, Heindel apresentou Mercúrio pelo papel mítico do planeta como "Mensageiro dos Deuses", cujo "ensinamento de sabedoria é representado, em termos simbólicos, pelo caduceu ou 'cajado de Mercúrio'"; em seguida, explicou o simbolismo das serpentes ao redor do caduceu como o "caminho em espiral" teosófico da "involução" da alma na matéria.[52] A interpretação de Heindel do signo zodiacal de Virgem oferece outro exemplo: ao contrário de outros textos astrológicos, que se concentram na natureza terrestre e fastidiosa do signo (como fez o próprio Jung em sua descrição dos suíços), Heindel enfatizou o simbolismo da "virgem celestial" como a mãe do messias interior à espera de nascer.

> Antes que a Era de Aquário seja inaugurada em definitivo, teremos, com toda a probabilidade, dado grandes passos, tanto na superação da luxúria da carne quanto da luxúria pós-carne. Para Virgem, a virgem celestial imaculada e as espigas de trigo contidas no signo mostram esses dois ideais como proveitosos para o crescimento da alma no momento atual [...]. Olhando para o ideal materno de Virgem durante a Era de Peixes, e seguindo o exemplo do serviço sacrificial de Cristo, a concepção imaculada se torna uma experiência real para cada um de nós, e Cristo, o Filho do Homem, Aquário, nasce dentro de nós.[53]

Enquanto Aquário, para Heindel, é o "Filho do Homem", oferecendo a possibilidade da centelha divina percebida interiormente, Virgem é "o veículo da concepção imaculada":

> Anualmente, no solstício de inverno, a Imaculada Madona está ascendente à meia-noite, quando o recém-nascido Sol começa a se levantar para a tarefa de cultivar os grãos e a uva [...]. O Sol é, portanto, um símbolo adequado do Salvador, nascido para alimentar seu rebanho com o pão espiritual da vida.[54]

As analogias de Maria com a "virgem celestial", e de Cristo com o recém-nascido Sol entrando em Capricórnio no solstício de inverno, não foram invenção de Heindel. Os atributos solares de Cristo podem ser observados na iconografia da Igreja em seus primórdios, sobretudo na figura do salvador com auréola de santo e raios solares ao redor da cabeça, e na escolha do solstício de inverno, que marcou o renascimento anual de divindades solares pagãs, como Mitra e Sol Invictus, para o nascimento do messias cristão. Não é novidade a observação de que a Igreja, em seus primórdios, se apropriou de uma série de temas pagãos da iconografia religiosa, a fim de tornar a própria mensagem mais "comercializável".[55]

Heindel parece ter se valido da literatura do final do século XIX sobre a relação íntima entre mitos solares, religião e fenômenos celestiais. Como astrólogo praticante, utilizou, então, imagens míticas para a interpretação de horóscopos natais individuais. O influente estudioso orientalista Friedrich Max Müller (1823-1900) deu ao tema do culto universal solar respeitabilidade acadêmica em 1873, com sua reiteração da já bem estabelecida alegação de que houve, certa vez, uma religião original, genuína e focada no Sol:

> Esta fonte de luz e vida, este viajante silencioso, este majestoso governante, este amigo que parte ou herói moribundo, em seu curso diário ou anual.[56]

A influência de Müller se estendeu não apenas a Blavatsky e Heindel, mas também a Jung, que adquiriu a *Theosophie: Oder psychologische Religion,* de Müller, bem como uma tradução alemã de *Vorlesungen über den Ursprung und die Entwicklung der Religion.*[57] A tendência acadêmica de ver uma religião solar primitiva e universal por trás de figuras como Cristo e Mitra permeou a obra de Jung durante o período em que ele trabalhou no *Liber Novus*. Em *Psicologia do Inconsciente*, as referências ao Sol como tema simbólico central do processo de individuação dominam o trabalho, além de fornecerem um dos assuntos centrais do *Liber Novus*. Se o Sol recém-nascido no solstício de inverno equivale ao messias, a "virgem celestial", Virgem, equivaleria, necessariamente, a Maria como a mãe do messias. Max Heindel não foi o criador do uso do mito para dar significado mais profundo aos signos zodiacais; mas foi, talvez, o autor astrológico mais importante, contemporâneo e familiar a Jung que se apropriou da ideia do Sol como símbolo de Cristo e de Virgem como a "Mãe Celestial", usando isso em suas interpretações astrológicas.

Jung, assim como Heindel, baseou-se em ideias mais antigas sobre as associações míticas das constelações, adaptando-as ao seu entendimento dos signos zodiacais e incorporando-as em sua interpretação dos indicadores do mapa natal. É útil comparar a descrição de Heindel de Virgem dada anteriormente com a interpretação de Jung de tendência mítica sobre esse signo zodiacal. De acordo com Jung:

> A deusa-mãe – e a mulher coroada de estrelas do Apocalipse conta como uma – costuma ser imaginada como uma virgem [...]. Virgem, o signo zodiacal, carrega uma folha de trigo ou uma criança [...]. Em todo caso, essa mulher tem algo a ver com a profecia do nascimento do Messias no final dos tempos [...]. Sua [*Salvator mundi*, salvadora do mundo] mãe é a *Sapientia Dei* [Sophia, a sabedoria de Deus] ou Mercurius como Virgem.[58]

Virgem é, portanto, não apenas um signo terrestre regido por Mercúrio, cuja "parcimônia, obstinação e teimosia" pareciam perceptíveis a Jung no caráter suíço. Esse signo zodiacal também carregava um significado mais profundo para ele: simbolizava o aspecto da libido que concebe e traz à luz o "salvador" solar interno, ou *Self*. Em termos psicológicos, Virgem fez sentido para Jung como mediunidade e sabedoria oculta no reino arquetípico – uma percepção que emerge na figura de Salomé no *Liber Novus*, talvez influenciada pelo fato de Toni Wolff, que atuou como guia psíquico e "parteira"* de Jung durante todo o período em que trabalhou no *Liber Novus*, ter nascido com o Sol em Virgem.[59]

---

* "Parteira" é utilizado aqui no sentido simbólico de quem deu suporte a ou sustentou Jung para que ele "nascesse" em suas explorações no *Liber Novus*. (N. da T.)

Em outro exemplo, o signo zodiacal de Câncer, como Jung o descreveu em 1934, "significa ressurreição, porque o caranguejo emerge de sua carapaça", e, como "signo feminino e de Água" pertencente ao reino da Mãe, está relacionado com a criatura ambígua, semelhante ao tipo de caranguejo chamado Karkinos, enviado por Hera para ferir o herói Héracles (Hércules, em grego) no calcanhar durante sua luta com a Hidra de Lerna.[60] Esse uso de temáticas míticas em relação a um horóscopo natal específico de um indivíduo – no caso de Câncer, o horóscopo natal de sua paciente, srta. X, que "nasceu sob" esse signo zodiacal[61] – pode ter sido inspirado parcialmente na abordagem de Max Heindel à astrologia. Qualquer que seja a fonte, o mito parece ter provido Jung com a sensação de que o horóscopo natal, ao surgir, pode descrever não apenas a natureza do temperamento inerente do indivíduo e complexos inconscientes, mas, mais importante ainda, a teleologia mais profunda da vida psíquica desse indivíduo: o caminho de individuação. Foi a maneira singular com que Jung entendeu o mito e o modo como o aplicou para amplificar as marcas astrológicas, e vice-versa, que lhe permitiram tecer temas horoscópicos em sua compreensão do processo de individuação.

John Thorburn e os Mapas de "Época"*

Em 1928, quando Jung estava prestes a completar sua transcrição caligráfica do *Liber Novus* e também explorava a astrologia da Fraternidade Rosacruz de Max Heindel, ele e sua esposa, Emma, envolveram-se em uma correspondência com John MacCaig Thorburn (1883-1970), astrólogo escocês e professor universitário de Filosofia que havia se estabelecido no oeste da Inglaterra. A pedido de Jung, Thorburn enviou-lhe, em 19 de agosto de 1928, uma longa interpretação, por escrito, do horóscopo

---

* "Mapas de 'Época'" ou simplesmente "Época", "época Pré-Natal" ou "Mapa da Concepção" referem-se ao mapa traçado para o momento da concepção. (N. da T.)

natal de Jung. Thorburn lecionava então na Universidade College, Cardiff, mas havia passado algum tempo com Jung em Zurique antes das trocas de correspondência, na qualidade de paciente, assim como na de amigo. Em uma carta para Emma Jung, datada de 15 de fevereiro de 1929, Thorburn mencionou quanto sentia falta de David e Cary Baynes[62] e declarou que seu trabalho psicoterapêutico com uma certa "sra. Schwill" na Inglaterra deu-lhe "a sensação de manter um pouco de contato com Zurique em um momento em que não parecia mais possível visitá-la".

Thorburn foi um admirador precoce do trabalho de Jung e produziu, durante os três anos da publicação inglesa de *Psicologia do Inconsciente*, de Jung, vários trabalhos acadêmicos, bem como um livro, que favoreceram a psicologia analítica de Jung sobre as teorias psicanalíticas de Freud. Esses trabalhos foram escritos vários anos antes da data em que Thorburn produziu sua interpretação do horóscopo natal de Jung.[63] *Art and the Unconscious*, de Thorburn, publicado em 1925, apresenta uma crítica sem tréguas da teoria freudiana em comparação com o que Thorburn via como importância indiscutível da compreensão singular de Jung do simbolismo religioso e do papel da imaginação no trabalho criativo.[64] Thorburn foi um dos membros originais do Analytical Psychology Club of London [Clube de Psicologia Analítica de Londres],[65] e permaneceu como membro por muitos anos, entregando um artigo para o clube, em 1958, intitulado "Do the Gods Exist?" ["Os Deuses Existem"], publicado mais tarde na revista junguiana *Harvest*.[66] Também era ativo nos círculos astrológicos britânicos e participou da primeira conferência astrológica britânica oficial, realizada em Harrogate, em abril de 1939, na qual vários astrólogos (embora nem todos), em consenso com muitos de seus congêneres europeus, previram, de modo equivocado e otimista, que não haveria guerra na Europa.[67] Embora Thorburn tivesse sido paciente de Jung, também era seu amigo, e parece ter gastado uma quantidade considerável de tempo em Zurique discutindo astrologia com Jung. Essa astrologia era, em parte, caracterológica, mas não o tipo de análise preditiva descrita em tantos textos disponíveis naquele tempo. Tratava-se de uma astrologia quase psicológica, quase teosófica, focada, sobretudo, na teleologia do processo de individuação.

A análise de Thorburn da carta natal de Jung é, à primeira vista, um estudo de caráter bastante convencional. O mapa foi delineado na forma distinta de horóscopo natal pré-impresso, elaborado, a princípio, por Alan Leo.[69] Apesar de que algumas das declarações de Thorburn pudessem ser convencionalmente caracterológicas, sua análise incluiu, ainda, referências pontualmente psicológicas, como a interpretação de determinadas configurações planetárias como "complexos". Por exemplo, Thorburn se referiu ao Sol de Jung em Leão em ângulo de quadratura (90°) com

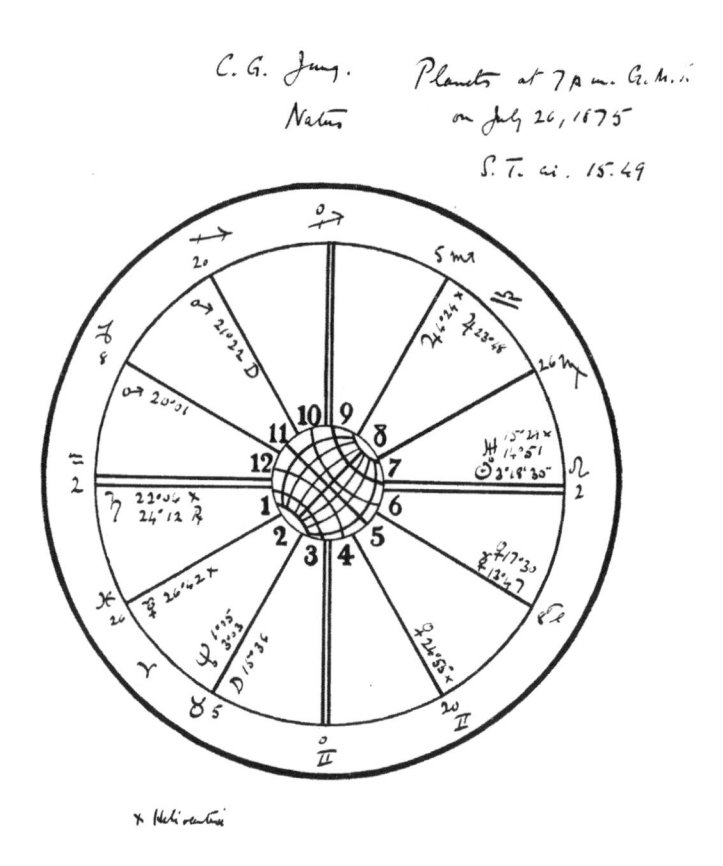

FIGURA 2.9. Desenho de John M. Thorburn do mapa natal de Jung incluído em uma carta datada de 19 de agosto de 1928.[68]

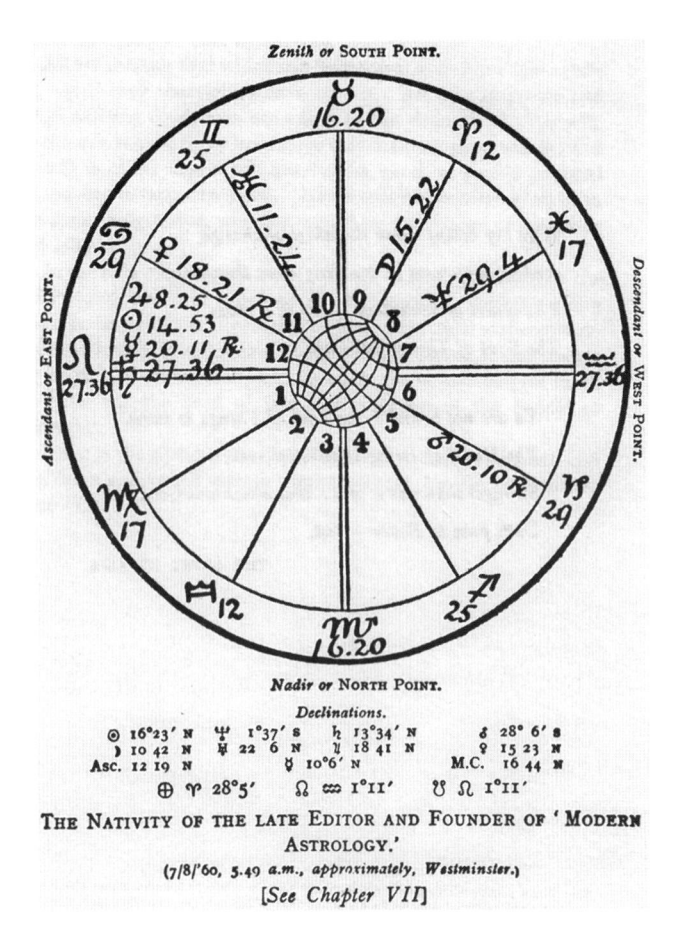

FIGURA 2.10. Mapa natal de Alan Leo delineado em seu formulário de horóscopo natal pré-impresso criado por ele.[70]

Netuno em Touro como "complexo 'místico'", que é "o equivalente astrológico direto de seu misticismo e de sua orientação mística em relação à natureza".[71] A analogia de uma configuração planetária com um complexo derivou, sem dúvida, do próprio pensamento de Jung sobre o assunto, em especial no tocante à avaliação de Thorburn sobre esse "complexo" não ter nenhuma implicação patológica. Essa referência na análise de Thorburn é importante para demonstrar como as ideias de Jung sobre os complexos os associavam às relações entre os planetas no horóscopo natal.

Em um de seus trabalhos publicados, Thorburn declarou que a psicanálise de Freud era baseada na função sensação, ao contrário da de Jung, cuja psicologia tinha como base a intuição, função oposta.[72] Em *Tipos Psicológicos*, Jung tinha afirmado que os indivíduos, invariavelmente, percebem a vida sob o viés do próprio temperamento; a objetividade completa é uma ilusão, e a criação de qualquer "sistema" psicológico é, inevitavelmente, baseada na psicologia individual do próprio psicólogo.[73]

> Vê-se o que se pode ver melhor. Assim, antes de tudo, a pessoa vê o cisco no olho do irmão. Sem dúvida, o cisco está lá, mas o holofote está no próprio olho – e pode dificultar consideravelmente o ato da visão.[74]

Embora Jung não tenha mencionado nem o próprio "tipo funcional" nem o de Freud em *Tipos Psicológicos*, ele declarou, de modo explícito, sua tipologia em uma carta ao astrólogo alemão Oskar Schmitz, escrita em 1923: Jung considerava-se "um introvertido intuição pensamento".[75] Dado o fato de que as visões do *Liber Novus* permeavam sua vida à época em que ele pesquisava o texto de *Tipos Psicológicos*, esse trabalho, sem a necessidade de revelações pessoais específicas, também sugere como Jung entendia o próprio temperamento:

> Se esse tipo [intuição introvertida] não existisse, não haveria profetas em Israel. A intuição introvertida apreende as imagens resultantes das bases herdadas, *a priori*, do inconsciente.[76]

Jung não fez analogias específicas entre os elementos astrológicos e os tipos funcionais em seu trabalho publicado. Mas, como astrólogo, estava plenamente ciente do fato de Freud ter nascido sob Touro, signo de Terra (que Thorburn relacionou à função sensação), enquanto o próprio Jung nascera sob Leão, signo de Fogo (que Thorburn relacionou à intuição). Além disso, o Ascendente de Jung e aquele importantíssimo regente do mapa, Saturno, encontram-se ambos no elemento Ar (que Jung parece ter relacionado ao pensamento). De acordo com a lógica das referências de Jung ao equilíbrio ou desequilíbrio de elementos no mapa de sua paciente, a srta. X, a ênfase em Ar e Fogo no mapa de Jung parece corroborar, com precisão, sua avaliação da própria tipologia como tendendo ao pensamento e à intuição. As observações de Thorburn sobre Freud e Jung e suas respectivas tipologias refletem uma perspectiva astrológica sobre a natureza do conflito entre os dois homens – uma colisão entre um mundo percebido pela sensação e um mundo percebido pela intuição –, algo que Thorburn deve ter discutido com o próprio Jung. As observações de Thorburn destacam, assim, a importância da astrologia no desenvolvimento do modelo tipológico de Jung.

Uma das observações mais notáveis na interpretação de Thorburn sobre o horóscopo natal de Jung é sua ênfase na grande importância do planeta Saturno. A análise de Thorburn começou com esta afirmação direta: "Saturno ascende em Aquário". Ele continuou a elaborar:

> Temos aqui um Saturno forte, dignificado e aspectado de forma poderosa, sem aflições. Isso é bastante notável e, até onde minha experiência alcança, muito incomum [...]. Deve ser, por certo, um bem tremendo que "o grande maléfico"* se encontre com tal liberdade e tão favorecido no *natus*. [...] O trígono[77] de Júpiter e Saturno nestes signos [Libra e Aquário, respectivamente] é uma evidência muito forte do trabalho de uma vida realizado constantemente em nome da humanidade, em uma inquestionável orientação ética e religiosa.[78]

A descrição de Thorburn faz lembrar com precisão assombrosa o papel que Filêmon, a figura imaginária mais importante do *Liber Novus*,

---

* O termo empregado no original é "*greater*", que na tradução literal seria "maior"; porém, em astrologia, faz-se referência a Saturno como "o grande maléfico". (N. da T.)

representa em toda a vida psíquica de Jung. O paradoxo de um planeta conhecido como o "grande maléfico", servindo como guia criativo e positivo do "trabalho de uma vida" da alma, parece refletir a ambiguidade do arquétipo do "velho homem sábio" de Jung no *Liber Novus*. A relação de Filêmon com o Saturno astrológico é discutida em mais detalhes em *Astrologia Oculta no Livro Vermelho de Carl G. Jung*. Por ora, é suficiente observar que Jung levou muito a sério a ideia de ser "regido" por Saturno. Em uma carta que escreveu ao autor norte-americano Upton Sinclair, em 1955, Jung declarou:

> O regente do meu nascimento, o velho Saturno, retardou meu processo de maturação em tal medida que tomei conhecimento de minhas próprias ideias apenas no início da segunda metade da vida, ou seja, exatamente com 36 anos.[79]

Jung tinha 36 anos de idade em 1911, ano em que informou a Freud que estava estudando astrologia e tornou pública sua discordância com as teorias de seu mentor com a publicação de *Transformações*, a versão alemã de *Psicologia do Inconsciente*.

Os Mapas de "Época" de Thorburn

Com a interpretação da carta natal de Jung, Thorburn incluiu uma detalhada interpretação de um mapa que intitulou de "Época".

Na Grã-Bretanha, durante os anos 1920 e 1930, uma técnica astrológica conhecida como Época Pré-Natal entrou na moda. Foi baseada em uma antiga teoria conhecida como "Trutina de Hermes", atribuída a Hermes Trismegisto e mencionada no século II EC por Vettius Valens em seu *Anthologiarum Libri* e por Ptolomeu em seu *Tetrabiblos*.[81] A técnica foi desenvolvida por completo no mundo árabe no século X, refinada mais adiante no período medieval, até os primeiros tempos modernos, e

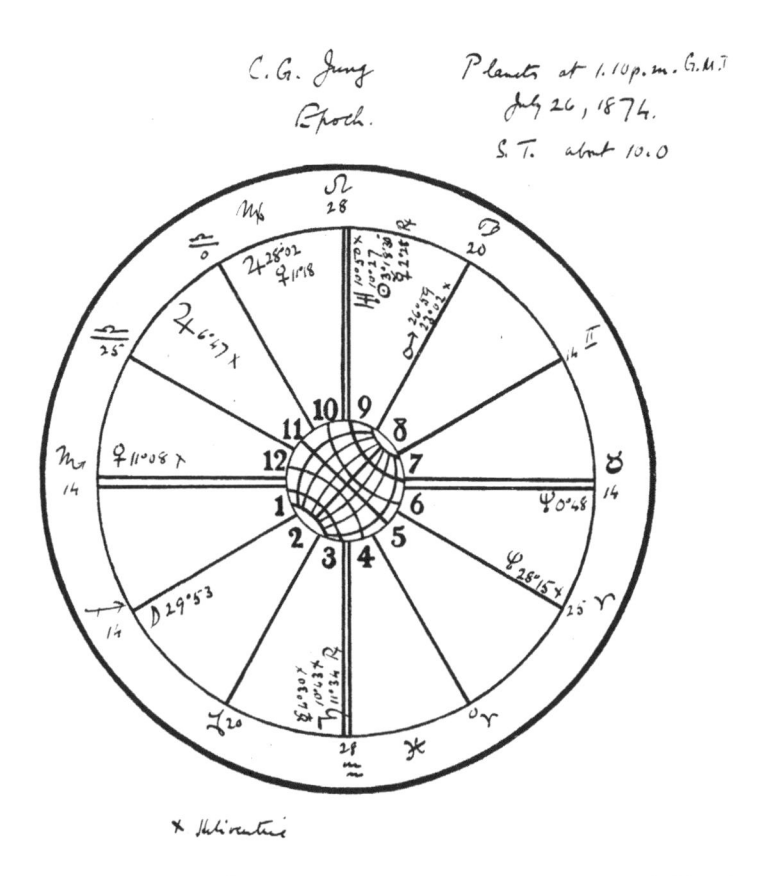

FIGURA 2.11. Mapa de Época* de Jung delineado por John M. Thorburn.⁸⁰

ressuscitada na astrologia do início do século XX.⁸² O Mapa de Época Pré-Natal é um esforço para determinar e interpretar o horóscopo natal do momento da concepção⁸³ e foi utilizado por astrólogos como meio de

---

* Época Pré-Natal, Mapa Época, Mapa da Concepção, horóscopo natal lunar ou apenas Época são designações para o mapa que se refere ao momento da concepção, não do nascimento, como é o caso do mapa natal. Segundo esse estudo, a semente da vida se instauraria na concepção, revelando, portanto, o verdadeiro potencial do indivíduo. Pode ser utilizado para reforçar ou aprofundar o mapa natal, mas também pode enriquecê-lo, fornecendo informações que ele não contém. (N. da T.)

"retificar" ou corrigir um horóscopo natal quando a hora do nascimento era vaga ou imprecisa (um problema comum na Inglaterra, já que o momento do nascimento, em geral, não era registrado, exceto no caso de gêmeos). O Época Pré-Natal foi também considerado útil como meio de investigar as possíveis causas de malformações em nascimentos de vários tipos. A técnica ainda está em uso hoje, em alguns círculos astrológicos, e há *softwares* disponíveis para calcular esse mapa.[84]

Uma interpretação mais esotérica do Época Pré-Natal surgiu em 1925, quando o astrólogo teosófico britânico Walter Gorn Old (1864-1929), que escreveu sob o pseudônimo angélico Sepharial, publicou uma obra que transformou a técnica em um meio de determinar a finalidade da encarnação da alma. Essa ideia implícita de Sepharial, de acordo com as doutrinas teosóficas, baseou-se na crença de que são necessárias muitas vidas sucessivas antes que a alma atinja sua plenitude espiritual potencial. Sepharial sugeriu que o horóscopo natal refletia as circunstâncias físicas de determinada vida; o Mapa de Época, ao contrário, indicava a hereditariedade "astral" ou o nível de alma dessa vida. O propósito espiritual de determinada encarnação poderia ser obtido em um híbrido do Mapa de Época Pré-Natal que Sepharial chamou de "Solar Epoch" ["Época Solar"].[85] O livro de Sepharial sobre o assunto enfatizava a natureza espiritual do Sol – tema próximo ao coração de qualquer astrólogo teosófico – em comparação com a natureza biológica da Lua. O trabalho de Sepharial foi sucedido com rapidez por outros textos que enfatizam o potencial espiritual de várias formas de horóscopos natais de Época.[86] Em 1931, o astrólogo A. E. Thierens (1875-1941) declarou abertamente sua lealdade a Madame Blavatsky e seu trabalho seminal, *A Doutrina Secreta*, denominando o "Solar Epoch" de Sepharial um mapa da "natureza solar do ser humano".[87]

Várias permutações técnicas do "Solar Epoch" de Sepharial produziram uma abundância de inovações interpretativas. O Mapa de Época que John Thorburn enviou a Jung é uma dessas inovações. Foi calculado para o momento em que o Sol estava na posição exata que ocupava no momento e local do nascimento de Jung, mas com uma revolução solar anterior exata, em julho de 1874, quando os outros corpos celestes encontravam-se em posições totalmente diferentes das da carta natal de Jung.[88] Baseando-se na ideia teosófica do Sol como símbolo da centelha divina no ser humano encarnado, a interpretação de Thorburn do Mapa de Época de Jung dizia respeito ao "propósito espiritual" de sua vida. Thorburn se referiu a um tema que aparece várias vezes no *Liber Novus*: a natureza da magia.

> Assim, podemos considerar este como o horóscopo natal de um mágico. [...] Estas [configurações] enfatizam reflexão filosófica, religião e, em geral, maestria espiritual – uma espiritualidade que domina tanto dentro como fora. Regeneração [...] poderia, portanto, ser uma melhor caracterização geral do que magia.[89]

Thorburn também identificou a natureza do "problema da vida" de Jung na própria linguagem dele – a "relação do inconsciente com o consciente" –, declarando que as configurações do Mapa de Época fizeram de Jung "um profeta, um professor, que se apropriou de ideias de uma fonte elementar ou as aplicou por um meio elementar".[90] Essa não é uma simples análise de caráter, mas uma declaração de como Thorburn compreendeu a astrologia como ferramenta psicológica e espiritual capaz de evidenciar os desafios essenciais e o objetivo último da vida e do trabalho de Jung.

Thorburn imprimiu grande valor em seu Mapa de Época como chave para o objetivo da individuação. Também produziu um Mapa de Época para Emma Jung, que, ao que parece impressionada com a interpretação do mapa do marido, o solicitou ela mesma a Thorburn.[91] Embora o Mapa de Época fosse, sem dúvida, um tópico nas conversas entre Thorburn e Jung durante as várias reuniões que tiveram em Zurique, nenhum outro mapa desse tipo aparece nos arquivos particulares de Jung; Jung parece, ele próprio, não ter trabalhado com essa técnica. No entanto, Thorburn foi capaz de fornecer o tipo de astrologia em que Jung estava mais interessado: a astrologia da psique e da alma, passível de interpretação por meio de modelos psicológicos, refletindo uma teleologia e um padrão de desenvolvimento interno – "individuação" – que poderiam ser facilitados e aprimorados com trabalho analítico.

A influência de Jung na astrologia

Jung adquiriu de outros astrólogos inúmeras interpretações do próprio horóscopo natal. Embora os posicionamentos zodiacais e planetários fossem sempre os mesmos em cada uma das versões de seu mapa natal (com exceção do Mapa de Época de Thorburn), Jung parece ter procurado uma variedade de abordagens, bem como informações sobre os movimentos planetários em momentos específicos de sua vida. O mapa natal fornecido por John Thorburn foi acompanhado de uma análise por escrito. O mesmo aconteceu com outro horóscopo natal, preparado para Jung pela psicóloga analítica Liliane Frey-Rohn, nascida em Zurique (1901-1991). O material de Frey-Rohn consiste em uma lista detalhada dos movimentos planetários desde o nascimento de Jung até 1945,[92] incluindo breves interpretações de importantes configurações para cada ano sucessivo. Frey-Rohn foi uma astróloga de sucesso, bem como psicóloga analítica, tendo atuado como assistente de Jung no "experimento astrológico" que serviu de base para os ensaios dele sobre sincronicidade.[93] Em uma entrevista com o psicólogo clínico Gene F. Nameche, Frey-Rohn afirmou que, quando ela viu Jung pela primeira vez, ele a aconselhou a fazer pesquisas astrológicas com esquizofrênicos na Clínica Burghölzli. "Depois", ela disse a Nameche, "ele me deu datas de nascimento e queria saber se tal pessoa poderia ou não se tornar esquizofrênica".[94]

O material que Frey-Rohn enviou a Jung foi acompanhado de uma carta sem data, mas, como ela incluiu um horóscopo natal mostrando as posições planetárias progredidas para 1939-1940, e se refere em sua

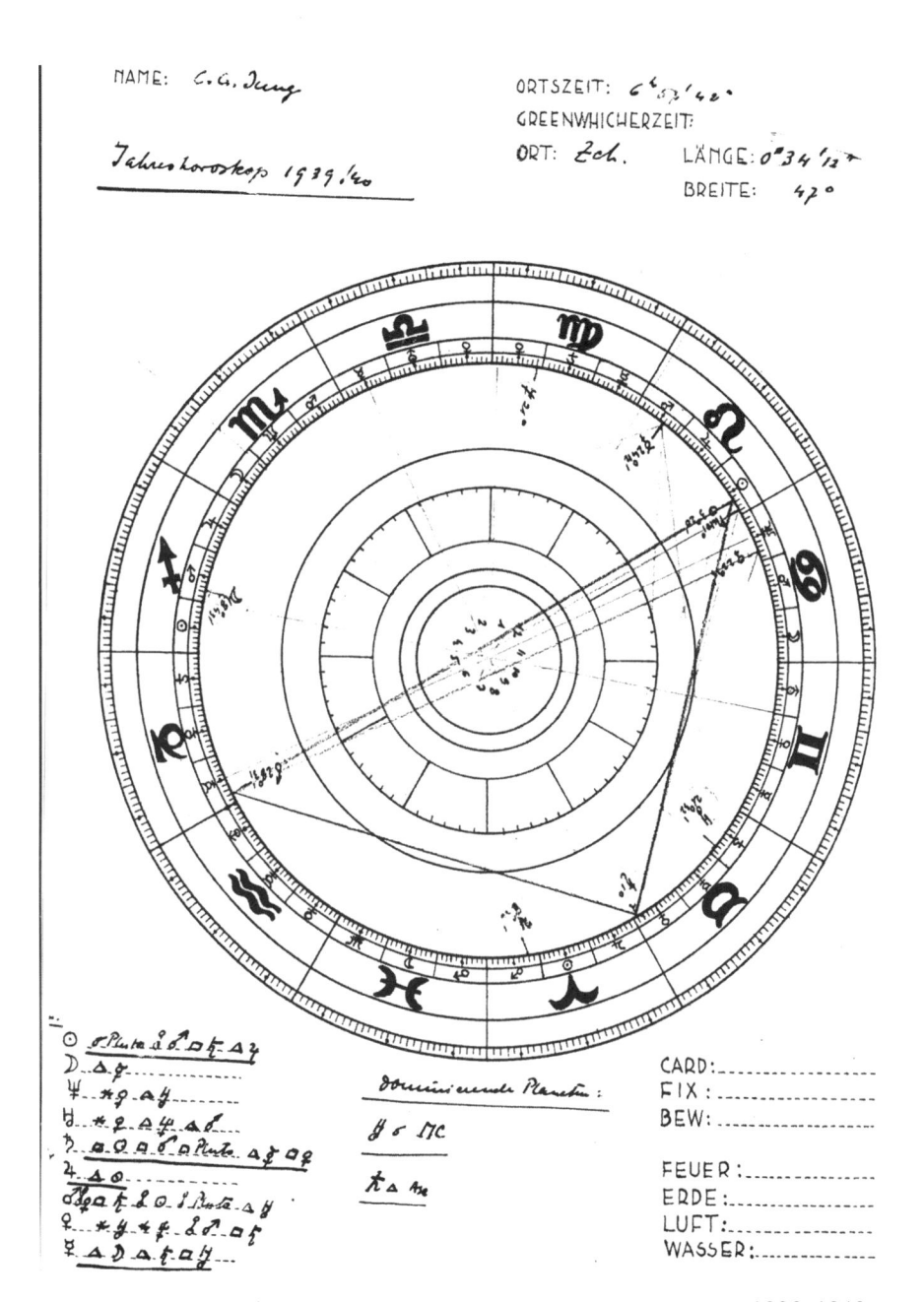

FIGURA 2.12. Horóscopo natal de Jung com progressão para 1939-1940 delineado por Liliane Frey-Rohn.[96]

carta ao pedido de Jung sobre informações acerca desses anos, é provável que o material tenha sido preparado em 1939, na época da deflagração da Segunda Guerra Mundial.[95]

Outras versões do horóscopo natal de Jung parecem ter sido discutidas com ele pessoalmente, já que nenhuma análise escrita acompanha os horóscopos natais nos arquivos. Um desses horóscopos natais foi, como no caso de Thorburn, delineado na forma distinta de horóscopo natal pré-impresso de Alan Leo. Inclui tanto o horóscopo natal de Jung quanto as posições planetárias para 1926, dois anos antes de Thorburn ter enviado a própria interpretação a Jung. Acompanhando esse mapa estão várias páginas que consistem em uma análise de "palavras-chave" das principais configurações da carta astrológica de Jung, assim como parágrafos mais longos sobre os quatro principais indicadores astrológicos: Sol, Lua, Ascendente e o regente planetário de Jung, "o Velho Saturno". Outra página elenca importantes movimentos planetários no período 1928-1930 – o mesmo em que Jung recebera materiais da Fraternidade Rosacruz e se correspondera com Thorburn. O indivíduo que compilou esse material assinou-o como "M. C. Bond". Não há dúvida sobre a identificação de que ele, ou ela, era norte-americano, não apenas pela forma como as datas são escritas, mas também porque Bond incluiu o próprio horóscopo natal ao lado do de Jung. Embora não seja fornecido nenhum local de nascimento, a longitude e a latitude indicam que Bond nasceu em Washington, D.C. Esse indivíduo, que era oito anos mais velho que Jung, pode ter sido paciente dele. Mas Bond também era um astrólogo competente que utilizava formas de horóscopo natal associadas, mais uma vez, à astrologia teosófica de Alan Leo.

Era evidente que Jung estava preocupadíssimo com o rumo que sua vida vinha tomando no final da década de 1920, ao aproximar-se do fim de seu trabalho no *Liber Novus*. Mas a natureza dessa preocupação não é clara. Ele viajava bastante durante meados dos anos 1920, visitando a África oriental e a tribo indígena pueblo na América do Norte. Em 1929, publicou comentários sobre a tradução de Richard Wilhelm do chinês

I Ching, intitulado *O Segredo da Flor de Ouro*, embora tenha percebido, vários anos depois, a plena importância do simbolismo alquímico como mapeamento simbólico do processo de individuação.[98] Thorburn forneceu análises apenas dos horóscopos natais e de Época de Jung, sem informações acerca dos movimentos planetários posteriores. Talvez Jung desejasse *insights* sobre algum dilema pessoal pela interpretação dos fatores astrológicos predominantes. Ele pode, também, ter notado algum trânsito próximo e importante e queria entender seu significado. Ao visualizar os movimentos planetários em seu mapa durante esse período, pode ter observado, por exemplo, um trânsito do planeta Saturno no Meio do Céu, ou *Medium Coeli*, do horóscopo natal, no final do outono de 1926. Alan Leo descreveu esse trânsito como portador de "fracasso, escândalo, problemas com superiores e perda de honra e autoridade", a menos que o indivíduo fosse "culto e refinado"; nesse caso, o trânsito significaria "a promessa de grandes responsabilidades".[99] É possível que Jung esperasse evitar a primeira situação e buscasse a segunda.

A influência da astrologia no pensamento de Jung foi penetrante e profunda, assim como a influência dele nas astrologias modernas. Apesar de determinados esforços de astrólogos mais "tradicionais" que, como Alfred Pearce no final do século XIX, se opõem à união entre astrologia e psicologia, o impacto de Jung na astrologia não mostra sinais de abrandamento.[100] Essa influência começou não durante seus últimos anos, ou durante os anos 1970, quando as ideias da Nova Era estavam em pleno florescimento, mas durante o período em que Jung trabalhou no *Liber Novus*. Os esforços de Jung para convencer os colegas psicólogos de que a astrologia poderia fornecer uma ferramenta importante para a psicologia, e que a psicologia poderia enriquecer a astrologia, foram logo bem-sucedidos em certos círculos. Heinz Arthur Strauss, astrólogo e historiador da astrologia, e sua esposa, Sigrid Strauss-Klöbe, psicoterapeuta, trabalharam na vertente astrológica exclusivamente alemã conhecida como *Kosmobiologie* (Cosmobiologia), que se desenvolveu no final da década de 1920 e início da década de 1930, adotando a ideia de que

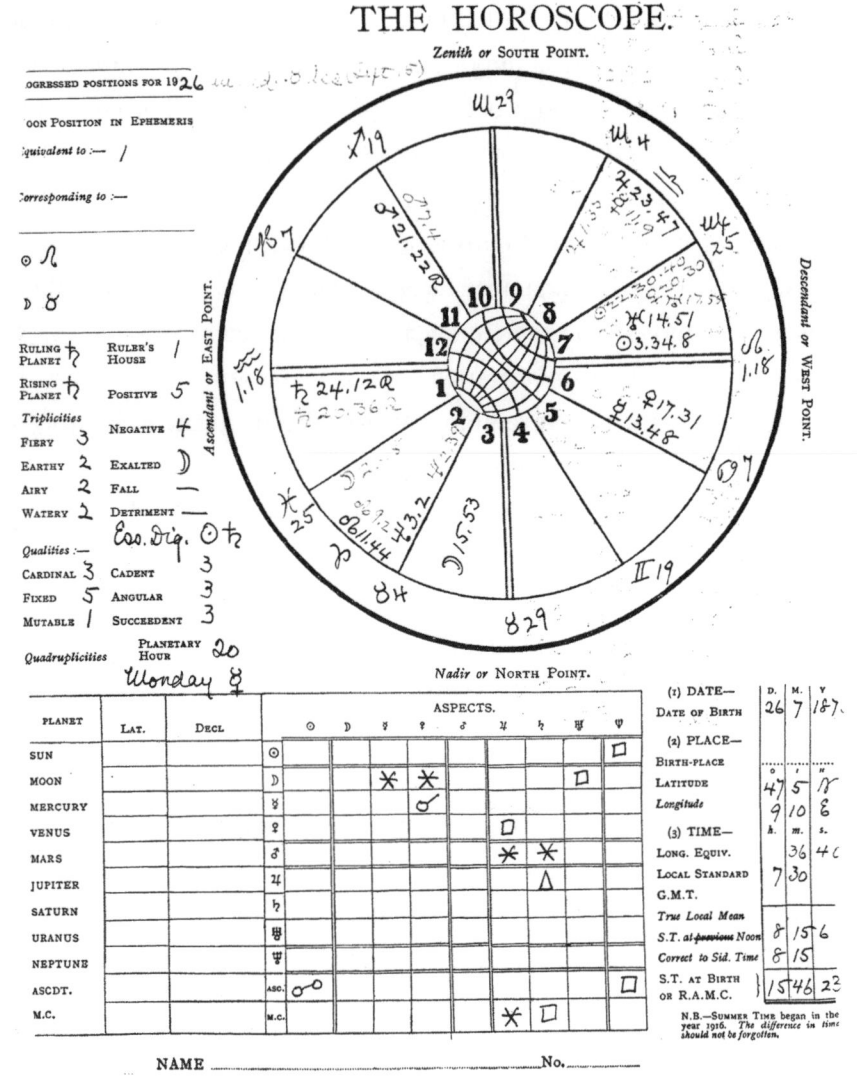

FIGURA 2.13. Mapa natal de Jung delineado por M. C. Bond, com movimentações planetárias progredidas para 1926.[97]

as energias cósmicas influenciam os processos biológicos na Terra.[101] A *Cosmobiologia* foi um dos primeiros campos da astrologia a enfatizar a importância dos resultados de pesquisa de uma miríade de disciplinas científicas, com foco particular na astrologia médica. De 1927 a 1928,

Strauss editou uma revista chamada *Jahrbuch für kosmobiologische Forschung*, que continha artigos sobre astrologia médica e sua fundamentação. Jung adquiriu dois volumes dessa revista.[102]

Neste ponto, a influência parecia fluir em um só sentido. Jung, ao mesmo tempo que recebia interpretações astrológicas de John Thorburn, de M. C. Bond e da Fraternidade Rosacruz, lia o trabalho de Strauss e Strauss-Klöbe para aprofundar sua compreensão da astrologia. Mas o rumo da influência mudou com rapidez. Strauss e a esposa estavam envolvidos na publicação de *O Segredo da Flor de Ouro*, de Wilhelm. No discurso de Jung em memória a Wilhelm, proferido em 1930, ele declarou que o *I Ching*, tema do livro de Wilhelm, "não era apenas análogo à astrologia, mas relacionado, em essência, a ela".[103] Na segunda conferência de Eranos, realizada em Ascona (Suíça) em 1934, Sigrid Strauss-Klöbe, que, sem dúvida, havia lido os escritos de Jung nesse meio-tempo, apresentou um trabalho intitulado "The Psychological Significance of the Symbol in Astrology" ["O Significado Psicológico do Símbolo na Astrologia"].[104] Jung, que também havia preparado um trabalho para a conferência,[105] respondeu à apresentação de Strauss-Klöbe declarando que ela tinha sido "a primeira pessoa a pensar com profundidade nos símbolos astrológicos em termos psicológicos"[106] – talvez uma reflexão não só dos *insights* de Strauss-Klöbe, mas também da avaliação negativa por parte de Jung de muitos textos astrológicos disponíveis para ele à época. Strauss-Klöbe já estava familiarizada com teorias psicanalíticas, mas, em 1935, um ano após a conferência de Eranos, decidiu trabalhar com Jung como sua paciente.[107] Suas publicações astrológicas nos anos seguintes incorporaram cada vez mais as teorias de Jung sobre tipos, complexos, mitos e arquétipos.[108] Bastante influenciada pelas ideias de Jung por toda a vida, em 1982, Strauss-Klöbe contribuiu com um pequeno ensaio intitulado "Memory of C. G. Jung" ["Memória de C. G. Jung"] no livro memorial *C. G. Jung, Emma Jung, and Toni Wolff*.[109] Strauss-Klöbe e o marido são exemplos de uma tendência na astrologia alemã que deve a Jung seu foco não no literal, mas, sim, no psicológico.

Outro astrólogo alemão, Oskar Adolf Hermann Schmitz (1873--1931),[110] considerou-se aluno de Jung em virtude de sua participação em alguns seminários que Jung deu em Zurique, em 1925.[111] Embora Schmitz fosse um grande admirador da teoria de Jung dos tipos psicológicos, sendo ativo na disseminação das ideias junguianas em suas próprias publicações,[112] Jung teve pouca simpatia pelos pontos de vista propostos pelo grupo esotérico com o qual Schmitz estava envolvido. Jung os comparou à teosofia, que era por si só um "perigo" porque

> Uma nova casa está se erigindo dos antigos e insatisfatórios alicerces, e um novo vinho está vertendo de velhas garrafas [...]. O homem deve, acima de tudo, ser transformado primeiro por dentro.[113]

De acordo com Ellic Howe (1910-1991), historiador britânico do ocultismo do século XX, uma diversidade de astrologias começou a emergir na Alemanha durante os anos entreguerras, entre elas as influenciadas pela teosofia de Blavatsky, pela antroposofia de Steiner e por vários grupos de magia aliados a esses movimentos. Os alemães, segundo Howe, foram "os primeiros a discutir a ideia do que chamavam 'astrologia psicológica'".[114] Howe não menciona Strauss-Klöbe nem a importância das conferências de Eranos no desenvolvimento dessa união entre psicologia e astrologia. Ele discute, sim, Schmitz, a quem chama de "discípulo entusiasta de C. G. Jung", embora sugira que a influência de Schmitz foi mínima na comunidade astrológica.[115] No entanto, Howe ignora não apenas a influência generalizada de Jung sobre astrólogos alemães como Strauss-Klöbe, cujos livros foram reimpressos em numerosas edições, mas também a influência indireta sobre várias correntes do pensamento esotérico exercidas internacionalmente pelas conferências de Eranos e seus palestrantes e participantes, quase todos simpatizantes, em maior ou menor grau, das teorias de Jung sobre os arquétipos e os tipos psicológicos.

Símbolos e doutrinas

Apesar da aversão de Jung pela natureza doutrinária da teosofia, a inesperada união fecunda de três vertentes de ideias teosóficas com a psicologia analítica e a astrologia criou uma série de híbridos interessantes durante os anos 1920 e 1930. Quase nenhum desses híbridos teve a aprovação de Jung. Ele se opôs com vigor a qualquer esforço para exteriorizar o domínio arquetípico, insistindo em que as interpretações oferecidas pela teosofia e pela antroposofia eram problemáticas porque tinham como foco os arquétipos, em vez de reconhecê-los como processos internos.

> Jamais desejaria que minha concepção do inconsciente fosse, ainda que de forma remota, associada à parapsicologia, pois nesse caso o inconsciente assumiria uma forma concreta, tornando impossível a abordagem psicológica, tão necessária para nós [...]. Devemos continuar por um tempo bastante longo a nos manter fiéis ao território da psicologia crítica, se quisermos evitar o risco de conjurar uma nova teosofia. Nunca é demais ter cuidado com a tentação de se considerar as manifestações de misticismo e parapsicologia como algo externo [...]. Toda orientação da psicologia analítica é a abertura do território interno, isto é, do interior da alma.[116]

A compreensão de Jung das imagens zodiacais como projeções imaginárias do inconsciente humano, geradas pela compreensão intuitiva das qualidades do tempo cíclico, reflete sua insistência em uma abordagem interna dos símbolos astrológicos. Os "deuses" planetários são encontrados no interior, e o indivíduo só pode lidar com eles em nível psicológico. Essa abordagem não é encontrada nas discussões de astrólogos como Schmitz, embora isso seja evidente no trabalho de Strauss-Klöbe e, apesar da espessa camada de linguagem teosófica, pode ser reconhecida de forma incipiente – talvez sem intenção – nos trabalhos de Alan Leo.

As fronteiras entre os domínios "espiritual" e "psicológico", ambos liminares, estão repletas de pórticos ocultos, túneis desconhecidos e janelas secretas, algo de que Jung estava bem ciente. Os próprios termos são uma imposição moderna de categorias construídas que não teriam significado nada para Jâmblico, Plotino, Agrippa ou Paracelso. *Psuche* é o termo grego para "alma", e *logos*, a palavra para "discurso"; e o termo "psicologia", considerado no contexto de suas raízes etimológicas, carrega pouca semelhança com algumas das perspectivas agora oferecidas no meio acadêmico. Mas Jung não estava apenas tentando se proteger, na tentativa de evitar o rótulo de "misticismo" profetizado por Freud que Jung acabaria tendo de carregar. Ele parece ter sentido profundamente que qualquer *insight* astrológico deveria ser compreendido como dinâmica psicológica, sem tentativas de exteriorizar e concretizar seus símbolos. Nisso ele concordou com Plotino, que abraçou a ideia de "afinidades" cósmicas, mas as compreendeu como uma teia de símbolos ligados pelo significado, em vez de uma rede de "influências" ou, como insistiu a teosofista Alice A. Bailey, "raios" que emanam de seres planetários deificados.[117]

A abordagem de Alice Bailey e as correntes astrológicas que brotaram de seus ensinamentos ativaram, com precisão, o que Jung tinha tentado evitar em Eranos: incorporaram suas ideias a uma astrologia unida a uma cosmologia religiosa de caráter exteriorizado, em vez de apresentar a astrologia em termos psicológicos, como um processo interno. Na América, o astrólogo de grande influência nascido na França, Dane Rudhyar (1895-1985), cujo trabalho continua a ser popular em muitos círculos astrológicos, formou-se na Arcane School (um ramo da Sociedade Teosófica) de Alice Bailey. Rudhyar conheceu o trabalho de Jung durante a década de 1930.[118] Começou a mencionar Jung no livro *The Astrology of Personality*,* publicado pela primeira vez em 1936 pela própria editora de Bailey, Lucis Trust. Nesse trabalho inicial, Rudhyar

---

* *Astrologia da Personalidade*. São Paulo: Pensamento, 1989 (fora de catálogo).

usou expressões como "O Princípio Sincronístico" e dedicou um capítulo inteiro à "Astrologia e Psicologia Analítica", citando vários trechos das *Obras Completas* de Jung.

Entretanto, Rudhyar passou a falar de "psicologia espiritual" relacionada à psicologia analítica, embora diferente desta em termos fundamentais, que "considera o homem em essência e na realidade um ser espiritual usando um corpo, com o propósito de adquirir experiências concretas e certas faculdades que só podem ser geradas em contato com a matéria".[119] Nessa sustentação "junguiana" de uma cosmologia que assume independência ontológica dos poderes espirituais superiores que regem o universo em evolução espiritual, Rudhyar demonstrou lealdade às suas raízes teosóficas.[120] Jung já havia escutado sobre Rudhyar e adquiriu *Astrologia da Personalidade* em edição original, bem como uma das primeiras obras de Rudhyar sobre música.[121] Mas Jung nunca mencionou esse conhecido astrólogo em suas obras publicadas ou cartas, nem adquiriu os livros posteriores de Rudhyar; tampouco há evidências de correspondência entre eles. Apesar da importância de Rudhyar nos círculos astrológicos norte-americanos, Jung pode ter visto Rudhyar como via Schmitz: alguém concretamente doutrinário em seus pronunciamentos, apesar de muitas das ideias de Rudhyar sobre a teleologia do mapa astrológico de nascimento terem sido inspiradas no conceito de individuação de Jung.

A profecia de Jung de que a astrologia teria "o reconhecimento assegurado pela psicologia" parece estar condenada ao fracasso. Vários psicólogos, em particular na esfera clínica, estão muito mais relutantes em validar a astrologia do que os astrólogos em validar a psicologia. Mas nas correntes das psicologias profunda e transpessoal a astrologia, tal como Jung a percebeu, tem sido considerada útil e esclarecedora.[122] O enriquecimento mútuo entre a astrologia de Jung e os astrólogos de Jung – e entre a astrologia de Jung e as várias psicologias profundas e transpessoais que emergiram de seu trabalho – vem se provando próspero e duradouro.

Notas

1. Plotino, Ennead II.3.7.
2. Jung, *Liber Novus*, pp. 136-37, trad. p. 310.
3. Para Ptolomeu, ver anteriormente, Capítulo 1, n. 66. Para Abu Ma-shar (Albumasar), ver Jung, CW9ii, pars. 128, 131-33, 153-54. Para Cardanus, ver Jung, CW8, par. 869; Jung, CW9i, par. 436; Jung, CW9ii, pars. 130 e 136; Jung, CW14, par. 474.
4. Jung, CW8, pars. 816-968.
5. J. B. Rhine, *Extra-Sensory Perception* (Boston, 1934); J. B. Rhine, *New Frontiers of the Mind* (Nova York: Farrar & Rinehart, 1937). Ver Jung, CW8, par. 833, n. 29.
6. Karl Ernst Krafft, *Le premier traité d'astro-biologie* (Paris: Wyckmans, 1939); Paul Flambart (a.k.a. Paul Choisnard), *Preuves et bases de l'astrologie scientifique* (Paris: Bibliothèque Chacornac, 1921).
7. Para *De opificio mundi* de Philo, ver Jung, CW8, par. 855. Para *Enneads* de Plotino, ver Jung, CW8, par. 927. Para *Parega und Paralipomena* de Schopenhauer, ver Jung, CW8, par. 829.
8. Carta particular de Ulrich Hoerni, 15 de dezembro de 2012.
9. Noll, "Jung the *Leontocphalus*", p. 67. Noll não dá nenhuma fonte para esta declaração.
10. James Holden, "Prefácio da reimpressão de 2006", em Pearce, *The Text-Book of Astrology*, p. vii.
11. Citado em Curry, *A Confusion of Prophets*, p. 111.
12. Ver, por exemplo, Alfred J. Pearce, *The Science of the Stars* (Londres: Simpkin, Marshall, 1881), e *The Weather Guide-Book: A Concise Exposition of Astronomic-Meteorology* (Londres: Simpkin, Marshall, 1864).
13. Estas incluíram *The Future*, lançada em 1892 e descontinuada em 1894; *Urania*; e *Star Lore*. Pearce também foi editor do popular *Zadkiel's Almanac* anual, igualmente ausente da biblioteca de Jung.
14. As edições de Jung de *The Occult Review* compreendem quatro volumes datados de 1920-1933. As edições de *The Quest* que Jung reuniu estendem-se por muitos anos (1910-1924 e 1929-1930) e totalizam dezessete volumes.
15. Raphael, *The Key to Astrology* (Londres: W. Foulsham, 1896).

16. Ver Kim Farnell, "Seven Faces of Raphael", disponível em: www.skyscript.co.uk/raphael.html.
17. Ver Curry, *A Confusion of Prophets*, pp. 46-60. A similaridade de nomes entre Robert Cross Smith e Robert Thomas Cross parece ser coincidente (ou sincrônica).
18. Para a vida e obra de Alan Leo, ver Curry, *A Confusion of Prophets*, pp. 122-59; Bessie Leo, *The Life and Work of Alan Leo* (Londres: Modern Astrology Office/ N.L. Fowler, 1919); Campion, *A History of Western Astrology*, pp. 231-34.
19. Bessie Leo, *The Life and Work of Alan Leo*, p. 43. Ver também Campion, *A History of Western Astrology*, p. 232.
20. Leo, *The Life and Work of Alan Leo*, pp. 11-2.
21. Para as discussões de Blavatsky sobre "Invisible Sun" ("Sol Invisível"), ver Blavatsky, *Isis Unveiled: A Master-Key to the Mysteries of Ancient and Modern Science and Theology*, 2 vols. (Londres: Theosophical Publishing, 1877), vol. 1, p. 302; Blavatsky, *The Secret Doctrine: The Synthesis of Science, Religion, and Philosophy*, 2 vols. (Londres: Theosophical Publishing, 1888), vol. 1, p. 100. [Ísis sem Véu. São Paulo: Pensamento, 1991; *A Doutrina Secreta: Síntese da Ciência, da Religião e da Filosofia*. São Paulo: Pensamento, 1980.]
22. Ver Greene, *The Astrological World of Jung's 'Liber Novus'*, Capítulo 2.
23. Alan Leo, *Astrology for All,* Partes I e II (Londres: Modern Astrology Office, 1899; reimpr. 1904, 1912, 1921 e muitas edições posteriores).
24. Uma efeméride alemã chamada *Planeten-Calendarium*, que elenca as posições planetárias para 1906, faz parte da biblioteca de Jung.
25. A primeira filha de Jung, Agathe, nasceu em 28 de dezembro de 1904; sua segunda filha, Gret, nasceu em 8 de fevereiro de 1906. O ano de 1906 não foi incluído na tabela das horas siderais dadas na edição de Jung de *Astrology for All, Parte II,* de Leo; a tabela termina em 1904, a data da publicação do livro. Jung acrescentou a lápis as horas siderais para 1906, 1907 e 1908, na parte inferior da coluna, na p. 182. O filho de Jung, Franz, nasceu em 1908.
26. A cópia de Jung de *How to Judge a Nativity,* de Leo, também está fortemente marcada a lápis.
27. © 2007 Foundation of the Works of C. G. Jung, Zurique.
28. Para Van Ophuijsen, ver sua lista no *The International Dictionary of Psychoanalysis*, 3 vols. org. por Alain de Mijolla (Farmington Hills, MI: Cengage Gale, 2004), e as referências lá mencionadas.

29. Alan Leo, *The Key to Your Own Nativity* (Londres: Modern Astrology Office, 1910).
30. Leo, *The Key to Your Own Own Nativity*, p. 283.
31. *Ibid.*, p. 21.
32. Estes movimentos planetários são conhecidos como "progressões secundárias"; para essa técnica astrológica, ver Alan Leo, *The Progressed Horoscope* (Londres: Modern Astrology Office, 1905).
33. Arquivos particulares de Jung, reimpressão de cortesia de Andreas Jung, © 2007 Foundation of the Works of C. G. Jung, Zurique.
34. Ver Frances A. Yates, *The Rosicrucian Enlightenment* (Londres: Routledge & Kegan Paul, 1972), pp. 294-322, para traduções em inglês dos três tratados.
35. Ver Joscelyn Godwin, *The Theosophical Enlightenment* (Albany: SUNY Press, 1994), pp. 216-22; Roland Edighoffer, "Rosicrucianism: From the Seventeenth to the Twentieth Century", em Antoine Faivre e Jacob Needleman (orgs.), *Modern Esoteric Spirituality* (Nova York: Crossroad, 1992), pp. 186-209. Para literatura de grupos modernos associando-os à "Ordem" Rosacruz original, ver H. Spencer Lewis, *Rosicrucian Questions and Answers with Complete Answers* (San Jose, CA: Supreme Grand Lodge of AMORC, 1969); R. Swinburne Clymer, *The Rosy Cross* (Quakertown, PA: Beverly Hall, 1965). Para uma visão geral, ver Christopher McIntosh, *The Rosicrucians* (York Beach, ME: Weiserbooks, 1998). Para interpretações teosóficas e antroposóficas, ver A. E. Waite, *The Real History of the Rosicrucians* (Londres: George Redway, 1887); Rudolf Steiner, *The Secret Stream* (Great Barrington, MA: Anthroposophic Press, 2000).
36. Ver Jung, CW6, pars. 314-16; Jung, CW7, pars. 385, 494; Jung, CW9i, par. 652; Jung, CW10, par. 764; Jung, CW12, par. 99, 422; Jung, CW13, par. 391.
37. Waite escreveu dois livros sobre os rosa-cruzes: *The Real History of the Rosicrucians and the Brotherhood of the Rosy Cross* (Londres: William Rider & Son, 1924). Jung adquiriu o primeiro e se refere a ele em Jung, CW14, par. 312, e Jung, CW16, par. 500. Jung tinha uma série de outras obras de Waite, entre elas livros sobre tarô e a Cabala. Para Waite, ver R. A. Gilbert, *A. E. Waite* (Wellingborough: Crucible, 1987); Greene, *Magi e Maggidim*, pp. 301-76.
38. A Fraternidade Rosacruz pode ser encontrada em: www.rosicrucianfellowship.org/. Existem outras organizações rosa-cruzes nos dias atuais, entre elas a norte-americana Ancient Mystical Order Rosae Crucis (AMORC) e a britânica Societas Rosicruciana in Anglia (SRIA), ambas com *websites* próprios.

39. Para o trabalho de Steiner, ver, entre muitos outros livros, Rudolf Steiner, *The Way of Initiation*, trad. de Max Gysi (Londres: Theosophical Publishing Society, 1910); Rudolf Steiner, *An Outline of Occult Science*, trad. Max Gysi (Londres: Theosophical Publishing Society, 1914). Ver também Gilbert Childs, *Rudolf Steiner* (Hudson, NY: Anthroposophic Press, 1996).
40. Jung, CW10, par. 170; Jung, CW11, par. 859.
41. Ver Hanegraaff, *New Age Religion*, pp. 496-513.
42. Sobre o esforço de um antroposofista para encontrar um terreno comum entre Jung e Steiner, ver Gerhard Wehr, *Jung and Steiner*, trad. Magdalene Jaeckel (Grande Barrington, MA: Anthroposophic Press, 2002).
43. Ver também Max Heindel, *Simplified Scientific Astrology* (Londres: L. N. Fowler, 1928).
44. Livros, como me garantiu Andreas Jung, tendem a "passear" de bibliotecas particulares após a morte de seu proprietário, devido às reivindicações de familiares e amigos; muitos dos textos astrológicos de Jung encontraram seu caminho na biblioteca de sua filha Gret (1906-1995), ela mesma astróloga praticante. Como Jung não costumava escrever seu nome nos livros, é impossível saber quais obras da biblioteca astrológica de Gret poderiam ter pertencido a ele antes.
45. Heindel, *Simplified Scientific Astrology*, p. 201.
46. © 2007 Foundation of the Works of C. G. Jung, Zurique.
47. *Ibid.*
48. Vários mapas de pacientes de Jung estão assinados com as iniciais de um indivíduo desconhecido, "BW". Dois mapas idênticos foram criados para Toni Wolff, um por Emma Jung e outro por mãos desconhecidas. Alguns dos mapas foram dados a Jung pelas próprias pessoas em questão. Glifos astrológicos, quando desenhados à mão, refletem as mesmas peculiaridades individuais da caligrafia. A identificação da caligrafia astrológica de Jung, em contraste com a de Emma, foi-me ofertada com gentileza por Vreni Jung, a esposa de Andreas Jung; Frau Jung é bem versada em grafologia.
49. © 2007 Foundation of the Works of C. G. Jung, Zurique. Compare os glifos planetários com os do Systema Munditotius, discutidos em Greene, *The Astrological World of Jung's Liber Novus*, Capítulo 7.
50. © 2007 Foundation of the Works of C. G. Jung, Zurique. A caligrafia desses cálculos e o nome "Jung" escrito no topo da página são idênticos aos da

primeira página da tese de habilitação de Jung, reproduzida em Shamdasani, *Jung*, p. 43.
51. Heindel, *Simplified Scientific Astrology*, p. 160.
52. Max Heindel, *The Message of the Stars* (Oceanside, CA: Rosicrucian Fellowship, 1918), p. 192.
53. Heindel, *The Message of the Stars*, p. 28.
54. Heindel, *The Message of the Stars*, p. 10. Virgem "ascendente à meia-noite" no solstício de inverno refere-se à relação do Sol com o signo zodiacal que nasce no leste. Nas latitudes do norte, nos momentos que antecedem a meia-noite no solstício, o Sol, entrando no signo zodiacal de Capricórnio, está prestes a chegar ao *Imum Coeli*, o ponto norte ou da "meia-noite", associado à morte e ao renascimento; neste momento, os últimos graus de Virgem ascendem a leste.
55. Para uma discussão recente da mitologia solar relacionada a Cristo, ver David Fideler, *Jesus Christ, Sun of God* (Wheaton, IL: Quest Books/Theosophical Publishing House, 1993).
56. F. Max Müller, *Lectures on the Origin and Growth of Religions as Illustrated by the Religions of India* (Londres: Longmans, Green, 1878), p. 213.
57. F. Max Müller, *Theosophy* (Londres: Longmans, Green, 1917); F. Max Müller, *Vorlesungen über den Ursprung und die Entwickelung der Religion* (Estrasburgo: Trübner, 1880).
58. Jung, CW9ii, pars. 164-66 e 194. Jung pode ter extraído a imagem da Virgem segurando uma criança de qualquer uma das fontes dadas anteriormente. Entretanto, na maioria dos textos astrológicos, a figura feminina que representa a Virgem segura uma espiga de trigo em vez de um bebê.
59. Dados de nascimento de acordo com dois horóscopos natais dos arquivos particulares de Jung: Antonia Anna Wolff, 18 de setembro de 1888, 14h30, Zurique.
60. Jung, CW9i, pars. 604-05.
61. Por "nascido sob", Jung parece ter querido dizer que Câncer ascendia no horizonte leste (o Ascendente) na hora do nascimento da srta. X. Alan Leo usou essa frase para descrever o Ascendente, não o signo zodiacal no qual o Sol se encontrava ao nascer; ver, por exemplo, Leo, *The Art of Synthesis*, p. 203.
62. John M. Thorburn, Carta a Emma Jung, 15 de fevereiro de 1929, Jung Private Archives. "David" Baynes é Helton Godwin Baynes (1882-1943); ele e a esposa, Cary Fink Baynes (1883-1977), eram amigos íntimos de Jung e tradutores de várias obras de Jung para o inglês.

63. Ver J. M. Thorburn, "Mysticism and Art", *The Monist* 30:4 (1920), pp. 599-617; J. M. Thorburn, *Art and the Unconscious* (Londres: Kegan Paul, Trench, Trubner, 1925); J. M. Thorburn, "Analytical Psychology and the Concept of Individuality", *International Journal of Ethics* 35:2 (1925), pp. 125-39; J. M. Thorburn, A. H. Hannay e P. Leon, "Artistic Form and the Unconscious", *Proceedings of the Aristotelian Society* 13 (1934), pp. 119-58.

64. Ver Thorburn, *Art and the Unconscious*, pp. 39-80, no qual Thorburn cita e parafraseia extensivamente *Psychology of the Uncoscious*, de Jung. Ver também Jung, CW15, pars. 133-162.

65. Ver Diana Baynes Jansen, *Jung's Apprentice* (Einsiedeln, Suíça: Daimon Verlag, 2003), p. 271.

66. J. M. Thorburn, "Do the Gods Exist?", *Harvest* 6 (1959), pp. 72-87.

67. Para a participação de Thorburn nesta conferência, ver "Astrologers' Weekend", *Picture Post: Hulton's National Weekly*, 29 de abril de 1939, pp. 3-4.

68. © 2007 Foundation of the Works of C. G. Jung, Zurique.

69. Leo faleceu quando Thorburn delineou o mapa de Jung, mas seus formulários de horóscopo natal impressos permaneceram disponíveis. Muitas escolas de astrologia à época tendiam a usar os próprios formulários de horóscopo natal impressos com exclusividade. Os formulários de Leo sempre exibiam um diagrama do globo terrestre ao centro, com o horizonte e os meridianos do horóscopo natal marcados com linha dupla. Exemplos desse círculo distinto podem ser encontrados em Leo, *The Art of the Synthesis*, pp. 228, 232 e 238.

70. O mapa aparece em Leo, *The Progressed Horoscope*, p. xvi.

71. John M. Thorburn, "Analysis of Jung's Natal Horoscope", arquivos particulares de Jung, p. 4.

72. Thorburn, "Analytical Psychology and the Concept of Individuality", p. 128.

73. Jung, CW6, par. 601.

74. Jung, CW6, par. 9.

75. Jung, Carta a Oskar Schmitz, 26 de maio de 1923, em "Cartas a Oskar Schmitz", p. 82. Em 1955, Jung declarou: "Todos me chamariam de introvertido". Ver Stephen Black, "The Stephen Black Interviews", em *C. G. Jung Speaking*, p. 256.

76. Jung, CW6, pars. 658-59.

77. Um "trígono" é um ângulo de 120° entre dois planetas, em geral interpretado como benéfico.

78. Thorburn, "Analysis of Jung's Natal Horoscope", p. 1.

79. Jung, Carta a Upton Sinclair, 25 de fevereiro de 1955, em *C. G. Jung Letters*, vol. 2, pp. 230-32.
80. © 2007 Foundation of the Works of C. G. Jung, Zurique.
81. Ver Robert Zoller, *Tools & Techniques of the Medieval Astrologer* (Londres: Nova Biblioteca, 2001), Livro 1, p. 17.
82. Para fontes árabes, ver Zoller, *Tools & Techniques*, p. 22. Sobre discussão medieval, ver Guido Bonatti, *Liber Astronomiae* (1277), org. por Robert Hand, trad. de Robert Zoller (Berkeley Springs, WV: Golden Hind Press, 1994-96), vol. 3, pp. 45-8.
83. Os cálculos são baseados na ideia de uma relação entre a Lua como regente da formação do embrião e o Ascendente como designador do momento do nascimento.
84. Ver: http://astrozet.com/Manual/trutina.html.
85. Sepharial, *The Solar Epoch* (Londres: W. Foulsham, 1925). Sobre Sepharial, ver Kim Farnell, "That Terrible Iconoclast: A Brief Biography of Sepharial", disponível em: www.skyscript.co.uk/sepharial.html. Sepharial havia dedicado antes um capítulo ao Época Pré-Natal em Sepharial, *The New Manual of Astrology* (Filadélfia, PA: David McKaym, 1898), Livro 3, pp. 151-74. Essa descrição anterior da técnica segue a clássica Trutina de Hermes em termos de trocas Lua-Ascendente.
86. Em 1928, George H. Bailey (1896-1959), membro da Loja Astrológica de Londres, fundada por Alan Leo em 1915, publicou um artigo intitulado "The Descent to Birth and the Soli-Lunar Interchanges", *Modern Astrology* (1928). A técnica de Bailey foi utilizada para "retificação", um meio de determinar a hora exata do nascimento.
87. A. E. Thierens, *Elements of Esoteric Astrology* (Filadélfia, PA: David McKay, 1931), pp. 145-47. Jung parece ter se interessado ligeiramente pelo trabalho de Thierens e adquirido outro de seus livros, desta vez sobre tarô: A. E. Thierens, *The General Book of the Tarot* (Londres: Rider, 1930), com introdução de A. E. Waite.
88. Este mapa é, com efeito, um mapa de retorno solar para o ano anterior ao nascimento de Jung. Para várias perspectivas em mapas de retorno solar – calculados para cada ano de vida e baseados no retorno do Sol ao grau e minuto precisos de seu signo zodiacal ao nascimento – ver, entre outros, Lynn Bell, *Cycles of Light* (Londres: CPA Press, 2005); J. Lee Lehman, *Classical Solar Returns* (Atglen, PA: Schiffer, 2012).

89. John M. Thorburn, Mapa de Época de Jung, arquivos particulares de Jung, pp. 2-3.
90. Thorburn, Mapa da Época de Jung, p. 5.
91. Na carta de Thorburn a Emma (15 de fevereiro de 1929), que incluía tanto a carta natal como o Mapa de Época dela, ele indica que Emma havia lhe pedido esses mapas em setembro anterior e também tinha perguntado como a astrologia poderia ser usada "na individuação".
92. Esses movimentos são calculados como "direções primárias", nome dado a um método de progressão do horóscopo natal desde o nascimento que se origina no *Tetrabiblos* de Ptolomeu e ainda hoje está em uso. Ver Sepharial, *Directional Astrology* (Londres: Rider, 1921).
93. Ver Angela Graf-Nold, "C. G. Jung's Position at the Swiss Federal Institute of Technology Zürich", *Jung History* 2:2, disponível em: www.philemonfoundation.org/resources/jung_history/volume_2_issue_2. Sobre o principal trabalho de Frey-Rohn em psicologia analítica, ver Liliane Frey-Rohn, *From Freud to Jung*, trad. Fred E. Engreen e Evelyn K. Engreen (Nova York: Putnam, 1976; reimpr. Shambhala/Daimon Verlag, 1990).
94. Liliane Frey-Rohn, Entrevista com Gene Nameche, C. G. Jung Arquivo Biográfico 1968-73, Countway Library of Medicine, Universidade de Harvard, Entrevista 2, p. 25.
95. Arquivos pessoais de Jung gentilmente cedidos por Andreas Jung, © 2007 Foundation of the Works of C. G. Jung, Zurique.
96. © 2007 Foundation of the Works of C. G. Jung, Zurique.
97. *Ibid.*
98. Richard Wilhelm, *Das Geheimnis der goldenen Blüte* (Munique: Dorn, 1929); publicado em inglês como *The Secret of the Golden Flower*, trad. Cary F. Baynes (Londres: Kegan Paul, Trench, Tubner, 1931). Para a compreensão tardia de Jung do significado psicológico da alquimia, ver Jung, *MDR*, pp. 229-31; Jung, CW13, "Foreward to the Second German Edition", em Wilhelm, *Secret of the Golden Flower*, p. 4; Jung, *Liber Novus*, p. 360 e p. 305, n. 232.
99. A configuração era Saturno em trânsito se movendo sobre o *Medium Coeli* (Meio do Céu – MC) ou ponto sul da carta natal; para uma descrição, ver Leo, *The Progressed Horoscope*, p. 263.
100. O nome "tradicional" pode ser enganoso. Essas correntes enfatizam a importância das técnicas helenísticas e/ou árabes que refletem tradições específicas na astrologia. Para um texto contemporâneo sobre essa abordagem, ver

Benjamin Dykes, *Traditional Astrology for Today* (St. Paul, MN: Cazimi Press, 2011). Jung, no entanto, confiava nas tradições das antigas obras neoplatônicas e nos trabalhos herméticos que enfatizavam o interior, a astrologia simbólica na qual estava interessado. Há uma série de "tradições" na astrologia, todas aparentemente válidas para aqueles que as seguem.

101. Para obras desses autores, ver Heinz Arthur Strauss, *Astrologie* (Leipzig: Kurt Wolff, 1977); Heinz Arthur Strauss e Sigrid Strauss-Klöbe, *Die Astrologie des Johannes Kepler* (Munique: Oldenbourg, 1926). O termo *Kosmobiologie* foi posteriormente incorporado ao trabalho do astrólogo Reinhold Ebertin (1901-1988), às vezes considerado o fundador da escola. Entretanto, Strauss usava o conceito mais de uma década antes de Ebertin, e o próprio termo pode ser datado de 1914.

102. Ver *C. G. Jung Bibliothek Katalog* DF 16-7.

103. Jung, "Apendix: In Memory of Richard Wilhelm", em *The Secret of the Golden Flower,* p. 144. Esse discurso em memória a Wilhelm foi originalmente proferido em 10 de maio de 1930.

104. Sigrid Strauss-Klöbe, "Über die psychologische Bedeutung des astrologischen Symbols", em *Eranos Jahrbuch 1934, Band 2* (Zurique: Rhein-Verlag, 1935).

105. Jung, "Über die Archetypen des kollektiven Unbewussten". Esse artigo apareceu pela primeira vez em *Eranos Jahrbuch 1934* e foi revisado, traduzido e publicado em Jung, CW9i, pp. 3-41.

106. Hakl, *Eranos*, p. 96.

107. Ver a declaração de Strauss-Klöbe propriamente dita em Ferne Jensen e Sidney Mullen (orgs.), *C. G. Jung, Emma Jung, e Toni Wolff* (São Francisco, CA: Clube de Psicologia Analítica de São Francisco, 1982), p. 90.

108. Ver Sigrid Strauss-Klöbe, *Kosmische Bedingtheit der Psyche* (Oberbayern: O. W. Barth, 1968); Sigrid Strauss-Klöbe, *Das kosmopsychische Phänomen* (Freiburg: Walter-Verlag, 1977); Heinz Arthur Strauss, *Psychologie und astrologische Symbolik* (Zurique: Rascher Verlag, 1953).

109. Jensen e Mullen (orgs.), *C. G. Jung, Emma Jung, and Toni Wolff*, pp. 89-90.

110. Para Schmitz, ver André Barbault, *From Psychoanalysis to Astrology* (Munique: Hugendubel, 1991 [1961]); Carl-Ludwig Reichert, "Oskar Adolf Hermann Schmitz", em *New German Biography*, vol. 23 (Berlim: Duncker e Humblot, 2007), pp. 254-55.

111. Para a participação de Schmitz no seminário, ver William McGuire, "Introduction to the 1989 Edition", em Jung, *Introduction to Jungian Psychology*, p. xxxi. Ver também as cartas de Jung para Schmitz em Jung, "Cartas para Oskar Schmitz, 1921-1931", trad. James Kirsch, *Psychological Perspectives* 6:1 (1975), pp. 79-95. Três dessas cartas podem ser encontradas em *C. G. Jung Letters*, vol. 1, pp. 39-41, 53-4, 82.

112. Ver, por exemplo, Oskar A. H. Schmitz, *Geist der Astrologie*, 2 vols. (Munique: Müller, 1922), no qual Schmitz usa o termo "astropsicologia". Jung tinha outras obras de Schmitz em sua biblioteca, mas elas não eram sobre astrologia. Para referências de Jung a Schmitz nos *Collected Works*, ver Jung, CW9i, par. 51; Jung, CW10, pars. 188 e 921; Jung, CW18, par. 1825. Nenhuma dessas referências diz respeito à astrologia, mas, ao contrário, focam na relação entre psicanálise e folclore. Jung também escreveu uma introdução à obra de Schmitz, publicada postumamente, *Märchen aus dem Unbewussten* (Munique: Karl Hanser, 1932), sobre contos de fada em vez de astrologia.

113. C. G. Jung, Carta a Oskar Schmitz, 26 de maio de 1923, em "Cartas a Oskar Schmitz", p. 82.

114. Howe, *Urania's Children*, pp. 98-9.

115. *Ibid.*, p. 99.

116. C. G. Jung, Carta a Gustav-Richard Heyer, 4 de dezembro de 1931, citada em Hakl, *Eranos*, p. 66. Hakl ressalta que essa carta representa um testemunho eloquente contra a "crítica simplista" de Richard Noll à suposta promoção de Jung de um culto místico pagão.

117. Sobre a teoria de Bailey a respeito dos Sete Raios, ver Alice A. Bailey, *Esoteric Astrology* (Nova York: Lucis, 1951). Jung estava familiarizado com o trabalho de Bailey por meio de seus contatos em Eranos e se opôs fortemente a ele; ver Hakl, *Eranos*, pp. 27-32.

118. Ver Dane Rudhyar, "Prefácio à terceira edição", em Dane Rudhyar, *The Astrology of Personality* (Nova York: Doubleday, 1970 [1936]), pp. vii-xvi. [*Astrologia da Personalidade*. São Paulo: Pensamento, 1989 (fora de catálogo).]

119. Rudhyar, *The Astrology of Personality*, pp. 75-82.

120. Rudhyar foi um artista e um escritor prolífico que produziu romances e trabalhos com música e arte. Muitos de seus trabalhos astrológicos enfocam interpretações perspicazes de horóscopo natal; outros, como *The Planetarization of Consciousness* (Nova York: Harper, 1972), revelam sua devoção duradoura à cosmologia de Bailey.

121. Dane Rudhyar, *The Rebirth of Hindu Music* (Adyar: Theosophical Publishing House, 1928).

122. Ver James Hillman, "The Azure Vault: The Caelum as Experience", em Nicholas Campion e Patrick Curry (orgs.), *Sky and Psyche* (Edimburgo: Floris Books, 2006), pp. 37-58. Meu conhecimento sobre o envolvimento de Hillman com a astrologia baseia-se em contato pessoal e por correspondência.

3 IMAGINAÇÃO ATIVA E TEURGIA

"Das obras de teurgia realizadas em qualquer ocasião, algumas têm uma causa que é secreta e superior a qualquer explicação racional; outras são como símbolos consagrados desde toda a eternidade aos seres superiores; outras preservam alguma outra imagem, até mesmo como a natureza em seu papel gerador imprime (sobre as coisas) formas visíveis a partir de princípios-motivos invisíveis."[1]

— JÂMBLICO

O Professor: "Hoje, a imitação de Cristo conduz ao manicômio".
Jung: "Isso não é de duvidar, professor".
O Professor: "O homem tem inteligência – é evidente que está um tanto desperto, maniacamente falando. Você ouve vozes?".
Jung: "Pode crer! Hoje foi uma enorme multidão de anabatistas que invadiu a cozinha".
O Professor: "Ah, agora temos alguma coisa. As vozes o seguem?".
Jung: "Oh, não, Deus me livre, eu as convoquei".[2]

— C.G. JUNG

As origens da imaginação ativa

O *Liber Novus* e *Os Livros Negros* que lhe deram origem são a primeira evidência documentada da utilização da técnica psicológica junguiana que mais tarde ele chamou de "imaginação ativa". Ele desenvolveu essa técnica o mais tardar em 1913, quando o trabalho sobre o *Liber Novus* começou; *Liber Novus* é, de fato, o primeiro fruto dela. Jung publicou seus primeiros pensamentos sobre a imaginação ativa em 1916,[3] e de novo em 1921,[4] mas não utilizou o termo em si antes de uma série de palestras que proferiu na Clínica Tavistock em Londres, em 1935.[5] A princípio, referiu-se a ela como "função transcendente" e depois como "método da imagem"; também a descreveu como "fantasia ativa", "transe", "visão", "exercícios" e, talvez a mais reveladora, "técnica de descida".[6] Joan Chodorow, na introdução à sua compilação editada das discussões de Jung sobre imaginação ativa, assinala que se trata de "um método único, mas que se expressa de maneiras variadas".[7] O método envolve um tipo específico de meditação: concentração profunda e envolvimento emocional com imagens que surgiram em sonhos, devaneios, irrupções emocionais, fantasias que se tem acordado ou estados alterados de consciência invocados de modo deliberado. Entende-se a imaginação como uma espécie de porta de entrada ou limiar para domínios psíquicos em geral inacessíveis e como meio de dar forma a realidades psíquicas de outra maneira incipientes.

Em 1916, Jung descreveu o ponto de entrada da imaginação ativa como um estado emocional turbulento:

> Ele deve fazer do estado emocional a base ou o ponto de partida do procedimento. Deve tornar-se o mais consciente possível do estado de espírito em que se encontra, imergindo nele sem reservas e anotando no papel todas as fantasias e outras associações que surgirem. A fantasia deve permitir o jogo mais livre possível,

mas não de forma a deixar a órbita de seu objeto, vale dizer, o efeito [emocional].[8]

Essa descrição, escrita três anos após a ruptura de Jung com Freud, é por vezes vista como a versão de Jung da técnica psicanalítica da "livre associação", que Freud descreveu pela primeira vez em 1893.[9] Mas Jung fez uma distinção cuidadosa entre as duas, descrevendo a imaginação ativa como "uma sequência de fantasias produzidas por concentração deliberada":

> Não se trata da "livre associação" recomendada por Freud para efeitos da análise do sonho, mas de elaborar a fantasia pela observação do material adicional da fantasia que se acrescenta ao fragmento de modo natural.[10]

O propósito da imaginação ativa não é, portanto, fornecer material para uma análise intelectual de conflitos reprimidos, mas, sim, permitir que aquilo que está oculto e é desconhecido se expresse na própria linguagem – a linguagem das imagens. A imaginação ativa também pode ser vista como uma forma de ritual, semelhante aos estados focalizados de contemplação religiosa encontrados na *kavvanah* ou na "atenção dirigida" da Cabala judaica, em certas formas de meditação sufi, nos "exercícios espirituais" de Inácio de Loyola e na teurgia neoplatônica. Essas abordagens mais antigas de um encontro com a divindade envolvem a suspensão deliberada das faculdades críticas racionais a fim de permitir que uma imagem, uma cor ou um som específico revele sua vida oculta à sua própria maneira.[11] É esse parentesco com práticas religiosas, não raro as de vertentes religiosas marginalizadas ou "heréticas", que, em alguns círculos, deu à imaginação ativa conotação esotérica. E, apesar das inúmeras elaborações de Jung, a ambiguidade continua a cercar as fontes que poderiam ter inspirado a técnica.

Diversos trabalhos recentes descreveram a imaginação ativa em termos terapêuticos práticos e destinam-se a oferecer *insights* para o psicoterapeuta. Mas tais investigações não estão, como se poderia esperar, preocupadas com os detalhes das fontes históricas de Jung.[12] Marie-Louise von Franz (1915-1998), uma das mais bem conhecidas entre os estudantes e intérpretes de Jung, fez uma distinção entre as várias formas de meditação oriental, que visam ignorar o fluxo de imagens na prática meditativa, e a imaginação ativa junguiana: "Em comparação com todas as técnicas orientais, acolhemos essa imagem, não a dissipamos nem a ignoramos".[13] Mas o ensaio de Von Franz não explora as origens desse favorecimento ocidental aparentemente peculiar da imagem no trabalho interior. Jeffrey Raff, em um livro intitulado *Jung e a Imaginação Alquímica*, afirma de modo enfático que a psicologia analítica de Jung é um "processo espiritual" destinado a "promover uma experiência transformadora profunda".[14] Embora muitos dos que se submeteram à análise junguiana possam concordar por completo com esse comentário, existe, como sempre, um problema de definição. O que Raff quer dizer com "processo espiritual" em contraposição a um "processo psicológico" e em que contexto devemos entender essa "experiência transformadora"? Seria espiritual, psicológico, fisiológico, ou talvez os três? Raff salienta que, como Jung se referiu de forma consistente a tradições esotéricas mais antigas, como a alquimia e o gnosticismo, seus modelos psicológicos estão ligados, com clareza, a "escolas esotéricas mais antigas". Embora essa observação tenha sido feita também por outros autores, não está desenvolvida na discussão de Raff. Raff está, no contexto de seu livro, mais preocupado com as aplicações práticas da imaginação ativa do que em examinar apenas o que as doutrinas dessas "escolas esotéricas mais antigas" implicavam, como diferiam umas das outras, quais das suas ideias Jung adaptou e de que forma as utilizou.[15]

A imaginação ativa tem afinidade com os estados de transe mediúnicos.[16] O interesse de Jung pelo espiritualismo, que o levou à sua tese de doutorado, "Sobre a Psicologia e a Patologia dos Assim Chamados

Fenômenos Ocultos",[17] apoia a probabilidade de que suas observações do estado alterado de transe mediúnico contribuíram para o desenvolvimento de suas ideias sobre a importância da imaginação no trabalho psicológico. As explorações de Jung a respeito de fenômenos espiritualistas não diminuíram depois de ele ter finalizado a dissertação, e ele ainda assistia a sessões em 1931, muito depois da conclusão do texto do *Liber Novus*.[18] Essas sessões foram organizadas pelo Hermetische Gesellschaft, um grupo suíço fundado em 1930 por Rudolf Bernoulli (1880-1948), adepto do tarô e historiador de arte; Fritz Allemann (1884-1968), banqueiro e financista que entrou para o Clube de Psicologia de Zurique em 1930; e Oskar Rudolf Schlag (1907-1990), psicanalista de inclinação esotérica, grafólogo e maçom que Jung tinha conhecido na Clínica Burghölzli quando Schlag fazia treinamento lá. O grupo concentrava-se no simbolismo do tarô, mas também realizava sessões. Jung, segundo Schlag, costumava estar presente nessas sessões até que sua expulsão "tornou-se necessária" devido ao atrito entre Jung e Schlag.[20] Embora a Hermetische Gesellschaft tenha sido fundada após a conclusão do trabalho de Jung no *Liber Novus*, seu envolvimento reflete o interesse contínuo pela fronteira entre estados alterados de consciência como fenômeno psicológico espontâneo e as visões e experiências de escrita automática deliberadamente provocadas pelo que poderia ser entendido como magia ritual.

O interesse de Jung pela psicologia da escrita automática foi intenso, pois ele se esforçou por compreender tanto as próprias experiências quanto o trabalho inspirador ou revelador de outros autores.[21] F. X. Charet, em uma obra intitulada *Spiritualism and the Foundation of C. J. Jung's Psychology*, argumenta de forma persuasiva que as primeiras investigações de Jung, combinadas com a popularidade do espiritualismo e dos estados de transe hipnóticos nos finais do século XIX, exerceram grande influência em seu trabalho posterior.[22] Contudo, a sugestão de Charet de que o espiritualismo é o "princípio" dos modelos psicológicos de Jung pode enfatizar demais um elemento em relação a outros que eram igualmente importantes. Jung era um morfologista inveterado. Em um esforço para confirmar suas várias teorias por meio de evidências históricas, bem como da observação direta e da experiência, ele procurou buscar padrões estruturais semelhantes em sistemas de pensamento e crenças bastante diversos. Em decorrência, pode não ser sensato presumir que uma única vertente, seja ela religiosa, filosófica ou científica, antiga, medieval ou moderna, tenha fornecido a única base teórica ou prática para a técnica da imaginação ativa. A astrologia foi de grande importância para Jung, e ele parece tê-la explorado não só em termos intelectuais, mas também pela imaginação ativa; essa aplicação da astrologia compõe o tema de *Astrologia Oculta no Livro Vermelho de Carl G. Jung*. Mas a astrologia, para Jung, não era uma entidade distinta em si mesma. Pelo contrário, ele percebeu relações complexas entre astrologia e alquimia, magia, ritual, símbolo, transformação psicológica individual e mudanças coletivas em percepções religiosas, e essas interconexões o mantiveram ocupado durante toda a sua vida.

Charet também salientou as discussões filosóficas de Kant sobre a imaginação como elemento importante nos esforços de Jung para reconciliar os fenômenos espiritualistas com a ciência.[23] Um argumento convincente poderia ainda ser feito para a relação entre imaginação ativa e a *kavvanah* cabalística judaica, uma forma de meditação destinada a efetuar transformações tanto internas quanto na infraestrutura da divindade.[24] E, dado o número de obras sobre magia prática na biblioteca de Jung – antiga, medieval e moderna –, um argumento convincente poderia ser defendido em favor da experimentação de Jung com magia ritual como técnica psicológica para a indução de estados alterados de consciência.[25] Os conhecimentos cristãos de Jung, da mesma forma, precisam ser considerados em relação à imaginação ativa; vários rituais teúrgicos cristãos – em especial os estados alterados intencionais desenvolvidos no monasticismo oriental já desde o século IV – podem também ter fornecido elementos importantes no desenvolvimento da técnica de Jung.[26] Esses rituais originaram-se, em grande parte, de práticas neoplatônicas, discutidas em mais detalhes a seguir, e foram utilizados pelo filósofo cristão Dionísio, o

Areopagita ("Pseudo-Dionísio"), no início do século VI, com cujo trabalho Jung tinha se familiarizado em 1921.[27] Em um seminário apresentado em 1939, Jung referiu-se de modo explícito aos antigos e últimos místicos cristãos como predecessores da técnica da imaginação ativa, porque utilizavam a fantasia dirigida para alcançar a transformação espiritual.[28]

Os "exercícios espirituais" do padre jesuíta Inácio de Loyola, do século XVI, que Jung colocou na mesma categoria, foram interessantes o suficiente para impeli-lo a proferir uma série completa de palestras sobre eles no Instituto Federal de Tecnologia de Zurique (ETH, sigla de Eidgenössische Technische Hochschule Zürich), em 1939.[29] De acordo com Loyola, o indivíduo deve aprender a "ver com os olhos da imaginação o comprimento, a largura e a profundidade do inferno" e a responder a essas visões com todos os sentidos.[30] Loyola é uma das mais importantes fontes cristãs que Jung aplicou às suas ideias sobre imaginação ativa. Jung também fez ligação direta entre as *exercitia spiritualia* e as teorias neoplatônicas do mundo imaginário oferecidas por Plotino, Jâmblico, Porfírio e Proclo.[31] Referiu-se à *exercitia* de Loyola como uma "técnica especial":

> Trata-se de uma experiência de transformação induzida por meios técnicos [...]. Esses exercícios representam técnicas especiais prescritas com antecedência e destinadas a alcançar um efeito psíquico definido, ou pelo menos a promovê-lo [...]. São, portanto, procedimentos técnicos no sentido mais completo da palavra; elaborações dos processos de transformação originalmente naturais.[32]

Essa descrição sucede uma declaração sobre "procedimentos mágicos" como forma semelhante, induzida do ponto de vista técnico, de transformação psicoespiritual: "O rito é utilizado para o propósito expresso de efetuar a transformação". Religião e magia, na visão de Jung, não eram, evidentemente, tão distintas uma da outra quanto presumiram os estudiosos de seu tempo, influenciados pela visão de Frazer da magia como manifestação primitiva de religião que "comete o erro de presumir que as coisas que se assemelham umas às outras são as mesmas".³⁴ A magia que interessava a Jung não se preocupava com ganho material nem se baseava em analogias "equivocadas". Pelo uso de símbolos, era focada na transformação da personalidade pela experiência direta dos dominantes arquetípicos subjacentes à vida consciente – a terminologia psicológica moderna para o que outrora se entendeu como *unio mystica*. Descrevendo a imaginação ativa em termos mais prosaicos para os membros da Sociedade para Pesquisa Psíquica (SPR – Society for Psychical Research) em Londres, em 1919, Jung referiu-se a ela como "um meio de trazer à consciência conteúdos inconscientes".³⁵ Nesse cenário público, Jung não estava preparado para oferecer qualquer pista que fosse de seu significado religioso e mágico em fontes anteriores nem, aliás, nas próprias explorações pessoais, embora estivesse no meio do trabalho sobre o *Liber Novus* quando entregou seu artigo à SPR.

Jung não foi o único investigador a essa altura a atravessar a fronteira para as zonas limítrofes. No final do século XIX e início do XX, uma série de psicólogos faziam experiências com uma grande variedade de técnicas psicoterapêuticas não convencionais, como escrita automática, bola de cristal e sugestão pós-hipnótica, em um esforço para compreender mais a natureza e a dinâmica do inconsciente.³⁶ É evidente que o próprio Jung, com base em suas descrições do cristal de Elijah no *Liber Novus*, tenha tido experiências com a bola de cristal (também conhecida como "escriação").³⁷ Entre os investigadores que exploraram essas vertentes obscuras estavam William James (1842-1910), cujo trabalho parece ter impressionado Jung profundamente; Herbert Silberer (1882-1923), cujo livro sobre o simbolismo da alquimia foi mencionado por Jung como o provedor do "elo" entre a psicologia analítica e a filosofia grega; e F. W. H. Myers (1843-1901), poeta, estudioso clássico, filólogo e membro fundador da SPR que usou a escrita automática como meio de explorar o inconsciente e que Jung citou na própria tese sobre fenômenos espiritualistas.³⁸

Essa predileção por misturar o oculto ao psicológico foi favorecida na Grã-Bretanha, em parte devido às trocas discretas entre certos psicoterapeutas e várias correntes esotéricas, como a Sociedade Teosófica e a Ordem Hermética da Aurora Dourada.[39] A Clínica Médico-Psicológica, por exemplo, de curta duração, mas bastante influente, proporcionou a primeira formação psicanalítica, embora não oficial, no Reino Unido, mas os praticantes estavam muito empenhados na escriação e na escrita automática, ao lado dos métodos mais ortodoxos de psicoterapia.[40] Jung estava a par de todas essas pesquisas realizadas no âmbito de sua própria profissão e feliz por utilizá-las.[41] Da perspectiva morfológica, um único tema reconhecível evidencia-se nas fontes de imaginação ativa de Jung, expressas por numerosas adaptações culturais, mas detendo uma integridade estrutural. Esse tema se assenta na ideia de que a imaginação humana, devidamente desenvolvida e treinada, pode proporcionar um modo de passagem de uma dimensão da consciência – entendida em termos psicológicos como consciência do ego – para outra, mais misteriosa, chamada de "inconsciente" e vivenciada pelo indivíduo como compulsiva, assustadora e, por vezes, numinosa, transformadora e até indistinta da divindade.

Robert Kugelman, que revisou o *Liber Novus* logo após a sua publicação, chama a obra de "escrita visionária" e sugeriu que suas raízes residem nas tradições do Romantismo alemão do início do século XIX.[42] Wouter J. Hanegraaff, que escreveu sobre as espiritualidades da "Nova Era", considera, do mesmo modo, o Romantismo alemão a principal fonte das ideias de Jung sobre a imaginação.[43] A importância dos escritores românticos para a obra de Jung é indiscutível, em particular Goethe. Mas o Romantismo alemão não se tornou um sucesso por algum tipo de geração cultural espontânea. Foi ele próprio o herdeiro daquelas mesmas correntes filosóficas e religiosas mais antigas – gnósticas, herméticas, neoplatônicas, cabalísticas – nas quais Jung se inspirou de forma direta.[44] Se Jung se identificava com ideias românticas específicas, isso pode se dever, em parte, ao fato de ter reconhecido os vestígios de correntes mais antigas nas obras de Goethe, Novalis e outros autores do Movimento Romântico.

Jung insistiu em que a energia psíquica, ou libido, "não pode surgir na consciência a não ser sob a forma de imagens".[45] Isso proporciona uma compreensão científica aparentemente moderna dessas imagens: elas são produtos dos níveis mais profundos da psique inconsciente, surgindo com espontaneidade em sonhos e visões, ou por meio de invocações deliberadas, e dão forma a realidades psíquicas de outro modo inacessíveis. Essa visão foi promulgada também por ocultistas britânicos contemporâneos de Jung, como Dion Fortune (1890-1946), que tinha trabalhado na Clínica Médico-Psicológica em Londres antes de entrar para a Ordem Hermética da Aurora Dourada:

> A pessoa sem instrução pensa que está desenvolvendo habilidades psíquicas quando vê duendes, arcanjos e elementais com a visão interior. A pessoa instruída sabe que está utilizando uma técnica de imaginação para se apropriar de coisas intangíveis com formas visíveis que, de outro modo, seriam imperceptíveis à sua consciência.[46]

É a natureza precisa dessas "coisas intangíveis" que tem sido a fonte da maior controvérsia em torno das ideias de Jung sobre o inconsciente. Fortune adquiriu muitos de seus conceitos do próprio Jung, assim como de conceitos freudianos e kleinianos, em abordagens oferecidas na Clínica Médico-Psicológica. Ela usou os modelos de Jung para dar apoio à crença de que o ocultismo e a psicologia analítica eram modos complementares de explorar domínios invisíveis.[47] Mas ocultistas como Fortune, assim como Jung, estavam familiarizados com as fontes anteriores, entre elas Loyola e Jâmblico.[48] A prática de "ver com o olho interno" há muito predata os experimentos psicoterapêuticos de Charcot, Janet, James, Myers e Silberer na era moderna, constituindo um aspecto importante tanto de técnicas alquímicas quanto teúrgicas cabalísticas dos períodos medievais e dos primeiros tempos modernos, bem como apresenta um tema central na literatura gnóstica, hermética, judaica e neoplatônica da Antiguidade Tardia.[49] Apesar das exposições de Jung sobre imaginação ativa serem psicológicas, muitas vezes, embora de modo encoberto, atribuem as qualidades da divindade ao inconsciente coletivo, refletindo uma compreensão panenteísta dos símbolos como teias complexas de associações que transcendem os opostos percebidos e paradoxalmente se conjugam em uma única e aparentemente discreta imagem, objeto, palavra, número ou glifo, o interior e o exterior, o material e o psíquico, dentro de um *unus mundus,* ou cosmos unificado, o qual Platão, no século IV AEC, chamou de *anima mundi.*[50]

Sumpatheia, sunthemata e *sumbola*

Jung encorajava seus pacientes a retratar as imagens que surgiam de seu trabalho imaginário, e há numerosos estudos de caso nas *Obras Completas* que apresentam evidências de quão eficaz esse esforço criativo pode ser no auxílio ao processo de integração psicológica.[51] Algumas vezes, Jung discutia as próprias pinturas sob o disfarce de exemplos dados por pacientes.[52] Essa prática de retratar os produtos visuais do inconsciente é encorajada por muitos analistas junguianos, mas também se espalhou por outras psicologias dinâmicas, em particular as que se preocupam com temas transpessoais, fornecendo a base para algumas formas de arteterapia.[53] Os enormes cuidado e detalhamento com que Jung executou seus retratos no *Liber Novus* é o testemunho de como lhe foi importante dar forma concreta às imagens que surgiam em suas explorações interiores, entre elas as que ele relacionou a símbolos astrológicos. No entanto, estranhamente, o foco de Jung na imagem materializada, explicada em minúcias em várias obras por psicólogos analíticos como instrumento terapêutico, não foi explorada o bastante em termos de sua história e importância nas práticas teúrgicas.

Jung sugeriu que, ao fornecer um recipiente para as potências arquetípicas, o indivíduo poderia ser poupado da experiência muitas vezes terrível de ser inundado pelo inconsciente coletivo, resultando em uma psicose.⁵⁴ Esse tipo de inundação parece ter fustigado Jung durante o período entre 1913 e 1917, quando ele estava tendo visões incontroláveis e acreditava que sua casa estava sendo "assombrada" por espíritos. Ao fornecer um recipiente visual para o que entendia como a irrupção do reino arquetípico, ele foi capaz de manter uma vida externa razoavelmente estável e preservar sua prática psicoterapêutica. As tradições da teurgia desde a Antiguidade Tardia não ofereciam apenas um amplo alimento para a fome de Jung por uma estrutura filosófica na qual pudesse inserir seus *insights* psicológicos; também forneciam instruções explícitas sobre como evitar a desintegração da personalidade, que pode suceder o confronto com o divino. Teurgistas neoplatônicos como Jâmblico expuseram com eloquência as razões e os métodos para fornecer veículos simbólicos para os deuses e foram igualmente eloquentes acerca das consequências aterradoras de um mortal que vivencia a "posse" por uma divindade sem a proteção do apropriado *sumbola*.⁵⁵

Central para o desenvolvimento da imaginação ativa de Jung é a sua compreensão dos símbolos, a qual difere, de modo radical, da abordagem hoje privilegiada no meio acadêmico. Os símbolos, nos dias atuais, são compreendidos nos campos da antropologia e da sociologia como construções humanas relevantes apenas em um contexto cultural específico.⁵⁶ Mary LeCron Foster, por exemplo, ao expressar a perspectiva funcional de muitos antropólogos culturais, afirma que um símbolo "é qualquer entidade que tenha significado socialmente participativo".⁵⁷ O significado percebido nos símbolos existe, portanto, apenas na mente anuente dos participantes em dada cultura; os símbolos não contêm nenhum significado intrínseco em termos ônticos, mas são construções que formam o elo das sociedades e seus costumes. A autoridade de um símbolo em determinada cultura, na visão de LeCron, é determinada pelo seu "potencial de utilização", como o logotipo de uma empresa ou de um produto doméstico. Quanto maior e mais útil for a aplicação, mais potente será o símbolo: "O simbolismo surgiu e evoluiu para a cultura humana devido à crescente apreciação e utilização social de semelhanças abstratas entre objetos e eventos isolados no tempo e no espaço".[58]

Em contraposição, a visão de Jung de que o símbolo "emerge das profundezas do *self* como palavra de poder" parece ter vindo de fontes mais antigas, bem como de sua própria experiência direta.[59] O impacto do Romantismo alemão nas ideias de Jung sobre os símbolos foi analisado por vários estudiosos: autores do século XIX como Johann Gottfried Herder (1744-1803) e Friedrich Wilhelm Joseph von Schelling (1775-1854) costumam ser citados como a origem da crença de Jung de que os símbolos, e as narrativas míticas que os acompanham, exprimem uma realidade ôntica, não importando os seres humanos que articulam os símbolos.[60] Mas Jung também parece ter se apropriado das teorias neoplatônicas sobre a natureza dos símbolos.[61] Essa visão dos símbolos como expressão visível de uma realidade invisível assenta-se na ideia de συμπαθεια (*sumpatheia*), ou "afinidades", primeiro nome dado pelo filósofo estoico-platônico Posidônio de Apameia (135-51 AEC). *Sumpatheia* expressa a afinidade de todas as partes do cosmos entre si e com o todo orgânico, resultando em interdependência mútua ao longo de "cadeias" de correspondências que funcionam em diferentes níveis da realidade. Como Jâmblico colocou, tomando emprestado do *Timeu* de Platão: "O universo é um único ser vivo".[62]

Sumpatheia fornece o apoio filosófico para a compreensão neoplatônica e a ênfase na astrologia, uma vez que os planetas, como símbolos celestiais na cadeia de emanações cósmicas interligadas, são espelhados por suas correspondências, e inerente a elas, tanto na realidade terrena como na alma humana. Assim, a "Cadeia da Lua", no entendimento de Proclo, começa com as divindades lunares Atenas, Ártemis e Hécate, todas elas expressões de uma emanação específica do Uno. A cadeia continua em descendência pela "alma-Lua" até a Lua física nos céus, a prata metálica, a pedra preciosa conhecida como selenita, o poder vegetativo da natureza, e o peixe conhecido como "peixe-lua".[63] Embora Proclo não discutisse as várias dimensões do corpo humano nem da psique como pertencentes a essas cadeias, tais associações aparecem em outros momentos da Antiguidade, em especial na ideia de *melothesia*, segundo a qual cada órgão do corpo está associado a determinado planeta ou signo zodiacal (ver Gravura 1),[64] e nos "humores" elementares e planetários de Galeno. Esses tipos de cadeias simbólicas específicas abundam em imagens e textos do *Liber Novus*.

A interligação entre os diferentes níveis e dimensões do cosmos também favoreceu um modo de compreensão do destino astral. A interação de cada parte (ou "causa") com cada outra parte resulta na cadeia de causalidade chamada *Heimarmene*, termo estoico para "destino",[65] descrito com eloquência pelo erudito clássico Gilbert Murray em 1912:

> Heimarmene, à semelhança impressionante de Zeno [o fundador do estoicismo], é como um fio tênue que percorre toda a existência – o mundo, devemos lembrar, era, para os estoicos, uma coisa viva –, como o fio invisível da vida, que, em hereditariedade, passa de geração em geração de espécies vivas e mantém o tipo vivo; ele funciona causando, causando para sempre, tanto o infinitésimo quanto o infinito.[66]

As causas, no pensamento estoico, não são causas no sentido moderno de "causalidade instrumental", na qual o evento A faz acontecer o evento B, e conduzir a 60 quilômetros por hora em uma zona de 40 quilômetros por hora "causa" o *flash* da câmera de velocidade e o destino inevitável de pagar uma multa pesada. Uma "causa" estoica é um "corpo", não um evento, e as causas funcionam umas sobre as outras. O *Heimarmene* estoico não é uma sequência de eventos que causam outros eventos, mas, sim, "uma interação simultânea e mútua" entre os diferentes componentes e níveis de realidade. Em outras palavras, uma causa é uma relação dinâmica que gera mais relações dinâmicas.[68] Jung parece ter utilizado essa antiga ideia quando comparou a natureza do relacionamento humano ao trabalho alquímico: "O encontro de duas personalidades é como misturar duas substâncias químicas diferentes: se houver alguma combinação, ambas serão transformadas".[69]

Posidônio descreveu as almas individuais como "peças" (αποσπασμα) ou "sementes" (σπερματα) do "sopro ardente intelectual" do cosmos (πνευμα νοερον και πυρωδεσ), semelhante à *Alma Mundi* de Platão.[70] Segundo Posidônio, existem afinidades entre todas as partes dessa divindade material, ou matéria divina, e Jung usaria, mais tarde, o termo "psicoide", referindo-se a "propósito psíquico" ou "inconsciente coletivo" como tanto físico quanto psíquico.[71] A alma humana é assim feita das mesmas coisas que a divina, e é por meio dessa substância compartilhada que a teurgia adquire sua eficácia. Não só as almas humanas são "pedaços" ou "fagulhas" da *Alma Mundi*; os deuses incorporaram seus sinais ou "senhas" (συνθεματα = *sunthemata*) através da existência, e isso contém a compreensão neoplatônica de um símbolo (συμβολον = *sumbolon*).

Jâmblico e Proclo utilizaram os termos *sumbolon* e *sunthema* de forma intercambiável para descrever os "receptáculos" ou "sinais" na realidade material através dos quais os deuses podem ser contatados. O *sumbolon* funciona com base em afinidades naturais entre a divindade e o mundo manifesto. Não é uma construção social humana, mas, sim, a expressão da divindade inefável na realidade manifesta. Em vez de serem criados pelos humanos como construções sociais, os verdadeiros símbolos, tanto para esses filósofos como para Jung, são descobertos porque encarnam a divindade – ou, na terminologia de Jung, o reino dos arquétipos – no mundo, sob a forma de imagens. Como Jung mais tarde diria: "Mitos [...] consistem em símbolos que não foram inventados, mas aconteceram".[72] Símbolos, para Jung, são também portas de entrada; ambos encarnam e facilitam a passagem para uma zona liminar através da qual se pode passar de uma dimensão da realidade para outra.

> Se o símbolo é aceito, é como se uma porta se abrisse, conduzindo a uma nova sala cuja existência não se conhecia antes. Mas, se não se aceita o símbolo, é como se passássemos descuidadamente por

essa porta, e, como era a única porta que conduzia aos aposentos interiores, temos de voltar para o exterior, para as ruas, de novo, expostos a tudo o que é externo [...] A salvação é um longo caminho, ao longo de muitos portais. Esses portais são símbolos.[73]

O poeta William Butler Yeats (1865-1939), membro da Ordem Hermética da Aurora Dourada e também astrólogo, formulou-o de forma semelhante:

> Símbolos e fórmulas são poderes que agem por direito próprio e com pouca consideração pelas nossas intenções [...]. São, de fato, espíritos personificados a que deveríamos melhor chamar de Portais e Guardiões de Portais, porque, pelo seu poder dramático, levam nossa alma a uma crise.[74]

A palavra *sumbolon* propriamente dita deriva de συμβαλλειν (*sumballein*), que significa "unir-se". Um símbolo exprime, assim, dois aspectos: funciona como a metade visível de um objeto inteiro e é uma entidade perceptível que insinua uma entidade imperceptível preexistente, da qual o símbolo é uma expressão. Na antiga prática divinatória grega, o termo *sumbolon* também trazia a noção de reunião, encontro ou "chocar-se" com algo.[75] Proclo utilizou o termo *sumbolon* para descrever um tipo particular de relação entre um objeto visível (planeta, planta, flor, metal ou pedra preciosa) e a realidade invisível. Potências divinas "aparecem pela forma oculta para nós, que fomos dotados de forma",[76] e essas formas são símbolos que tanto ocultam como revelam. Assim, o Sol físico e os planetas físicos são as formas que tanto escondem quanto revelam divindades celestiais: o Sol esconde e revela Apolo e Helios, enquanto a Lua esconde e revela Atenas, Ártemis e Hécate.

Nas *Obras Completas*, Jung ofereceu diversas definições de um símbolo, preferindo, em geral, um contexto ontologicamente neutro;[77] mas também se referiu a símbolos como "imagens de Deus". No *Liber Novus*, apresentou uma perspectiva bem próxima da de Proclo: "Sol e lua, isto é, os seus símbolos, são Deuses. Ainda existem outros Deuses; seus símbolos são os planetas".[79]

Os efeitos da recitação de certos tipos de mito, segundo Proclo, são semelhantes aos do ritual religioso ou mágico. O mito é em si mesmo um símbolo, e cada símbolo encarna uma narrativa mítica. Símbolo e afinidade são noções complementares; o símbolo só é possível onde um laço de afinidade une o invisível e o visível.

> Há afinidade entre todas as coisas, o derivado existente no principal, o principal refletido no derivado [...]. Existem [...] mitos que são dirigidos a um estado de alma mais inspirado e unem o mais baixo ao mais alto apenas por analogia, atribuindo o maior valor possível a essa afinidade universal que junta os efeitos às causas que lhes dão origem.[80]

Para Proclo, o símbolo é tanto a imagem quanto a encarnação do deus, ou *daimon*, e tem, inerentemente, o poder de despertar a ligação entre o humano e o divino:

> Para aqueles poucos cujos intelectos foram despertados, eles [os mitos de Platão] revelam simpatia e dão provas, por meio do funcionamento da arte sagrada [teurgia], de que o poder que têm partilha sua natureza com os deuses. Para os deuses, quando eles ouvem tais símbolos, regozijam-se e prestam atenção imediata àqueles que os invocam; também revelam seu caráter especial por meio de provas* [*sunthemata*], porque elas são próprias, apropriadas e mais familiares a eles.[81]

---

* O termo utilizado pelo autor foi *token*, que nesse contexto poderia significar também sinal, símbolo, lembrança, gesto, demonstração. (N. da T.)

Essa perspectiva está tão próxima da própria percepção de Jung sobre a potência dos símbolos que a teurgia neoplatônica, como uma das maiores contribuições para essa mais influente de suas ideias, não pode ser ignorada. Não fica claro com exatidão quando Jung encontrou o *De Mysteriis* de Jâmblico, pois não citou esse neoplatônico em *Psicologia do Inconsciente*, como fez com Plotino e Proclo. Mas há várias referências a Jâmblico no *Poimandres* de Reitzenstein, bem como na sua *Die Hellenistiche Mysterienreligionen* [As Religiões dos Mistérios Helenísticos], a que Jung se referiu em 1912. Reitzenstein estava convencido de que os tratados herméticos, em vez de práticas religiosas egípcias antigas, constituíam a base da teurgia de Jâmblico.[82] Mead, ao citar os comentários de Reitzenstein, fez eco a essa convicção e ofereceu a própria tradução de seções de *De Mysteriis* em *Thrice-Greatest Hermes*, obra publicada em 1906, declarando que Jâmblico

> é da maior importância, visto que foi ele quem colocou a Escola Platônica Posterior, antes dirigida pelos genuinamente filosóficos Amônio, Plotino e Porfírio, em contato consciente com os centros de gnose nos quais ele tinha sido iniciado.[83]

Seria surpreendente se Jung tivesse ignorado essas referências, em especial porque elas relacionam as práticas teúrgicas de Jâmblico aos textos herméticos com os quais Jung já se preocupava enquanto trabalhava no *Liber Novus*. É mais provável que ele tivesse adquirido pelo menos uma das edições de *De Mysteriis* por volta de 1912, embora não fique claro por que não se referiu a ela – talvez porque, ao contrário de Plotino, Jâmblico – apesar dos esforços de Ficino para "reabilitá-lo" durante a Renascença – não foi visto pelos estudiosos do início do século XX como um verdadeiro filósofo, mas como um defensor da magia e da adivinhação.[84] No entanto, mesmo Plotino, embora Mead o chamasse de "genuinamente filosófico", não era avesso à prática da teurgia para alcançar a experiência do divino. Plotino, contudo, preferiu o termo "contemplação", definindo seu fruto como "uma visão" provocada por "um objeto de contemplação" (em outras palavras, um símbolo) e sugerindo que as "Formas Ideais" platônicas – ou o que Jung mais tarde entendeu como arquétipos – poderiam ser vivenciadas por meio dessas visões:

> Todas as formas de Existência Autêntica brotam da visão e são uma visão. Tudo o que nasce dessas Existências Autênticas nas suas visões é um objeto de visão [...]. Tudo o que brota da visão existe para produzir a Forma Ideal, que é um novo objeto de visão, de modo que, universalmente, como imagens dos princípios engendradores, todas elas produzem objetos de visão, Formas Ideais.[85]

Apesar de alguns estudiosos creditarem aos escritores do Movimento Romântico alemão a promulgação, nos tempos modernos, da ideia de que os símbolos expressam uma realidade ôntica independente da consciência humana, Jung voltou-se diretamente para os textos neoplatônicos, sem confiar apenas em seus intérpretes românticos mais tardios. Esses textos enfatizavam o poder independente do símbolo, o qual, segundo Jâmblico, exerce sua influência transformadora não pela atividade humana, mas pelos próprios deuses.[86]

Qualquer pessoa familiarizada com o conceito posterior de Jung de "sincronicidade" – o "princípio de conexão acausal" que, de forma misteriosa, relaciona eventos exteriores aparentemente não relacionados a eventos psíquicos interiores – reconhecerá nessa ideia os fundamentos da *sumpatheia*, rebatizada e despojada de suas conotações abertamente religiosas. Em sua carta ao astrólogo francês André Barbault, Jung, em resposta à pergunta de Barbault sobre o *modus operandi* das configurações astrológicas, foi explícito sobre a analogia entre sincronicidade e simpatia: "Parece-me que é, sobretudo, uma questão desse paralelismo, ou 'afinidade', que chamo de *sincronicidade*".[87]

A *Alma Mundi* foi renomeada como inconsciente coletivo, e os deuses tornaram-se arquétipos. Mas a ideia de que todas as coisas no universo estão secretamente interconectadas por cadeias invisíveis de correspondências simbólicas permanece inalterada, tal como a percepção de que os próprios deuses (ou arquétipos), por meio de seus "sinais", são receptivos e mesmo desejosos de uma interação dinâmica com a consciência humana, que, para Jung, conduzia a algum objetivo desconhecido: "Existem outros processos que carregam dentro de si um significado oculto, processos que não são meros derivados de algo, mas que procuram tornar-se algo, e que são, portanto, símbolos".[88]

Notas

1. Jâmblico, *De Mysteriis*, I.11.
2. Jung, *Liber Novus*, p. 295.
3. Jung, "New Paths in Psychology", em Jung, *Collected Papers on Analytical Psychology*, pp. 352–77. Esse artigo está agora incluído em Jung, CW7, pars. 407-41.
4. Jung, CW6, pars. 711-22.
5. As "Palestras Tavistock" estão incluídas em Jung, CW18, pars. 1-415. A discussão de Jung sobre imaginação ativa é encontrada na Palestra V, pars. 390-406.
6. Ver Joan Chodorow, "Introdução", em Joan Chodorow (org.), *Jung on Active Imagination* (Princeton, NJ: Princeton University Press, 1997), p. 3.
7. Chodorow, "Introduction", p. 4.
8. Jung, CW8, par. 167.
9. Sobre a descrição mais antiga da técnica de "livre associação" de Freud, publicada pela primeira vez em 1893, ver Freud, SE2, p. 112. Para uma descrição mais completa, ver Freud, SE5, pp. 176-78.
10. Jung, CW9i, par. 101. O ensaio em que essa descrição ocorre foi publicado pela primeira vez em 1936.
11. Para *kavvanah*, ver Gershom Scholem, "The Concept of Kavvanah in Early Kabbalah", em Alfred Jospe (org.), *Studies in Jewish Thought* (Detroit, MI: Wayne State University Press, 1981), pp. 162-80; Elliot R. Wolfson, *Through a Speculum That Shines* (Princeton, NJ: Princeton University Press, 1994), pp. 270-325. Para os "exercícios" de Loyola, ver George E. Ganss (trad.), *The*

Spiritual Exercises of Saint Ignatius (Chicago: Loyola Press, 1992). Para práticas visionárias sufistas, ver Henry Corbin, *Avicenna and the Visionary Recital* (Princeton, NJ: Princeton University Press, 1960). Para a teurgia neoplatônica, ver Capítulo 3.

12. Sobre trabalhos de orientação terapêutica a respeito da imaginação ativa, ver Marie-Louise von Franz, *Alchemical Active Imagination* (Boston, MA: Shambhala, 1997); Benjamin Sells (org.), *Working with Images* (Woodstock, CT: Spring, 2000). *Jung on Active Imagination*, de Chodorow, apresenta uma compilação de passagens do próprio trabalho de Jung, com comentário e discussão, bem como uma lista abrangente de referências "pós-junguianas", nas pp. 177-79. [*Alquimia e a Imaginação Ativa*. São Paulo: Cultrix, 2ª edição, 2022.]

13. Marie-Louise von Franz, "On Active Imagination", em Ian Baker (org.), *Methods of Treatment in Analytical Psychology* (Fellbach: Verlag Adolf Bonz, 1980), p. 88.

14. Jeffrey Raff, *Jung and the Alchemical Imagination* (York Beach, ME: Nicholas-Hays, 2000), pp. 4-5.

15. Em apoio à ideia de que Jung pertence a uma "tradição esotérica", Raff cita Gerhard Wehr, "C. G. Jung in the Context of Christian Esotericism and Cultural History", em Faivre e Needleman (orgs.), *Modern Esoteric Spirituality*, pp. 381-99.

16. Ver Leon Hoffman, "Varieties of Psychoanalytic Experience", *Journal of the American Psychoanalytic Association* 58 (2010), pp. 781-85, na p. 783.

17. Jung, "On the Psychology and Pathology of So-called Occult Phenomena", em Jung, CW1, pp. 3-92. Esse artigo foi publicado pela primeira vez em inglês em 1916, em Jung, *Collected Papers on Analytical Psychology*, pp. 1-93. Essa coleção de artigos foi o primeiro trabalho de Jung disponível em inglês, publicado um ano antes de *Psychology of the Unconscious*. A dissertação foi publicada em Leipzig em 1902 como *Zur Psychologie und Pathologie sugennanter occulter Phänomene*.

18. Charet, *Spiritualism and the Foundations of C. G. Jung's Psychology*, p. 283. Ver também Jung, *C. G. Jung Letters* I, p. 511.

19. Para Bernoulli, Allemann e Schlag, ver W. P. Mulacz, "Oscar R. Schlag", *Journal of the Society for Psychical Research* 60 (1995), pp. 263-67; Hakl, *Eranos*, pp. 93-5; Riccardo Bernardini, *Jung a Eranos* (Milão: FrancoAngeli, 2011), pp. 176-78.

20. Ver Hakl, *Eranos*, p. 93. Para os supostos distúrbios nas sessões causados pelo "psicólogo" interno de Jung, Filêmon, ver Peter-Robert Koenig, "Did You Know

Oscar R. Schlag?", disponível em: www.parareligion.ch/sunrise/schlag1.htm. Ver também Charet, *Spiritualism and the Foundations of C. G. Jung's Psychology*, p. 283 nn. 230-31; Roderick Main, "Introduction", em Roderick Main (org.), *Jung, Synchronicity, and the Paranormal* (Londres: Routledge, 1997), pp. 6-7; Nandor Fodor, *Freud, Jung and Occulstism* (New Hyde Park, NY: University Books, 1971); Roderick Main, *The Rupture of Time* (Londres: Routledge, 2013), p. 71.

21. Para as próprias experiências de Jung, ver Jung, *MDR*, pp. 215-17.

22. Ver também James Hillman, "Some Early Background to Jung's Ideas: Notes on C. G. Jung's Medium by Stephanie Zumstein-Preiswerk", *Spring* (1976), pp. 123-36.

23. Ver Michael Thompson, *Roots and Role of Imagination in Kant* (dissertação para o título de Ph.D. não publicada, University of South Florida, 2009); Janet Kaylo, "Imagination and the Mundus Imaginalis", *Spring* 77 (2007), pp. 107-24.

24. Jung fez inúmeras referências à Cabala nos *Collected Works* e também adquiriu uma série de obras cabalísticas para sua biblioteca, entre elas Christian Knorr von Rosenroth, *Kabbala denudata* (Sulzbach/Frankfurt: Abraham von Lichtenthal, 1677-84); Christian D. Ginzburg, *The Kabbalah* (Londres: Longmans, Green, 1863); A. E. Waite, *The Holy Kabbalah* (Londres: Williams & Norgate, 1929); Ernst Müller (org. e trad.), *Der Zohar* (Viena: Heinrich Glanz, 1932); Harry Sperling e Maurice Simon (org. e trad.), *The Zohar* (Londres: Soncino Press, 1949).

25. Ver a discussão e as referências à coleção de obras mágicas de Jung no Capítulo 4.

26. Para essa tradição da teurgia cristã, ver Gregório de Nissa, *On the Soul and Ressurrection*, trad. Catherine P. Roth (Yonkers, NY: St. Vladimir's Seminary Press, 1993); Basílio de Cesareia, *Hexaemeron*, trad. Blomfield Jackson (Amazon CreateSpace, 2014); John F. Callahan, "Greek Philosophy and the Cappadocian Cosmology", *Dumbarton Oaks Papers* 12 (1958). Jung estava familiarizado tanto com Gregory quanto com Basílio, e se refere a eles em vários volumes dos *Collected Works*.

27. Jung se referiu a Dionísio muitas vezes nos *Collected Works*; ver, por exemplo, Jung, CW6, par. 62, publicado pela primeira vez em 1921. Para a teurgia de Dionísio, ver Gregory Shaw, "Neoplatonic Theurgy and Dionysius the Areopagite", *Journal of Early Christian Studies* 7:4 (1999), pp. 573-99; Sarah Klitenic Wear e John M. Dillon, *Dionysius the Areopagite and the Neoplatonist Tradition* (Farnham: Ashgate, 2007). A edição alemã de Jung foi traduzida por

Max Remmerich, *Was mir das Jenseits mitteilte* (Diessen: C. Hubers Verlag, Diessen vor München, 1928).

28. Jung, *Modern Psychology,* vol. 3-4, p. 154. Essa transcrição das palestras de Jung no ETH foi publicada de forma privada, jamais editada pelo próprio Jung. Uma nova edição editada das palestras no ETH está sendo preparada pela Fundação Philemon; ver: www.philemon-foundation.org/forthcoming/eth_lectures.

29. Ver Jung, "Exercitia spiritualia of St. Ignatius of Loyola", em *Modern Psychology*, vol. 3-4, pp. 153-57. Essa palestra foi proferida originalmente em 1939. Ver também Ken L. Becker, *Unlikely Companions* (Leominster: Gracewing/Inigo, 2001); Dan Merkur, *Crucified with Christ* (Albany: SUNY Press, 2007), pp. 47-68.

30. Santo Inácio de Loyola, "Os Exercícios Espirituais", em *Personal Writings*, trad. J. Munitiz e P. Endean (Londres: Penguin, 1996), p. 298, citado por Shamdasani em Jung, *Liber Novus*, p. 200, n. 62.

31. Jung, *Modern Psychology*, vol. 3-4, pp. 178-79.

32. Jung, CW9i, par. 232.

33. Jung, CW9i, par. 231.

34. James Frazer, *The Golden Bough* (Nova York: Macmillan, 1922), 3:1-2.

35. Jung, CW8, par. 599. O artigo no qual essa definição é encontrada, "The Psychological Foundations of Belief in Spirits", foi originalmente traduzido por H. G. e C. F. Baynes do manuscrito alemão de Jung e publicado pela primeira vez em *Proceedings of the Society for Psychical Research* 31 (1920). Tanto Freud como Jung eram membros da SPR.

36. Ver os comentários de Shamdasani em *Liber Novus*, p. 196. Para a leitura com bola de cristal no início do século XX, ver Sepharial, *How to Read the Crystal* (Londres: Foulsham, 1922); Theodore Besterman, *Crystal-Gazing* (Londres: Rider, 1924), p. 160. Ver também Greene, *Magi and Maggidim*, pp. 177-81.

37. Ver, por exemplo, Jung, *Liber Novus*, pp. 239, 248, 252.

38. Entre as muitas referências de Jung a *The Varieties of Religious Experience,* de James Hillman (Londres: Longmans, Green, 1902), ver Jung, CW5, pars. 18-9; Jung, CW6, pars. 506-509, 864-66; Jung, CW18, par. 1144. Sobre Myers, ver William James, "Frederic Myers's Service to Psychology", *Popular Science Monthly* (agosto de 1901), pp. 380-89. Sobre Silberer, ver Carta de C. G. Jung a Erich Neumann, 22 de dezembro de 1935, em *C. G. Jung Letters*, 1:206; Herbert Silberer, *Hidden Symbolism of Alchemy and the Occult Arts* (Nova York:

Dover, 1917). Sobre o próprio trabalho de Myers, ver F. H. W. Myers, *Human Personality and Its Survival of Death* (Londres: Longmans, 1903). Sobre o interesse de Myers em "escrita automática", ver Ann Casement, *Carl Gustav Jung* (Londres: Sage, 2001), pp. 46-7. Citações de Jung do ensaio de Myers, "Automatic Writing", publicado em 1895, em CW1, par. 91. [*As Variedades da Experiência Religiosa*. São Paulo: Cultrix, 2ª edição, 2017.]

39. Para um histórico geral sobre as raízes da psiquiatria e da psicologia dinâmica moderna, ver Henri Ellenberger, *The Discovery of the Unconscious* (Nova York: Basic Books, 1970), pp. 53-109. Para os antecedentes ocultos da psicanálise no final do século XIX, ver James Webb, *The Occult Establishment* (Londres: Richard Drew, 1981), pp. 347-81.

40. Para a Clínica Médico-Psicológica, ver Suzanne Raitt, "Early British Psychoanalysis and the Medico-Psychological Clinic", *History Workshop Journal* 58 (2004), pp. 63-85; Philippa Martindale, "Against All Hushing Up and Stamping Down", *Psychoanalysis and History* 6:2 (2004), pp. 177-200.

41. Ver Swan "C. G. Jung's Psychotherapeutic Technique of Active Imagination".

42. Robert Kugelman, "Review of the *Red Book*", *Journal of the History of the Behavioral Sciences* 47:1 (2011), pp. 101-04, na p. 101.

43. Wouter J. Hanegraaff, "Romanticism and the Esoteric Connection", em Van den Broek e Hanegraaff (orgs.), *Gnosis and Hermeticism*, pp. 237-68. Sobre uma perspectiva semelhante de um psicólogo analítico, ver Gilbert Durand, "Exploration of the Imaginal", em Sells (org.), *Working with Images*, pp. 53-68.

44. Sobre as origens do Romantismo alemão, ver Ernst Benz, *The Mystical Sources of German Romantic Philosophy*, trad. Blair R. Reynolds e Eunice M. Paul (Eugene, OR: Pickwick, 1983).

45. Jung, CW6, par. 722.

46. Dion Fortune, "Types of Mind Working", em Dion Fortune e Gareth Knight, *An Introduction to Ritual Magic* (Loughborough: Thoth, 1997), pp. 32-9, na p. 22.

47. Sobre a adaptação de Fortune aos modelos junguianos, ver Greene, *Magi and Maggidim*, pp. 283-363.

48. Sobre as referências de Fortune a Jâmblico, e a própria ligação desse neoplatônico com Loyola, ver Dion Fortune, *The Goat-Foot God* (Londres: Norgate, 1936), p. 49. Fortune produziu seu romance em 1936, três anos antes de Jung descrever os exercícios de Loyola na CW9i.

49. Sobre a prática em várias vertentes da Antiguidade Tardia, ver Dan Merkur, *Gnosis* (Albany: SUNY Press, 1993); Gregory Shaw, *Theurgy and the Soul*

(University Park: Penn State University Press, 1971); Dan Merkur, "Stages of Ascension in Hermetic Rebirth", *Esoterica* 1 (1999), pp. 79-96; Rebecca Macy Lesses, *Ritual Practices to Gain Power* (Harrisburg, PA: Trinity Press, 1998).

50. Sobre a *Alma Mundi* de Platão, ver Platão, *Timaeus*; Proclo, *Commentary on Plato's Timaeus*, trad. Dirk Baltzly (Cambridge: Cambridge University Press, 2010), Livro 3.

51. Ver o material do caso sobre "Miss Miller" em Jung, *Psychology of the Unconscious*; a sequência de imagens retratadas em Jung, CW12; o material visual em Jung, CW9i; e o material do caso em Jung, CW18, pars. 1-415.

52. Ver, por exemplo, a descrição da imagem da *anima* atribuída a "uma série de sonhos" comunicados de modo ostensivo por uma paciente sem nome em *Essays on a Science of Mythology*, p. 176, de Jung e Kerényi. "Sonho xi" é, de fato, o próprio retrato feito por Jung do *Liber Novus*. Ver também a nota 283 de Sonu Shamdasani em Jung, *Liber Novus*, p. 317.

53. Ver Liesl Silverstone, *Art Therapy Exercises* (Londres: Jessica Kingsley, 2009); Joy Schaverien, *The Revealing Image* (Londres: Jessica Kingsley, 2009).

54. Entre as muitas referências de Jung à psicose como inundação do inconsciente, ver Jung, CW18, par. 1159.

55. Ver Jâmblico, *De Mysteriis*, III.4-8. Sobre a versão judaica da Antiguidade Tardia a respeito dos perigos envolvidos nas visões celestiais, ver *The Book of Enoch*, ou *1 Enoch*, trad. R. H. Charles (Oxford: Clarendon Press, 1912), um *corpus* de textos judaicos da Antiguidade Tardia que Jung adquiriu para sua biblioteca.

56. Sobre a visão geral das teorias contemporâneas sobre simbolismo, ver Dan Sperber, *Rethinking Symbolism*, trad. Alice L. Morton (Cambridge: Cambridge Univerity Press, 1974).

57. Mary LeCron Foster, "Symbolism: The Foundation of Culture", em Tim Ingold (org.), *The Companion Encyclopedia of Anthropology* (Londres: Routledge, 1994), pp. 366-95, na p. 366.

58. Foster, "Symbolism", p. 370.

59. Jung, *Liber Novus*, p. 311.

60. Ver Alexander Altmann, "Myth and Symbol", *Philosophy* 20:76 (1945), pp. 162-71.

61. Sobre a compreensão neoplatônica dos símbolos, ver Struck, *Birth of the Symbol*, pp. 204-53; Shaw, *Theurgy and the Soul*.

62. Jâmblico, *De Mysteriis*, 4:12. Ver Platão, *Timaeus*, 30a-e.

63. Ver o diagrama "Cadeia da Lua" ["Chain of the Moon"], de Proclo, em Struck, *Birth of the Symbol*, p. 230, e a discussão sobre ele nas pp. 230-32.
64. Para *melothesia* na Antiguidade, ver Mladen Popovic, *Reading the Human Body* (Leiden: Brill, 2007); Roelof van den Broek, *Studies in Gnosticism and Alexandrian Christianity* (Leiden: Brill, 1996), pp. 67-85.
65. Para mais informações sobre *Heimarmene* e o entendimento de Jung sobre o destino astral, ver Capítulo 4.
66. *Four Stages of Greek Religion* (Oxford: Oxford University Press, 1912), de Gilbert Murray, 115. Zenão de Cítio (c. 334-262 AEC) foi o fundador da escola estoica de filosofia.
67. Sobre "causalidade instrumental", ver Wouter J. Hanegraaff, "How Magic Survived the Disenchantment of the World", *Religion* 33 (2003), pp. 357-80.
68. Peter Struck, "A World full of Signs", em Patrick Curry e Angela Voss (orgs.), *Seeing with Different Eyes* (Cambridge: Cambridge Scholars Press, 2008), pp. 3-20, na p. 12.
69. Jung, CW16, par. 163.
70. Ver I. G. Kidd (trad.), *Poseidonius* (Cambridge: Cambridge University Press, 2004).
71. Sobre as discussões de Jung a respeito da natureza "psicoide" do inconsciente coletivo, ver Jung, CW8, pars. 419-20; Jung, CW14, par. 788; Jung, CW10, pars. 851-52.
72. Jung, CW18, par. 568.
73. Jung, *Liber Novus*, pp. 136-37.
74. William Butler Yeats, Carta a Florence Farr, citada em Kathleen Raine, *Yeats, the Tarot, and the Golden Dawn* (Dublin: Dolmen Press, 1972), p. 44. Jung adquiriu uma cópia do trabalho "quase astrológico" de Yeats de escrita automática, *A Vision: An Explanation of Life Founded on the Writings of Giraldus and upon Certain Doctrines Attributed to Eusta Ben Luka* (Publication Privada, 1925; reimpr. Nova York: Macmillan, 1939). Apenas 600 exemplares dessa edição limitada foram publicados.
75. Ver Struck, *Birth of the Symbol*, pp. 90-4.
76. Proclo, *On the Sacred Art*, trad. Stephen Ronan (Chthonios Books, 1998), disponível em: wwww.esotericism.co.uk/proclus-sacred.htm, 150.
77. Ver, por exemplo, Jung, CW6, par. 817; Jung, CW8, par. 88.
78. Jung, CW6, par. 202.

79. Jung, *Liber Novus*, p. 371.
80. Proclo, *The Elements of Theology*, 83:26-84.12.
81. *Idem*.
82. Ver Reitzenstein, *Poimandres* (Leipzig: Teubner, 1904), p. 108; Reitzenstein, *Hellenistic Mistery-Religions*, trad. John E. Steely (Pitsburgo, PA: Pickwick Press, 1978), pp. 100 n. 72, 104 n. 96, 383.
83. Mead, *Thrice-Greatest Hermes*, III:285. Em 1879, Mead publicou um longo artigo sobre os neoplatônicos, entre eles Jâmblico: G. R. S. Mead, "The Lives of the Later Platonists", *Lucifer* 18 (março-agosto de 1896), pp. 185-200, 288-302, 368-80, 456-69; *Lucifer* 19 (setembro de 1896-fevereiro de 1897), pp. 16-32, 103-13, 186-95. Ver também G. R. S. Mead, "Hermes the Thrice--Greatest According to Iamblichus an Initiate of the Egyptian Wisdom", *The Theosophical Review* 25 (setembro 1899-fevereiro 1900), pp. 9-19. Dada a assídua aquisição por parte de Jung do trabalho de Mead, é improvável que ele não tivesse conhecimento desses artigos.
84. Ver John Dillon, "Iamblichus' Defence of Theurgy", *International Journal of the Platonic Tradition* 1 (2007), pp. 34-5; Shaw, *Theurgy and the Soul*, p. 7.
85. Plotinus, Ennead III.8.7.
86. Ver Iamblichus, *De Mysteriis*, 96: 13.97.9. Ver também Shaw, *Theurgy and the Soul*, p. 84.
87. Jung, Carta a André Barbault, em *C. G. Jung Letters*, vol. 2, p. 175.
88. Jung, CW6, par. 822.

4 INVOCANDO O *DAIMON*

"O *daimon* pessoal de cada um não chega até nós em caso nenhum com base na configuração prevalente em nosso nascimento, mas existe um princípio causal ainda mais primordial dele do que este [...]. Quem, afinal, tomaria essa figura como guia para se libertar do destino se ele nos foi dado apenas com o propósito de cumprir as providências do destino? [...] É a emanação das estrelas que aloca o nosso *daimon*, quer compreendamos isto ou não."[1]

— Jâmblico

"Prefiro o termo 'o inconsciente', sabendo que poderia igualmente falar de 'Deus' ou '*daimon*' se quisesse expressar-me em linguagem mítica [...]. Estou consciente de que '*mana*', '*daimon*' e 'Deus' são sinônimos para o inconsciente [...]. Uma pessoa criativa tem pouco poder sobre a própria vida. Ela não é livre. Ela é cativa e conduzida pelo seu *daimon*."[2]

— C. G. Jung

A cadeia do platonismo hierático

Durante o tempo em que Jung trabalhou no *Liber Novus,* várias fontes – astrologia, espiritualismo, escriação, hipnose, Romantismo alemão e misticismo cristão, ao lado da generosa ajuda da obra *De Anima,* de Aristóteles, e *Timaeus,* de Platão, textos gnósticos e herméticos,[3] além das pesquisas experimentais de colegas psiquiatras – contribuíram para *insights* fundamentais às especulações de Jung cada vez mais profundas sobre a atividade e o poder transformador do mundo imaginário. Como temos visto, um caso igualmente forte pode ser feito para a influência dos neoplatônicos, bem como das obras pertencentes ao que John Dillon designou como "submundo" do platonismo: os rituais mágicos dos *Oráculos Caldeus* e a chamada *Liturgia de Mithra.*[4] Essas obras da Antiguidade Tardia, em várias traduções, constituíram parte importante da biblioteca particular de Jung.[5] Ele até se deu ao trabalho de obter uma rara primeira edição em latim do *De Mysteriis* de Jâmblico, traduzida do grego por Marsilio Ficino e publicada em Veneza, Itália, em 1497,[6] embora não esteja claro quando ele a adquiriu. A influência do neoplatonismo na filosofia e na arte do Renascimento italiano tem sido discutida em profundidade por numerosos estudiosos, assim como seu impacto no "Renascimento oculto" do final do século XIX e início do XX.[7] Jung valeu-se não só de textos da Antiguidade Tardia, mas também de obras do Renascimento e dos primeiros intérpretes modernos, como Marsilio Ficino e Henrique Cornélio Agrippa, assim como de escritos ocultistas de seu próprio tempo. A fim de dar sentido à abordagem de Jung à astrologia, é importante compreender de que maneira ele retomou essa corrente de ideias e a aplicou à imaginação ativa, em particular em relação aos símbolos astrológicos.

A cadeia do platonismo "hierático" ou "sacerdotal"[8] – ideias filosóficas platônicas traduzidas em ação ritual – vai desde Plotino e Porfírio, passando por Jâmblico, até os últimos neoplatônicos: Proclo, Olimpiodoro e Damáscio, o último chefe da Academia Platônica em Atenas antes de o imperador cristão Justiniano encerrá-la em 529 EC, em um esforço para livrar seu império da mácula da heresia pagã.[9] Todos esses autores produziram comentários sobre os diálogos de Platão; todos incorporaram a astrologia como componente central em suas especulações cosmológicas como parte da teia de *sumpatheia*; e todos se preocuparam com os elementos mais enigmáticos da obra de Platão, que acreditavam fazer alusões a aplicações mágicas de verdades filosóficas. Acadêmicos recentes começaram a se concentrar com mais cuidado e menos preconceito nos elementos de magia ritual apresentados por essa vertente enormemente influente na filosofia e religião da Antiguidade Tardia.

O "submundo" mágico do platonismo, que permeou várias correntes do pensamento gnóstico, bem como os Papiros Mágicos Gregos, pode parecer muito diferente, e a princípio, puramente filosófico e sem os *daimons* do platonismo cristianizado dos padres da Igreja, como Orígenes e Gregório de Nissa.[10] No entanto, esses textos menos conceituados abrangeram uma visão de mundo que Jung parecia achar relevante para seus modelos psicológicos. O mundo do platonismo hierático valorizava a imaginação, a autonomia ontológica dos símbolos e a importância da experiência interior. As fronteiras entre filosofia e religião são difusas nesse mundo liminar, assim como as fronteiras entre religião, psicologia e magia. Jung parece ter gostado muito de Plotino,[11] em geral considerado o "fundador" do neoplatonismo, que, em contraposição a seus sucessores, tem sido visto pelos estudiosos como um filósofo místico em vez de um teurgista.[12] Mas Plotino pode ter sido importante para Jung por razões outras que não o suposto misticismo "racional" das *Enéadas*. Em tempos recentes, uma série de trabalhos acadêmicos exploraram os elementos declaradamente mágicos da obra de Plotino. Jung creditou a Plotino ser "a testemunha primeira da ideia do *unus mundus*", porque esse filósofo greco-egípcio declarou que todos os indivíduos "são apenas uma alma". Jung viu-o, assim, como um predecessor, ao lado do próprio Platão, da ideia do inconsciente coletivo.[13]

FIGURA 4.1. Busto de Plotino, final do século III ec, Museu Ostia Antica.[14]

Jung também considerou a descrição de Plotino do movimento natural da alma "em torno de algo interior, em torno de um centro" um prenúncio do próprio conceito de *Self*, o centro em torno do qual os vários componentes da psique circulam.[15] Em *Memórias, Sonhos e Reflexões*, Jung enfatizou a importância desse movimento centrífugo no desenvolvimento de sua ideia de individuação:

> Durante aqueles anos, entre 1918 e 1920, comecei a compreender que o objetivo do desenvolvimento psíquico é o *self*. Não há evolução linear; há apenas uma circum-ambulação do *self*. O desenvolvimento uniforme existe, no máximo, apenas no início; mais tarde, tudo aponta para o centro.[16]

As *Enéadas* de Plotino, escritas por volta de 250 EC e editadas por seu aluno, Porfírio, foram publicadas pela primeira vez, em inglês, como uma série de volumes, entre 1917 e 1930.[17] Uma tradução alemã mais antiga, com um extenso comentário, apareceu em 1907,[18] e Jung parece ter adquirido essa edição durante o período em que escreveu *Psicologia do Inconsciente* e começou a trabalhar no *Liber Novus*. Mais tarde, ele obteve a tradução inglesa de Stephen MacKenna, bem como uma edição crítica moderna do texto grego.[19] Jung citou as *Enéadas* várias vezes em *Psicologia do Inconsciente*, dando particular ênfase à descrição de Plotino da *Alma Mundi*, a qual, na paráfrase de Jung, é "inteiramente energia" e "um organismo vivo de ideias": um espelho do conceito de libido como energia psíquica universal geradora, revelando-se por meio de arquétipos.[20] Jung também se referiu à equação de Plotino do princípio criativo primordial com "luz em geral", simbolizada pelo Sol:[21]

> A dinâmica dos deuses é a energia psíquica. Essa é a nossa imortalidade, a ligação pela qual o homem se sente inextinguivelmente uno com a continuidade de toda a vida [...]. A força da vida psíquica, a libido, é simbolizada pelo Sol.[22]

Igualmente importante para Jung foi a *Quarta Enéada* de Plotino, intitulada "Sobre a Natureza da Alma", na qual o filósofo expôs sua visão sobre a importância primária da imaginação como porta de entrada entre os reinos visível e invisível. O poder da magia, segundo Plotino, depende da *sumpatheia*, "como uma corda musical que, tocada em uma ponta, vibra na outra também".[23] O terceiro tratado da *Segunda Enéada*, intitulado "São as Estrelas as Causas?", foi relevante, em particular, para o desenvolvimento das ideias de Jung sobre astrologia. Nesse trabalho, Plotino rejeitou a ideia de que os planetas "produzem" efeitos em forma material. Eles "dão significado" a, em vez de causar eventos; são "cartas inscritas nos céus de modo perene".[24] São, de fato, *sumbola*:

> Tudo está repleto de símbolos [...]. Todas as coisas devem ser encadeadas; e a simpatia e a correspondência que se obtêm em qualquer organismo intimamente implicado deve existir, primeiro e com mais intensidade, no Todo [...]. E, nessa ordem, as estrelas, sendo membros não menores do sistema celestial, são cooperadoras, contribuindo com seu brilho para sua função simbólica. Esse poder simbólico estende-se a todo o reino dos sentidos.[25]

Poderia se entender isso como a versão plotiniana do que Jung mais tarde chamou de sincronicidade, por meio da qual ele explicou, em linguagem neutra e científica, a eficácia da astrologia. No importante texto de Plotino, a astrologia é a interpretação do *sumbola* divino dos céus que encarna e reflete, em seus movimentos cíclicos, os padrões em constante mudança inerentes à *Alma Mundi* ou, na terminologia de Jung, à libido. Esse entendimento plotiniano da natureza simbólica das configurações celestes parece estar implícito na observação de Jung, feita em sua carta a Freud, de que os signos zodiacais "retratam as qualidades comuns da libido em dado momento". Para Jung, assim como para Plotino, os planetas e os signos zodiacais não são causas materiais, e sim símbolos.

O interesse de Jung pelas ideias órficas, demonstrado pela importância do deus primordial órfico Fanes no *Liber Novus* e pela descrição de Fanes como "princípio cosmogênico" em *Psicologia do Inconsciente*,[26] pode ter sido despertado pelos poemas órficos citados por neoplatônicos posteriores, como Damáscio e Olimpiodoro, que foram traduzidos para o inglês como *The Mystical Hymns of Orpheus* pelo estudioso platônico Thomas Taylor, em 1824.[27] Richard Reitzenstein, da mesma maneira, discutiu os órficos em *Die Hellenistischen Mysterienreligionen*,[28] como Isaac Preston Cory em *Ancient Fragments* e Erwin Rohde em *Seelencult und Unsterlichkeitsglaube der Griechen*;[29] Jung adquiriu essas três obras, as duas primeiras (e possivelmente a terceira) na época em que começou a trabalhar no *Liber Novus*.[30] Mead tinha produzido o próprio comentário em 1896 sobre aquilo que chamou "teologia" órfica, citando, com frequência, a tradução de Taylor dos *Hymns*;[31] e, dada a importância do trabalho de Mead para a compreensão junguiana das vertentes religiosas da Antiguidade Tardia, as visões de Mead sobre a continuidade das ideias órficas no neoplatonismo podem também ter captado o interesse de Jung. Taylor, que acreditava que os *Hymns* órficos eram fiéis aos originais e antigos pré-socráticos, declarou, na introdução à sua tradução: "Pode-se testemunhar com clareza, por esses dois grandes e famosos filósofos, Jâmblico e Proclo, que a teologia, de fato, proveio de Orfeu".[32]

Jung achou Proclo interessante também e, além das muitas passagens traduzidas oferecidas por Mead em seu trabalho sobre os órficos, adquiriu um tratado desse neoplatônico tardio intitulado *Select Theorems in Proof of the Perpetuity of Time*, traduzido por Taylor e incorporado a uma compilação cujos autores escreviam sobre os grandes ciclos astrológicos.[33] Os escritos de Proclo sobre o tempo forneceram mais uma fonte útil para as explorações de Jung sobre a natureza paradoxal, qualitativa e cíclica do tempo, tal como refletida nos símbolos do zodíaco e nos movimentos e nas inter-relações dos planetas. Essa matriz de conteúdo enfatiza a importância central da astrologia como demonstração das leis de *sumpatheia*, a natureza da "influência" planetária como algo simbólico, e a validação da magia como meio de quebrar as cadeias do destino astral. Essas ideias parecem ter ocupado a leitura e a investigação de Jung desde o início do *Liber Novus*, se não antes, refletidas em vários temas encontrados nessa obra, bem como nas referências de *Psicologia do Inconsciente*, publicadas em alemão um ano antes dos trabalhos sobre o *Liber Novus* terem começado.

O "divino" Jâmblico

Embora Jung tenha se referido com mais frequência a Plotino nas *Obras Completas*, o "divino" Jâmblico pode ser uma das fontes mais significativas da Antiguidade em que Jung se baseou para suas ideias sobre imaginação ativa e o uso da astrologia hermenêutica para compreender seus resultados.*³⁵ Jâmblico, assim como Plotino, abraçou a importância e a veracidade da astrologia, mas fez distinção entre a astrologia preditiva comum como forma de adivinhação construída pelo homem, sujeita a erro humano, e a astrologia teúrgica, que emprega imagens e símbolos para contatar as potências astrais e receber conhecimento direto delas.³⁶ De modo surpreendente, apesar das fortes semelhanças entre as descrições de Jâmblico sobre a filosofia e a prática da teurgia e as descrições de Jung sobre a imaginação ativa, esse neoplatônico sírio costuma ser ignorado quando os estudiosos exploram contribuições anteriores para a técnica analítica mais importante de Jung.³⁷ Que Jung estivesse plenamente consciente da relação entre imaginação ativa e magia fica evidente em um comentário que fez sobre seus pacientes em uma palestra dada na Clínica Tavistock em 1935. Ele descrevia as próprias experiências enquanto escrevia o *Liber Novus*.

> Tenho pacientes que, noite após noite, trabalham nessas imagens, retratando e moldando suas observações e experiências. O trabalho tem, para eles, um fascínio; é o fascínio que os arquétipos sempre exercem sobre a consciência [...]. É uma espécie de efeito "mágico", ou seja, uma influência sugestiva que vai desde as imagens até o indivíduo, e dessa forma o inconsciente se expande e se modifica.³⁸

A "influência sugestiva" que emana da imagem faz lembrar a declaração de Jâmblico de que as transformações da alma obtidas pela teurgia repousam sobre "símbolos secretos" enviados pelos deuses: "Seres além da forma trazidos sob o controle da forma, coisas superiores a toda imagem reproduzida por meio de imagens".³⁹

---

* A autora empregou o termo *products*. (N. da T.)

FIGURA 4.2. Concepção de gravura do século XVII de Jâmblico Chalcidensis.[34]

A palavra "teurgia" tem uma longa história e, como tantos outros termos relacionados à imaginação religiosa humana, está sujeita a um debate contínuo nos meios acadêmicos, em particular em torno de sua distinção da magia ou da identidade com ela. Ainda não existe consenso acadêmico sobre o que o termo descreve.[40] O termo grego original *theurgos* (θεοργος) é um neologismo – *theos* + *ergon* (θεος + εργον), ou "obra de Deus" – que apareceu pela primeira vez no texto ritual da Antiguidade Tardia conhecido como *Oráculos Caldeus*, obra com a qual Jung estava familiarizado e que exerceu poderosa influência na interpretação do platonismo hierático de Jâmblico.⁴¹ Os *Oráculos*, conhecidos sobretudo pelos fragmentos citados por outros autores, são, em geral, considerados mágicos, não filosóficos. No entanto, a filosofia implícita ao texto é, sem sombra de dúvida, neoplatônica. Os fragmentos existentes dizem respeito à invocação de vários deuses e *daimons* celestiais, uma abordagem apresentada em amplo detalhe naquele grande e diverso corpo de literatura mágica que se estende desde os Papiros Mágicos Gregos da Antiguidade Tardia, passando pelos grimórios dos períodos medievais e dos primeiros tempos modernos, até os textos ocultistas de magos modernos como Aleister Crowley, Dion Fortune e Israel Regardie no início do século XX.

A teurgia costuma ser descrita por seus praticantes como uma forma "mais elevada" de magia, preocupada com a comunhão, ou mesmo com a união, com os deuses, não com a imposição da vontade do mago sobre a vida cotidiana. A teurgia não envolve a coerção de poderes superiores, mas depende da vontade dos deuses de responderem aos próprios símbolos ou *sunthemata*.⁴² É, portanto, considerada mais próxima da ideia de oração, tema sobre o qual o próprio Jâmblico expôs:

> A oração estabelece laços de amizade entre nós e os deuses e assegura-nos a tripla vantagem que obtemos dos deuses pela teurgia, a primeira levando à iluminação; a segunda, à realização comum de projetos; e a terceira, à realização perfeita (da alma) [...]. Nenhum ato sagrado pode se dar sem as súplicas contidas nas orações.⁴³

Parte do debate em torno da teurgia centra-se nessa interface entre magia e oração. Se se compreender Jâmblico como alguém que descreveu uma prática religiosa séria, é difícil ignorar os paralelos com eventos performáticos cristãos como a missa, a qual fica difícil de definir como qualquer outra coisa senão teurgia: uma combinação de ação e recitação ritual, objetos simbólicos, imaginação focalizada e súplica fervorosa. Uma leitura atenta do *Liber Novus* de Jung torna igualmente difícil considerar os procedimentos que levaram ao texto e às imagens qualquer outra coisa senão teurgia. O *Liber Novus* também combina ação e recitação ritual, objetos simbólicos sob a forma de pinturas, imaginação focalizada e súplica fervorosa, incluindo um longo encantamento para facilitar o nascimento do deus-Sol do ovo cósmico.[44]

Jung foi ambíguo em suas discussões sobre oração e parece ter modificado, ao longo dos anos, a compreensão do seu significado e de sua eficácia. Em *Tipos Psicológicos*, ele se preocupava com a psicologia da oração em vez de com sua ontologia. Citando a tradução alemã de Paul Deussen e comentários sobre textos sagrados hindus,[45] Jung salientou que a palavra "oração" provém do *barh* hindu, que significa "dilatar"; a oração é, portanto, "a vontade de elevação do homem para o sagrado, o divino". Jung declarou, então, que essa raiz etimológica

> indica um estado psicológico particular, uma concentração específica de libido, que pelo transbordamento de inervações produz um estado geral de tensão associado à sensação de dilatação. Assim, no discurso comum, usam-se com frequência imagens como "transbordamento de emoção", "incapacidade de se conter", "irrupção", quando se refere a tal estado [...]. Isso explica todas as simulações de sol, fogo, chama, vento, respiração que, desde tempos imemoriais, têm sido símbolos do poder procriador e criativo que move o mundo.[46]

No entanto, o "poder criador que move o mundo" já se delineava nas imagens do *Liber Novus* como algo bem mais potente do que uma "sensação de dilatação". É provável que, mesmo em 1920, quando ele escreveu a passagem acima citada, Jung nunca tenha assumido os efeitos da oração como apenas um modo de "transbordamento" emocional projetado sobre uma divindade imaginada.

O conteúdo das *Obras Completas*, revisto e reescrito com cuidado, foi o legado de Jung ao público em geral, e ao ofício psiquiátrico em particular, cujo desdém ele temia. Em um ensaio sobre os arquétipos publicado pela primeira vez em alemão em 1936,[47] Jung discutiu as diferenças entre visões que costumavam ser "heréticas", contendo dominantes arquetípicos em bruto implícitos em ideias religiosas, e visões mais convencionais, que "estão de acordo com o dogma" e são "visualizações de conteúdos conscientes, evocados pela oração, autossugestão e heterossugestão".[48] A oração, nesse último contexto, é mera forma de autossugestão que segue fórmulas aceitáveis pela coletividade, produzindo "experiências" religiosas coletivamente aceitáveis.[49] Contudo, quase vinte anos mais tarde, em uma carta ao padre católico romano Père William Lachat, Jung escreveu:

> Não nego nem por um momento que a emoção profunda de uma verdadeira oração possa atingir a transcendência, mas isso está acima de nossas cabeças.[50]

A oração, para Jung, poderia, assim, abrir um portal para um mistério transcendente que desafiasse as explicações psicológicas.

Jâmblico, assim como Jung, se preocupou em distinguir entre imagens produzidas pela atividade humana deliberada e imagens resultantes da verdadeira gnose vivenciada por meio da teurgia. O Livro III de *De Mysteriis* é dominado por descrições de "verdadeira" adivinhação, sonhos e profecias iniciados e inspirados pelo divino, em contraposição às visões "turbulentas e falsas" produzidas de modo artificial por meios técnicos. Imaginação, em oposição à mera fantasia, "é inspirada, pois não é despertada por si mesma, mas, sim, pelos deuses, para formas de imaginação, quando o comportamento humano normal foi desalojado por completo".[51]

Parafraseando de acordo com a terminologia de Jung, a imaginação é despertada pelos próprios arquétipos quando intrusões "deslocam" o funcionamento "normal" do ego consciente. Jâmblico insistiu em que o teurgista alcança a absorção do objeto na divindade – pela *performance* ritual correta de certas ações mágicas que podem ser incompreensíveis para o teurgista, mas cujo significado é conhecido pelos deuses.[52] Entendeu-se o ritual como uma espécie de dialética entre a alma humana e o deus ou *daimon*; a vontade divina de participar é posta em movimento pelos símbolos do ato ritual, os quais são os *sunthemata* da divindade incorporados ao mundo manifesto e que asseguram que a divindade participe do processo teúrgico. Tem-se a transformação como resultado, não pelo poder da vontade humana, mas pelo poder autônomo dos símbolos divinos.

Jâmblico também distinguiu entre teurgia e magia comum ou feitiçaria (γοητεια = *goeteia*):

> Não compare, além disso, as visões mais claras dos deuses com as imagens produzidas de modo artificial a partir da magia, pois estas não têm nem a energia nem a essência das coisas vistas, tampouco a verdade, mas apresentam meras imagens, alcançando apenas o que diz respeito à aparência.[53]

Enquanto a teurgia se preocupa com coisas divinas, *goeteia* é "facilmente acessível e generalizada entre a multidão vulgar", emprega "falsidade e engodo" e "deleita-se com a presença de nenhum deus". Seus praticantes, além disso, "ignoram todo o procedimento de contemplação efetiva".[54] Jung, ao contrário, não fez nenhum comentário sobre a distinção entre teurgia e magia "inferior". O termo "teurgia" não aparece nas *Obras Completas*, embora, de modo não surpreendente, Jung tivesse muito a dizer sobre magia.[55] Ele a descreveu como abrangedora tanto de dimensões claras quanto escuras, uma vez que seu vigor surge dos níveis primordiais da psique que antecedem a "cisão":

> O mágico conservou em si mesmo um vestígio do paganismo primordial; ele tem natureza ainda não afetada pela cisão pagã, o que significa ter acesso ao inconsciente, que ainda é pagão, onde os opostos ainda se encontram em estado original de ingenuidade, além de qualquer pecaminosidade, mas, se assimilados na vida consciente, produzem o mal e o bem com a mesma força primordial e, em decorrência, daimônica.[56]

Os ocultistas britânicos do final do século XIX e início do XX utilizaram as palavras "magia" e "teurgia" de forma permutável para dignificar o tipo de magia que praticavam e forjar uma linhagem ancestral que remontava ao platonismo hierático. Jâmblico é reconhecido com frequência no trabalho deles.[57] Israel Regardie (1907-1985), membro de um braço da Ordem Hermética da Aurora Dourada conhecido como Stella Matutina, produziu uma obra sobre magia cabalística chamada *A Árvore da Vida: um Estudo sobre Magia*, que Jung adquiriu com outras obras desse autor. Regardie tornou explícita sua dívida com Jâmblico:

> Espero mostrar que a técnica da Magia está mais de acordo com as tradições da mais alta Antiguidade e tem a sanção, expressa ou implícita, das melhores autoridades. Jâmblico, o divino Teurgista, tem muito a dizer em seus vários escritos sobre Magia.[58]

As pinturas hieráticas de Jung

Uma comparação entre os pontos de vista de Jâmblico e Jung demonstra a imensa relevância das ideias do neoplatônico sírio na teurgia para a técnica de Jung de imaginação ativa. É difícil evitar a conclusão de que a imaginação ativa não é apenas uma técnica psicológica; vista em um panorama linguístico diferente, é um ritual teúrgico estruturado com cuidado, embora um "ritual interno" que não requer *sumbola* concreta tal como incenso, plantas ou pedras preciosas.⁵⁹ No entanto, as pinturas no *Liber Novus* podem ser vistas, elas próprias, como *sumbola* hierática, assim como poderia sê-lo a pedra que Jung esculpiu em Bollingen, com seus glifos planetários circundando a figura de Telesphoros no centro.⁶⁰ Jung incorporou detalhes precisos às imagens do *Liber Novus*, como um certo tipo de árvore ou animal, e pode ter pretendido atingir o mesmo fim que o *sumbola* material de Jâmblico.⁶¹ A imagem do bosque de tamareiras na pintura junguiana de Filêmon, por exemplo, pode servir ao mesmo propósito teúrgico que um ramo de árvore propriamente dito. Isso levanta questões sobre a complexa relação entre um objeto físico e sua imagem em um sonho, em uma visão ou em uma invocação mágica e entre o objeto e a imagem tal como aparece em uma obra artística. Se as pinturas de Jung são *sumbola* intencionais no sentido apontado por Jâmblico, quão espontâneas elas eram?

As visões originais de Jung foram registradas em uma série de diários conhecidos como *Os Livros Negros*, que ele começou a escrever em dezembro de 1913.⁶² Ele continuou a fazer anotações n'*Os Livros Negros* até 1932. Mas esses diários, a que Jung se referiu como "minha experiência mais difícil",⁶³ foram seletivamente revistos, editados, aperfeiçoados, esculpidos e ornamentados para produzir o volume único que agora conhecemos como *Liber Novus*. Imagens como a de Filêmon, cuja aparência inicial Jung afirmava ter visto em um sonho, foram retratadas com imenso cuidado, reflexão e detalhes; existem versões anteriores de "rascunho", como uma que ele fez em 1914, reproduzida na biografia de Gerhard Wehr sobre Jung, publicada em 1987.⁶⁴ Nessa pintura anterior, Filêmon aparece como Jung o descreveu em *Memórias, Sonhos, Reflexões*: ele é coroado com uma auréola solar, carrega chifres de touro e, assim como as estátuas mitraicas do deus Aion, segura um anel de chaves na mão direita.⁶⁵ Na versão final da pintura produzida para o *Liber Novus*, faltam os chifres de touro, e as chaves desapareceram, substituídas por uma pedra brilhante, embora a auréola solar permaneça. Nessas diferentes apresentações de Filêmon, o que John Thorburn mencionou como "meditação seletiva do artista" resultou em uma síntese do fluido e do formal, ou, como tanto Thorburn como Jung descreveram, uma síntese do inconsciente e da consciência.[66]

A inclusão deliberada de referências simbólicas detalhadas nas pinturas de Jung não exclui sua autoridade como verdadeiras visões espontâneas. Pelo contrário, transforma-as em obras de arte. Uma questão semelhante sobre espontaneidade pode ser levantada acerca do conteúdo gerado pela escrita automática, que é, de maneira inevitável, sujeito ao filtro da seletividade consciente do indivíduo quando transcrito, editado e preparado para publicação.[67] Da mesma forma, as descrições, tanto verbais como visuais, que se sucedem na sequência de uma experiência "mística", agora mencionada como experiência "unitiva" ou "estado de consciência religiosamente alterado", participam da consciência seletiva do indivíduo no momento em que são comunicadas.[68] A escrita automática e os "estados de consciência religiosamente alterados" são expressões que podem se aplicar justificadamente ao *Liber Novus*, pois este descreve encontros que Jung considerou transpessoais e traz reflexões sobre ideias e imagens que ele vivenciou como sendo provenientes de uma fonte autônoma e desconhecida.

Textos rituais da Antiguidade Tardia, como os *Oráculos Caldeus*, foram definidos como escrita automática, semelhante às enunciações de transe hipnótico dos médiuns espíritas. E. R. Dodds, um dos mais influentes estudiosos clássicos de meados do século XX, descreveu que a origem dos *Oráculos* se deu "nas 'revelações' de algum visionário ou médium em transe".[69] O exemplo mais vívido da "escrita automática" de Jung é a terceira seção do *Liber Novus* intitulada "Escrutínios", finalizada no inverno de 1917. Jung atribuiu suas revelações à "voz" de Filêmon. O debate acadêmico sobre se essas experiências são inteiramente determinadas em termos culturais, ou se contêm algum tipo de núcleo essencial, inefável, continua sem nenhuma resolução quanto à natureza e à origem precisas da experiência.[70] Assim como acontece com a própria astrologia, o conflito entre a experiência direta e a falta de "prova científica" parece irreconciliável. Embora o conteúdo visionário de Jung pareça ter sido genuinamente espontâneo a princípio, pode não haver algo como espontaneidade completa em relação ao processo pelo qual esse tipo de experiência se traduz em palavras, imagens ou qualquer outro meio através do qual um artista trabalha. O fato de as pinturas poderem também ter sido *sunthemata* talismânica intencional não diminui o poder, a autenticidade e a autonomia genuínos que Jung lhes atribuiu.

Epitedeiotes: "adequação",* "aptidão" ou "receptividade"

Jung enfatizou o poder mágico do inconsciente ao citar o grande mago medieval, Alberto Magno (c. 1206-1280):

> Um certo poder de alterar as coisas habita a alma humana e subordina as outras coisas a ela, em particular quando é arrastada para um grande excesso de amor ou ódio, ou coisas semelhantes. Quando a alma de um homem cai em um grande excesso de qualquer paixão [...] ele [o excesso] liga as coisas [magicamente] e as altera da forma que deseja.[71]

Jung sugeriu que as imagens que surgem do inconsciente durante esses estados de intenso efeito emocional "apresentam-se de modo espontâneo".[72] Ele estava em total concordância com a insistência de Jâmblico de que é o deus ou *daimon* quem dá início ao encontro: "O deus age por si próprio". Para Jung, eram os arquétipos do inconsciente coletivo que agiam por si próprios e exigiam uma resposta respeitosa e receptiva: "Você deve entrar no processo com as suas reações pessoais [...] como se o drama que está sendo decretado perante seus olhos fosse real [...]. É tão real quanto você – como entidade psíquica – é real".[74]

---

* A autora empregou o termo *fitness*. (N. da T.)

As linhas de comunicação são assim abertas entre mundos visíveis e invisíveis, e entre a psique individual e o inconsciente coletivo, ou, em termos neoplatônicos, a *Alma Mundi*.[75] Jung descreveu o processo mágico de abertura do portal como um aspecto necessário de envolvimento com o inconsciente, a fim de "receber ou invocar o mensageiro".[76] Essa ênfase na atenção respeitosa às imagens faz lembrar a ideia de Jâmblico de επιτεδειοτες (*epitedeiotes*): "adequação", "aptidão" ou "receptividade". Jâmblico compreendeu o "veículo da alma", ou "corpo astral" – o intermediário semiespiritual, semicorpóreo, que liga a alma ao corpo –, como o *locus* da faculdade de criar imagens ou *phantasia*. Durante o ritual teúrgico, a *phantasia* é destituída de todas as imagens pessoais e torna-se receptiva às imagens enviadas pelos deuses.[77]

Jâmblico utilizou a ideia de *epitedeiotes* para explicar por que nem todos podiam alcançar os mais altos estados místicos durante a teurgia.[78] Embora os deuses estivessem em todo lugar, não podiam ser "recebidos" por aqueles que, de maneira intencional ou não, careciam de receptividade.[79] No século V EC, o filósofo neoplatônico Hérmias, contemporâneo de Proclo, aplicou a mesma ideia à inspiração profética conferida pelo *daimon* pessoal:

> Nem todos estão conscientes do seu *daimon*; para estar consciente dos seus cuidados, é necessário que haja grande adequação [*epitedeiotes*] [...]. Pois, assim como todas as coisas estão sujeitas à providência dos deuses, embora nem todos tenham consciência disso, a menos que tenham a capacidade natural de ver e estejam purificados, assim também é em relação à supervisão do *daimon*.[80]

Jung acreditava que o ego precisava ter tanto vontade quanto capacidade de suportar um confronto com os níveis mais profundos do inconsciente. Tal como os *epitedeiotes* de Jâmblico, isso envolve aptidão e receptividade. Se a consciência for frágil demais, a psicose poderá resultar da sobrecarga do ego pelos dominantes arquetípicos do inconsciente coletivo.[81] Mas, se a consciência for rígida demais, o inconsciente poderá somatizar suas irrupções ou expressar-se por meio de compulsões vivenciadas como "destino".[82]

Da mesma forma, o indivíduo não pode apenas convocar os dominantes arquetípicos por um ato de vontade, mas deve aguardar o sintoma significativo, o sonho, a visão ou a crise de vida, expresso como *kairos*, o "momento certo". A capacidade de discernir esse "momento certo" parece depender, em parte, das qualidades apropriadas do tempo (em outras palavras, da configuração astrológica correta) e, em parte, dos *epitedeiotes*. Tanto Jâmblico como Jung enfatizaram a relação dinâmica entre o individual e o universal. Nessa relação, a consciência humana é um receptor ativo, não uma vítima passiva e involuntária. As imagens dos deuses, de acordo com Jâmblico, tomam, então, posse da *phantasia*, permitindo uma experiência de verdadeira revelação.[83] As implicações psicológicas e filosóficas da ideia de *epitedeiotes* são profundas. O ser humano, devidamente preparado e protegido pelo *sumbola* apropriado, é capaz de se encontrar com o reino arquetípico não como sujeito impotente do destino astral ou psíquico, mas como um cocriador respeitoso.

O "mestre da casa"

A teurgia, na visão de Jâmblico, anda de mãos dadas com a astrologia, embora não seja a astrologia de previsão do horóscopo natal. Seguindo a tradição originada com Platão e retomada por Plotino e Porfírio,[84] Jâmblico falou de um "*daimon* pessoal" (οικειος δαιμων ou ιδιος δαιμων), o "supervisor e líder da nossa alma", que guia a vida do indivíduo e age como "o cumpridor dos vários níveis de vida da alma".[85]

> "O *daimon* não orienta apenas uma ou outra parte do nosso ser, mas todas de uma só vez, e nos estende a administração de nós mesmos, ainda que ela nos tenha sido atribuída de todas as regiões do universo".[86]

Plotino tinha descrito antes o *daimon* pessoal como "o poder que consome a vida escolhida", insistindo em que ele "não está inteiramente fora de nós mesmos [...] [mas] nos pertence assim como pertence à nossa Alma".[87] Seguindo essa ideia do *daimon* como uma potência interior bastante individual, Jâmblico, em uma carta a um destinatário desconhecido, referiu-se a esse ser divino como "o *daimon* atribuído a cada um em vida".[88] Em *De Mysteriis*, ele foi mais específico. A alma tem apenas um *daimon* regente em determinada vida; a fim de cumprir seus propósitos, é preciso, primeiro, reconhecer e desenvolver uma relação com ele.[89] Isso só pode ser alcançado plenamente pela teurgia, durante a qual o *daimon* "revela seu modo particular de adoração, bem como seu nome", e "ensina a forma particular de invocá-lo".[90] O *daimon* pessoal, ou guardião, é sinônimo do destino do indivíduo, a "personalidade suprarracional que controla o todo de nossa vida".[91] O relato com o "*daimon* pessoal" parece ser precisamente o que Jung pretendia em sua invocação de Filêmon.

Jâmblico elencou dois meios de descobrir e vivenciar esse intermediário celestial que facilita o desdobramento do destino da vida individual. O método "técnico" envolve o horóscopo natal, pois a maioria dos astrólogos da Antiguidade Tardia acreditava que o *daimon* pessoal estava refletido no planeta dominante no momento do nascimento. Porfírio, em sua *Carta a Anebo*, discutiu a ideia de encontrar o *daimon* pessoal pelo exame do horóscopo natal.[92] Ao significador astrológico do *daimon* pessoal foi dada a designação οικοδεσποτης (*oikodespotes*), ou "Mestre da Casa".[93] Em seu *Introduction to the Tetrabiblos* (*Introdução ao Tetrabiblos*), Porfírio deu instruções técnicas precisas para verificar os *oikodespotes* no horóscopo natal, mas admitiu que "há muita controvérsia a respeito disso".[94] A controvérsia continuou durante séculos, refletindo predileções astrológicas assim como religiosas e individuais.[95]

Na visão de Jâmblico, tais métodos técnicos de revelar os *oikodespotes* são úteis, mas inferiores, à verdadeira gnose. Funcionam em "nível meramente humano", por isso envolvem um trabalho de adivinhação e prováveis equívocos:

> Seguindo o primeiro procedimento [teúrgico], invoca-se o *daimon* com base em princípios causais superiores, enquanto, de acordo com o segundo [técnico], recorre-se aos ciclos visíveis do reino gerado [o horóscopo natal] [...]. O primeiro funciona em um espectro mais universal, transcendendo o reino da natureza, enquanto este último conduz sua adoração a um patamar individual, seguindo os ditames da natureza.[96]

A invocação teúrgica do *daimon* reflete, assim, sua natureza arquetípica (universal), enquanto a representação no horóscopo natal reflete sua expressão nas condições particulares de uma vida individual. Os dois métodos podem ser combinados: a revelação do *daimon* pela teurgia pode, por vezes, ser alcançada pela meditação sobre as imagens associadas ao planeta que significa o *oikodespotes*. Da mesma forma, os *sunthemata* planetários, como uma flor ou uma pedra preciosa específica, podem ser úteis no trabalho ritual, uma vez que, na visão de Jâmblico, são, assim como outros símbolos "naturais", "sinais" divinos que os deuses inserem no mundo da forma.[97]

É improvável que Jung tenha utilizado o complexo conjunto de técnicas oferecidas pelos astrólogos da Antiguidade Tardia para determinar os *oikodespotes*;[98] não há evidências de que tivesse acesso a qualquer um de seus textos.[99] Também não é certo que teria tentado utilizar as técnicas, mesmo que tivesse uma biblioteca inteira de obras da astrologia helenística, uma vez que não gostava dos aspectos matemáticos da delineação do horóscopo natal, e mais tarde recrutou a filha Gret para fazer os cálculos para ele.[100] Gregory Shaw, discutindo a abordagem de Jâmblico aos *oikodespotes*, sugere que o Mestre da Casa era, em geral, o regente planetário do Ascendente natal – o signo zodiacal que se elevava a leste no momento do nascimento –, desde que esse planeta estivesse forte e com bons aspectos com os outros planetas. A ideia do regente do Ascendente como o "regente" da natividade como um todo reapareceu, despojada de suas associações daimônicas e teúrgicas, na nova astrologia "moderna" iniciada por Alan Leo no início do século XX. Isso, sem dúvida, deixou tudo mais simples para Jung.[101]

O regente do Ascendente no mapa natal de Jung é Saturno, pois ele nasceu quando o segmento de 30° da eclíptica, conhecido como Aquário, ascendia com exatidão a leste de seu local natal, e Saturno é tradicionalmente o regente desse signo zodiacal.* O Saturno natal de Jung preenche, de fato, os requisitos mais detalhados de Porfírio para o *oikodespotes*,[102] pois tem uma posição forte em virtude de estar colocado no próprio signo de Aquário, bem como ascende no Oriente e forma relações benignas com vários outros planetas.[103] Não é de surpreender que Saturno tenha figurado de modo proeminente nos escritos de Jung ao longo de sua vida. Saturno é sempre mencionado nas *Obras Completas* devido à avassaladora importância na alquimia. Aqui se mencionou "reinar" durante a fase inicial da obra alquímica, conhecida como *nigredo,* ou "escurecimento"[104] – um processo que Jung associou à necessária quebra das defesas do ego antes de qualquer envolvimento autêntico com o inconsciente –, entendido como a substância ou matriz primordial da qual eventualmente emergiu a "Pedra Filosofal", o principal símbolo alquímico do *Self*.[105]

No *Liber Novus*, várias figuras revelam, sem dúvida, *sumbola* saturnino, culminando em Filêmon, cuja relação com esse planeta é indicada pela idade, claudicação, função como gerador de "ordem" e "lei", além do papel central como mágico e "Velho Homem Sábio".[106] A invocação deliberada de Filêmon por Jung por meio da imaginação ativa é confirmada de forma explícita em *Memórias, Sonhos, Reflexões*;[107] o fato de essa figura daimônica ser saturnina por natureza evidencia-se pelas várias descrições de Jung sobre Saturno; que ele era o guia interior pessoal de Jung também é algo afirmado com clareza pelo próprio Jung. Essas referências, além da menção de Jung sobre o "velho Saturno" como seu regente, constituem uma forte sugestão de que a estreita semelhança de Filêmon com

---

* Embora Saturno seja o corregente de Aquário, para os estudiosos modernos, Saturno é o regente de Capricórnio. (N. da T.)

o antigo "Mestre da Casa" neoplatônico, invocado pela teurgia, e definido pelo horóscopo natal, não é coincidência.

Há mais do que uma interpretação da natureza do *daimon* oferecida em textos antigos. Gábor Betegh, tradutor do órfico *Papiro de Derveni* do século IV AEC, observou: "O campo semântico da palavra δαιμων é angustiantemente amplo na utilização do grego".[108] O termo *daimon* deriva do grego *daiomai*, que significa "atribuir" ou "dividir",[109] e o *daimon* está assim relacionado à ideia de *moira*, que significa "atribuição" e é uma das representações gregas do destino, concebida tanto como um período de vida atribuído quanto a sua teleologia. *Moira* é, por sua vez, e em termos etimológicos, relacionada a *Heimarmene*, termo que, como veremos no próximo capítulo, Jung usou várias vezes como sinônimo de destino astral. Esse complexo de ideias – *daimon*, atribuição e destino astrológico – constitui o tema central na teurgia e na astrologia da Antiguidade Tardia, bem como nas ideias de Jung sobre individuação como destino.

Daimons podem ser entendidos como deuses "menores"; como mensageiros semidivinos ou intermediários, semelhantes aos anjos mediadores do pensamento religioso judeu, islâmico e cristão; e como as almas dos falecidos, que são uma ponte entre os reinos celeste e terrestre, mas que também podem impedir, por vingança, a alma de prosseguir em sua ascensão à liberdade. No *Papiro de Derveni*, o autor desconhecido observou que os *daimons* "são chamados assistentes dos deuses".[110] O *Papiro de Derveni* apresenta, ainda, a ideia de um "*daimon* pessoal" atribuído a cada alma. Como o poema órfico em que o texto se baseia é anterior a Platão por pelo menos um século, é provável que Platão tenha adquirido essa ideia, como tantas outras, das correntes órficas pré-socráticas.[111] O *daimon* poderia ser inato, ou existir, não importando a pessoa que acompanhou. Nem sempre foi considerado "exterior" do ponto de vista ontológico, podendo também ser interior. Como Heráclito sugeriu no século VI AEC, dois milênios e meio antes de os Românticos alemães terem retomado a ideia: "O caráter do homem é seu *daimon*".[112]

James Hillman (1926-2011), cuja escola de psicologia arquetípica baseia-se fortemente em Jung, mas difere na dívida declarada ao politeísmo pagão dos neoplatônicos, dedicou uma obra à antiga ideia do *daimon*, intitulada *The Soul's Code* (*O Código da Alma*). Hillman definiu o *daimon* como uma "imagem-alma individualizada":[113]

> A alma de cada um de nós recebe um *daimon* único antes de nascermos e selecionou uma imagem ou padrão que vivenciamos na terra. Essa alma-companheira, o *daimon*, nos guia aqui [...]. O *daimon* lembra o que faz parte de sua imagem e pertence a seu padrão, por isso é o portador do seu destino.[114]

O corpo físico do indivíduo, os pais e o local e a hora do nascimento – em outras palavras, não só o ambiente e a herança genética, mas também o horóscopo natal – são todos "escolhidos", porque fazem parte da necessidade do *daimon*, que está tanto "fora" das configurações do horóscopo natal quanto "dentro", já que o momento influente de nascimento reflete a própria escolha da alma. Discutindo a natureza das visitas daimônicas de Jung, Hillman observou:

> Ele [Jung] chamou vozes do fundo, e elas são *daimons*, no sentido grego da palavra [...]. Eram figuras do mundo intermediário. Não eram necessariamente apenas do submundo. De certa forma, eram mediadoras, embora fossem figuras vivas.[115]

O "santo anjo da guarda"

O "*daimon* pessoal", em adaptações judaicas, cristãs e islâmicas, acabou por se fundir na figura do "anjo da guarda".[116] A palavra "anjo" deriva do grego *angelos*, que significa "mensageiro", divino ou humano, e o termo foi usado algumas vezes para deuses que serviam como mensageiros, como Hermes e Íris.[117] Jung usou o termo "mensageiro" no *Liber Novus* para descrever tal ser: "Precisamos de magia para poder receber ou invocar o mensageiro e a comunicação do incompreensível".[118]

Mas os anjos guardiões abraâmicos não são, nas correntes teológicas tradicionais, entendidos como interiores, nem estão preocupados com a teleologia do horóscopo natal. São, de modo bem literal, mensageiros enviados do céu por Deus para proteger o indivíduo. Isso se aplica, em particular, aos anjos cristãos, que, após a "des-animação oficial dos céus", que ocorreu em 1277 a pedido do papa João I, perderam as antigas associações astrais e tornaram-se servos obedientes de Deus em um mundo celestial que era agora considerado um gigantesco mecanismo de relógio concebido, criado e gerido por uma divindade, mas não mais habitado por ela.[119]

Anjos guardiões são, portanto, entendidos, de modo geral, como separados da alma humana do ponto de vista ontológico. É apenas nas terras fronteiriças das correntes esotéricas judaicas e islâmicas que a natureza interior desse anjo pessoal é descrita como um aspecto da centelha divina, dentro do ser humano. Nos séculos XII e XIII emergiram nas comunidades judaicas da diáspora, influenciando e sendo influenciados pela especulação mística islâmica, por descrições explícitas do anjo da guarda ou *maggid* como imagem do aspecto mais elevado da alma. Essas exegeses tiveram uma base sincrética que adaptou, em um quadro religioso judaico, uma série de ideias e rituais mágicos neoplatônicos e greco-egípcios da Antiguidade Tardia,[120] combinando-os com uma tradição mágica judaica já bem desenvolvida que se acreditava remontar a Salomão e a Moisés.[121] Os textos que surgiram dessas correntes esotéricas judaicas reconhecem a natureza astral dos anjos e sua resposta à invocação ritual.[122] Como a magia tinha alcance internacional no mundo da Antiguidade Tardia e tendia a ultrapassar as fronteiras religiosas, o anjo da guarda, na magia judaica, carrega estreita semelhança com o *daimon* pessoal dos neoplatônicos.[123]

Embora autônomo em termos ônticos, o anjo da guarda também pode ser encontrado no interior, constituindo o elemento do ser humano consubstancial à divindade e capaz de ser invocado de forma teúrgica pelo órgão da imaginação. Tais especulações e rituais foram retomados por cristãos heterodoxos cujo trabalho era bem conhecido para Jung, como Dionísio, o Areopagita, no final do século VI, e Henrique Cornélio Agrippa, no final do século XVI.[124] Essas práticas teúrgicas deram a base da maior parte dos grimórios medievais e dos primeiros tempos modernos: os textos fundadores da tradição mágica ocidental, repletos de formas angélicas e demoníacas, cujos dons, persuadidos ou coagidos, poderiam, por vezes, levar à angelificação do ser humano. A invocação de um "*Self* superior" angélico também apareceu nas correntes do esoterismo judaico, no período medieval. Abraham ibn Ezra (1089-1164), um polígrafo, astrólogo e filósofo judeu do século XII, cuja obra era conhecida por Jung,[125] descreveu os mundos superiores angélicos de maneira muito semelhante ao *mundus imaginalis* apresentado por Jâmblico, no qual, por meio do ritual teúrgico, o ser humano pode vivenciar uma conexão "natural e indivisível" com o divino.[126] A imaginação, através da qual esses mundos celestiais podem ser percebidos, é o "corpo espiritual" ou "veículo espiritual" da alma.[127]

Ibn Ezra propôs que a alma humana proveio desse reino celestial.[128] Cada uma das estrelas e esferas planetárias tem, igualmente, a própria alma, esforçando-se por regressar à sua fonte, da mesma forma que a alma humana o faz. Ibn Ezra referiu-se em particular a essas almas planetárias e estelares como anjos, fazendo uma ligação direta com os *daimons* astrais descritos por Porfírio e Jâmblico.[129] O ser humano que procura a experiência dos reinos superiores deve aprender a ver através "das pupilas do coração".[130] Pelo conhecimento da própria alma, o indivíduo, como microcosmo, pode desvendar o conhecimento do universo, como macrocosmo; os anjos podem ser acessados no interior, porque *estão* dentro. A ideia de Ibn Ezra do objetivo da viagem interior faz ecoar a da teurgia da Antiguidade Tardia: o indivíduo é transformado pela experiência direta da divindade. Na terminologia psicológica de Jung, a consciência individual é transformada pela experiência direta do *Self*.

Nos círculos esotéricos judaicos medievais, foram desenvolvidos rituais teúrgicos complexos destinados a facilitar uma visão do divino que poderia culminar na angelificação humana.[131] O trabalho de Eleazar de Worms (1176-1238) continuou a ressoar dentro e além do início do período moderno por meio de compilações mágicas como a *Sefer ha-Raziel* [Livro do Anjo Raziel], mais uma obra com a qual Jung estava familiarizado.[132] Eleazar, assim como Ibn Ezra, adotou a ideia do "veículo-espírito" neoplatônico feito da mesma substância que os anjos e ele próprio uma forma angélica; através dessa imagem de divindade dentro do ser humano, chamada *tselem*, os mundos superiores podiam ser acessados.[133] Eleazar entendeu que esse anjo interior regia o signo zodiacal sob o qual o indivíduo nascia: "Cada anjo, que é um arconte do signo zodiacal de uma pessoa quando é enviado abaixo, tem a imagem da pessoa que está sob ele [...]. E esse é o significado de 'E Deus criou o homem à Sua imagem'".[134]

Cada indivíduo teria, portanto, um anjo astral interior ao nascer no mundo físico. O "arconte do signo zodiacal de uma pessoa" de Eleazar espelha a ideia neoplatônica dos *oikodespotes* no horóscopo natal, como mencionado, não em relação ao signo em que o Sol esteja posicionado, mas ao regente planetário do Ascendente. Essa é uma compreensão profundamente psicológica da entidade angélica: a forma do anjo é a expressão imaginária de uma dimensão psíquica do indivíduo, que, por sua vez, encarna, em forma humana, um complexo celestial de qualidades astrais e significados encarnados na alma e em seu destino na vida mortal.

Os grimórios de Jung

Um dos textos mágicos mais importantes do período medieval é conhecido em latim como *Liber Razielis*, ou "Livro de Raziel".[135] Esse trabalho é bastante relevante para qualquer discussão sobre o uso ritualístico da imaginação de Jung.[136] *Liber Razielis* é a tradução latina do *Sefer ha-Raziel* hebraico.[137] Contém grandes fragmentos da obra de Eleazar de Worms e foi também a principal fonte para o grimório do início da era moderna conhecido como *O Sexto e o Sétimo Livro de Moisés* – texto da biblioteca de Jung que, no *Liber Novus*, ele descreveu como propriedade do mágico Filêmon.[138] Porque esse livro, assim como vários outros grimórios, envolve diálogos com seres daimônicos relacionados a indicadores planetários e zodiacais, sendo uma obra de magia astral enraizada em uma cosmologia astral que pode ser rastreada até suas origens gnósticas, herméticas, judaicas primitivas e neoplatônicas. Não de modo surpreendente, esse não foi o único grimório que Jung adquiriu. Há uma série de outros textos desse tipo em sua biblioteca, e poderiam ser mais bem compreendidos como teúrgicos porque lidam com a ascensão da alma a uma forma de gnose ou experiência unitiva e não estão preocupados, em essência, com a *goeteia* "inferior". Parece que, pela época em que começou a trabalhar no *Liber Novus*, Jung já estava intrigado com a magia e as transformações psicológicas que poderiam resultar de técnicas executadas como rituais, utilizando a imaginação como porta de entrada.

O trabalho mágico talvez mais conhecido para aqueles fora do círculo de estudiosos da magia medieval e do início da era moderna é a bíblia de Henrique Cornélio Agrippa von Nettesheim, do século XVI, para aspirantes a mágicos: *De occulta philosophia*, tratado abrangente de três volumes sobre astrologia, alquimia e magia cabalística. Agrippa, tal como o autor de *Moisés*, baseou-se no *Sefer ha-Raziel* para o conteúdo original.[139] Jung possuía duas edições do texto de Agrippa em alemão, uma publicada em 1855 e a outra, em 1916,[140] bem como duas edições raras em latim arcaico, publicadas respectivamente em 1584 e 1653, de outra das obras de Agrippa, *Sobre a Vaidade e Incerteza das Artes e das Ciências*.[141]

Tão significativo quanto em relação ao *Liber Novus*, Jung adquiriu ainda um grimório publicado em alemão no início do século XVIII, supostamente por um mago judeu medieval chamado Abraham de Worms,[142] intitulado *Buch der wahren Praktik in der uralten göttlichen Magie und in erstaunlichen Dingen*.¹⁴³ Esse livro, dividido em quatro partes, é a primeira versão impressa de uma obra conhecida como *O Livro de Abramelin, O Mago*. Segundo Lon Milo DuQuette, que escreveu o prefácio para uma nova tradução publicada em 2006, o manuscrito original foi escrito entre 1387 e 1427.¹⁴⁴ Uma grande parte do Livro Três de *Abramelin*, voltado para a invocação de vários anjos astrais e espíritos, é duplicada em *O Sexto e o Sétimo Livro de Moisés*.¹⁴⁵ *Abramelin* foi traduzido pela primeira vez para o inglês no final do século XIX por Samuel Liddell MacGregor Mathers, um dos fundadores da Ordem Hermética da Aurora Dourada.¹⁴⁶ Com a tradução de Mathers e a divulgação dos rituais do livro por Aleister Crowley, bem como com a publicação de duas novas edições do século XXI, em inglês e alemão, *Abramelin* continua a ser uma obra popular nos círculos ocultistas contemporâneos.¹⁴⁷

Abramelin apresenta um ritual astrológico e angeológico específico que o autor afirmou ter sido ensinado a ele por um mago judeu-egípcio chamado Abramelin. O objetivo do ritual de *Abramelin*, que requer dezoito meses de árdua preparação, envolvendo jejum, abstinência e vários exercícios psicoespirituais, é uma forma de gnose que resulta na transformação do mago e no poder de comandar espíritos "não redimidos". De acordo com Mathers, o primeiro tradutor do livro para o inglês, o objetivo do ritual é:

> Pela pureza e abnegação, obter o conhecimento do próprio Anjo da Guarda e a conversação com ele, para assim e depois poder obter o direito de usar os Espíritos Malignos como nossos servos em todas as questões materiais.¹⁴⁸

Após o longo período de preparação ritual, de acordo com Abraham:

> Experimentei essa visão com humildade e felicidade durante três dias contínuos. Fui abordado com carinho e amizade pelo meu

anjo da guarda. Ele me explicou a sabedoria divina e a Cabala e mais tarde revelou, por completo, toda a verdade sobre a magia.[149]

Algo muito semelhante poderia ser dito sobre o Filêmon de Jung, que, segundo o *Liber Novus*, ensinou a Jung os segredos da magia. Na opinião de DuQuette, o Santo Anjo da Guarda de Abramelin "é uma entidade divina singularmente ligada a cada indivíduo – em essência, a alma gêmea espiritual pessoal do mágico".[150] Embora DuQuette proponha como antecedentes práticas yogues indianas, é mais provável que a fonte dessa ideia nas vertentes mágicas ocidentais do período medieval baseie-se no conceito neoplatônico dos *oikodespotes* e na ideia judaica do *maggid* – embora ambos costumassem ser invocados para a transformação da alma, não como um meio através do qual demônios "não redimidos" poderiam ser convocados.[151]

Embora seja improvável que Jung tenha se preocupado em invocar espíritos não redimidos, exceto no contexto psicológico de seu conceito de "sombra" – elementos problemáticos ou inaceitáveis do inconsciente pessoal[152] –, não é difícil compreender por que ele estava interessado em *Abramelin* da perspectiva psicológica. Filêmon, nos contextos religiosos judaico-cristãos, poderia ser entendido como uma espécie de anjo da guarda, bem como uma imagem arquetípica da sabedoria do inconsciente coletivo. É também improvável que Jung tivesse perdido os paralelos entre o "Santo Anjo da Guarda" de *Abramelin* e os *oikodespotes* neoplatônicos. Ambos gozam de um estatuto liminar que é interior e psicológico, bem como objetivo e celestial; ambos são habitantes do *mundus imaginalis*; e ambos atuam como ponte entre o microcosmo individual e o macrocosmo universal. É possível que Jung possa ter tentado o ritual de *Abramelin* de maneira adaptada a sua compreensão psicológica da teurgia jâmblica, a magia astral de inspiração neoplatônica desenvolvida por Marsilio Ficino no final do século XV,[153] e a *exercitia* de Loyola, e vivenciado a presença de um guia interior imaginário a quem se referiu como "meu psicagogo" e a quem chamou de Filêmon.[154]

Que Jung estava profundamente interessado na magia ritual é pouco surpreendente, uma vez que a fronteira entre práticas mágicas e explorações psicológicas é frágil e está em constante mudança. As investigações de Jung foram além dos grimórios medievais e da Antiguidade Tardia, e do início da era moderna para a literatura de ordens mágicas contemporâneas, como as *Fraternitas Saturni*, cujas revistas ele adquiriu por um breve período no final dos anos 1920, promulgando a ideia de uma iminente nova "Era de Aquário" regida pelo planeta Saturno.[155] Sonu Shamdasani aponta que Ludwig Staudenmaier, professor alemão de química, publicou em 1912 uma obra intitulada *Die Magie Als Experimentelle Naturwissenschaft* [A Magia como Ciência Natural Experimental]; esse livro descreve as experiências de Staudenmaier com "escrita automática" e alucinações visuais induzidas de forma deliberada. O objetivo dos esforços de Staudenmaier era, segundo Shamdasani, "fornecer uma explicação científica da magia".[156] Jung possuía uma cópia dessa obra e marcou vários trechos dela. Restrito pelas convenções e expectativas culturais de seu tempo e de sua profissão, Jung encontrou, ainda assim, a coragem de reconhecer a importância dessa zona liminar em que *insights* psicológicos podiam ser encontrados nas aplicações da magia ritual para o desenvolvimento da consciência humana pela imaginação, aquele "órgão da alma" por meio do qual se podia aceder a mundos invisíveis.

A evidência de que Jung praticou e leu sobre magia – ou, talvez com mais exatidão, teurgia – não é um indício automático de que ele era um "crente" no sentido de Agrippa e MacGregor Mathers, ou que invocava entidades astrais todas as noites antes de se deitar. Para Jung, tudo, no final, precisava ser compreendido no contexto da psicologia humana. Magia é um tema que paira, inquestionavelmente, em grande escala, no *Liber Novus*. E a magia astral – os rituais voltados à invocação e à viagem da alma em sua ascensão pelas esferas planetárias, a fim de quebrar as cadeias compulsivas do destino astral – também figura de forma proeminente como tema psicológico em vários volumes das *Obras Completas*. Há um ritual mágico para invocar o deus Sol no *Liber Novus*, inspirado, em parte, pela invocação ritual na *Liturgia de Mithra*; um tipo semelhante de invocação, que faz lembrar uma série de temas na tradução inglesa de Thomas Taylor do hierático e órfico *Hymn to Protogonos*, surge em um d'*Os Livros Negros*, dedicado ao novo deus do Aion, a divindade primal órfica Fanes.[157] Quanto à natureza "real" do que quer que seja que responda a tais invocações, Jung viu essas entidades como personificações imaginais das potências arquetípicas do inconsciente coletivo. No entanto, essa não é uma explicação que conforte aqueles que esperam encontrar uma ratificação científica rigorosa das zonas liminares.

Notas

1. Jâmblico, *De Mysteriis*, IX:3.
2. Jung, *MDR*, pp. 369 e 391.
3. Sobre o envolvimento de Jung em textos gnósticos, ver Capítulo 5.
4. Ver John Dillon, *The Middle Platonists* (Ithaca, NY: Cornell University Press, 1997), pp. 384-96. Jung adquiriu as traduções em inglês de G. R. S. Mead de *Mithras Liturgy* (G. R. S. Mead, *The Mysteries of Mithra* [Londres: Theosophical Publishing Society, 1907]) e dos *Chaldean Oracles* (G. R. S. Mead, *The Chaldean Oracles* [Londres: Theosophical Publishing Society, 1908]), bem como a tradução alemã de Albercht Dieterich, *Ein Mithrasliturgie* (Leipzig: Teubner, 1903), e a discussão do texto de Franz Cumont, *Die Mysterien des Mithra* (Leipzig: Teubner, 1903). Jung faz referência a todos esses textos em *Psicologia do Inconsciente*. Sobre traduções e comentários mais recentes em inglês, ver Hans Dieter Betz, *The Mithras Liturgy* (Tübingen: Mohr Siebeck, 2003); Hans Lewy, *Chaldaean Oracles and Theurgy* (Paris: Institut d'Études Augustiniennes, 2011 [1956]).
5. Segundo *MDR*, p. 186, durante esse período Jung "leu como um louco" uma obra de Georg Friedrich Creuzer, *Symbolik und Mythologie der alten Völker* (Leipzig: K. W. Leske, 1810-1812). Creuzer também tinha traduzido para o latim as obras de Plotino e Proclo. Sobre as traduções neoplatônicas de Creuzer, ver Georg Friedrich Creuzer (trad.), *Plotini Enneades cum Marsilii Ficini Interpretatione Castigata* (Paris: Dübner, 1855). Sobre a relação entre as ideias de Jung e as dos neoplatônicos, ver James Hillman, "Plotino, Ficino, and Vico

as Precursors of Archetypal Psychology", em James Hillman, *Loose Ends* (Zurique: Primavera, 1975), pp. 146-69; Bruce MacLennan, "Evolution, Jung, and Theurgy", em Robert Berchman e John F. Finamore (orgs.), *History of Platonism* (Nova Orleans, LA: University Press of the South, 2005).

6. Outra edição de *De Mysteriis* que Jung adquiriu foi uma tradução de Pierre Quillard, *Le livre de Jamblique sur les mystères* (Paris: Libraire de l'art indépendant, 1875). Jung se referiu ao *De Mysteriis* de Jâmblico na CW9i, par. 573, e em sua *Vita Pythagorica* na CW18, par. 1521, indicando familiaridade com ambas as obras, embora nunca tenha discutido a teurgia de Jâmblico nas *Obras Completas*.

7. Para o neoplatonismo na Renascença, ver Yates, *Giordano Bruno*; Michael J. B. Allen, Valery Rees e Martin Davies (orgs.), *Marsilio Ficino* (Leiden: Brill, 2002); Moshe Idel, "The Magical and Neoplatonic Interpretations of the Kabbalah in the Renaissance", em Bernard Dov Cooperman (org.), *Jewish Thought in the Sixteenth Century* (Cambridge, MA: Harvard University Press, 1983), pp. 186-242; Lenn E. Goodman (org.), *Neoplatonism and Jewish Thought* (Albany: SUNY Press, 1992). Sobre o neoplatonismo no renascimento do ocultismo britânico do final do século XIX, ver Hanegraaff, *New Age Religion*, pp. 386-92. Sobre o reconhecimento pelos teosofistas de sua dívida com o neoplatonismo, ver Anonymous, "Ancient Landmarks", *Theosophy* 28:2 (1939), pp. 53-7.

8. Sobre o termo "platonismo hierático", ver Lewy, *Chaldaean Oracles*, p. 464.

9. Sobre os neoplatônicos tardios, ver Crystal Addey, "Oracles, Religious Practices, and Philosophy in Late Neoplatonism" (2007), disponível em: www.practical-philosophy.org.uk, pp. 31-5; Sebastian R. P. Gertz, *Death and Immortality in Late Neoplatonism* (Leiden: Brill, 2011).

10. Sobre platonismo cristão, ver Andrew Louth, *The Origins of the Christian Mystical Tradition* (Oxford: Oxford University Press, 1983); I. P. Sheldon-Williams, "The Greek Christian Platonist Tradition from the Cappadocians to Maximus and Eriugena", em A. H. Armstrong (org.), *Later Greek and Early Medieval Philosophy* (Cambridge: Cambridge University Press, 1967), pp. 421-534.

11. Entre as referências a Plotino nas *Obras Completas* estão Jung, CW6, par. 21; Jung, CW9ii, par. 342; Jung, CW14, par. 761; Jung, CW5, par. 198; Jung, CW8, par. 927. Há também numerosas citações em Jung, *Psychology of the Unconscious*, e Jung, *Modern Psychology*.

12. Sobre as várias perspectivas do envolvimento de Plotino com magia, ver Wendy Elgersma Helleman, "Plotinus and Magic", *International Journal of the*

Platonic Tradition, 4 (2010), pp. 114-46. Sobre a influência de Plotino no pensamento cristão, ver John M. Rist, "Plotinus and Christian Philosophy", em Lloyd P. Gerson, *The Cambridge Companion to Plotinus* (Cambridge: Cambridge University Press, 1996), pp. 386-413; Henry J. Blumenthal e Robert A. Markus (orgs.), *Neoplatonism and Early Christian Thought* (Farnham: Ashgate, 1981). Plotino não era totalmente avesso à magia; ver Philip Merlan, "Plotinus and Magic", *Isis* 44:4 (1953), pp. 341-48; A. H. Armstrong, "Was Plotinus a Magician?", *Phronesis* 1:1 (1955), pp. 73-9; Zeke Mazur, "Unio Magica: Part I: On the Magical Origins of Plotinus' Mysticism", *Dionysius* 21 (2003), pp. 23-52; Zeke Mazur, "Unio Magica: Parte II; Plotinus, Theurgy, and the Question of Ritual", *Dionysius* 22 (2004), pp. 29-55.

13. Jung, CW14, par. 761.
14. Busto de Plotino do Museu Ostia Antica, Inv. 436. Esse busto é uma das quatro réplicas, todas descobertas em Ostia. A identificação como Plotino é provável, mas não comprovada.
15. Jung, CW9ii, par. 342, citando Plotino, Ennead VI, em Stephen MacKenna (trad.), *Plotinus* (Londres: Medici Society, 1917-1930), originalmente publicado em seis volumes, depois reeditado em um volume (Londres: Faber & Faber, 1956). Veja a seguir, n. 17.
16. Jung, *MDR*, p. 222.
17. A tradução-padrão mais antiga em inglês é *Plotinus*, de MacKenna. Uma tradução mais recente em inglês é de A. H. Armstrong, *Plotinus*, 7 vols. (Biblioteca Clássica Loeb, 1966-1988). A palavra grega *enneas* (εννεας) significa uma coleção de nove objetos ou entidades, de εννεα, que significa nove. Porfírio editou os escritos de seu mestre em 54 tratados de diferentes tamanhos, colocando cada um deles em uma *enneas*, ou grupo de nove, que trata de um tema específico; existem, assim, seis desses grupos que fornecem a base para a tradução dos seis volumes de MacKenna.
18. Arthur C. Drews (trad.), *Plotin und der Untergang der antiken Weltanschaunng* (Jena: E. Diederichs, 1907). Drews publicou uma obra em 1910, *Die Christusmythe* (Jena: E. Diederichs, 1910), que relacionava antigas especulações astrológicas com as origens da religião e a estrutura oculta dos Evangelhos. Não surpreende que Jung tenha adquirido essa obra, assim como a tradução de Plotino por Drews.
19. Paul Henry e Hans-Rudolf Schwyzer (orgs.), *Plotini opera, Porphyrii vita Plotini, Enneades I-III, IV-VI* (Paris: Desclée de Brouwer, 1951-1959).

20. Jung, *Psychology of the Unconscious*, p. 82, citando Plotino, Ennead II.5.3. Por "ideias" Jung se refere ao conceito de Plotino das ideias platônicas ou formas arquetípicas.
21. Jung, *Psychology of the Unconscious*, p. 81.
22. Jung, CW5, pars. 296-97.
23. Plotino, Ennead IV.4.41.
24. Plotino, Ennead II.3.7.
25. Plotino, Ennead II.3.7-8.
26. Jung, *Psychology of the Unconscious*, p. 81. Para mais informações sobre Fanes em *Liber Novus*, ver Greene, *The Astrological World of Jung's Liber Novus*, capítulo 6.
27. Thomas Taylor (trad.), *The Mystical Hymns of Orpheus* (Londres: Robert Triphoon, 1824). Jung parece ter obtido sua cópia desse trabalho antes de 1912. Ele citou um dos hinos órficos em *Psychology of the Unconscious* (p. 544, n. 34), mas sem nenhuma referência ao tradutor; porém, em Jung, CW5, a versão revisada de *Psychology of the Unconscious*, a referência é a mesma, e desta vez a tradução de Taylor é citada (par. 528, n. 62).
28. Ver Reitzenstein, *Hellenistic Mystery-Religions*, pp. 90 n. 2, 241, 279.
29. Isaac Preston Cory, *Ancient Fragments of the Phoenician, Chaldean, Egyptian, Tyrian, Carthaginian, Indian, Persian, and Other Writers* (Londres: Reeves and Turner, 1876); Erwin Rohde, *Seelencult und Unsterlichkeitsglaube der Griechen* (Tübingen: Mohr, 1903).
30. Sobre a confiança de Jung em Cory durante a escrita do *Liber Novus*, ver a nota de Shamdasani em Jung, *Liber Novus*, p. 301, n. 211.
31. G. R. S. Mead, *Orpheus* (Londres: Theosophical Publishing Society, 1896).
32. Taylor (trad.), *The Mystical Hymns of Orpheus*, p. 1. Taylor baseou parte de sua declaração em Jâmblico, que declarou ter Pitágoras retirado todas as suas doutrinas de Orfeu. Ver Jâmblico, *On the Pythagorean Life*, trad. Gillian Clark (Liverpool: Liverpool University Press, 1989), 28.146, 28.147 e 28.151.
33. Thomas Taylor (trad.), *Ocellus Lucanus, On the Nature of the Universe* (Londres: John Bohn, 1831).
34. A proveniência dessa gravura é desconhecida, e não existem bustos de Jâmblico remanescentes da Antiguidade Tardia.
35. O epíteto "divino" (θεοις) é usado para descrever Jâmblico em várias fontes da Antiguidade Tardia. Ver Shaw, *Theurgy and the Soul*, p. 26, n. 13.

36. Ver Jâmblico, *De Mysteriis*, IX:1-3. Ver também Crystal Addey, "Oracles, Dreams, and Astrology in Iamblichus' *De Mysteriis*", em Curry e Voss (orgs.), *Seeing with Different Eyes*, pp. 35-58; John Dillon (org. e trad.), *Fragments of Iamblichus' Commentary on the Timaeus* (Leiden: Brill, 1973).

37. As teorias de Jâmblico sobre o papel mediador da imaginação são explicadas em uma obra ainda bastante respeitada de Murray Wright Bundy que Jung adquiriu em algum momento após sua publicação em 1927: *The Theory of Imagination in Classical and Medieval Thought* (Urbana: University of Illinois Press, 1927).

38. Jung, CW18, par. 407. A palestra, apresentada originalmente em 1935, apareceu primeiro de forma publicada em C. G. Jung, *Analytical Psychology* (Londres: Routledge & Kegan Paul, 1968).

39. Jâmblico, *De Mysteriis*, I.21. Clarke, Dillon e Hershbell (*De Mysteriis*, p. 79, n. 112), sugere que o termo *sunthemata,* nesse caso, descreve "as várias substâncias mágicas e combinações de substâncias que formam a base da prática teúrgica".

40. Sobre a história do termo "teurgia", ver Lewy, *Chaldaean Oracles*, pp. 461-66; E. R. Dodds, *The Greeks and the Irrational* (Berkeley: University of California Press, 1957), pp. 283-310.

41. Ver Shaw, *Theurgy and the Soul*, pp. 40-2; Garth Fowden,*The Egyptian Hermes* (Princeton, NJ: Princeton University Press, 1993), pp. 1-2, 86-7. Uma tradução dos *Chaldaean Oracles* com comentários sobre a obra foi publicada em dois volumes por G. R. S. Mead (Londres: Theosophical Publishing Society, 1908). Jung, é evidente, adquiriu essa obra.

42. Ver Helleman, "Plotinus and Magic".

43. Jâmblico, *De Mysteriis*, V. 26.

44. Ver Jung, *Liber Novus*, pp. 284-85, discutido em mais detalhes no capítulo 7.

45. Paul Deussen, *Allgemeine Geschichte der Philosophie*, 2 vols. (Leipzig: F. A. Brockhaus, 1894-1917).

46. Jung, CW6, par. 336.

47. Jung, "Über den Archetypus mit besonderer Berücksichtigung des Animabegriffes", traduzido em Jung, CW9i, pars. 111-55.

48. Jung, CW9i, par. 130, n. 19.

49. Jung estava preocupado com a questão de até que ponto o contexto cultural molda a experiência religiosa. Esse debate está em andamento nos meios acadêmicos; ver as referências dadas a seguir, n. 70.

50. Jung, CW18, par. 1536.
51. Jâmblico, *De Mysteriis*, III.14.
52. Jâmblico, *De Mysteriis*, II.11.
53. Jâmblico, *De Mysteriis*, III.25.
54. Jâmblico, *De Mysteriis*, III.14. Ver também Shaw, "Theurgy", p. 1.
55. Referências à magia nos *Collected Works* de Jung são inúmeras para serem listadas aqui; ver as menções em Jung, CW20, "magia".
56. Jung, CW6, par. 316.
57. Gregory Shaw enfatizou que o trabalho desses modernos ocultistas "não deve ser ignorado pelos estudiosos", porque fornece evidência útil de apropriações modernas da teurgia jâmblica; ver Shaw, "Theurgy", p. 4, n. 12.
58. Israel Regardie, *The Tree of Life* (Londres: Rider, 1932), p. 36. O segundo das obras de Regardie que Jung adquiriu foi *The Philosopher's Stone* (Londres: Rider, 1938).
59. Para a ideia da teurgia como "ritual interior", ver Mazur, "*Unio Magica*: Parte II".
60. Sobre pedras, ver Greene, *The Astrological World of Jung's Liber Novus*, capítulo 2.
61. Ver o uso das salamandras de Jung moldadas com a forma do glifo astrológico de Leão na pintura do gigante solar Izdubar discutido em Greene, *The Astrological World of Jung's Liber Novus*, pp. 37-9.
62. Para a gênese do material, ver Shamdasani, "Introduction", em *Liber Novus*, pp. 198-203.
63. Jung, *Black Book* 2, citado em Jung, *Liber Novus*, p. 200, n. 67.
64. Gerhard Wehr, *An Illustrated Biography of Jung*, trad. M. Kohn (Boston, MA: Shambhala, 1989), p. 72. A última reimpressão de Shambhala desse trabalho, *Jung* (Boston, MA: Shambhala, 2001), não contém a imagem. Ver também Jay Sherry, *A Pictorial Guide to The Red Book* (Arquivo para Pesquisa do Simbolismo Arquetípico, ARAS Connections, 2010). Sherry reproduziu a versão "rascunho" de Filêmon feita por Jung em 1914 e aponta a semelhança entre essa imagem e a da pintura de William Blake, *The Elohim Creating Adam*. Shamdasani também comentou a influência de Blake nas pinturas de Jung; ver Scott Horton, "Inside Jung's *Red Book*: Six Questions for Sonu Shamdasani", *Harpers Magazine*, 12 de julho de 2014, disponível em: http://harpers. org/blog/2009/10/inside-jungs-_red-book_-six-questions-for-sonu-shamdasani/.
65. Sobre as imagens romanas de Aion, ver capítulo 5.
66. Ver Thorburn, *Art and the Unconscious*, pp. 3-38; Jung, CW15, pars. 155-62.

67. Exemplos são as obras de H. P. Blavatsky, Alice A. Bailey e Max Heindel; todos eles atribuíram seu trabalho a entidades desencarnadas bastante evoluídas. Sobre a visão de Jung sobre "escrita automática" ou "psicografia", ver Jung, CW1, pars. 28, 45, 49, 88, 96; Jung, CW18, pars. 725-26, 731, 795.

68. Sobre experiências "unitivas", ver Dan Merkur, *Mystical Moments and Unitive Thinking* (Albany: SUNY Press, 1999). Para o termo "RASC", ver Alan F. Segal, *Life After Death* (Nova York: Doubleday, 2012), p. 402. Ver também Jung, CW11, pars. 474-487.

69. E. R. Dodds, "Theurgy and Its Relationship to Neoplatonism", *Journal of Roman Studies* 37:1-2 (1947), pp. 55-69, na p. 58. Jung estava familiarizado com os *Oracles* pela tradução de Mead, bem como com os *Ancient Fragments* de Cory, cuja anotação na p. 355 equivale ao poder primordial do Fogo nos *Oracles*.

70. A riqueza da literatura acadêmica sobre esse tema vai desde a ciência cognitiva até a especulação teológica. Jung foi muito influenciado por *The Varieties of Religious Experience*, de William James. Para as discussões de Jung, ver os ensaios em Jung, CW11. Para discussões mais recentes, ver Jensine Andresen (org.), *Religion in Mind* (Cambridge: Cambridge University Press, 2001); Steven T. Katz (org.), *Mysticism and Language* (Oxford: Oxford University Press, 1992); F. Samuel Brainard, "Defining 'Mystical Experience'", *Journal of the American Academy of Religion*, 64:2 (1996), pp. 359-93; Ralph W. Hood Jr., "The Construction and Preliminary Validation of a Measure of Reported Mystical Experience", *Journal for the Scientific Study of Religion* 14 (1975), pp. 29-41. [*As Variedades da Experiência Religiosa*. São Paulo: Cultrix, 2ª edição, 2017.]

71. Albertus Magnus, *De mirabilibus mundi* (1485), citado em Jung, CW8, par. 859.

72. Jung, CW9i, par. 334.

73. Jâmblico, *De Mysteriis*, 115.3-7. Ver também Gregory Shaw, "The Talisman", em Angela Voss e Jean Hinson Lall (orgs.), *The Imaginal Cosmos* (Canterbury: University of Kent, 2007), pp. 25-34.

74. Jung, CW14, par. 753. Para mais das muitas discussões de Jung sobre "imaginação ativa", ver Jung, CW8, pars. 166-75; Jung, CW9i, par. 621; Jung, CW14, pars. 752-55. Ver também Chodorow (org.), *Jung on Active Imagination*; Marie-Louise von Franz, *Alchemical Active Imagination* (Irving, TX: Spring, 1979; reimpr. Nova York: Shambhala, 1997).

75. Para as associações de Jung entre o *unus mundus* da alquimia, a *Alma Mundi* platônica e o inconsciente coletivo, ver Jung, CW8, par. 393; Jung, CW11, par. 448.

76. Jung, *Liber Novus*, p. 314.

77. Ver Crystal Addey, "In the Light of the Sphere", em Geoffrey Samuel e Jay Johnston (orgs.), *Religion and the Subtle Body in Asia and the West* (Londres: Routledge, 2013), pp. 149-67. Para a alma-veículo e a imaginação como intermediária, ver também John F. Finamore, *Iamblichus and the Theory of the Vehicle of the Soul* (Chico, CA: Scholars Press, 1994).

78. Ver Shaw, *Theurgy and the Soul*, pp. 86-7. Ver também E. R. Dodds (org. e trad.), *Proclus: The Elements of Theology* (Oxford: Clarendon Press, 1963), pp. 222-23 e 344-45.

79. Ver Shaw, *Theurgy and the Soul*, p. 87. Para exemplos, ver Jâmblico, *De Mysteriis*, 105.1; 125.5; 127.9. Sobre "receptividade" como fator crítico na teurgia, ver Crystal Addey, "Divine Possession and Divination in the Graeco-Roman World' *On the Mysteries*", em Bettina E. Schmidt e Lucy Huskinson (orgs.), *Spirit Possession and Trance* (Londres: Continuum, 2010), pp. 171-81.

80. Hermias, *Commentary on Plato's Phaedrus*, 65.26-69.31, citado em D. A. Russell, "Some Texts Similar to *De genio*", em Plutarco, *On the Daimonion of Socrates*, p. 204.

81. Para a compreensão de Jung da psicose como resultado da inundação do inconsciente, ver, por exemplo, Jung, CW3, pars. 317-87; CW18, par. 594 e 1159; CW5, par. 474; CW16, par. 196.

82. Ver Jung, CW5, par. 644.

83. Jâmblico, *De Mysteriis*, 3:14. Ver também Addey, "In the Light of the Sphere", p. 155.

84. Platão, *Republic*, 617d, que descreve a escolha da alma de um *daimon* pessoal antes da encarnação em um corpo físico. O *daimon* pessoal também aparece em Platão, *Phaedrus*, 248c. Ver, ainda, Plotino, *Ennead* III, 4.3.18-20; Porfírio, *Letter to Anebo 2*, 14-17.

85. Jâmblico, *De Mysteriis*, IX.6.

86. Jâmblico, *De Mysteriis*, IX.7.

87. Plotino, Ennead III.4.5.

88. Jâmblico, *Iamblichus of Chalcis: The Letters,* trad. John M. Dillon e Wolfgang Polleichtner (Atlanta, GA: Scholars Press, 2009), p. 95.

89. Jâmblico, *De Mysteriis*, 282.1-5. Ver também Platão, *Timaeus*, 90a-c, e a discussão em Shaw, *Theurgy and the Soul*, p. 218.

90. Jâmblico, *De Mysteriis*, 283:19-284:10, citado em Shaw, *Theurgy and the Soul*, pp. 218-19.
91. Dodds, *The Greeks and the Irrational*, p. 42. Ver também Georg Luck, *Arcana Mundi* (Baltimore, MD: Johns Hopkins University Press, 1985), p. 171.
92. Porfírio, *Letter to Anebo*, 14a-d, 15a-b. Ver também Dorian Gieseler Greenbaum, *The Daimon in Hellenistic Astrology* (Leiden: Brill, 2015), pp. 266-75.
93. Para a natureza do *daimon* pessoal neoplatônico e a análise dos métodos utilizado pelos astrólogos helenísticos para calcular os *oikodespotes*, ver Greenbaum, *The Daimon*, pp. 236-75.
94. Porfírio, *Introduction to the Tetrabiblos*, em *Porphyry the Philosopher, Introduction to the Tetrabiblos*, trad. James Holden (Tempe, AZ: American Federation of Astrologers, 2009), pp. 22-5.
95. Por exemplo, Macróbio, autor do século V com cuja obra Jung estava familiarizado, manteve em seu *Saturnalia* que o *daimon* pessoal é sempre representado pelo Sol no horóscopo natal. Ver Macróbio, *The Saturnalia*, trad. Percival Vaughan Davies (Nova York: Columbia University Press, 1969), I.19.16-18, p. 136. Sobre as referências de Jung ao *Saturnalia*, ver Jung, CW5, par. 425; Jung, CW14, pars. 154-55, 173, 701.
96. Jâmblico, *De Mysteriis* IX.1, 273.2-9.
97. Jâmblico não ofereceu uma lista dessas *sunthemata* em *De Mysteriis*. Mas ver Proclo, *Commentary on Plato's Timaeus*, I.3.10, em que a planta chamada heliotrópio (cuja flor vira a cabeça seguindo o Sol) e a pedra preciosa pedra-de--sangue (forma de jaspe verde salpicada de vermelho) são descritas como *sunthemata* do Sol.
98. Na astrologia árabe medieval, o *oikodespotes* era chamado de *alcocoden*, o "Anjo da Guarda" ou "Doador dos Anos". Para o *alcocoden*, ver James R. Lewis, *The Astrology Book* (Canton, MI: Visible Ink Press, 2003), pp. 18-9, 346-47.
99. Embora Jâmblico, Plotino, Porfírio e Proclo estivessem bem representados na biblioteca de Jung, este não parece ter adquirido a introdução de Porfírio ao *Tetrabiblos* nem quaisquer manuscritos de outros astrólogos helenistas voltados para o *oikodespotes*, encontrados, sobretudo, no *Catalogus Codicum Astrologorum Graecorum*, publicado entre 1898 e 1953.
100. Comunicação pessoal de Gret Baumann-Jung, julho de 1985, Stoos, Suíça. Ver a folha de cálculo que Jung preparou para sua filha, Helene, no capítulo 2.
101. Ver, por exemplo, Leo, *The Key to Your Own Nativity*, pp. 10-4.

102. Dados de nascimento: Carl Gustav Jung, 26 de julho de 1875, 19h27, Kesswil, Suíça. Para as exigências de Porfírio, ver Porfírio, *Introduction to Ptolemy's Tetrabiblos*, pp. 23-4. Para explicações modernas dos termos astrológicos helenísticos, ver Joseph Crane, *Astrological Roots* (Bournemouth: Wessex Astrologer, 2007).

103. Ver capítulo 2 para os comentários de John Thorburn sobre a força e a beneficência do Saturno natal de Jung.

104. Michael Maier, *Symbola Aureae Mensae Duodecim Nationum* (Frankfurt: Julius Ägidius von Negelein, 1617), citado em Jung, CW14, p. 229, n. 585.

105. Para Saturno como matriz da Pedra Filosofal, ver Jung, CW13, par. 401; Jung, CW14, par. 703.

106. Sobre o exame detalhado dos elementos saturninos em Filêmon, ver Greene, *The Astrological World of Jung's Liber Novus*, capítulo 5.

107. Jung, *MDR*, p. 207.

108. Betegh, *The Derveni Papyrus*, p. 86.

109. Ver Dorian Gieseler Greenbaum, "Allotment and Fate", *The Astrological Journal* 56:2. (2014), pp. 27-31.

110. Betegh, *The Derveni Papyrus* Col. 3, p. 9. Esse texto também revela a face mais ambígua do *daimon*: ver Betegh, *The Derveni Papyrus*, Col. 6, p. 15.

111. Para o "daimon pessoal" neste texto órfico, ver Betegh, *The Derveni Papyrus*, Col. 3, p. 9. Para o "espírito guardião" de cada alma em Platão, ver Platão, *Phaedrus*, 107d.5-7; Platão, *Republic*, 617d. Ver também os comentários de Betegh em *The Derveni Papyrus*, p. 87; K. Tsantsanoglou, "The First Columns of the Derveni Papyrus and their Religious Significance", em André Laks e Glenn W. Most (orgs.), *Studies on the Derveni Papyrus* (Oxford: Oxford University Press, 2001), pp. 93-128, em pp. 96 e 105.

112. Heráclito, DK B119, em Charles H. Kahn (trad.), *The Art and Thought of Heraclitus* (Cambridge: Cambridge University Press, 1981), CXIV, p. 81. A palavra grega usada nesse fragmento, δαιμων, é geralmente traduzida para o inglês como "destino". Jung citou Heráclito com frequência nas *Obras Completas*; ver Jung, CW8, pars. 99, 278, 916; Jung, CW12, pars. 157, 182, 333, 435.

113. James Hillman, *The Soul's Code* (Nova York: Warner Books, 1997), p. 10.

114. Hillman, *The Soul's Code*, p. 8.

115. James Hillman, "Jung's Daimonic Inheritance", *Sphinx* 1 (1988), pp. 9-19. Ver também James Hillman e Sonu Shamdasani, *Lament of the Dead* (Nova York: W. W. Norton, 2013), p. 119.

116. Este ser é conhecido na angelologia islâmica como *Hafaza*; em hebraico, qualquer anjo, inclusive um que proteja um indivíduo, é *mal'akh*, um "mensageiro". Ver Saul M. Olyan, *A Thousand Thousands Served Him* (Tübingen: Mohr Siebeck, 1993), p. 4, e as referências dadas dessa página na n. 10.

117. Para Hermes como *angelos*, ver Homero, *Odyssey* 5:29; para Íris, ver Homero, *Iliad* 2:786. Para o *angeloi* divino greco-romano, ver Rangar Kline, *Ancient Angels* (Leiden: Brill, 2011).

118. Jung, *Liber Novus*, p. 314.

119. Ver D. Piché (org. e trad.), *La Condamnation Parisienne de 1277* (Paris: Vrin, 1999); Henrik Wels, "Late Medieval Debates on the Location of Angels After the Condemnation of 1277", em Isabel Iribarren e Martin Lenz (orgs.), *Angels in Medieval Philosophical Inquiry* (Aldershot: Ashgate, 2008), pp. 113-27.

120. Sobre elementos neoplatônicos na magia judaica medieval na Antiguidade Tardia, ver Idel, "The Magical and Neoplatonic Interpretations"; Goodman (org.), *Neoplatonism and Jewish Thought*. Para o sincretismo dos rituais mágicos judaicos e greco-egípcios nos Papiros Mágicos Gregos, ver Hans Dieter Betz, *The Greek Magical Papyri in Translation* (Chicago: University of Chicago Press, 1986), pp. xliv-xlviii.

121. Sobre tradições mágicas em torno de Salomão e Moisés, ver Pablo A. Torijano, *Solomon the Esoteric King* (Leiden: Brill, 2002); Andreas Kilcher, "The Moses of Sinai and the Moses of Egypt: Moses as Magician in Jewish Literature and Western Esotericism", *Aries* 4:2 (2004), pp. 148-70.

122. Para a invocação angélica na literatura judaica da Antiguidade Tardia, ver Rebecca Macy Lesses, "Speaking with Angels", *Harvard Theological Review* 89:1 (1996), pp. 41-60; Peter Schäfer, "Jewish Magic Literature in Late Antiquity and the Early Middle Ages", *Journal of Jewish Studies* 41:1 (1990), pp. 75-91.

123. O anjo da guarda também se assemelha aos parados ou "ajudante espiritual" dos Papiros Mágicos Gregos; ver Betz, *The Greek Magical Papyri*, p. 160. Jung teve acesso às referências de Dieterich e aos comentários sobre os Papiros Mágicos em *Das Mithrasliturgie*.

124. Para a teurgia angélica de Dionísio, ver Wear e Dillon, *Dionysius the Areopagite*, pp. 117-29; Gregory Shaw, "Neoplatonic Theurgy and Dionysius the Areopagite", *Journal of Early Christian Studies* 7 (1999), pp. 573-99.

125. Ver Jung, CW9ii, par. 169.

126. Jâmblico, *De Mysteriis*, I.3. Ver também Henry Corbin, "Mundus Imaginalis, or, the Imaginary and the Imaginal", trad. Ruth Horine, *Cahiers Internationaux de Symbolisme* 6 (1964), pp. 3-26.

127. Ver Finamore, *Iamblichus and the Theory of the Vehicle of the Soul*. Para a transmissão da ideia para os séculos XV e XVI, ver D. P. Walker, "The Astral Body in Renaissance Medicine", *Journal of the Warburg and Courtauld Institutes* 21:1/2 (1958), pp. 119-33, na p. 123. Sobre referências alquímicas ao corpo "espiritual" ou "astral", ver Agrippa, *De occulta philosophia*, I:5, III:50; Martin Ruland, *A Lexicon of Alchemy or Alchemical Dictionary* (York Beach, ME: Samuel Weiser, 1984 [1893]), p. 182; Paracelso, *Sämtliche Werke*, ed. Karl Sudhoff, 14 vols. (Munique e Berlim: Oldenbourg, 1922-33), VIII:161-70.

128. Abraham ibn Ezra, *Commentary to Exodus* 3:15, citado em Aaron Hughes, "The Three Worlds of ibn Ezra's Hay ben Meqitz", *Journal of Jewish Thought and Philosophy* 11:1 (2002), pp. 1-24, na p. 5.

129. Abraham ibn Ezra, *Pirqei rabbi 'Eli'ezer* (capítulos do Rabino Eliezer), MS HUC 75ff. 4b e 6b, citado em Elliot R. Wolfson, "Merkavah Traditions in Philosophical Garb", *Proceedings of the American Academy for Jewish Research* 57 (1990-91), pp. 179-242.

130. Hughes, "The Three Worlds", p. 14.

131. Ver Elliot Wolfson, "Theosis, Vision, and the Astral Body in Medieval German Pietism and the Spanish Kabbalah", em Nicholas Campion e Liz Greene (orgs.), *Sky and Symbol* (Lampeter: Sophia Centre Press, 2013), pp. 119-42.

132. Ver Jung, CW14, par. 572, n. 106.

133. Para uma discussão detalhada sobre o *tselem*, ver Gershom Scholem, *On the Mystical Shape of the Godhead*, trad. Joachim Neugroschel, org. por Jonathan Chipman (Nova York: Schocken Books, 1991), pp. 251-73.

134. Eleazar de Worms, *Hokhmat ha-Nefesh* (Benei Beraq, 1987), Ch. 48:80, citado em Wolfson, "Theosis and the Astral Body", p. 131.

135. Sobre a importância deste trabalho, ver Sophie Page, "Uplifting Souls: The *Liber de essentia spirituum* and the *Liber Razielis*", em Claire Fanger (org.), *Invoking Angels* (University Park: Penn State University Press, 2012), pp. 79-112. Ver também Don Karr, *Liber Salomonis*, disponível em: www.digital-brilliance.com/kab/karr/Solomon/LibSal.pdf. A versão original hebraica é conhecida como *Sefer ha-Raziel;* ver Joseph Dan, "Book of Raziel", em *Encyclopaedia*

Judaica 13:15691-93. Para uma tradução em inglês, ver Steve Savedow (org. e trad.), *Sepher Rezial Hemelach* (York Beach, ME: Samuel Weiser, 2000).

136. Ver Jung, CW13, par. 173.

137. Para as várias versões MS (Masters Editions) do *Sefer ha-Raziel*, que havia muito tempo antecederam sua publicação em 1701, ver François Secret, "Sur quelques traductions du Sefer Raziel", *REJ* 128 (1969), pp. 223-45. Para uma discussão adicional, ver também Ioan P. Couliano, *Eros and Magic in the Renaissance*, trad. Margaret Cook (Chicago: University of Chicago Press, 1987), p. 167.

138. Segundo Joseph Peterson, o mais recente tradutor da obra de *Sixth and Seventh Books of Moses*, o núcleo desse grimório foi fornecido por *Liber Razielis*; ver Joseph Peterson (org. e trad.), *The Sixth and Seventh Books of Moses* (Lake Worth, FL: Ibis Press, 2008), p. ix. A edição de Jung de *Moses* era: Johann Scheible (org.), *Das Sechste und Seibente Buch Mosis* (Nova York: William Radde, 1865).

139. Peterson (org. e trad.), *Sixth and Seventh Books of Moses*, p. ix.

140. Henrique Cornélio Agrippa von Nettesheim, *Die Cabbala des E.C.A. von Nettesheim* (Stuttgart: Johann Scheible, 1855); *H. C. Magische Werke samt den gehimnisvollen Schriften des Petrus von Abano* (Berlim: Hermann Bardsdorf, 1916).

141. Henrique Cornélio Agrippa von Nettesheim, *De incertidome & vanitate omnium scientiarum & artium liber* (Hagae-Comitum: A. Ulacq, 1653).

142. Para a identidade de Abraham de Worms, ver Raphael Patai, *The Jewish Alchemists* (Princeton, NJ: Princeton University Press, 1995), pp. 272-88; Bernd Roling, "The Complete Nature of Christ", em Jan N. Bremmer e Jan R. Veenstra (orgs.), *The Metamorphosis of Magic* (Leuven: Peeters, 2002), pp. 231-66, em pp. 245-46.

143. Abraham von Worms, *Die egyptischen großen Offenbarungen, in sich begreifend die aufgefundenenen Geheimnisbücher Mosis* (Colônia: Peter Hammer, 1725).

144. Lon Milo DuQuette, "Foreword", em Abraham von Worms, *The Book of Abramelin*, org. por Georg Dehn, trad. Steven Guth (Lake Worth, FL: Nicolas-Hays, 2006), p. xiii.

145. É provável que ambas as obras tenham sido desenhadas no *Sefer ha-Raziel*. É provável que *Moses* tenha sido baseado na versão latina, *Liber Razielis*, enquanto *Abramelin* pôde contar com a versão hebraica mais antiga.

146. S. L. MacGregor Mathers (org. e trad.), *The Book of the Sacred Magic of Abramelin the Mage* (Londres: John M. Watkins, 1897). Mathers usou uma versão incompleta do texto em francês.
147. A nova edição alemã é *Buch Abramelin das ist Die egyptischen großen Offenbarungen* (Leipzig: Araki, 2001).
148. Mathers (org. e trad.), *The Book of the Sacred Magic of Abramelin*, xxvi.
149. *The Book of Abramelin*, I.7, p. 28.
150. DuQuette, "Foreward", em *The Book of Abramelin*, p. xv.
151. Assim como a versão impressa de *Abramelin* que Jung adquiriu, existem versões manuscritas em alemão, hebraico e italiano, todas datadas do início do século XVII. Ver Gershom Scholem, *Kabbalah* (Nova York: Meridian, 1978), p. 186.
152. Sobre a teoria da "sombra" de Jung, ver, entre muitas referências, Jung, CW10, pars. 444-57; Jung, CW9ii, pars. 13-9. Para Jung sobre demônios como compulsões psicológicas, ver capítulo 2.
153. Jung estava familiarizado com o trabalho de Ficino; ver as muitas referências em Jung, CW20. Sobre discussões do uso de imagens planetárias de Ficino como *sunthemata* para invocar potências celestiais, ver Couliano, *Eros and Magic*, pp. 32-4.
154. Para a descrição de Jung de seu primeiro encontro com Filêmon, ver Jung, MDR, pp. 207-10. De acordo com Shamdasani, Filêmon apareceu pela primeira vez nos *Black Books* em 27 de janeiro de 1914; ver Shamdasani, "Introduction", em Jung, *Liber Novus*, pp. 200-01.
155. Jung adquiriu cinco volumes da revista da Fraternitas Saturni, *Saturn Gnosis*, datada entre julho de 1928 e março de 1930. Para a única publicação em inglês sobre essa Ordem secretíssima, ver Stephen E. Flowers, *The Fraternitas Saturni or Brotherhood of Saturn* (Smithville, TX: Rûna-Raven Press, 2006 [1990]); ver também Hakl, *Eranos*, p. 38. Para publicações alemãs dos envolvidos com a Ordem, ver Aythos, *Die Fraternitas Saturni* (Munique: ARW, 1979); Frater V. D., *Die Fraternitas Saturni Heute* (Büllingen: Verlag Ralph Tegtmeier Nachf, 1994). A Ordem ainda existe hoje e pode ser encontrada em: www.fraternitas.de.
156. Ludwig Staudenmaier, *Die Magie als Experimentelle Narurwissenschaft* (Leipzig: Akademische Verlagsgesellschaft, 1912). Ver as notas de Shamdasani sobre Staudenmaier em Jung, *Liber Novus*, p. 200.
157. Ver Greene, *The Astrological World of Jung's Liber Novus*, capítulos 2 e 6.

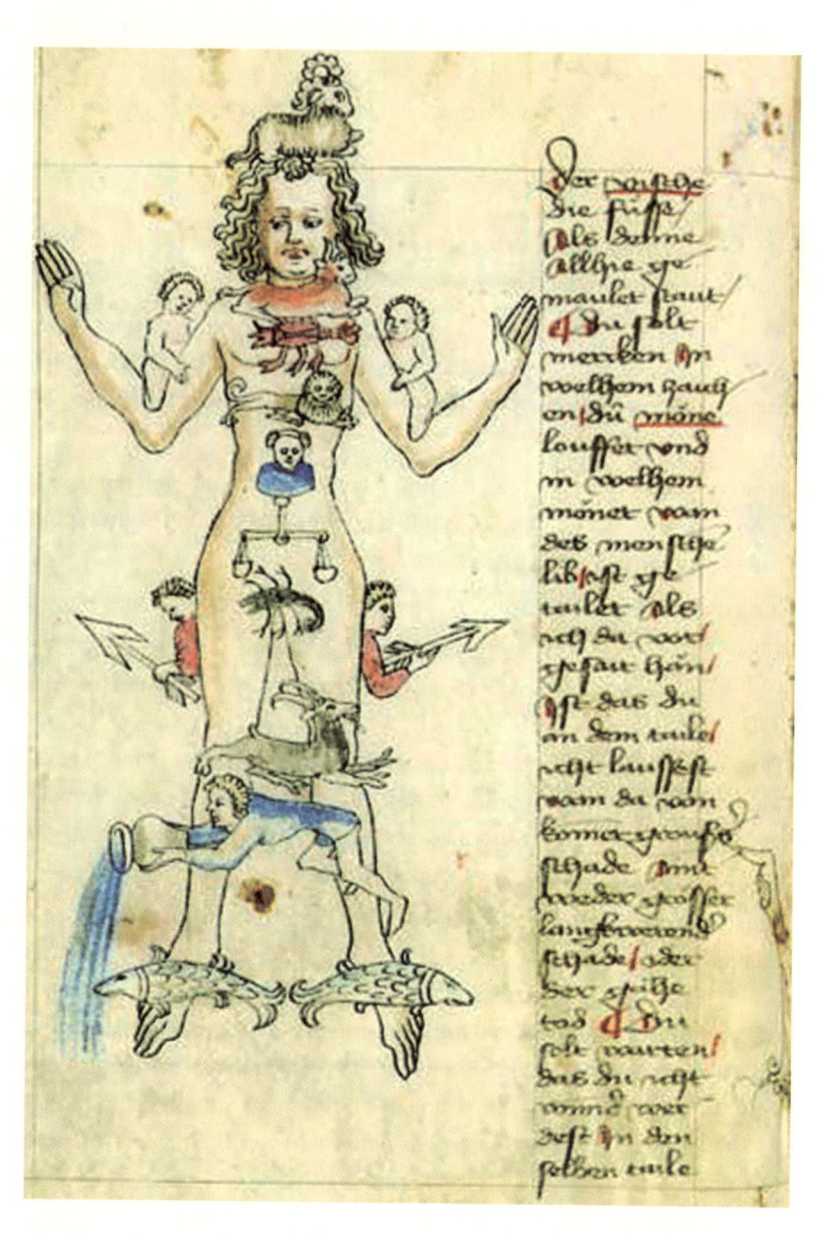

GRAVURA 1. Exemplo de *melothesia* de um calendário de Stegmüller von Wiesensteig, 1443. Furstliche Furstenbergische Hofbibliotek, Donauschingen, Cod. 494.

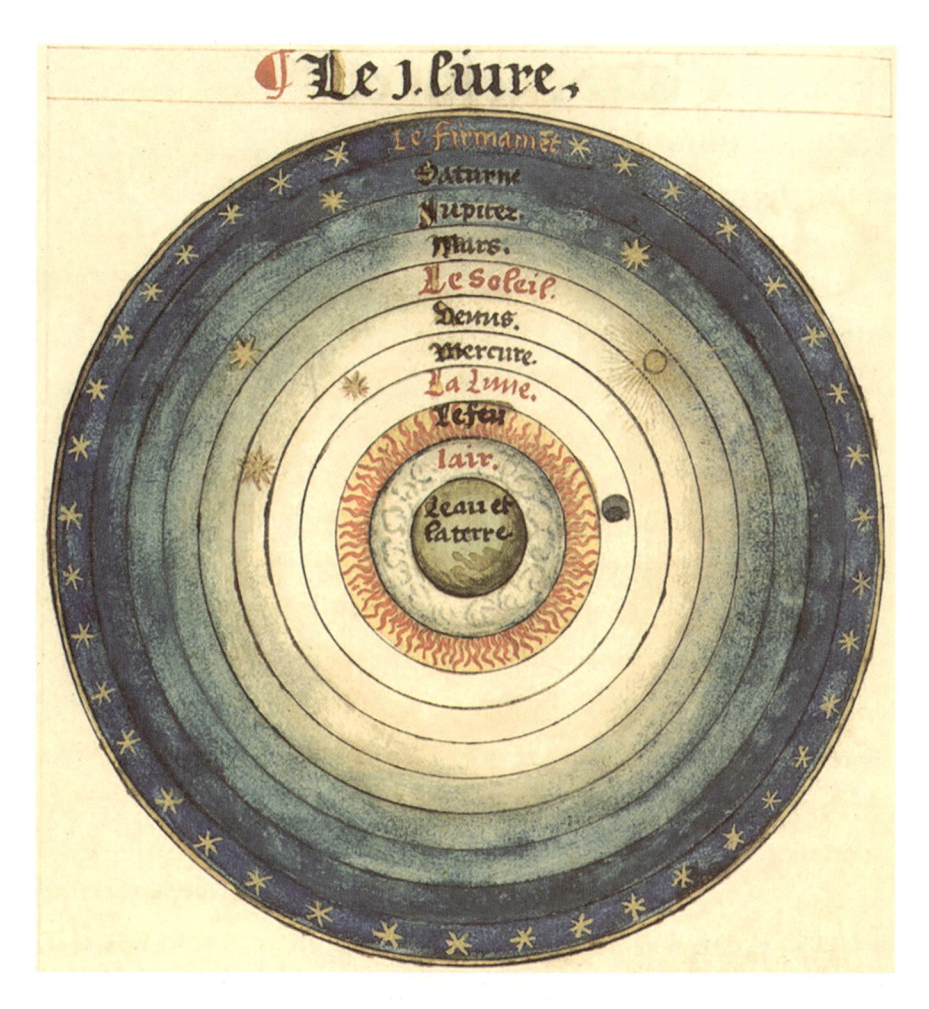

GRAVURA 2. Cosmos aristotélico mostrando as esferas planetárias com o reino sublunar corruptível dos quatro elementos abaixo do da Lua. Oronce Finé, *De mundi sphaera sive cosmographica* (Paris: Michael Vascosanus, 1549), Folio 8 verso, Biblioteca Houghton, Universidade Harvard.

GRAVURA 3. A divindade solar de cabeça de leão, Chnoubis ou Chnoumis, que Jung usou na pintura cosmológica intitulada *Systema Munditotius*. Intaglio, Kelsey 26118, Bonner 91, © Genevra Kornbluth.

GRAVURA 4. Frontispício de *Aion*: o deus Aion Mitraico com cabeça de leão, romano, século II a III EC. Museu Gregorio Profano, Vaticano.

GRAVURA 5. "O caminho do que está por vir", em Jung, *Liber Novus*, p. 229, ©2007 Foundation of the Works of C. G. Jung, usado com permissão da W. W. Norton & Co., Inc.

GRAVURA 6. Frontispício de Dupuis, *Origines de tous les cultes* (Paris: H. Agasse, 1795).

5 "O GRANDE DESTINO"

"O caráter do homem é seu destino."[1]

— Heráclito

"Destino e alma são apenas dois nomes para o mesmo princípio."[2]

— Novalis

"Os antigos inventaram a magia para incitar o destino. Eles precisavam dela para determinar o destino exterior. Nós precisamos dela para determinar o destino interior e para encontrar o caminho que não somos capazes de conceber."[3]

— C. G. Jung

Uma rosa com qualquer outro nome

Tal como os caminhos que levam a Roma, qualquer discussão sobre a astrologia de Jung leva, mais cedo ou mais tarde, à questão de como ele compreendeu o destino. A astrologia e as especulações filosóficas sobre destino têm coabitado intimamente desde a origem de ambos. Uma série de textos astrológicos modernos abordaram em linguagem mais contemporânea a questão de se o destino de um indivíduo é descrito pelo horóscopo natal. Por vezes são utilizadas outras palavras com nuances diferentes, como "(destino)".*4 Muitos astrólogos na segunda metade do século XX começaram a rejeitar a ideia de circunstâncias fatais, referindo-se a "tendências" em vez da antiga ideia de *Heimarmene*, a "compulsão das estrelas". Um exemplo dessa modernização do destino astral foi oferecido pelo astrólogo britânico Jeff Mayo (1921-1998), que declarou de forma categórica:

> Um aspecto astrológico em relação ao futuro pode corresponder a qualquer uma das várias possibilidades, na maioria dependente da "liberdade de escolha" do indivíduo em causa, mas, ainda assim, o aspecto prediz, de fato, a *tendência* das circunstâncias ou a *natureza* da reação do indivíduo à situação.[5]

Outros astrólogos aceitaram a ideia do destino astral em princípio, mas sugeriram que ele envolve apenas as circunstâncias físicas do indivíduo,

---

* A autora utiliza os termos *fate* e *destiny* para se referir à palavra "destino". Na maior parte das vezes, o termo empregado é *fate*; portanto, a tradutora optou por apontar as vezes em que a autora empregou o termo *destiny* com o uso de parênteses, ficando subentendido que nas outras vezes não apontadas (a maioria) o termo empregado foi *fate*.

Parte-se da premissa da diferenciação que existe entre as palavras *fate* e *destiny*, no sentido de que *fate* é atribuído ao que é inevitável e não pode ser modificado, em geral associado a conotações negativas e que resultam em visões pessimistas, assim como ocorre com as palavras "predestinação" ou "determinismo" em português, o destino que causa resultado. *Destiny* estaria mais relacionado a algo que pode ser modificado por um indivíduo, sem estar associado necessariamente a conotações negativas, podendo resultar em visões otimistas. Por exemplo: Não acredite em predestinação (*fate*), mas, sim, em fazer o próprio destino (*destiny*). (N. da T.)

não a alma. Essa abordagem quase platônica e quase gnóstica foi expressa pela astróloga britânica Margaret Hone (1892-1969) em 1951:

> Na medida em que um homem se identifica com o seu eu físico e com o mundo físico que o rodeia, então ele é indissoluvelmente parte dele e sujeito a seu padrão de mudança, tal como formado pelos planetas nas suas órbitas. Só pelo reconhecimento daquilo que ele sente como maior do que ele próprio que ele pode se sintonizar com o que está além do padrão terrestre. Dessa forma, embora não possa escapar aos acontecimentos terrestres, pela doutrina da "aceitação" livre e voluntária, ele pode "querer" que o seu verdadeiro eu seja livre na sua reação a eles.[6]

Essa perspectiva permite uma forma de liberdade, bem como um reconhecimento do destino; mas reflete um dualismo de espírito e matéria que era estranho à própria visão que Jung tinha sobre a unidade entre eles.

Na Antiguidade, as formas como o destino astral era compreendido variavam entre diferentes sistemas filosóficos e religiosos. Alguns fragmentos herméticos afirmavam que o destino astral atua sobre o corpo, ou sobre as dimensões inferiores da alma, mas a alma superior ou *nous* permanece livre da sua influência:

> Temos o poder de escolher; está ao nosso alcance escolher o melhor, e de forma semelhante [escolher] o pior, de acordo com a nossa vontade. E se a [nossa] escolha se apega às coisas más, ela porventura se associa com a natureza corpórea; [e] por essa causa o Destino governa aquele que faz essa escolha. Uma vez que, então, a essência intelectual em nós é absolutamente livre [...] por essa razão o Destino não a alcança.[7]

Essa é a visão apresentada pela astróloga Margaret Hone em meados do século XX. Alguns tratados gnósticos, como o *Apocryphon of John*

(*Apócrifo de João*),⁸ apresentam a ideia de que cada arconte planetário coloca uma espécie de membrana psíquica sobre a alma humana ao descer para a encarnação, resultando em um veículo-alma de sete camadas, cada uma sob a regência de um dos sete arcontes.⁹ Essas camadas, coletivamente chamadas de "espírito falsificador", foram percebidas como malignas, refletindo a ideia de que os arcontes planetários ligam a alma à matéria por compulsões libidinosas e obstruem a recordação da alma da sua fonte divina.¹⁰

Nos primeiros contextos cristãos, a ideia de *Heimarmene* permaneceu um tema importante no discurso teológico, mas o destino astral foi visto como impotente contra aqueles que tinham sido submetidos ao batismo cristão. No período medieval, em grande parte devido aos ensinamentos do padre dominicano e filósofo aristotélico Tomás de Aquino (1225-1274), a abordagem dualista apresentada em tratados herméticos e gnósticos ressurgiu como um conceito cristão aceitável. Entendeu-se o destino ditado pelas estrelas como parte de desejos e necessidades físicas, uma vez que o corpo pertencia ao reino "sublunar" corruptível no contexto da cosmologia aristotélica (ver Gravura 2). Mas a alma pertencia a Deus e estava fora do alcance das influências astrais.¹¹

Os filósofos modernos não chegaram a um acordo mais inclusivo do que seus antigos antecessores.¹² O termo "destino" foi substituído por "determinismo", palavra menos propensa a associações religiosas e adaptável a poderes econômicos, climáticos, sociais e políticos, em vez de astrais. A astrologia foi naturalmente abandonada desses discursos filosóficos modernos. Mas Jung continuou profundamente interessado no problema do destino em relação aos corpos celestes. Ele olhou para Kant, Schopenhauer e Nietzsche para iluminação filosófica, mas recorreu aos neoplatônicos, estoicos, herméticos e gnósticos para obter mais *insights* práticos sobre o dilema – até porque, nessas correntes mais antigas, o destino astral está no centro do discurso. Psicologias e psiquiatrias modernas estão também interessadas na questão do destino. No entanto, nas escolas de psicologia cognitiva e comportamental, bem como na filosofia, o discurso astrológico desapareceu,[13] e o destino costuma ser chamado de outros nomes. No campo da psiquiatria orgânica, está cada vez mais enredado com o estudo da genética, sendo agora nomeado "mapeamento do destino genético".[14]

Natureza, criação e reencarnação

O papel da causalidade no sofrimento psíquico humano leva invariavelmente de volta àquele mistério em torno do destino, quaisquer que sejam os sinônimos que possam ser adotados para substituir a palavra. Por exemplo: as pessoas nascem intrinsecamente "más" – programadas em termos genéticos (e, portanto, fadadas) para fazer "más" ações – ou tornam-se "más" (e, portanto, fadadas do mesmo modo) pela pressão de circunstâncias externas que não escolheram? E, no caso dessa última, elas terão alguma escolha mais tarde ou, dados os recursos sociais e clínicos adequados, a possibilidade de cura? Surgiram duas abordagens gerais que formam a espinha dorsal do assim chamado debate sobre inato-adquirido nas psicologias modernas. A primeira conclusão, enraizada na teoria do "condicionamento clássico" desenvolvida pelo fisiologista russo Ivan Petrovich Pavlov no início do século XX, abrange uma percepção do ser humano como uma *tabula rasa* ("tábua rasa") influenciada por completo pelo condicionamento ambiental. As abordagens psicoterapêuticas baseadas nessa visão são agora conhecidas sob o título abrangente de "terapias comportamentais".[15] A segunda conclusão, também causal, baseia-se em uma visão puramente biológica, na qual a química do cérebro determina o futuro psicofísico do indivíduo.[16] Uma via intermediária entre esses dois extremos pode também ser adotada, na qual a fisiologia (natureza) e o meio ambiente (criação) estão ambos implicados, em graus variados, na formação da personalidade. No seu trabalho psiquiátrico inicial, parece que Jung tentou esse tipo de compromisso, declarando:

"O dilema sem fim da cultura e da natureza é sempre uma questão de muito ou pouco, nunca de um ou de outro".[17]

Na época em que ele começou a trabalhar no *Liber Novus*, Jung parece ter adotado uma terceira abordagem. Foi favorecida na Antiguidade Tardia, mas é impopular hoje nos campos da medicina e da psiquiatria orgânica porque é acausal e resistente à demonstração por metodologias científicas. Essa abordagem envolve uma percepção do destino do ser humano como personificação de um caráter inerente *a priori*, *Self*, ou alma-constelação que se expressa de modo misterioso pelas circunstâncias externas da vida de um indivíduo. A fonte e a natureza dessa "essência" inerente permanece oculta, sugerindo um modo mais intuitivo de especulação ou, no mínimo, a admissão de que "provar" sua existência é impossível nos atuais paradigmas de investigação. A ideia de um temperamento inerente independente, mas complementar, tanto da herança genética como do meio ambiente, sugere uma teleologia significativa do desenvolvimento interior, em vez de uma servidão estática a circunstâncias preestabelecidas. Pode também ser acompanhada pelo entendimento de que a intenção dessa essência – personificada pelo *daimon* – reflete-se nas qualidades do tempo descritas pelos padrões do horóscopo natal.

Essa abordagem parece ter acabado por dominar o pensamento de Jung sobre o destino. Na Antiguidade, a ideia era geralmente acompanhada da crença em sucessivas encarnações da alma; cada vida humana, o seu *daimon* individual, e o seu destino específico são moldados pelas escolhas feitas na vida anterior.[18] Quanto maior for a consciência desse fato por parte do indivíduo, tanto mais ele ou ela será capaz de fazer escolhas conscientes e desenvolver-se criativamente dentro dos limites do que não pode ser mudado. Isso resulta numa maior harmonia entre o indivíduo e a intenção do *daimon*. A ideia de uma série de encarnações, em que o "karma" ou substância psíquica acumulada em determinado período de vida gera os desafios e as recompensas da vida seguinte, teve uma vida muito longa nas correntes esotéricas ocidentais, ressuscitadas nos tempos modernos por Blavatsky e seus seguidores pela assimilação do pensamento hindu e budista a conceitos platônicos e neoplatônicos e a ambos com moralidade distintamente cristã. Alan Leo, que abraçou a ideia com todo o coração e a incorporou nos seus escritos astrológicos, insistiu em que a astrologia "não tem valor permanente" sem incorporar a realidade de vidas passadas.[19]

Tem-se a indicação de que Jung foi receptivo à ideia de reencarnação, em vidas posteriores e possivelmente anteriores, em uma declaração em *Memórias, Sonhos, Reflexões*:

> Em algum lugar "lá fora" deve haver um fator determinante, uma necessidade condicionando o mundo [...]. Esse determinante criativo... deve decidir que almas irão mergulhar novamente no nascimento [...]. É possível que qualquer novo feitiço de vida tridimensional não teria mais significado, uma vez que a alma tivesse atingido certa fase de compreensão; então já não teria que regressar [...]. Mas, se um karma ainda ficar para ser eliminado, então a alma recairá novamente em desejos e retornos à vida mais uma vez, talvez até fazendo assim a partir da percepção de que algo ainda está para ser completado.[20]

Jung também especulou sobre o que "ainda falta ser completado" em sua vida:

> Deve ter sido um impulso apaixonado na direção da compreensão que me trouxe ao meu nascimento [...]. Eu poderia muito bem imaginar que poderia ter vivido em séculos anteriores e lá encontrei perguntas às quais ainda não conseguia responder; que eu tinha de ter nascido de novo porque não tinha cumprido a tarefa que me foi dada.[21]

Jung referiu-se à reencarnação no contexto do conceito oriental do karma e também reconheceu sua importância na literatura platônica e neoplatônica; além do mais, estava plenamente consciente de que as especulações teosóficas modernas haviam sido emprestadas de ambas. A ligação entre o horóscopo natal e o ciclo de renascimento foi descrita de modo explícito por Annie Besant (1847-1933), que se tornou presidente da Sociedade Teosófica em 1907:[22]

> O karma de vidas passadas, mental, emocional, e em relação aos outros, exige materiais capazes das mais variadas expressões [...]. De acordo com esse temperamento será o momento do nascimento do corpo; *deve* nascer no mundo num momento em que as influências físicas planetárias estiverem adequadas, e assim nasce sob a sua "estrela" astrológica. Não é a estrela que impõe o temperamento, mas o temperamento que fixa a época do nascimento sob aquela estrela.[23]

Jung insistiu que a ideia de renascimento "é inseparável da ideia de karma".[24] Repetidamente, encontrou nos livros de Alan Leo a convicção de que o renascimento e o karma são eles próprios inseparáveis do momento do nascimento físico e do horóscopo natal baseado nele. Embora Jung não tenha relacionado o renascimento e o karma à astrologia em qualquer obra publicada, parece ter sustentado muito da sua compreensão do seu próprio horóscopo natal, particularmente em termos do que ele considerava ser "o que ainda resta para ser completado".

Destino e individuação

Jung abraçou a visão mais antiga e acausal do destino durante, ou pouco depois da, sua ruptura com Freud. Em *Psicologia do Inconsciente*, cedeu a um de seus passatempos favoritos: associações etimológicas, nesse caso ligando a palavra grega para destino, *Moira*, a várias palavras relacionadas à raiz indo-europeia *mer* ou *mor*, que significa "morrer". Ele relacionou essas palavras, por sua vez, às "mães divinas romanas, as *Matres* ou *Matronae*, que são tanto as Nornas teutônicas como os Moirai gregos.[25] Esse tipo de associação imaginativa de palavras, raízes de palavras e símbolos é um aspecto do pensamento de Jung que pode ser um desafio para aqueles que pensam na linguagem como um instrumento de comunicação puramente semântico, construído em termos culturais. Mas, quer as digressões analógicas de Jung incluam ou não um método "científico",[26] pela época em que começou a trabalhar no *Liber Novus*, ele já tinha feito a analogia entre destino e alma.

Isso pode refletir a influência de escritores românticos alemães, como Novalis. Pode também refletir o estudo da astrologia de Jung, especialmente o tipo de astrologia apresentada por Alan Leo, o que o levou ao que ele percebeu como clara demonstração da existência, *a priori*, de uma estrutura de caráter espelhada pelo, ou sincronizada com o, horóscopo natal. O entrelaçamento inseparável do destino e do caráter foi apresentado por Leo em uma obra intitulada *Saturno: The Reaper*,* que Jung parece ter adquirido logo após a publicação, em 1916. No prefácio a essa obra, Leo declarou: "O caráter é o (destino)".[27] Para Jung, as qualidades do próprio tempo, refletidas em símbolos astrológicos, constituem o destino astral, uma vez que o tempo, como Jung declarou, "não raro é o símbolo do destino".[28] O momento do nascimento é, assim, uma espécie de foto instantânea, encarnada em carne e osso, daquelas "qualidades típicas da libido em dado momento". O profundo e contínuo interesse de Jung pela natureza do destino é algo que pode se esperar de alguém cujo trabalho foi dedicado à compreensão e à cura do sofrimento psíquico. Há muitas referências ao enigma do destino e do livre-arbítrio nas *Obras Completas*, bem como em *Memórias, Sonhos, Reflexões* e *Dream Analysis*. Em 1912, um ano antes de começar a trabalhar no *Liber Novus*, Jung identificou o destino com os arquétipos: "O efeito das imagens inconscientes tem algo de fatídico. Talvez – quem sabe – essas imagens eternas sejam o que os homens entendam por destino".[29]

---

* *Saturno: o Construtor de Universos*. São Paulo: Pensamento, 1988 (fora de catálogo).

Em *Psicologia do Inconsciente*, Jung chamou o destino de "força motriz da libido":

> O poder do destino só se faz sentir desagradavelmente quando tudo vai contra a nossa vontade; ou seja, quando já não nos encontramos em harmonia com nós mesmos [...]. O poder do destino revela-se a uma escala mais próxima como uma compulsão da libido.[30]

Essa observação é uma percepção do destino bastante interiorizada, expressa não em termos de acontecimentos externos, mas como aquelas compulsões interiores que frustram todas as boas intenções da consciência e resultam em escolhas inconscientes que enredam o indivíduo em dolorosas circunstâncias externas que não têm resolução fácil. O destino astral é descrito dessa forma numa série de textos gnósticos e herméticos, os quais Jung acreditava tê-lo provido com "contrapartida histórica da minha psicologia do inconsciente".[31]

Em um ensaio intitulado "Psychology and Religion" ["Psicologia e Religião"], apresentado pela primeira vez em uma série de palestras em 1937, Jung expressou, de forma sucinta, sua convicção de que a experiência do indivíduo do livre-arbítrio é limitada com severidade pelos "principados e poderes" da psique inconsciente:

> Cada um de nós está munido de uma disposição psíquica que limita a nossa liberdade em alto grau e a torna praticamente ilusória. [...] Não gozamos de liberdade sem um mestre; somos continuamente ameaçados por fatores psíquicos os quais, sob a aparência de "fenômenos naturais", podem apoderar-se de nós a qualquer momento [...]. Os "principados e os poderes" estão sempre conosco; não temos necessidade de os criar, mesmo que pudéssemos.[32]

Muito mais tarde, em entrevista dada ao *The Daily Mail*, Jung expressou sua compreensão da unidade do destino e da psique, fazendo eco à declaração de Novalis de que "destino e alma são apenas dois nomes para o mesmo princípio", ao afirmar:[33]

> O que acontece a uma pessoa é característico dela. Representa um padrão, e todas as peças se encaixam. Uma a uma, à medida que sua vida prossegue, elas caem no lugar de acordo com algum desígnio predestinado.[34]

Destino e alma, tal como apresentado no *Liber Novus*, são, de fato, dois nomes diferentes para um princípio único. Dirigindo-se à sua Alma, Jung declarou: "Você tirou-me de onde eu pensava tomar posse e deu-me onde eu não esperava nada e, uma vez mais, trouxe o destino de novos e inesperados centros".[35]

Jung também equiparou o destino ao *Self*, o objetivo do processo de individuação, "porque é a expressão mais completa dessa combinação fatídica a que chamamos individualidade".[36] O que acontece a qualquer indivíduo – excluindo as experiências que fazem parte do "destino dos povos" e que podem subordinar o desdobramento individual[37] – é, portanto, um reflexo desse misterioso processo interior que só pode ser transformado (embora nem evitado nem erradicado) pela consciência. "Se não vemos nada", comentou Jung em uma de suas conferências no ETH, "o destino faz isso para nós".[38]

O *Heimarmene* estoico

Jung parece ter adotado algumas de suas ideias sobre o destino dos estoicos, em particular o conceito de *Heimarmene*, o qual ele descreveu como "a compulsão das estrelas".[39] Ele também definiu *Heimarmene* como "a dependência do caráter e do (destino) em certos momentos no tempo".[40] O termo "(destino)" é sutilmente diferente da ideia de destino tanto como retribuição kármica ou como compulsão patológica e sugere algo mais parecido com as ideias neoplatônicas da natureza teleológica do *daimon* pessoal. Destino não é apenas compulsão astral, mas também a teleologia astral: o esboço amplo do caminho ou mito pessoal que um indivíduo deve seguir na vida a fim de satisfazer as exigências da alma e, em última análise, o *design* inteligente do "Fogo Primal", a divindade universal da filosofia estoica.[41] As variadas referências de Jung ao *Heimarmene* nas *Obras Completas* revelam um fascínio por essa antiga ideia estoica de destino celestial, que ele articulou em linguagem psicológica nas suas várias analogias entre as configurações planetárias, os complexos do inconsciente e os padrões arquetípicos que constituem o destino significativo do indivíduo.

O estoicismo emergiu no século III AEC, tendo exercido enorme influência na filosofia e na prática da astrologia durante muitos séculos.[42] O *Heimarmene* estoico pode ser compreendido tanto como "destino", no sentido mais amplo, quanto como "compulsão pelas estrelas", em sentido especificamente astrológico. A palavra *Heimarmene* deriva da mesma raiz que *Moira*, a palavra grega para "atribuição" e também o nome da deusa do destino. No órfico *Papiro de Derveni*, *Moira* representa a sabedoria de Zeus permeando toda a criação manifesta; essa sabedoria ou "respiração" (*pneuma*) do deus é apresentada como a "atribuição" ou o propósito essencial de cada coisa individual dentro do todo. "Orfeu nomeou esse sopro [divino] Moira [...].Pois, antes de Zeus receber o seu nome, Moira era sempre e sobretudo a sabedoria de deus".[43]

Heimarmene abrange o fio da herança genética que passa de geração em geração e fornece o modelo subjacente para cada espécie de ser vivo. Mas a herança genética determina o aspecto fisiológico do modelo. Jung parece ter estado mais preocupado com o aspecto psicológico – os arquétipos – e com a natureza acausal ou sincronística do *Heimarmene* astral como reflexo da *sumpatheia*. Os estoicos entendiam Deus como a força vital ardente e animadora por trás de toda a criação.[44] *Heimarmene*, nesse contexto, não é a "má compulsão da estrela", mas é indistinguível de *Pronoia*, ou Providência: vontade ou intenção divina. O filósofo estoico Posidônio, discutido no Capítulo 3, referiu-se a essa força de vida como o "sopro ardente intelectual do cosmos".[45] Fazendo lembrar a antiga ideia órfica de *Moira* como o sopro divino de Zeus, Posidônio declarou: "Deus é o sopro intelectual difundido por toda a matéria".[46]

Em *Tipos Psicológicos*, Jung comparou esse sopro estoico de fogo divino com o conceito hindu de *rta*, a fonte de toda a energia cósmica. Equacionou, então, o *rta* com o *Heimarmene*. Destino, compulsão astral, vontade divina e a libido cósmica ardente são formas diferentes de descrever a mesma matriz de vida:

> Ele [*rta*] é, portanto, uma espécie de símbolo-libido filosófico que pode ser diretamente comparado com o conceito estoico do *heimarmene*. Para os estoicos, *heimarmene* tinha o significado de calor criativo, primordial, e ao mesmo tempo era um processo regular, predeterminado (daí seu outro significado: "compulsão das estrelas").[47]

Jung sugeriu que esse "processo regular e predeterminado" é vivenciado na psique humana pela geração espontânea de imagens arquetípicas simbolizadas pelos "deuses planetários". Essas imagens são os autorretratos da libido no seu movimento cíclico. O processo de transformação da "libido bruta" (*concupiscentia*, que Jung equiparou a *Heimarmene*)[48] em imagens simbólicas não se deve a qualquer esforço deliberado por parte da consciência, mas é inerente à própria libido, e "deriva de uma fonte espiritual: em outras palavras, o fator determinante são as imagens primordiais numinosas".[49] Assim, o próprio inconsciente procura a consciência por intermédio do símbolo, o qual, por si só, pode proporcionar a ponte entre o indivíduo e o universal: uma ideia que Jâmblico articulou um milênio e meio antes de Jung tê-lo feito.

Segundo Jung, as "imagens primordiais" são também destino:

> Essas fantasias são principalmente autorrepresentações de processos de transformação energética, os quais seguem suas leis específicas e

um "caminho" definido [...]. Esse caminho é também o destino, na medida em que o destino de um homem depende da sua psicologia. É o caminho do nosso (destino) e da lei do nosso ser.⁵⁰

Além disso, a experiência do destino como compulsão interior pode ser entendida como mágica:

> A magia exerce uma compulsão que prevalece sobre a mente consciente e a vontade da vítima: uma vontade estranha ergue-se no ser enfeitiçado e revela-se mais forte do que seu ego. O único efeito comparável capaz de verificação psicológica é aquele exercido por conteúdos inconscientes que, pelo poder de atração, demonstram afinidade com ou dependência da totalidade do homem, isto é, o *Self* e suas funções "kármicas".⁵¹

A relação íntima entre magia, compulsão interior e a jornada predeterminada da alma está clara no *Liber Novus*, em particular nos diálogos de Jung com a sua Alma e com Filêmon. Nessas várias conexões entre destino, compulsão astral, magia, libido e o inconsciente coletivo, a profunda e pouco ortodoxa compreensão de Jung sobre astrologia começa a emergir mais claramente, assim como a forma como ele traduziu ideias teosóficas como "karma" em conceitos psicológicos. Imagens astrológicas são "projeções" geradas pela psique humana inconsciente sobre os céus. Mas esses símbolos, segundo a definição ainda relevante de Ernst Gombrich, unem "significado místico e efeito mágico".⁵² Eles retratam as qualidades inatas do tempo, que se desdobra através de um processo cíclico, ordenado e "predeterminado", iniciado pelos próprios arquétipos e experimentado pelo ser humano como destino. Como psicólogo preocupado com o desenvolvimento individual, Jung fez muitas referências às formas como um indivíduo pode permitir que sua libido inconsciente e "indomada" "fique presa em um meio infantil", resultando na recriação compulsiva das relações parentais originais.⁵³ Na abordagem de Jung ao

Heimarmene, o valor de um trabalho clínico cuidadoso nunca foi subestimado. Mas por trás do paciente sofredor encontra-se o maior reino do inconsciente coletivo com suas "imagens eternas" – as quais, tal como os deuses no *De Mysteriis* de Jâmblico, procuram a própria transformação por meio da psique individual.

O tecido do universo, na filosofia estoica, é simultaneamente espiritual e material, uma união de opostos que Jung encapsulou no seu conceito de inconsciente "psicoide".[54] Jung pode ter derivado o termo "psicoide" de Eugen Bleuler, mas parece que os estoicos tiveram a ideia dois milênios antes. Esse universo psicofísico estoico é em si mesmo a essência da divindade; não existe um deus transcendente "fora" do sistema estoico. Ele é descrito, com frequência, em textos da Antiguidade Tardia, como uma teia, ou um pano tecido de fios retorcidos fiados pelas três Moiras.[55] Em *Metamorfoses,* de Apuleio, obra de que Jung parece ter gostado bastante, Lucius, na sua oração a Ísis, Rainha dos Céus, se refere à sua mão salvadora: "pela qual desvendais os fios intrinsicamente enredados dos destinos e dosais as tempestades da sorte e refreais as influências malignas das estrelas".[56]

Embora Lucius entendesse as influências astrais como "malignas", essa visão nem sempre foi compartilhada por outros autores, nem pelo próprio Jung; os sentimentos anticósmicos demonstrados nessa passagem de *Metamorfoses* representam apenas uma perspectiva em um discurso contínuo na Antiguidade sobre a natureza do destino astral. Algumas vezes, *Heimarmene* foi considerada uma corrente sob tutela da providência divina. O filósofo estoico romano, político e dramaturgo Sêneca (IV AEC-65 EC), outro autor que Jung parece ter privilegiado, declarou:[57]

> Estamos todos presos à sorte. No caso de alguns, a cadeia é de ouro e estendida; com outros, é curta e média. Mas o que isso importa? A mesma tutela envolveu a todos; aqueles que amarraram o cabo estão eles próprios presos [...] Toda vida é dependência.[58]

A imagem de *Heimarmene* como uma rede, uma cadeia, um emaranhado de fios ou um entrelaçado de pano foi retomada por escritores posteriores, como o jurista suíço do século XVIII e antropólogo Johann Jacob Bachofen (1815-1887), cuja obra mais conhecida, *Das Mutterrecht*, foi de considerável interesse para Jung.[59] De acordo com Bachofen:

> A teia da criação telúrica torna-se a teia do (destino); o fio torna-se o portador do destino humano [...]. O tear, portador da lei suprema da criação escrita nas estrelas, foi atribuído às divindades uranianas na sua natureza sideral [...] a vida humana e o cosmos inteiro foram vistos como uma grande teia do (destino).[60]

Esse tema da fiação do pano do destino aparece no *Liber Novus*. Jung, referindo-se ao poder fatídico do "espírito das profundezas", declarou:

> Perdidos e engolidos pelas correntes da procriação da vida, aproximamo-nos das forças excessivamente poderosas e desumanas que estão atarefadamente criando o que está por vir. Quanto futuro as profundezas carregam! Não são os fios fiados lá embaixo durante milênios?[61]

A metáfora foi também utilizada por junguianos como Erich Neumann (1905-1960), que descreveu "o mistério primordial da tecelagem e da fiação" em relação ao arquétipo da Grande Mãe, que "tece a teia da vida e gira o fio do destino":

> Não é por acaso que falamos dos tecidos do corpo, pois o entrelaçado do tecido pelo Feminino no cosmos e no útero da mulher é vida e destino. E a astrologia, o estudo de um destino governado pelas estrelas, ensina que ambos começam ao mesmo tempo, no momento temporal do nascimento.[62]

Os fios do destino são os mesmos que as compulsões planetárias, uma vez que o universo, para os estoicos, era um ser vivo emanando e infundindo-se com o "Fogo do Artífice", gerando tudo e formando a essência tanto de *Pronoia* (intenção divina) como de *Heimarmene* (destino astral), ele próprio a encarnação de *Pronoia* expresso através dos ciclos do tempo.[63]

Embora diferentes estoicos abordassem o paradoxo do destino e do livre-arbítrio com argumentos diferentes que evoluíram ao longo do tempo, a questão central permaneceu: que tipo de universo os seres humanos habitam e como podem aprender a viver nele harmoniosamente? O imperador romano de inclinação estoica Marco Aurélio, outro autor cuja obra Jung adquiriu, formulou as opções de forma eloquente no século II EC:[64]

> O universo deve ser governado ou por um (destino) preestabelecido – uma ordem que ninguém pode ultrapassar –, ou por uma providência misericordiosa, ou por um caos de acaso desprovido de um governante.[65]

Se o universo é fadado por completo a um poder impessoal, então a escolha não pode existir, seja para o bem, seja para o mal. Mas, se Deus é bom, e, como Marco Aurélio sugeriu, a providência divina "vela por todos", o indivíduo pode exercer o livre-arbítrio e conscientemente escolher alinhar-se a *Pronoia*, lutando contra os impulsos irracionais do mal, mesmo que a luta acabe por falhar.

Jung parece ter entendido esse enigma como o dilema do caráter individual que responde aos acontecimentos de acordo com sua natureza única. Um acontecimento pode ser "predeterminado" pelas compulsões de um complexo e "atraído" pela lei de *sumpatheia*, entendida como a expressão "psicoide" do arquétipo. Mas a resposta do indivíduo depende do seu caráter inerente. Tal como a trama do tecido de *Heimarmene*, o caráter inerente é complexo, composto não só de valores conscientes e de complexos inconscientes sustentados por padrões arquetípicos, mas também daqueles valores e complexos decorrentes da família, dos antepassados e da cultura muito antes do nascimento do indivíduo. Embora se possa ser compelido pela compulsão inconsciente a realizar ações contra a própria vontade, pode-se, com a ajuda de uma consciência maior, esforçar-se por compreender e evitar o ato destrutivo. Jung referiu-se à configuração da Lua em quadratura com Mercúrio no horóscopo natal da srta. X como "perigo" em vez de um destino preestabelecido. Na sua visão, há espaço para um grau limitado de livre-arbítrio, resultante de uma dialética entre consciente e inconsciente. Jung, sem dúvida, teve dificuldade em rejeitar o sentido do destino em ação na sua própria vida e na dos outros. Mas o seu conceito de individuação – a evolução da personalidade para aquilo em que sempre foi "destinada" a tornar-se – pode ser entendido como um esforço para reconciliar o paradoxo que assolou os estoicos durante tantos séculos. A solução de Jung foi simultaneamente sucinta e elegante: "Livre-arbítrio é fazer com liberdade e de bom grado aquilo que deve ser feito".[66]

O *Heimarmene* gnóstico

Nos últimos anos, tem havido uma considerável discussão acadêmica sobre as assim chamadas propensões gnósticas de Jung.[67] Richard Noll, vendo todos os aspectos das ideias de Jung no contexto da sua suposição de que Jung estava tentando fundar um culto solar, declara: "Por volta de 1916, Jung começou a ligar a sua autoidentidade e seu (destino) pessoal ao gnosticismo".[68] Lance Owen afirma algo semelhante, embora sem a pauta pessoal hostil: "Logo no início da sua jornada, Jung associou muito de perto a sua experiência ao gnosticismo".[69] Até o anel que Jung usava – um suposto anel "gnóstico" que portava "um tema antigo" e inscrito com a palavra "Abraxas"[70] – sugere uma identificação pessoal com essa corrente religiosa da Antiguidade Tardia.

A própria afirmação de Jung de que as ideias gnósticas, sobrevivendo na alquimia dos períodos medievais e dos primeiros tempos modernos, foram as antecessoras das próprias teorias psicológicas somou-se ao pressuposto acadêmico do Jung "gnóstico".[71] Assim como o pseudônimo "Basilides", baseado em um professor gnóstico alexandrino do século II EC, que Jung utilizou na versão publicada de "Escrutínios" que ele denominou *Septem Sermones ad Mortuos* [Sete Sermões aos Mortos].[72] Alguns conceitos gnósticos também encontraram seu caminho no texto de "Escrutínios" e aparecem no diagrama cosmológico que Jung chamou *Systema Munditotius*, ou "Sistema de Todos os Mundos".[73] Mas o "gnosticismo", se alguma vez foi um "ismo", provou ser bastante difícil limitar-se a uma categoria discreta e homogênea. Se a tentativa de se definir magia é uma "tarefa enlouquecedora",[74] tentar definir "gnosticismo" gera um tipo semelhante de confusão. A interpretação bastante individualizada de Jung sobre os gnósticos, baseada nas limitadas fontes disponíveis a ele nas primeiras décadas do século XX e filtrada pela lente da sua compreensão psicológica, diferia, de forma radical, das perspectivas cada vez mais específicas da cultura de muitos estudiosos de hoje.

A literatura sobre os gnósticos, eruditos ou não, é vasta, e uma bibliografia poderia preencher com facilidade centenas de volumes. A série de monografias sobre textos gnósticos intitulada *Nag Hammadi and Manichaean Studies*, publicada por Brill, já atingiu quase noventa volumes e continua a crescer.[75] Grande parte dessa literatura tem tentado esclarecer se o movimento gnóstico teve origem com os cristãos, os judeus ou os pagãos; qual "sistema" gnóstico foi o "verdadeiro" exemplar dessa corrente religiosa; e se as cosmologias míticas gnósticas estavam enraizadas em solo platônico, hermético, zoroástrico ou abraâmico, ou uma combinação de todas elas. Conceitos atribuídos com frequência a grupos gnósticos, como "dualismo" – a distinção gritante entre uma divindade transcendente "boa" e um mundo material "mau" – são não raro simplistas, dependendo de qual texto ou professor gnóstico está sendo investigado. Da mesma forma, a ideia de que todos os gnósticos eram cristãos "heréticos", ou nem sequer cristãos, é problemática; havia correntes gnósticas dentro do judaísmo, e alguns gnósticos não estavam afiliados ao cristianismo de maneira nenhuma.[76] Além disso, a "heresia" é uma categoria religiosa, não histórica; e pode até já não ser possível, dada a crescente sofisticação da pesquisa acadêmica, definir um cristianismo do *mainstream* do século II EC contra o qual vertentes gnósticas possam ser comparadas.[77]

Robert Segal, tentando responder à questão de saber se Jung era gnóstico, descreve o gnosticismo como "a crença num dualismo antitético de imaterialidade, o qual é bom, e de matéria, que é mau".[78] Mas as correntes gnósticas nunca foram "dualistas" de forma homogênea. Mesmo quando é claro que um texto em particular coloca tal polaridade entre espírito e matéria, a realidade material não é necessariamente vista como maligna. A polaridade foi descrita por Platão, que não compreendeu a existência material como maligna, mas a percebeu como a emanação da *Alma Mundi*, cuja natureza divina, em contraste com seus reflexos flutuantes no mundo natural, requer um tipo diferente de consciência para perceber.[79] A influência da visão benigna de Platão da realidade material em muitos textos gnósticos foi até mesmo notada pelos heresiologistas cristãos Ireneu e Hipólito, bem como por Plotino, na Antiguidade Tardia.[80]

Em um extremo do espectro gnóstico está a polêmica ferozmente anticósmica do movimento maniqueísta que promulgou a ideia de dois poderes cósmicos eternos e irreconciliáveis: o reino celestial da luz e o reino terrestre das trevas.[81] No outro extremo do espectro está a abordagem pró-cósmica dos gnósticos platonizadores. O tratado conhecido como *Marsanes*, por exemplo, declarou:

> Eu deliberei e alcancei os limites do mundo perceptível dos sentidos. (Vim a conhecer) parte por parte o lugar inteiro do ser incorpóreo, e (Eu) vim a conhecer o mundo inteligível. (Vim a conhecer), quando eu estava deliberando, que em todos os aspectos o mundo perceptível dos sentidos é (digno) de ser inteiramente salvo.[82]

Os modelos psicológicos de Jung adotam invariavelmente um objetivo de integração em vez de transcendência, perfeição ou repúdio da realidade material. Como resultado das transformações que ocorrem através de um encontro direto entre a consciência e os arquétipos dominantes do inconsciente, o indivíduo "aproxima-se da totalidade, mas não da perfeição":[83]

> Há uma diferença considerável entre *perfeição* e *completude* [...]. Onde predomina o arquétipo, a completude nos é imposta contra todas as nossas lutas conscientes [...] O indivíduo pode buscar a perfeição [...] mas deve sofrer o oposto das suas intenções em benefício da sua completude.[84]

Essa afirmação sugere que, embora Jung percebesse a psique e a matéria como dois polos de um espectro, não simpatizou com ideias gnósticas mais radicais de uma divisão irreconciliável do corpo corrupto e do espírito incorruptível. Nem a astrologia de Jung reflete a ideia gnóstica da natureza "maligna" dos arcontes planetários. Jung compreendeu os grandes dramas cosmológicos dos mitos gnósticos como retratos imaginários de processos psicológicos humanos inconscientes. Ele declarou que "a ideia de um inconsciente não era desconhecida para eles [os gnósticos]",[85] e que o gnóstico celestial *anthropos*, ou "Homem Original" – uma figura redentora cósmica e, ao mesmo tempo, a centelha da divindade em cada ser humano –, "expressa a presença de um centro transconsciente que [...] deve ser considerado um símbolo da totalidade".[86]

Não há nenhum trabalho gnóstico "essencial" ou "típico" contra o qual todos os outros possam ser comparados.[87] Simples visões da "heresia" gnóstica mudaram de maneira radical a partir de meados do século XX em diante, uma vez que a descoberta, em 1945, do extraordinário tesouro de textos gnósticos e herméticos em Nag Hammadi, no Egito, tinha transformado percepções anteriores baseadas em heresiologistas cristãos como Ireneu, Hipólito e Epifânio.[88] Mas, mesmo nos trabalhos acadêmicos atuais, a natureza astrológica da cosmologia gnóstica não é explorada em profundidade. Jung teve que confiar em heresiologistas e no número limitado de tratados gnósticos traduzidos por Mead,[89] bem como nos primeiros investigadores, como Wilhelm Bousset e Richard Reitzenstein, cujo trabalho refletia as tendências acadêmicas e religiosas de seu tempo.[90] E o ponto de vista de Mead dos gnósticos foi filtrado por uma lente teosófica, tal como as visões dos heresiologistas foram filtradas pela lente da sua compreensão sobre a "verdadeira" cristandade. A própria elisão de Jung das correntes gnósticas, herméticas e mitraicas, evidentes em *Psicologia do Inconsciente,* bem como no *Liber Novus*, parece basear-se, em parte, nessas fontes. Mas, talvez mais importante, ele expressou sua compreensão pessoal da palavra grega *gnosis*, que não está necessariamente de acordo nem com as definições acadêmicas mais antigas nem com as atuais. O foco de Jung, como sempre, foi na gnose como experiência psicológica direta dessa "matriz e princípio organizador da consciência",[91] o arquétipo do *Self*.

Saturno e Abraxas

Nas muitas discussões sobre as predileções gnósticas de Jung, o núcleo astrológico presente em praticamente todos os tratados gnósticos, ao qual Jung prestou cuidadosa atenção nas suas várias discussões sobre o destino, tem sido bastante negligenciado. Segundo Jung, o destino astral ou *Heimarmene* era central tanto para os textos gnósticos como para a alquimia, e ambas as correntes estavam preocupadas em quebrar as cadeias do destino por uma viagem mítica da alma pelas sete etapas ou esferas. Nos tratados gnósticos, essa ascensão é planetária e celestial; nos escritos alquímicos, é planetária e metalúrgica. Citando o alquimista Zósimo do século III, Jung referiu-se ao Antropos, ou "Filho de Deus", como um "Cristo gnóstico" e afirmou: "Tal como na alquimia cristã posterior, o Filho de Deus é uma espécie de paradigma de sublimação, ou seja, da libertação da alma das garras do *Heimarmene*".[92]

Para Jung, a alquimia era gnose projetada sobre os sete metais planetários da terra, em vez de sobre os sete arcões planetários do mundo celestial.[93]

Na sua discussão de um texto alquímico medieval primitivo, Jung descreveu uma "coroa de vitória" concedida por Hermes:

> Isso se refere à síntese dos planetas ou dos metais com o sol para formar uma coroa que estará "dentro" de Hermes. A coroa significa a totalidade real; representa a unidade e não está sujeita ao *Heimarmene*. Isso nos faz lembrar a coroa de sete ou doze raios de luz que a serpente *Agathodaimon* usa sobre preciosidades gnósticas.[94]

Essa "coroa de vitória", que não está suscetível ao destino astral, pertence ao indivíduo que conseguiu integrar na consciência os padrões arquetípicos inerentes aos complexos do inconsciente e que assim se libertou da compulsão astral: "Qualquer pessoa que tenha passado por todas as esferas [planetárias] está livre de compulsões; ganhou a coroa da vitória e tornou-se como um deus".[95]

No Livro II do *Liber Novus*, a coroa é dada pela Serpente a Jung enquanto ele está pendurado na cruz "entre o céu e a terra", passando por aquele sofrimento que deve, inevitavelmente, acompanhar qualquer esforço de integração psíquica.[96] A coroa é também a *prima materia* alquímica ou "substância primordial", a libido inconsciente bruta que contém a centelha oculta da divindade e que Jung descreveu como pertencente a Saturno. É "a coisa mais desprezada e rejeitada, atirada na rua"; quanto mais o ego consciente está "preso pelo tempo e pelo espaço", mais esse *daimon* oculto surge como destino.[97] Nessas associações, Jung apresentou seu entendimento de que o simbolismo da ascensão gnóstica da alma, o qual, em última análise, quebra a compulsão interior do *Heimarmene* astral pelo encontro direto com o centro transpessoal da personalidade, deve começar pela escuridão inconsciente dentro do ser humano: aquilo que é mais desprezado e "inferior", que Jung definiu astrologicamente como Saturno. O mais alto e mais obstrutivo dos arcontes planetários gnósticos, chamado Ialdabaoth, é "idêntico a Saturno".[98] Mas, para Jung, esse arconte não é mau; ele contém, em segredo, o *Self* inconsciente, desconhecido.

Na iconografia da Antiguidade Tardia de amuletos mágicos, a coroa solar era usada pela divindade de cabeça de leão e corpo de serpente Chnoumis (ver Gravura 3), e o próprio anel "gnóstico" de Jung, de acordo com sua descrição, exibe uma escultura greco-egípcia típica da Antiguidade Tardia desse cosmocrata solar.[99] Jung tendeu a confundir Chnoumis com a divindade gnóstica chamada Abraxas. Mas Abraxas não era apenas gnóstica; pelo contrário, seu nome é um "Nome de Poder" mágico associado a várias divindades nos meios sincréticos da Antiguidade Tardia, entre elas Chnoumis. O ser com cabeça de galo e pernas de serpente que aparece em tantos amuletos da Antiguidade Tardia, por vezes tomado por Abraxas, costuma ser designado pelo nome IAO, a transliteração grega do hebraico YHVH.[100] Jung, na sequência da investigação acadêmica da época, presumiu que ambas as figuras fossem gnósticas.[101] Mas ele também entendeu que Abraxas era um símbolo da libido em seu ciclo solar anual, representando "plenitude e vazio, geração e destruição":[102]

> O símbolo gnóstico Abraxas, um nome inventado que significa trezentos e sessenta e cinco [...] os gnósticos usaram-no como o nome da sua divindade suprema. Ele era um deus do tempo. A filosofia de Bergson, *la durée créatrice*, é uma expressão da mesma ideia.[103]

Jung expandiu ainda mais essa percepção de Abraxas como símbolo da libido – simbolizado do âmbito astrológico tanto por Saturno como matriz quanto pelo Sol como a luz nascida dele – nos *Visions Seminars*:

> A figura de Abraxas significa o início e o fim, é vida e morte, por isso é representada por uma figura monstruosa. É um monstro porque é a vida da vegetação no decorrer de um ano, a primavera e o outono, o verão e o inverno, o sim e o não da natureza.[104]

Para Jung, Abraxas era um símbolo do inconsciente coletivo no seu movimento cíclico, também retratado pelo círculo simbólico do zodíaco como o caminho do Sol na sua ronda anual. Abraxas une a escuridão do domínio terrestre e mortal de Saturno com a imortal luz espiritual do Sol:

> A comparação com o sol nos ensina repetidamente que os deuses são a libido. É a parte de nós que é imortal [...]. Suas nascentes que, bem acima das profundezas do inconsciente, vêm, tal como a nossa vida em geral, da raiz de toda a humanidade [...]. O divino em nós é a libido.[105]

Abraxas é tanto o *demiurgo* ou "criador do mundo"* e a libido quanto a *Alma Mundi*.[106] Os discursos de Jung sobre o *Heimarmene* gnóstico não refletem uma crença pessoal em um cosmos dualístico animado por seres planetários independentes e hostis do ponto de vista ôntico. Descrevem um processo psíquico que ele observou nos seres humanos e chamou de "individuação", para o qual ele estava convencido de que a ascensão astral nos tratados gnósticos fornecia um dos modelos mais antigos e ricos.

G. R. S. Mead e *Pistis Sophia*

Entre 1890 e 1891, G. R. S. Mead publicou, na revista teosófica *Lucifer*, a primeira tradução inglesa de um texto gnóstico do segundo para o terceiro século EC, conhecido como *Pistis Sophia*. A tradução, publicada como uma série de artigos, foi acompanhada de comentários de H. P. Blavatsky, que, de modo previsível, tentou correlacionar conceitos gnósticos e hindus, afirmando que o primeiro provinha do segundo.[107] A tradução como um

---

* Na cosmogonia de Platão, ou mesmo em relação à Criação bíblica, o conceito de "criador" para o demiurgo não é de criar o universo em si. Na realidade, seria mais de um "artesão cósmico" que a partir de uma matéria caótica preexistente faz o produto de sua "criação" se aproximar do mundo das Formas. (N. do E.)

todo foi publicada em livro em 1896, e em 1900 um resumo do texto foi incluído na longa exegese de Mead sobre os gnósticos, *Fragments of a Faith Forgotten*.[108] *Pistis Sophia* foi, talvez, o mais importante dos textos gnósticos à disposição de Jung durante os anos em que trabalhou no *Liber Novus*. Naquele momento, só existia como um manuscrito completo, livre da interferência dos heresiologistas cristãos, e sua elaborada cosmologia é totalmente astrológica.[109] A tradução de *Pistis Sophia* por Mead foi tão importante para Jung que, segundo Gilles Quispel, grande amigo de Jung e respeitado estudioso das correntes gnósticas, Jung fez uma viagem especial a Londres para agradecer a Mead pelo trabalho.[110]

Embora Mead nunca tenha escrito um livro sobre astrologia, estava familiarizado com ela devido a sua amizade com Alan Leo e aos numerosos artigos astrológicos com os quais Leo contribuiu para o *The Quest*. *Pistis Sophia* emprega conceitos astrológicos e imagens como base de sua mensagem: o Deus Salvador, ou "*Anthropos* celestial", enviado dos reinos espirituais superiores por seu pai, Jeu,[111] entra na "Esfera do Destino" dos sete arcontes planetários e quebra "um terço de seus poderes", ao virar o polo cósmico "para a salvação de todas as almas".[112] Essa ideia pode ser vista, traduzida em termos psicológicos, na insistência de Jung em que a consciência expandida resultante de uma experiência individual direta do *Self*, o "princípio organizador da consciência", pode, pelo menos de forma parcial, transformar a expressão compulsiva dos arquétipos implícitos nos complexos.

No texto de *Pistis Sophia*, as constelações zodiacais são chamadas *aeons*:

> E depois dessas coisas, quando a esfera gira [...] o Bom, aquele do Meio, que é chamado Zeus [Júpiter] no mundo, vem; e ele vem ao oitavo *aeon*, que é chamado Escorpião. E Bubastis, que é chamada Afrodite [Vênus], vem, e ela vem ao segundo *aeon* da esfera, que é chamado o Touro. Depois, os véus que se encontram entre os da esquerda e os da direita são postos de lado.[113]

A palavra *aeon* (também conhecida como *aion*) raramente é utilizada em trabalhos astrológicos modernos como sinônimo de um signo ou de uma constelação zodiacal. Mas a aplicação de Jung do termo para descrever uma "idade" astrológica, ou um segmento de 2.165 anos do grande ciclo de precessão equinocial através das constelações zodiacais, é muito específica, como veremos no próximo capítulo, e seu conceito da aproximação de um novo *aion* de Aquário foi, sem dúvida, influenciado por *Pistis Sophia*.[114]

O destino aparece no texto de *Pistis Sophia* como a atribuição da duração de uma vida humana: "E também o destino, cujo nome é Moira, conduz o homem até que ele seja morto pela morte que lhe foi designada".[115]

Pistis Sophia também usa o termo *Heimarmene*. Contudo, "o grande Destino", como é chamado, não diz respeito a eventos externos predeterminados, como riqueza, pobreza, doença, casamento, ou duração da vida. Imposto pelos arcontes planetários, é expresso como sofrimento individual em face de uma esmagadora compulsão ao pecado:

> Todos os homens que deverão receber os mistérios do Inefável e, além disso, os mistérios do Primeiro Mistério *pecam todas as vezes pela compulsão do Destino*.[116]

A ideia do destino como compulsão interior aparece nos fragmentos órficos mais iniciais que descrevem o "círculo de luto pesado desgastante" – as constelações zodiacais – como experiência interior de sofrimento compulsivo e repetitivo.[117] A ideia de que certo tipo de gnose – a recordação ou redescoberta da origem divina de alguém – pode libertar a alma do tormento compulsivo interno do destino astral pode também ser encontrada no *Hermetica*, em que as constelações zodiacais "torturam o íntimo da pessoa com os sofrimentos do sentido".[118] Correntes gnósticas e herméticas, como a filosofia platônica, devem muito às concepções órficas; Jung não se enganou ao perceber paralelos entre elas.[119] Tampouco, ao que parece, se enganou ao compreender esses retratos astrológicos interiorizados como "a soma de todo conhecimento psicológico da Antiguidade".[120]

Mead e Jung

O conhecimento de Mead sobre textos gnósticos foi muito útil para Jung, e as próprias interpretações da cosmologia gnóstica de Jung poderiam ser consideradas teosóficas.[121] Mas é mais provável que a importância das traduções de Mead e os comentários para Jung se encontrem não em nenhum sistema específico de crenças impostas em relação ao material, mas, sim, na vitalidade e no *insight* intuitivos que Mead trouxe ao seu trabalho. Tal como Thomas Taylor um século antes, Mead era pessoalmente solidário aos aspectos mais importantes da visão de mundo apresentada nos escritos herméticos, neoplatônicos e gnósticos; e esse amor genuíno e a receptividade ao material e ao seu modo poético de expressão não eram comuns nas ofertas de estudiosos alemães da época de Jung, por mais precisas e minuciosas que fossem suas traduções. Mead fez seu material ganhar vida de maneiras que talvez não fossem apreciadas o suficiente no contexto do atual meio acadêmico; e para Jung esses conteúdos já tinham vida, estando repletos de visões e ideias que eram logo reconhecíveis a ele como expressões características da psique humana.

Jung não era teosofista de carteirinha em qualquer sentido doutrinário, tal como não era gnóstico de carteirinha. Seu permanente interesse na literatura teosófica, refletido pela presença de várias obras teosóficas seminais na sua biblioteca privada, foi contrabalançado por um profundo desgosto pelo que considerava ser a grave falta de consciência psicológica dos teosofistas.[122] Vários conceitos teosóficos, como o "Sol espiritual central", foram atraentes a ele quando interpretados dentro de uma moldura psicológica; mas a ideia do Sol noético pode ser encontrada em várias correntes platônicas, neoplatônicas e herméticas da Antiguidade Tardia, as quais, como Jung bem sabia, Blavatsky tinha adaptado para os próprios fins. Onde Blavatsky via essas ideias duradouras como indicações da transmissão secreta de uma religião-sabedoria primordial da qual ela própria era o mais novo receptáculo, Jung as via como arquetípicas.

Jung nunca subestimou o apelo coletivo das "intuições pseudognósticas" da teosofia,[123] encarando-as como a inevitável, ainda que perigosamente mal orientada, erupção de uma necessidade coletiva inconsciente para combater o materialismo extremo do "espírito deste tempo".[124] Mas ele via as doutrinas teosóficas como uma "projeção primitiva de fatores psicológicos",[125] cheias de "jargões pomposos",[126] e comparáveis ao dogmatismo determinista de Freud, que, segundo Jung, "se aproxima muito da atitude de convicção religiosa que caracteriza esses movimentos [teosofia e ciência cristã]".[127] Mead, embora tivesse servido como secretário particular de Blavatsky de 1884 a 1891 e continuado a ser membro da Sociedade Teosófica até 1909, era, pela época em que Jung o conheceu, tão cético em relação à sua organização e ideologia quanto Jung. Mead aderiu à Sociedade Teosófica quando tinha 21 anos, tendo acabado de concluir uma licenciatura em Clássicos em Cambridge, mas na época da morte de Blavatsky, em 1891, ele já tinha ultrapassado sua influência, se é que alguma vez esteve inteiramente sob ela:

> Eu nunca tinha, mesmo como membro, pregado o evangelho Mahatma de H. P. Blavatsky ou propagado a neoteosofia e suas revelações. Acreditava que aquela "teosofia" em si significava o elemento-sabedoria das grandes religiões e filosofias do mundo.[128]

Mead separou-se dos teosofistas em 1909, ao lado de setecentos outros membros da Sociedade, devido ao escândalo sexual em torno de um proeminente membro, C. W. Leadbeater, entre 1906 e 1908.[129] Mas Mead tinha problemas recorrentes mais profundos com a Sociedade, sobretudo em relação à premissa de obediência cega aos "Mestres" espirituais de Blavatsky e àqueles que afirmavam canalizar sua sabedoria. Durante muitos anos, foi atraído pelas tradições das correntes gnósticas e herméticas, em vez das doutrinas orientais que Blavatsky e seus sucessores politicamente ambiciosos promulgavam com assiduidade. Mead tinha o temperamento de um estudioso, não de um discípulo, e não podia tolerar as "inúmeras afirmações dogmáticas da Sociedade, seus métodos tortuosos e procedimentos repreensíveis", os quais ele sentia macular os objetivos e a ética da Sociedade.[130]

Mead foi, provavelmente, o melhor estudioso das religiões antigas que o reavivamento ocultista britânico produziu, e é fácil perceber por que sua aprendizagem, seu espírito independente e suas traduções inspiradas atraíram Jung. Vários autores notaram o impacto de Mead em Jung, em parte com base nos dezoito volumes da obra de Mead encontrados na biblioteca privada de Jung, em parte devido ao número de referências aos livros de Mead na obra *Psicologia do Inconsciente,* de Jung. Mead foi, por certo, uma inspiração para a compreensão de Jung sobre as correntes religiosas da Antiguidade Tardia durante todo o período em que Jung trabalhou no *Liber Novus*; mas Jung era bastante capaz de desenvolver as próprias interpretações psicológicas, não dependendo de nenhuma "influência" teosófica.

Richard Noll comentou que a influência de Mead sobre Jung "ainda não é conhecida", e que "documentos relativos à natureza da sua relação pessoal ainda não vieram à luz".[131] Mas a importância de Mead tem sido reconhecida há algum tempo por vários estudiosos de Jung. E uma carta *"veio* à luz", de Mead a Jung, datada de 19 de novembro de 1919.[132] É evidente, pelo conteúdo um tanto fofoqueiro da carta, que os dois homens tinham se encontrado pouco antes da sua escrita e desfrutado de mais de um encontro no passado.[133] A relação deles era de amigos iguais, e não de mentores e discípulos, e eles gostavam de falar de livros e dos seus autores. Na carta, Mead mencionava um autor que aparentemente eles tinham discutido no encontro anterior: o romancista austríaco Gustav Meyrink (1868-1932). Meyrink, que era de grande interesse para Jung,[134] foi um ator importante no "cenário" ocultista europeu nas primeiras décadas do século XX. Ele tinha sido iniciado na Ordem Hermética da Aurora Dourada em 1889, um ano após a sua criação, além de fundado o Alojamento Teosófico Estrela Azul em Praga, em 1891.[135] Jung presumira que o romance "oculto" de Meyrink,

Der Golem (*O Golem*), publicado em 1915, era uma obra de escrita inspirada ou "automática", um produto espontâneo do inconsciente semelhante aos seus próprios *Septem Sermones ad Mortuos*. Mead corrigiu essa suposição declarando que Meyrink tinha, de fato, trabalhado durante muitos anos para produzir *O Golem*.

Na sua carta, Mead também recomendou a Jung os escritos de Robert Eisler (1882-1949), um historiador judeu de antigas religiões misteriosas e de astrologia que tinha contribuído com artigos para a revista de Mead, *The Quest*, antes da Grande Guerra, cuja obra prolífica Jung, mais tarde, colecionou com assiduidade para a própria biblioteca.[136] É provável que Mead tenha arranjado uma apresentação entre os dois homens. Jung utilizou a imagem de baixo-relevo do deus primordial Fanes – identificado por Eisler como órfico e, assim, contradizendo a premissa de Franz Cumont de sua origem mitraica – como frontispício para *Aion*, citando a autoridade de Eisler como sua fonte.[137] Eisler, por sua vez, escreveu uma obra sobre a história e a psicologia da licantropia, incluindo um apêndice que apoiava a teoria de Jung sobre os arquétipos e o inconsciente coletivo.[138]

Clare e Nicholas Goodrick-Clarke, em sua biografia de Mead, afirmaram que o foco de Mead em cadeias complexas de correspondências simbólicas, ligando "estados de ser divino e estados interiores de consciência", tornou-se o "maior legado de Mead a Carl Gustav Jung e à sua teoria psicanalítica".[139] Embora Jung já tivesse encontrado esse modelo psicocosmológico nos escritos de neoplatonistas e hermetistas, não há dúvida de que a articulação entusiástica das ideias de Mead em linguagem moderna o atraía. Entre as traduções de Mead estavam dois outros livros que provaram ser relevantes para o trabalho de Jung, tanto para *Psicologia do Inconsciente* como para o *Liber Novus*. São *A Mithraic Ritual*, baseado em um texto da Antiguidade Tardia originalmente intitulado *Eine Mithrasliturgie* pelo seu editor e tradutor alemão, Albrecht Dieterich,[140] e *The Mysteries of Mithra*, que incluía fragmentos traduzidos por Mead de vários escritos da Antiguidade Tardia descrevendo o culto mitraico.¹⁴¹ A assim chamada *Liturgia de Mithra* não é nem gnóstica nem mitraica.¹⁴² Refere-se a si mesma como um "Ritual de Imortalização,¹⁴³ e é, de fato, um ritual teúrgico que visa à transformação individual por meio de uma experiência direta do Sol espiritual central chamado Hélios--Mithra. A *Liturgia de Mithra* tem mais em comum com os tratados Herméticos do que com os "mistérios" Mitraicos,¹⁴⁴ um fato de que Jung estava bem ciente, pois tinha adquirido a tradução do texto de Franz Cumont, bem como outra obra de Cumont em que o arqueólogo e historiador religioso belga descontou qualquer relação entre a *Liturgia* e o mitraísmo.¹⁴⁵ Não surpreende que esse ritual teúrgico se baseie num contexto astrológico. Ao lado dos *Hinos Órficos*, a *Liturgia de Mithra* parece ter fornecido inspiração para os próprios hinos teúrgicos de Jung ao Sol e a Fanes no *Liber Novus* e na obra *Os Livros Negros*.

A compreensão de Mead sobre a gnose, que lhe permitiu incluir textos como a *Liturgia de Mithra* sob seu arcabouço literário, não se limitou ao dualismo anticósmico associado com frequência às correntes gnósticas na Antiguidade Tardia. Ele percebeu a experiência da gnose como uma união de todos os opostos, sintetizando intelecto e emoção, masculino e feminino, e o indivíduo com o "Todo *Self*":¹⁴⁶

> Se minha crença está correta, a própria essência da gnose é a fé de que o homem pode transcender os limites da dualidade que o torna homem, para se tornar um ser conscientemente divino.¹⁴⁷

Mead equiparava o destino astral ao "karma", como era chamado na literatura teosófica: as configurações astrológicas do nascimento refletem não só o padrão de desenvolvimento do indivíduo, mas também os frutos de escolhas feitas em encarnações anteriores.¹⁴⁸ Porém, o poder dos planetas é apenas parcial; a "Natureza", ou estrutura genética inerente, também desempenha um papel no desenvolvimento do indivíduo, ao lado do livre-arbítrio. Como disse Mead, cada um desses fatores "influencia o outro; nenhum é absoluto".¹⁴⁹ É improvável que Jung tivesse discordado.

O destino astral e o corpo "sutil"

A ideia do *ochêma pneuma* ou "veículo-espírito", conhecido pelos teosofistas como "astral" ou "corpo sutil", parece ter captado bastante o interesse de Jung.[150] Ele encontrou a ideia em várias fontes, entre elas Jâmblico, Proclo, física estoica,[151] textos gnósticos como *Apócrifo de João* e no *Pistis Sophia*, no livro *Hermetica*, no *Livro Tibetano dos Mortos*,[152*] em tratados alquímicos e na obra cristã *Corpus Glorificationis*: o incorruptível "corpo sutil" dado aos justos após a ressurreição.[153] Jung acreditava ter também descoberto o conceito no conto nativo americano de Hiawatha, que, no poema de Henry Wadsworth Longfellow, recebe "um corpo que respira, ou corpo sutil não sujeito à corrupção", como recompensa por sua vitória sobre o Vento do Noroeste.[154]

O "corpo sutil" de Hiawatha não se assemelha ao "espírito falso" planetário não purificado dos textos gnósticos, mas parece ser o portador da centelha divina em cada indivíduo, que Jung entendeu ser o *Self*. Mas essas duas percepções – o "corpo sutil" como órgão intermediário que une planetas, alma e corpo e como veículo-espiritual purificado livre de corrupção mortal –, não raro sobrepostas, dependendo de se determinado autor visse os corpos celestes como maléficos ou como emanações do divino. Jung compreendeu o "corpo sutil" como representação da relação entre psiquismo e mundo material, refletindo seu conceito da natureza psicoide dos arquétipos e a unidade secreta do espírito e da matéria:

> Tendo em conta a ligação íntima que existe entre certos processos psíquicos e seus paralelos físicos, não podemos aceitar muito bem a imaterialidade total da psique [...]. Espírito e matéria podem muito bem ser formas de um mesmo ser transcendental.[155]

---

* São Paulo: Pensamento, 2ª edição, 2020.

Mead produziu um trabalho sobre o "corpo sutil" em 1919, que Jung citou mais tarde, quando sugeriu um paralelo entre esse intermediário "psicoide" e a psique inconsciente.[156] O livro de Mead explorou a antiga "escada de ascensão da terra para o mundo da luz" no neoplatonismo, no gnosticismo cristão, na alquimia hermética e na *Liturgia de Mithra*. Todas essas abordagens religiosas da Antiguidade Tardia, segundo Mead, partilhavam uma preocupação com "a doutrina da regeneração libertadora da alma", que também poderia ser entendida como a purificação do corpo sutil.[157] O breve livro de Mead parece ter contribuído com valiosos *insights* para a equação de Jung da ascensão planetária da alma com o processo de individuação. Mead compreendeu a "regeneração" buscada pelos rituais teúrgicos como um modo de "trazendo à vida o corpo sutil aperfeiçoado do homem": uma "transmutação interior e elevação da consciência" que carrega um paralelo próximo à ideia de Jung de individuação.[158] A purificação do corpo sutil, tal como Jung a descreveu mais tarde em relação ao processo alquímico, é a purificação – ou integração por meio da mediação da consciência – do próprio inconsciente.

> A *mundificatio* (purificação) significa [...] a remoção das superfluidades que sempre se agarram a produtos meramente naturais e especialmente aos conteúdos simbólicos inconscientes que o alquimista encontrou projetados na matéria [...]. O alquimista compromete-se a produzir uma entidade nova, volátil (portanto, aérea ou "espiritual"), dotada de *corpus, anima, et spiritus*, em que *corpus* é naturalmente entendido como um corpo "sutil" ou "corpo que respira"; o analista tenta provocar certa atitude ou estado de espírito, certo "espírito", portanto.[159]

O objetivo final da alquimia, segundo Jung, era "produzir um *corpus subtile*, um corpo transfigurado e ressuscitado".[160] Esses comentários sobre o corpo sutil não se referem diretamente a fatores astrológicos, e as discussões de Jung sobre alquimia e a projeção de conteúdos inconscientes sobre os metais alquímicos foram escritas muito depois de ele ter completado o trabalho no *Liber Novus*. Mas suas observações precisam ser compreendidas no contexto da sua afirmação de que "os deuses dos metais devem ser sempre pensados também astrologicamente [...]. Os símbolos alquímicos estão saturados de astrologia".[161] O corpo sutil purificado que fornece o objetivo da *opus* alquímica não é, afinal, tão diferente do veículo-alma purificado dos gnósticos e hermetistas, que lança as compulsões dos seus "apêndices" planetários somente quando o indivíduo é transformado através da gnose.

A ideia do corpo sutil continuou a preocupar Jung ao longo dos anos, em particular como descrito por Galeno e por alquimistas como Paracelso (1493-1541) e Martin Ruland (1569-1611). Segundo esses autores, o corpo sutil não é mero "espírito falsificador" que gera desejos malignos, como descrito em *Pistis Sophia*. Galeno chamou o corpo sutil um corpo "brilhante e etéreo" pelo qual a alma recebe a comunhão com os corpos celestes.[162] No início do século XVI, Paracelso, seguindo Galeno, compreendeu o corpo "brilhante" com suas essências planetárias para ser o intermediário entre a alma humana e a *Alma Mundi* ou *lumen naturae* ("luz da Natureza");[163] a *lumen naturae* é, por sua vez, a "'estrela' no homem", e, assim, a astrologia é "uma mãe para todas as outras artes".[164] Martin Ruland, seguindo Paracelso, equiparou o corpo "brilhante" à imaginação, a que chamou "o corpo celestial ou supracelestial".[165] A influência de Jâmblico, direta ou indireta, sobre Paracelso e Ruland é evidente nessa identificação da *phantasia* neoplatônica com o corpo sutil como intermediário entre corpo e espírito, apoiando a convicção de Jung de que a imaginação ativa era o meio excelente pelo qual as transformações psicológicas podiam ser alcançadas. Na alquimia, o espírito *Mercurius* é o misterioso agente "volátil" que precipita tanto a transformação material dos metais como a transformação espiritual do alquimista.[166] *Mercurius*, segundo Jung, é ele próprio o corpo sutil: a *Alma Mundi* que procura a própria transformação.[167]

Destino e compulsão

O *Heimarmene* – a "compulsão das estrelas" – funciona por meio do corpo sutil ou, no entender de Jung, de "conteúdos inconscientes": os complexos e as suas bases arquetípicas. Embora Freud não estivesse predisposto a discutir os fatores astrológicos em relação à compulsão – pelo menos não por escrito –, utilizou, contudo, a expressão "força demoníaca" para descrever a qualidade repetitiva das compulsões inconscientes e sua perturbadora "alteridade":

> As manifestações de uma compulsão à repetição [...] exibem em alto grau um caráter instintivo e, quando atuam em oposição ao princípio do prazer, dão a aparência de alguma força "demoníaca" em ação.[168]

Jung também tinha muito a dizer sobre compulsão, mas, ao contrário de Freud – e ao contrário dos gnósticos –, não a via como essencialmente patológica. Entendeu a compulsividade como uma qualidade inerente a todos os impulsos instintivos, a maioria dos quais, entre eles o instinto para se individualizar, se refere a um aprimoramento da vida, embora por vezes vivenciados como inimigos aos objetivos conscientes: "Compulsão é o desejo inconsciente".[169] Assim, as compulsões exercidas pelo corpo sutil – os irritantes "conteúdos inconscientes" – são, sobretudo, sinais de significado, não de doença, gerados pela "totalidade do homem, ou seja, o *Self*".[170]

Jung também compreendeu a compulsão como a súbita erupção da "consciência", uma "reação moral" interior não familiarizada com os valores conscientemente adotados pelo indivíduo:

> A reação moral é o resultado de um dinamismo autônomo chamado, de forma apropriada, *daimon* do homem, gênio, anjo da guarda, melhor eu, coração, voz interior, o homem interior e superior,

e assim por diante. Perto destes, ao lado da consciência positiva, "certa", está a consciência negativa e "falsa" chamada diabo, sedutora, tentadora, espírito maligno etc.[171]

É esta última, a "falsa" consciência, que *Pistis Sophia* parece enfatizar na ideia do "espírito falsificador" planetário que "inventa e sente todos os pecados e o mal que os governantes do grande Destino ordenaram para a alma".[172] O professor gnóstico Basilides referiu-se ao "espírito falsificador" como sete "apêndices" planetários que atraem a alma para o mal.[173] Essa ideia, despojada de sua franca cosmologia astrológica, permaneceu até hoje na teologia cristã sob a forma dos Sete Pecados Capitais, que parecem ter nascido dos aspectos da descida da alma para a encarnação pelas esferas hostis dos arcontes planetários.[174] Em um contexto religioso em que os desejos instintivos eram vistos como inerentemente maus, as compulsões suprimidas dos instintos, simbolizadas pelos planetas e pelas constelações zodiacais, seriam, na opinião de Jung, vivenciadas, de modo inevitável, como demoníacas;[175] e o "grande Destino" astrológico seria vivenciado como inteiramente malévolo. Embora Jung tenha aprendido muito sobre *Heimarmene* com base em *Pistis Sophia*, ele parece ter encontrado um modelo mais agradável de compulsão planetária no mundo do *Hermetica*.

O *Heimarmene* hermético

Os exemplos mais antigos do corpo da literatura da Antiguidade Tardia conhecidos como o *Hermetica* datam do primeiro século AEC.[176] Embora a maioria dos textos herméticos remanescentes tenha sido produzida mais tarde, são anteriores às correntes gnósticas, bem como se sobrepõem a elas. Esses textos eram tão fascinantes para Jung como aqueles dos gnósticos. O livro *Hermetica*, como tratado gnóstico, surgiu dentro da matriz cultural sincrética do Egito greco-romano[177] e está tão preocupado quanto aqueles com o destino astral, a gnose, a transformação individual e a eventual "bem-aventurança da alma".[178] Alguns estudiosos consideram os tratados herméticos neoplatônicos.[179] Outros os veem como gnósticos, no sentido de que alguns dos textos – como o CH XIII, citado anteriormente – expressam uma visão distintamente anticósmica de mundo. Nesse tratado, a natureza interior e compulsiva do destino astral está expressa com clareza.

A mistura de conteúdos gnósticos e herméticos encontrada em Nag Hammadi sugere que ocorreu um vigoroso intercâmbio entre essas duas correntes religiosas.[180] A característica determinante do *Hermetica* é que, ao contrário de tantos tratados gnósticos, nenhuma afiliação cristã é mostrada, embora os elementos judaicos sejam evidentes em vários dos textos.[181] No mundo hermético, a figura redentora não é Cristo, mas o professor mítico semidivino das "ciências ocultas" da alquimia, da astrologia e da magia: Hermes Trismegisto, ou "Hermes, o Três Vezes Grande", também conhecido pelo nome do seu equivalente divino egípcio, o deus Thoth.

O *Hermetica* tem sido bastante discutido por muitos estudiosos, e a literatura sobre essa extraordinária coleção de textos tem crescido desde que Marsilio Ficino traduziu, pela primeira vez, catorze dos tratados do grego para o latim, em 1471.[182] Por volta de 1913, quando Jung começou a trabalhar no *Liber Novus*, ele tinha colecionado quase todas as obras eruditas sobre o *Hermetica* disponíveis na época.[183] Muitas vezes, e com razão, elidiu ideias herméticas e gnósticas, referindo-se ao alquimista Zósimo do século III EC tanto como hermetista quanto como gnóstico.[184] Jung estava convencido de que ambas as correntes eram profundamente psicológicas; ambas dependiam mais da revelação individual do que da obediência à doutrina, e ambas envolviam rituais teúrgicos e uma cosmologia de base astrológica. As duas correntes também influenciaram os escritos de Jâmblico e Proclo. E tanto hermetistas como gnósticos estavam preocupados em libertar a alma da escravidão das compulsões interiores do *Heimarmene* astral.

Jung estava familiarizado com os textos herméticos pela compilação de Marcellin Berthelot, *Collection des Anciens Alchemistes Greques*, publicada em 1887, e pelas traduções do *corpus* de Mead em inglês, publicadas em 1906. Ele citou ambos os autores em *Psicologia do Inconsciente*. Embora não reconhecesse o significado psicológico completo da alquimia até vários anos depois de ter completado o trabalho sobre o *Liber Novus*,[185] o conteúdo hermético greco-egípcio foi bem relevante para as primeiras explorações astrológicas e mágicas de Jung. Essa importância é indicada pela sua presença no *Liber Novus*, em que "a sabedoria de **ΕΡΜΗΣ ΤΡΙΣΜΕΓΙΣΤΥΣ** [Hermes Trismegisto]" é guardada no armário do mágico Filêmon.[186] Um dos tratados mais importantes em termos de compreensão astrológica de Jung é *CH* I, conhecido como *Poimandres*.[187] Nesse trabalho, a liberação da alma para a liberdade de *Heimarmene* é apresentada como uma viagem pelas esferas planetárias até os reinos divinos mais além. A alma é progressivamente purificada das suas sete "vestes" e "rende-se" aos vícios dos sete planetas. Por fim, entra na oitava esfera sublime das estrelas fixas.[188] O objeto da ascensão hermética, tal como o da *Liturgia de Mithra*, é a divinização do iniciado. *Poimandres* faz lembrar as palavras de uma das tábuas funerárias órficas de ouro escritas cerca de sete séculos antes: "De um humano, te tornarás um deus".[189] A iniciação hermética ofereceu a gnose como forma de libertação das compulsões do destino astral.[190] Embora os vícios planetários de *Poimandres* não sejam intrinsecamente maus como os retratados em *Pistis Sophia*, cada planeta impõe uma compulsão cuja pressão só pode se afrouxar por meio do ritual teúrgico.[191]

Mead mencionou os ecos da ascensão de *Poimandres* em uma influente obra do autor romano Macróbio, do século V EC, intitulada *Commentarii in Somnium Scipionis* [Comentário ao Sonho de Cícero] – mais uma obra com a qual Jung estava familiarizado e que ele citou em *Psicologia do Inconsciente*. Mas os "vícios" planetários, nas mãos de Macróbio, foram transformados em virtudes; Macróbio descreveu sete "envelopes" luminosos transmitindo atributos positivos à alma, como o "espírito ousado" conferido por Marte.[192] O espectro de vícios e virtudes ligado a cada planeta pela gama de autores descritos por Mead proporcionou a Jung um rico retrato psicológico da dinâmica astrológica muito mais complexo do que as descrições estáticas de planetas "benéficos" e "maléficos" herdados de Ptolomeu.[193] Em *Poimandres* e a literatura que ele inspirou, tanto o bem como o mal são apresentados como atributos de cada planeta, e a responsabilidade de lidar com essa polaridade depende não da intervenção de um deus redentor enviado de reinos celestiais, mas da consciência do indivíduo.

A astrologia técnica incluída no *Hermetica* parece ter perturbado alguns estudiosos modernos, e a edição crítica e a tradução de quinze tratados de Sir Walter Scott, publicados entre 1924 e 1936, omitiu a maior parte desse conteúdo astrológico porque Scott o considerava "lixo".[194] Tal como a literatura gnóstica nas mãos dos heresiologistas cristãos, o *Hermetica* nas mãos de pesquisadores como Scott foi bastante distorcido por pautas pessoais. Os textos foram divididos de forma artificial por Scott e um tradutor francês, o frade dominicano e filólogo André-Jean Festugière, em *Hermetica* "superior" ou "filosófica" e "inferior" e "popular" ou *Hermetica* "mágico-religiosa".[195] Essa divisão arbitrária, improvável de ter sido significativa para os autores dos textos, reflete o desconforto gerado nos tempos modernos pelo confronto com um universo da Antiguidade Tardia no qual magia, astrologia e alquimia eram partes integrantes de uma visão de mundo filosófica e religiosa bastante sofisticada. Muitos textos técnicos do *Hermetica* mencionados em outros textos da Antiguidade Tardia se perderam;[196] outros ainda aguardam edições e traduções críticas modernas.[197] No entanto, o conteúdo astrológico óbvio do *Hermetica* "filosófico", tal como *Poimandres*, estava disponível para Jung pelas traduções de Mead.

De acordo com um desses tratados, a "tenda" do corpo terreno é formada à medida que a alma desce pelo círculo do zodíaco, mais do que pelas esferas planetárias. O corpo está, assim, sujeito ao *Heimarmene* através dos signos zodiacais.[198] Herméticos, assim como gnósticos, formaram a ideia de um corpo sutil através do qual as influências planetárias e zodiacais funcionavam. Contudo, o *Heimarmene* não era visto como irrevogável; podia ser superado quando *kairos*, o momento astrológico certo, chegasse, e a centelha divina pudesse ser "libertada de sua prisão corporal e assim afastada do controle do destino"[199] pela teurgia. A ideia de um momento astrologicamente propício para enfrentar o *Heimarmene*, descrito tanto pelo *Hermetica* e pelo *De Mysteriis* de Jâmblico quanto pelos escritos de Zósimo e vários textos gnósticos, sugere que a preocupação de Jung com os movimentos que ocorriam no horóscopo natal em vários momentos de sua vida – em particular no final dos anos 1920 e início dos anos 1930 – reflete não só uma preocupação com acontecimentos externos, mas também uma busca pelo "momento certo" para algum tipo de descoberta interior ou iluminação.[200]

Desde a publicação do *Liber Novus*, vários astrólogos avaliaram os trânsitos e as progressões no horóscopo natal de Jung para determinar o que estava "acontecendo" com ele durante o tempo em que trabalhou no livro.[201] Essas análises são, com frequência, altamente cheias de *insight*, mas não abordam a questão de se algumas das figuras que aparecem no *Liber Novus* poderiam ter sido invocadas de modo deliberado, de acordo com o que um hermetista consideraria o momento apropriado em termos astrológicos. Infelizmente, nenhuma instrução específica para encontrar esse momento fértil é dada nos textos herméticos existentes. Mas algo semelhante a esse tipo de conselho astrológico é oferecido pela *Liturgia de Mithra*, com a qual Jung estava profundamente familiarizado. Dada sua compreensão das configurações astrológicas como reflexos simbólicos dos processos psicológicos dinâmicos, e sua percepção da quebra das cadeias do *Heimarmene* como experiência individual da integração de potências arquetípicas inconscientes, seria surpreendente se ele não se beneficiasse das instruções oferecidas pela *Liturgia*.

Jung parece ter visto o destino como uma dimensão integral do processo de individuação, e o simbolismo astrológico, como reflexo do desenrolar desse processo. As várias correntes do pensamento religioso da

Antiguidade Tardia que Jung estava estudando durante o tempo em que trabalhou no *Liber Novus* apresentam o destino como ligado de forma íntima aos movimentos cíclicos dos corpos celestes, que ele entendeu como símbolos dos dominantes arquetípicos do inconsciente coletivo expressando-se pelas qualidades do tempo. Destino, tempo e os movimentos dos céus estão intrinsecamente ligados ao conceito de individuação de Jung. A libertação do destino, em abordagens da Antiguidade Tardia, envolvia uma forma de gnose ou realização interior que poderia quebrar as compulsões dos *daimons* planetários. Não há nenhuma menção à alteração de circunstâncias externas por meio de práticas teúrgicas, uma vez que o destino era entendido como uma estrutura interior imposta à alma durante seu tempo de encarnação. A libertação do *Heimarmene* exigia uma alteração de consciência, permitindo ao indivíduo se livrar das ações compulsivas que provocavam o sofrimento e encorajando a aceitação das dimensões do destino que refletiam a teleologia divina. A matriz do pensamento órfico, neoplatônico, hermético e gnóstico, centrada em uma cosmologia astrológica, parece ter provido Jung de uma forma poderosa de hermenêutica para ajudá-lo a interpretar as visões espontâneas descritas no *Liber Novus,* bem como apresentar um modelo simbólico do seu mais importante conceito psicológico: o processo interior pelo qual o indivíduo se torna o que sempre foi destinado a ser.

Notas

1. Heráclito, DK B119, em Kahn (trad.), *The Art and Thought of Heraclitus*, p. 81.
2. "Schicksal und Gemut sind Namen eines Begriffes". Friedrich von Hardenberg [Novalis], *Heinrich von Ofterdinge*, trad. John Owen (Cambridge: Cambridge Press,1842), Parte Dois, p. 84, disponível em: www.gutenberg.org/files/31873/31873-h/31873-h.htm.
3. Jung, *Liber Novus*, p. 311.
4. Ver, por exemplo, Dane Rudhyar, *The Astrology of America's Destiny* (Nova York: Random House, 1974). *The Astrology of America's Fate* não estaria de acordo com o espírito da época.

5. Jeff Mayo, *Astrology* (Londres: Teach Yourself Books, 1964), p. 6.
6. Margaret Hone, *The Modern Textbook of Astrology* (Londres: L.N. Fowler, 1951), p. 17.
7. Stobaeus, Excerto XX, em Mead, *Thrice-Greatest Hermes*, III:XX:2, pp. 84-5.
8. Fontes de Jung para o *Apocryphon of John*, o expoente máximo gnóstico dessa abordagem de destino astral, foram Irenaeus, *Irenaei episcopi lugdunensis contra omnes haereses* (Oxford: Thomas Bennett, 1702), e Mead, *Fragments*, pp. 580-82. Duas outras versões do *Apocryphon* foram encontradas em Nag Hammadi, no Egito, em 1945; ver *Apocryphon of John*, trad. Frederick Wisse, em James McConkey Robinson (org.), *The Nag Hammadi Library in English* (Leiden: Brill, 1977), pp. 98-116.
9. Para a "alma-veículo" com sete camadas no *Apocryphon*, ver Roelof van den Broek, "The Creation of Adam's Psychic Body in the *Apocryphon of John*", em Roelof van den Broek e M. J. Vermaseren (orgs.), *Studies in Gnosticism and Hellenistic Religions* (Leiden: Brill, 1981), pp. 38-57.
10. Para as qualidades malignas do "espírito falsificador" nas doutrinas gnósticas, ver Van den Broek, "The Creation of Adam's Psychic Body"; Couliano, *The Tree of Gnosis*, pp. 102-05.
11. Ver Thomas Aquinas, *Summa contra Gentiles*, trad. Anton C. Pegis, James F. Anderson, Vernon J. Bourke e Charles J. O'Neil (Nova York: Hanover House, 1955-1957), III.84-87, 91-2. Ver também Campion, *A History of Western Astrology*, pp. 49-51.
12. Para discussões sobre livre-arbítrio e determinismo relevantes para Jung, ver Arthur Schopenhauer, *Prize Essay on the Freedom of the Will*, trad. Eric F. J. Payne, org. Günter Zöller (Cambridge: Cambridge University Press, 1999 [1839]); Immanuel Kant, *Critique of Practical Reason*, trad. Lewis White Beck (Upper Saddle River, NJ: Prentice-Hall, 1993 [1788]).
13. Não desapareceu por completo. Ver Hans Jurgen Eysenck e David K. B. Nias, *Astrology: Science or Superstition?* (Nova York: St. Martin's Press, 1982).
14. Ver, por exemplo, J. C. Kim e S. M. Dumecki, "Genetic Fate-Mapping Approaches", *Methods in Molecular Biology* 493 (2009), pp. 65-85; Stanley Fields e Mark Johnston, *Genetic Twists of Fate* (Cambridge, MA: MIT Press, 2010).
15. Para o trabalho de Pavlov (1849-1936), ver Ivan Petrovich Pavlov, *Conditioned Reflexes*, trad. G. V. Anrep (Oxford: Oxford University Press, 1927). Ver também Barbara R. Saunders, *Ivan Pavlov* (Berkeley Heights, NJ: Enslow, 2006).

16. Para essa perspectiva, ver Bernardo J. Carducci, *The Psychology of Persononality* (Chichester: John Wiley & Sons, 2009); Susan Hart, *Brain, Attachment, Personality* (Londres: Karnac, 2008).
17. Jung, CW7, par. 41.
18. Para esse tema em Platão, ver Platão, *Republic*, 617e-6620b.
19. Alan Leo, *Esoteric Astrology* (Londres: Modern Astrology Office, 1913), p. vii.
20. Jung, MDR, pp. 353-54.
21. Jung, MDR, pp. 350 e 354.
22. Para mais informações sobre Besant e seu trabalho, ver Anne Taylor, *Annie Besant* (Oxford: Oxford University Press, 1991). Para as referências desdenhosas de Jung a Besant, ver Jung, CW10, par. 176; Jung, CW10, par. 90; Jung, CW11, par. 859.
23. Annie Besant, *A Study in Consciousness* (Londres: Theosophical Publishing Society, 1904), pp. 98-100.
24. Jung, MDR, p. 349.
25. Jung, *Psychology of the Unconscious*, p. 155.
26. Para as primeiras explorações de Jung sobre esse tipo de pensamento analógico, ver Jung, CW2, trad. Leopold Stein (Londres: Routledge & Kegan Paul, 1969), publicado originalmente em alemão como uma série de artigos no *Journal für Psychologie und Neurologie* 3-16 (1904) e em inglês como *Studies in Word-Association*, trad. M. D. Eder (Londres: William Heinemann, 1918). Ver também Jung, "Concerning the Two Kinds of Thinking", em Jung, *Psychology of the Unconscious*, pp. 4-21.
27. Alan Leo, *Saturn, The Reaper* (Londres: Modern Astrology Office, 1916), p. 5.
28. Jung, *Psychology of the Unconscious*, p. 173.
29. Jung, CW7, par. 183.
30. Jung, *Psychology of the Unconscious*, p. 42 e n. 30.
31. Jung, MDR, p. 205.
32. Jung, CW11, par. 143. As palestras, dadas na Universidade de Yale, foram publicadas pela Yale University Press e pela Oxford University Press, em 1938, sendo depois traduzidas para o alemão e publicadas como *Psychologie und Religion*, em 1940.
33. Para a importância de Novalis como influência sobre Jung, ver Hanegraaff, *New Age Religion*, p. 513; Hanegraaff, *Esotericism and the Academy*, p. 286. Para o

interesse de Novalis por astrologia, ver Brian W. Kassenbrock, *Novalis and the Two Cultures* (dissertação de doutorado não publicada, Departamento de Línguas e Literaturas Germânicas, Universidade de Nova York, 2009), p. 19.

34. C. G. Jung, "Men, Women, and God", *The Daily Mail* (Londres), 29 de abril de 1955.
35. Jung, *Liber Novus*, p. 233.
36. Jung, CW7, par. 405.
37. Para "o destino dos povos", ver Jung, *Liber Novus*, pp. 239 e 241. A doutrina da "subsunção" – formas pelas quais um horóscopo natal individual pode ser substituído ou "subordinado" por "causas maiores" – pode ser encontrada em Ptolomeu, *Tetrabiblos*, II:1, pp. 117-119 e em Abraham ibn Ezra, *The Book of the World* (Leiden: Brill, 2010), p. 283.
38. Jung, *Modern Psychology*, vols. 1 & 2, p. 223.
39. Jung, CW15, par. 31.
40. Jung, CW12, par. 40.
41. Jung, *Psychology of the Unconscious*, p. 42, n. 30.
42. Para a filosofia estoica, ver John M. Rist, *The Stoics* (Berkeley: University of California, 1978); Mauro Bonazzi e Christoph Helmig (orgs.), *Platonic Stoicism, Stoic Platonism* (Leuven: Leuven University Press, 2007). Para a influência estoica na astrologia, ver Robert Zoller, *Fate, Free Will and Astrology* (Nova York: Ixion Press, 1992), pp. 94-115.
43. Betegh, *The Derveni Papyrus*, Col. XIX.
44. Ver Zoller, *Fate, Free Will, and Astrology*, p. 101.
45. Ευμα νοερον και πυρωδες. Poseidonius, *The Fragments*, vol.1, org. L. Edelstein e I. G. Kidd (Cambridge: Cambridge University Press, 1972), Frag. 101, p. 104 (tradução minha).
46. θεοϛ εστι πνευμα νοερον διηκον δι απασηϛ ουσιας. Poseidonius, *The Fragments*, vol. 1, p. 104 (tradução minha).
47. Jung, CW6, par. 355.
48. Para o uso de Jung do termo tertuliano "concupiscência" como "libido indomada", que ele equipara a *Heimarmene*, ver Jung, CW6, par. 33.
49. Jung, CW5, par. 223.
50. Jung, CW6, par. 355.
51. Jung, CW9ii, par. 216.

52. Ernst H. Gombrich, "Icones Symbolicae", *Journal of the Warburg and Courtauld Institutes* 11 (1948), pp. 163-92, na p. 175.

53. Jung, CW6, par. 33, n. 9; Jung, CW5, par. 644.

54. Ver Capítulo 1.

55. Ver Zoller, *Fate, Free Will, and Astrology*, p. 103.

56. "*Qua fatorum etiam inextricabiliter contorta retractas licia et Fortunae tempestates mitigas, et stelarum noxios meatus cohibes*". A tradução é de Jung, *Psychology of the Unconscious*, p. 42, n. 30. Ver Apuleio, *The Golden Ass*, trad. Thomas Taylor (Frome: Prometheus Trust, 1997), 11.25.

57. Jung adquiriu três volumes da obra de Sêneca no latim original: *L. Annaei Senecae opera, quae exstant* (1673); *L. Annaei Senecae operum tomus secundus* (1672); *L. Annaei Senecae rhetoris opera, quae existant Integris Nicolai Fabri, Andr. Schotti, accuratissimo aucta* (1672).

58. Sêneca, *De tranquillitate animi* 10.3, citado em Thomas G. Rosenmeyer, *Senecan Drama and Stoic Cosmology* (Berkeley: University of California Press, 1989), p. 72.

59. Johann Jacob Bachofen, *Das Mutterrecht* (Stuttgart: Krais und Hoffmann, 1861), publicado em inglês como *Myth, Religion and Mother Right*, trad. Ralph Manheim (Princeton, NJ: Princeton University Press, 1967). Ver Jung, CW15, p. 84; Jung, CW5, Fig. 43.

60. Bachofen, *Myth, Religion and Mother Right*, p. 18.

61. Jung, *Liber Novus*, p. 308.

62. Erich Neumann, *The Great Mother* (Princeton, NJ: Princeton University Press, 1955), p. 230. [*A Grande Mãe*. São Paulo: Cultrix, 2ª edição, 2021.]

63. Ver Jung, CW5, par. 423.

64. A tradução alemã de Jung das *Meditations* era: Marc Aurel, *Selbstbetrachtungen*, trad. Otto Kiefer (Leipzig: E. Diederichs, 1903).

65. Marcus Aurelius, *Meditations*, 12:14.

66. Jung citado por sua paciente, Mary S. Howells, em Jensen (org.), *C. G. Jung, Emma Jung, and Toni Wolff*, p. 119.

67. Para mais discussões sobre o "Gnosticismo" de Jung, ver Alfred Ribi, *The Search for Roots* (Los Angeles, CA: Gnosis Archive Books, 2013); E. M. Brenner, "Gnosticism and Psychology: Jung's *Septem Sermones ad Mortuos*", *Journal of Analytical Psychology* 35 (1990), pp. 397-419. Outras referências são dadas por Shamdasani em Jung, *Liber Novus*, p. 346, n. 81.

68. Richard Noll, "Jung the Leontocephalus", em Bishop (org.), *Jung in Contexts*, pp. 51-91, na p. 72.
69. Lance Owens, "Jung and Aion", *Psychological Perspectives* 54:3 (2011), pp. 253-89, na p. 260.
70. Para esse anel, ver Hakl, *Eranos*, p. 45; Paul Bishop, "Introduction", em Bishop, *Jung in Contexts*, pp. 1-30, na p. 6. Para saber mais sobre a visão de Jung sobre Abraxas, ver discussão em Greene, *The Astrological World of Jung's Liber Novus*, Capítulo 7.
71. Para a crença de Jung de que a alquimia medieval perpetuou ideias gnósticas antigas, ver Jung, CW9ii, pars. 267 e 368; Jung, CW11, par. 160; Jung, CW12, pars. 234-35; Jung, CW14, pars. 104, 759 e 763-64.
72. Para Basilides, ver Birger A. Pearson, "Basilides the Gnostic", em Antii Marjanen e Petri Luomanen (orgs.), *A Companion to Second-Century Christian "Heretics"* (Leiden: Brill, 2008), pp. 1-31. Charles William King, *The Gnostics and Their Remains* (Londres: Bell & Dalby, 1864), forneceu uma importante fonte para o entendimento de Jung sobre as doutrinas basilidianas.
73. Ver Greene, *The Astrological World of Jung's Liber Novus*, Capítulo 7, para o conteúdo astrológico de "Scrutinies" e o diagrama de Jung do *Systema Munditotius*.
74. Owen Davies, *Magic* (Oxford: Oxford University Press, 2012), p. 1.
75. Para alguns textos úteis (e muitas vezes contraditórios), ver Hans Jonas, *The Gnostic Religion* (Boston, MA: Beacon Press, 1958); Roelof van den Broek, *Gnostic Religion in Antiquity* (Cambridge: Cambridge University Press, 2013); Kurt Rudolph, *Gnosis*, trad. P. W. Coxon, K. H. Kuhn e R. McL. Wilson (São Francisco, CA: HarperCollins, 1987); Birger A. Pearson, *Gnosticism, Judaism and Egyptian Christianity* (Minneapolis, MN: Fortress Press, 1990).
76. Para correntes gnósticas dentro do judaísmo, ver Gershom Scholem, *Jewish Gnosticism, Merkabah Mysticism, and Talmudic Tradition* (Nova York: Jewish Theological Seminary, 1970).
77. Ver Nicola Denzey Lewis, *Cosmology and Fate in Gnosticism and Graeco-Roman Antiquity* (Leiden: Brill, 2013); Couliano, *The Tree of Gnosis*, p. 23.
78. Segal, *The Gnostic Jung*, p. 3.
79. Ver, por exemplo, Platão, *Symposium*, 201d-212b.
80. Para a influência de Platão nos textos gnósticos, ver Irinaeus, *Haer.* 2:14; Hipólito, *Refutatio* 1:11; Plotino, Ennead 2.9.6. Ver também Pearson, *Gnosticism, Judaism, and Egyptian Christianity*, pp. 148-64, e os ensaios em Richard

T. Wallis e Jay Bregman (orgs.), *Neoplatonism and Gnosticism* (Albany: SUNY Press, 1992).

81. Sobre o dualismo maniqueísta radical, ver Jonas, *Gnostic Religion*, pp. 206-38; Johannes van Oort, "Manichaeism", em Van den Broek e Hanegraaff (orgs.), *Gnosis and Hermeticism*, pp. 37-51.

82. *Marsanes*, NHC X.5.24-26, trad. Birger A. Pearson, em *The Nag Hammadi Library*, p. 418.

83. Jung, CW14, par. 616.

84. Jung, CW9ii, par. 123.

85. Jung, CW9ii, par. 298.

86. Jung, CW9ii, par. 308; Jung, *Liber Novus*, p. 363. Para a ideia do "Homem Original", Jung se baseou bastante nos textos maniqueístas citados em *Das iranische Erlösungsmysterium* e *Die hellenistiche Mysterienreligionen*, de Reitzenstein; ver Jung, CW14, par. 450.

87. Ver Robert McLachlan Wilson, "Gnosis and the Mysteries", em Van den Broek e Vermaseren (orgs.), *Studies in Gnosticism and Hellenistic Religions*, pp. 451-66, na p. 451. Para as diversas hipóteses sobre as origens do gnosticismo, ver Ioan P. Couliano, "The Angels of the Nations and the Origins of Gnostic Dualismo" ["Os Anjos das Nações e as Origens do Dualismo Gnóstico"], em *Studies in Gnosticism and Hellenistic Religions*, pp. 79-80.

88. Para esses heresiologistas, ver Gérard Vallée, *A Study in Anti-Gnostic Polemics* (Waterloo, ON: Wilfrid Laurier University Press, 1981). Jung possuía versões latinas e alemãs de Ireneu: *Irenaei episcopi lugdunensis contra omnes haereses* (1702) e *Des heiligen Irenäus fünf Bücher gegen die Häresine* (1912). Ele também adquiriu uma tradução alemã de Epifânio, *Ausgewählte Schriften* (1919), e cita regularmente *Elenchos*, de Hipólito, em Jung, CW9ii, pars. 287-346.

89. Mead publicou duas coleções sobre os gnósticos: *Fragments of a Faith Forgotten* (Londres: Theosophical Publishing Society, 1900) e *Echoes from the Gnosis* (Londres: Theosophical Publishing Society, 1906-1908). Jung adquiriu ambas as coleções logo após sua publicação.

90. Wilhelm Bousset, *Hauptprobleme der Gnosis* (Göttingen: Vandenhoeck & Ruprecht, 1907); Richard Reitzenstein, *Poimandres* (Leipzig: Teubner, 1904); Richard Reitzenstein, *Mysterionreligionen nach ihren Grundgedanken und Wirkungen* (Leipzig: Teubner, 1910). Jung citou os três trabalhos com frequência em *Psychology of the Unconscious*.

91. Jung, CW9ii, par. 310.

92. Jung, CW13, par. 457.
93. Para a discussão de Jung sobre esse tema, ver Jung, CW12, par. 461.
94. Jung, CW14, par. 6. O *"Agathodaimon"* ou *"daimon* bom" aparece com frequência em amuletos mágicos da Antiguidade Tardia; a coroa de sete raios sugere a ordem planetária, enquanto a coroa de doze raios pode ser zodiacal.
95. Jung, CW14, par. 308.
96. Jung, *Liber Novus*, p. 325.
97. Jung, CW13, pars. 209-10.
98. Jung, CW9ii, par. 128. Para a sequência de Saturno com Ialdabaoth cabeça de leão, ver também Jung, CW9ii, par. 325; Jung, CW13, par. 275.
99. Jung descreveu o anel em detalhes em McGuire e Hull (org.), *C. G. Jung Speaking*, p. 468. As fotos do anel aparecem em: http://gnosticwarrior.com/the-gnostic-ring-of-carl-jung.html e http://gnosis.org/jung.ring.html, mas nenhuma referência é dada a essas imagens.
100. Para a natureza sincrética de Abraxas, ver Gilles Quispel, *Gnostica, Judaica, Catholica*, org. Johannes van Oort (Leiden: Brill, 2008), pp. 40-65, 243-60. Numerosos amuletos de pedras preciosas da Antiguidade Tardia mostram o nome Abraxas combinado com a figura de Chnoumis. Jung estava familiarizado com muitos desses amuletos pelas ilustrações em King, *The Gnostics and Their Remains*. Ver Greene, *The Astrological World of Jung's Liber Novus*, Capítulo 7.
101. Ver os comentários dos editores em Jung, *Liber Novus*, p. 349, n. 93. Jung baseou muito de sua compreensão sobre Abraxas no *Abraxas* de Albrecht Dieterich (Leipzig: Teubner, 1891); estudou esse trabalho em detalhes em 1913, e sua cópia contém anotações. A etimologia do nome Abraxas também pode ser encontrada em King, *The Gnostics and Their Remains*, p. 37.
102. Jung, *Liber Novus*, p. 349.
103. Citado por Shamdasani em Jung, *Liber Novus*, p. 349, n. 93. Para a analogia junguiana de *durée créatrice* de Bergson com a libido, ver Capítulo 1.
104. Jung, *Visions Seminars*, vol. 2, pp. 806-07.
105. Jung, *Psychology of the Unconscious*, p. 125.
106. Para a analogia junguiana de Abraxas com o *demiurgos* ou "criador do mundo", ver Jung, *Liber Novus*, p. 349, n. 93.
107. G. R. S. Mead, "Pistis-Sophia", *Lucifer* 6 (março 1890-agosto 1890), pp. 107-13, 230-39, 315-23, 392-401, 489-99; *Lucifer* 7 (setembro 1890-fevereiro 1891),

pp. 35-43, 139-47, 186-96, 285-95, 368-76, 456-63; *Lucifer* 8 (março 1891-agosto 1891), pp. 39-47, 123-29, 201-4. Os comentários de Blavatsky podem ser encontrados em Blavatsky, CW13, pp. 1-81.

108. G. R. S. Mead (trad.), *Pistis Sophia* (Londres: Theosophical Publishing Society, 1896); Mead, *Fragments*, pp. 459-506.

109. Trechos de *Pistis Sophia* haviam sido traduzidos por King em *The Gnostics and Their Remains*. Ver Jung, CW6, par. 396, e seu uso das ilustrações de King de pedras preciosas "gnósticas" nos CW12 (Figs. 45, 52, 203, 204, 205 e 253).

110. Ver Clare Goodrick-Clarke e Nicholas Goodrick-Clarke, *G. R. S. Mead and the Gnostic Quest* (Berkeley, CA: North Atlantic Books, 2005), p. 31; Stephan A. Hoeller, "C. G. Jung and the Alchemical Revival", *Gnosis* 8 (1988), pp. 34-9; Stephan A. Hoeller, *Gnosticism* (Wheaton, IL: Theosophical Publishing Society, 1982), p. 169.

111. O nome "Jeu" ou "Ieu" parece ser a versão grega do IHVH hebraico, semelhante ao IAO, sendo um nome mágico usado para dar conotação a um deus; ver Betz, *The Greek Magical Papyri*, p. 335.

112. Mead, *Pistis Sophia*, 1:20.

113. Mead, *Pistis Sophia*, 4:140. Não está claro a qual configuração, se houver, entre Júpiter e Vênus esse texto poderia se referir.

114. Ver Capítulo 6.

115. Mead, *Pistis Sophia*, p. 345.

116. Mead, *Pistis Sophia*, p. 256. Itálico meu.

117. Para essa passagem, ver M. L. West, *The Orphic Poems* (Oxford: Oxford University Press, 1983), p. 23. Para discussões, ver Roy Kotansky, "Incantations and Prayers for Salvation on Inscribed Greek Amulets", em Christopher A. Faraone e Dirk Obbink (orgs.), *Magika Hiera* (Oxford: Oxford University Press, 1991), pp. 114-16; E. Bikerman, "The Orphic Blessing", *Journal of the Warburg Institute* 2:4 (1939), pp. 370-71. A primeira compilação de fragmentos órficos, *Orphicorum fragmenta*, de Otto Kern (Berlim: Weidmann, 1922), foi publicada enquanto Jung ainda trabalhava no *Liber Novus*; ele acabou se familiarizando com esse trabalho (ver Jung, CW13, par. 412, n. 11), mas ainda não havia aparecido quando Jung escreveu *Psychology of the Unconscious*. Naquela época, ele contava com *The Mystical Hymns of Orpheus*, de Taylor; *Orpheus*, de Mead; e *Ausfürliches Lexikon der Griechischen und Römischen Mythologie Lexicon*, de Wilhelm Heinrich Roscher (Leiden: Teubner, 1884).

118. *Hermetica*, CH XIII.
119. Ver, por exemplo, *The Gospel of Philip*, em *The Apocryphal New Testament*, trad. e org. M. R. James (Oxford: Clarendon Press, 1924), p. 12; os pronunciamentos rituais que capacitam a alma a contornar os arcontes planetários são quase idênticos aos das tábuas funerárias órficas. Jung possuía cópias do trabalho de James tanto em inglês como em alemão, além de outras traduções anteriores, em inglês e alemão, de textos apócrifos. Entre elas, *Apocryphal Gospels, Acts, and Revelations*, de Alexander Walker (Edimburgo: T&T Clark, 1911), que contém o *Gospel of Philip*.
120. Jung, CW15, par. 81.
121. Ver Noll, *The Jung Cult*, para um exemplo dessa suposição.
122. Jung possuía várias obras de Blavatsky, entre elas uma edição em inglês de *The Secret Doctrine*, 2 volumes (Londres: Theosophical Publishing House, 1888), e *The Theosophical Glossary*, org. G. R. S. Mead (Londres: Theosophical Publishing House, 1892). [*A Doutrina Secreta: Síntese da Ciência, da Religião e da Filosofia*. São Paulo: Pensamento, 1980.]
123. Jung, CW8, par. 59.
124. Ver Jung, CW7, par. 118.
125. Jung, CW18, par. 756.
126. Jung, CW7, par. 339. Para mais comentários, ver Jung, CW7, par. 494; Jung, CW10, par. 176; Jung, CW6, par. 279.
127. Jung, CW4, par. 749; Jung, CW6, par. 594.
128. G. R. S. Mead, *"The Quest" – Old and New* (Londres: John M. Watkins, 1926), pp. 296-97.
129. Para detalhes sobre a vida de Mead, ver Goodrick-Clarke e Goodrick-Clarke, *G. R. S. Mead*, p. 32. Para o episódio do Leadbeater, ver Campbell, *Ancient Wisdom Revived*, pp. 114-18.
130. Mead, "The Quest", pp. 296-97.
131. Noll, *The Jung Cult*, p. 69.
132. G. R. S. Mead para C. G. Jung, 19 de novembro de 1919, ETH-Bibliothek Zürich, Archives Hs 1056:29826.
133. Stephan Hoeller afirma que Jung e Mead se visitaram, atribuindo suas informações a uma conversa particular com o historiador da religião, Gilles Quispel, que conhecia bem Jung devido à sua participação nas conferências de

Eranos. A carta de Mead confirma essa afirmação. Ver Hoeller, "C. G. Jung and the Alchemical Revival", p. 35, n. 1.

134. Jung adquiriu todos os romances "ocultos" de Meyrink, entre eles *Der Engel vom westlichen Fenster* (1927), *Fledermäuse: Sieben Geschichten* (1916), *Der Golem* (1915), *Das grüne Gesicht* (1916) e *Walpurgisnacht* (1917). Para suas referências a Meyrink, ver Jung, CW6, pars. 205, 426 e 630; Jung, CW7, par. 153; Jung, CW7, pars. 153 e 520; Jung, *Dream Analysis*, pp. 276-94; Jung, *Modern Psychology*, I:110.

135. Nicholas Goodrick Clarke, *The Occult Roots of Nazism* (Londres: Tauris Parke, 2004), p. 28.

136. Estas incluem: *Orpheus the Fisher* (1921); *Weltenmantel und Himmelszeit*, 2 vols. (1910); *L'origine Babylonienne de l'Alchimie* (1926); "Pistis Sophia und Barbelo", *Angelos* 3:12 (1928), pp. 93-110; *Nachleben dionysischer Mysterienriten* (1928); e *Orphisch-dionysische Mysteriengedanken in der christlichen Antike* (Leipzig: Teubner, 1925). Entre as muitas referências publicadas por Jung a Eisler estão Jung, CW14, par. 610; Jung, CW9i, par. 553; Jung, CW12, par. 177 e Figs. 174 e 202.

137. Ver Jung, CW9ii, pars. 147, 162, 178 e 186.

138. Robert Eisler, *Man into Wolf* (Londres: Routledge & Kegan Paul, 1951).

139. Goodrick-Clarke e Goodrick-Clarke, *G. R. S. Mead*, pp. 15-6 e 27.

140. G. R. S. Mead, *A Mithraic Ritual* (Londres: Theosophical Publishing Society, 1907). Mead confiava, sem hesitação, no *Ein Mithrasliturgie*, de Dieterich, para produzir o próprio trabalho. Jung citou ambos em *Psychology of the Unconscious*.

141. Mead, *The Mysteries of Mithra*.

142. O texto, conhecido como *PGM IV*, é parte do Grande Papiro Mágico de Paris, um código encontrado no Egito no início do século XIX e datado do início do século IV EC.

143. Ver Betz, *The "Mithras Liturgy"*, p. 37.

144. Ver Betz, *The "Mithras Liturgy"*, p. 35; Fowden, *The Egyptian Hermes*, pp. 82-7 e 168-72.

145. Franz Cumont, *Die orientalischen Religionen im römischen Heidentum* (Leipzig: Teubner, 1910), p. 217, n. 5.

146. Mead, *Fragments*, pp. 10,16.

147. Mead, *Fragments*, p. 23.

148. Ver Mead, *Fragments,* p. 398, citando um texto atribuído ao professor gnóstico Bardaisan de Edessa (154-222 EC) para exemplificar a ideia gnóstica de *Heimarmene.* Ver também Tim Hegedus, "Necessity and Free Will in the Thought of Bardaisan of Edessa", *Laval Théologique et Philosophique* 69:2 (2003), pp. 333-44.
149. Mead, *Fragments*, p. 403.
150. Para o "corpo sutil" em vários contextos históricos, ver anteriormente, nn. 9 e 77. Para obras teosóficas sobre o corpo "sutil", ver C. W. Leadbeater, *Man, Visible and Invisible* (Londres: Theosophical Publishing Society, 1902); Annie Besant, *Man and His Bodies* (Los Angeles, CA: Theosophical Publishing House, 1917). [*O Homem Visível e Invisível.* São Paulo: Pensamento, 1967 (fora de catálogo).]
151. Para as gradações estoicas de substância material, ver A. A. Long e D. N. Sedley, *The Hellenistic Philosophers*, vol. 1 (Cambridge: Cambridge University Press, 1987), pp. 266-343; F. H. Sandbach, *The Stoics* (Londres: Duckworth, 1975), pp. 69-94.
152. Ver Jung, CW11, par. 848. A fonte de Jung para a ideia tibetana do corpo *bardo* foi W. Y. Evans-Wentz (org. e trad.), *The Tibetan Book of the Dead* (Londres, 1927). [*O Livro Tibetano dos Mortos.* São Paulo: Pensamento, 2ª edição, 2020.]
153. Ver Jung, CW9i, par. 202.
154. Jung, CW5, par. 513. Ver Henry Wadsworth Longfellow, *The Song of Hiawatha* (Boston: Ticknor and Fields, 1855).
155. Jung, CW9i, par. 392.
156. Jung, CW13, par. 137, n. 8.
157. G. R. S. Mead, *The Doctrine of the Subtle Body in Western Tradition* (Londres: J. M. Watkins, 1919); citações nas pp. 12-3 e na p. 20.
158. Mead, *The Doctrine of the Subtle Body,* p. 41.
159. Jung, CW16, par. 486.
160. Jung, CW12, par. 511.
161. Jung, CW14, pars. 311 e 353.
162. Galen, *De Placitis Hippocratis et Platonis, VII, Opera Omnia,* org. Kühn, V. 643, citado em Walker, "The Astral Body in Renaissance Medicine", p. 123.
163. Paracelso, *Sämtliche Werke*, VIII:161-70. Jung citou a confiança de Paracelso em Galeno em Jung, CW13, par. 150; Jung, CW15, pars. 19, 54.

164. Paracelso, *Sämtliche Werke*, XII:3 e 23. Jung citou essas referências em CW8, par. 390.
165. Ruland, *A Lexicon of Alchemy*, p. 182. Ver Jung, CW13, pars. 188, 194.
166. Jung, CW11, par. 160. Para alquimia "espiritual", ver Mircea Eliade, *The Forge and the Crucible* (Chicago: University of Chicago Press, 1956), p. 8; Lindsay, *Origins of Alchemy*, pp. 101-03. Para uma base platônica/neoplatônica para a alquimia, ver Stanton J. Linden, *The Alchemy Reader* (Cambridge: Cambridge University Press, 2003), p. 3. Para as próprias passagens de Platão, ver Platão, *Timaeus*, 27c-31b, 32c-34c, 36d-e, 47e-51b, 59b-c. Para um trabalho do século XIX sobre alquimia "espiritual" que influenciou Jung, ver Mary Anne Atwood, *A Suggestive Inquiry into "The Hermetic Mystery"* (Londres: Trelawney Saunders, 1850).
167. Jung, CW13, pars. 262-63.
168. Freud, SE18, p. 29.
169. Jung, *Psychology of the Unconscious*, p. 454. Ver também Jung, CW5, par. 185.
170. Jung, CW9ii, par. 216.
171. Jung, CW10, par. 843.
172. Mead, *Pistis Sophia*, 111.384.
173. Citado em Clemente de Alexandria, *Stromata*, em *St. Clement of Alexandria*, org. e trad. Alexander Roberts, James Donaldson e Arthur Cleveland Cox (Buffalo, NY: Christian Literature Publishing, 1885), II.20.372.
174. Ver Morton W. Bloomfield, *The Seven Deadly Sins* (East Lansing: Michigan State College Press, 1952).
175. Para a ideia de Jung de que tanto as culturas como os indivíduos podem sofrer com o desenvolvimento desequilibrado e com as compulsões inconscientes compensatórias, ver Jung, CW7, pars. 283, 285, 287; Jung, CW10, pars. 250, 295.
176. Para a datação do *Hermetica*, ver Fowden, *The Egyptian Hermes*, p. 3.
177. Sobre a natureza sincrética do *Hermetica*, ver Brian P. Copemhaver, "Introdução", em *Hermetica*, pp. xxvi-xxix; Peter Kingsley, *Ancient Philosophy, Mystery, and Magic* (Oxford: Clarendon Press, 1995), pp. 233-49; Fowden, *Egyptian Hermes*, pp. 14-22, 36-7, 91, 144, 178, 188-95.
178. Van den Broek, *Studies in Gnosticism and Alexandrian Christianity*, p. 1.
179. Ver, por exemplo, Christopher Lehrich, *The Occult Mind* (Ithaca, NY: Cornell University Press, 2007), p. 4.

180. Por exemplo, um dos tratados herméticos "técnicos" sobre astrologia – o *Book of the Configurations of Heimarmene which are Beneath the Twelve* – é citado pelo nome nas recensões no Nag Hammadi do gnóstico *Apocryphon of John*; ver Lewis, *Cosmology and Fate*, p. 107. Ver também Pearson, *Gnosticism, Judaism, and Egyptian Christianity*, pp. 29-34.

181. Para contribuições judaicas a *Poimandres* e outras a *Hermetica*, ver Pearson, *Gnosticism, Judaism, and Egyptian Christianity*, pp. 136-47; Birger A. Pearson, "Jewish Elements in *Corpus Hermeticum* I *(Poimandres)*, em Roelof van den Broek e Cis van Heertum (orgs.), *From Poimandres to Jacob Böhme* (Leiden: Brill, 2000), pp. 336-48.

182. Marsilio Ficino (trad.), *Mercurii Trismegisti: Pimander sive de Potestate et Sapientia Dei* (Treviso: Gerardus de Lisa, 1471). Jung adquiriu uma rara edição de 1574 baseada na tradução em latim de Ficino: *Mercurii Trismegisti: Pimandras utraque Lingua Restitutus* (Bordeaux: Simon Millanges, 1574).

183. Além da coleção de Berthelot e da tradução em três volumes, em inglês, de Mead dos tratados herméticos então existentes, *Thrice-Greatest Hermes*, Jung também adquiriu o *Poimandres*, de Reitzenstein.

184. Jung, CW12, pars. 408-10.

185. Ver Jung, *MDR*, p. 230, e Jung, *Liber Novus*, pp. 218 e 360.

186. Jung, *Liber Novus*, p. 312.

187. Para a história e a historiografia de *Poimandres*, ver Peter Kingsley, "Poimandres", *Journal of the Warburg and Courtauld Institutes* 56 (1993), pp. 1-24; Hans Dieter Betz, "Hermetism and Gnosticism: The Question of the 'Poimandres'", em Søren Giversen, Tage Petersen e Podemann Sørensen, *The Nag Hammadi Texts in the History of Religions* (Copenhagen: Royal Danish Academy of Sciences and Letters, 2002), pp. 84-94.

188. CH I.25-26, em *Hermetica*, p. 6.

189. Para essa tábua funerária ou *lamella* de Thurii, ver Alberto Bernabé e Ana Isabel Jiménez San Cristóbal, *Instructions for the Netherworld* (Leiden: Brill, 2008), p. 81.

190. Ver Fowden, *The Egyptian Hermes*, p. 108; Merkur, "Stages of Ascension", pp. 79-96.

191. Para a tradução de Mead das compulsões planetárias em *Poimandres*, ver Mead, *Thrice-Greatest Hermes*, I:413.

192. Macróbio, *Commentary on the Dream of Scipio*, trad. William Harris Stahl (Nova York: Columbia University Press, 1990 [1952]), XII:13. Ver Jung, *Psychology of the Unconscious*, p. 125.

193. O mito da jornada da alma é descrito por Platão em *Republic*, X.614a-621d. Para exemplos de uma ascensão platônica gnóstica, ver *Trimorphic Protennoia* (NHC XIII, 1), trad. John D. Turner; *Zostrianos* (NHC VIII, 1), trad. John H. Sieber; ambos em *A Biblioteca de Nag Hammadi*.

194. Walter Scott (org. e trad.), *Hermetica*, 4 vols. (Oxford: Clarendon Press, 1924-36), I:1-2. Ver Lewis, *Cosmology and Fate*, p. 106, n. 10.

195. André-Jean Festugière, *La Révélation d'Hermès Trismégiste*, 4 vols. (Paris: Bibliothèque des Textes Philosophiques, 1946-54), I:30. Para a validade questionável dessa divisão, ver Copenhaver, *Hermetica*, p. xxvii; Fowden, *The Egyptian Hermes*, pp. 1-4, 140-41, 161-213. Jung não parece ter adquirido as traduções de Scott nem as de Festugière.

196. Para estes trabalhos perdidos, ver Copenhaver, *Hermetica*, pp. xxxiv-xxxv; Lewis, *Cosmology and Fate*, p. 107.

197. Para duas exceções, ver Robert Zoller (trad.), *Liber Hermetis*, 2 vols. (Golden Hind Press, 2000); *Kyranides* (Londres, 1685; reimpr. Nova York: Renaissance Astrology, 2010.) Para a familiaridade de Jung com *Kyranides*, ver Jung, CW9ii, par. 138. Ver também Fowden, *The Egyptian Hermes*, pp. 87-89; David Bain, "Μελανιτις γη in the *Cyranides* and Related Texts", em Todd Klutz (org.), *Magic in the Biblical World* (Edimburgo: T&T Clark, 2003), pp. 191-213.

198. *CH* XIII.12.

199. Fowden, *The Egyptian Hermes*, p. 109. Para *kairos*, o "momento certo", ver Jung, CW10, par. 585.

200. Durante esse período, Jung emergiu de seu retiro voluntário. Em 1928, colaborou com Wilhelm em *The Secret of the Golden Flower* e, no ano seguinte, terminou seu primeiro ensaio sobre alquimia ocidental, "Paracelso" (Jung, CW15, pars. 1-17). Em 1930, tornou-se vice-presidente da Sociedade Médica Geral para Psicoterapia e recebeu o Prêmio Literário da Cidade de Zurique, em 1932. No mesmo ano, completou seus trabalhos n'os *Black Books*. Em 1933, as conferências de Eranos começaram em Ascona, onde Jung entregou o primeiro de muitos trabalhos que ele supostamente deveria entregar nesses eventos nos anos subsequentes: "A Study in the Process of Individuation" (Jung, CW9i, pars. 525-626). Também em 1933, Jung começou a dar palestras no ETH e em 1934 fundou a Sociedade Médica International

para a Psicoterapia, tornando-se seu primeiro presidente e editor da própria revista, *Zentralblatt für Psychotherapie und ihre Grenzgebiete*. Em 1935, tornou-se professor titular do ETH e fundou a Sociedade Suíça de Psicoterapia Prática.

201. Ver Lynn Hayes, "The astrology of Carl Jung and His Red Book" (2009), disponível em: www.beliefnet.com/columnists/astrologicalmusings/2009/09/carl-jung-and-the-astrology-of.html; "Carl Jung's 'Red Book'", disponível em: http://heavenlytruth.typepad.com/heavenly-truth/2009/09/carl-jungs--red-book-theastrology-behind-the-publication-of-jungs-most-personal--work.html.

6 "O CAMINHO DO QUE ESTÁ POR VIR"

"Quando falamos do novo tipo aquariano de pessoa, estamos, na verdade, nos referindo a seres humanos pelos quais serão liberados [...] as energias, a fé, o entusiasmo descendente e as revelações da Nova Era [...]. Esses verdadeiros "aquarianos" [...] são os porta-vozes para o novo espírito, e muitos deles podem quase ser chamados de nascidos "médiuns" para a libertação do espírito no início do novo ciclo."[1]

– Dane Rudhyar

"Quando o mês de Gêmeos havia terminado, os homens disseram às suas sombras: 'Você sou eu' [...]. Assim os dois se tornaram um só, e por essa colisão irrompeu o formidável, precisamente aquela fonte de consciência que se chama cultura e que durou até o tempo de Cristo. Mas os peixes indicaram o momento em que o que estava unido se dividiu, de acordo com a lei eterna dos contrastes, em um submundo e um mundo superior [...]. Mas o separado não pode permanecer separado para sempre. Será unido novamente, e o mês de Peixes terminará em breve."[2]

– C. G. Jung

A ideia da "Nova Era"

Nas últimas duas décadas, uma quantidade considerável de literatura acadêmica tem sido dedicada à influência de Jung nas chamadas crenças e práticas da Nova Era.³ Olav Hammer, seguindo Richard Noll, usa o termo "junguianismo" para descrever uma forma de "psicorreligião moderna" baseada no papel de um tipo de culto atribuído a Jung como guru da Nova Era.⁴ Paul Heelas identificou Jung como uma das três figuras-chave no desenvolvimento do pensamento da Nova Era, sendo as outras duas H. P. Blavatsky e Georges Ivanovich Gurdjieff (1866-1949), cujo sistema espiritual, chamado de "Quarto Caminho", concentra-se no desenvolvimento de estados mais elevados de consciência.⁵ Wouter Hanegraaff, também seguindo Noll, vê Jung como um "esoterista moderno que representa uma ligação crucial entre as visões de mundo tradicional [...] esotérica e o movimento da Nova Era".⁶

Existem, por certo, amplos paralelos entre os modelos psicológicos de Jung e as correntes de pensamento da "Nova Era" que enfatizam a ampliação da consciência. Isso pode ser explicado, em parte, pelo fato de que tanto Jung quanto o reavivamento ocultista do final do século XIX, que forneceu a base para muitas das mais vigorosas ideias da Nova Era, basearam-se no mesmo conjunto de fontes: especulações e práticas esotéricas herméticas, platônicas, neoplatônicas, gnósticas e judaicas, aliadas a traços liberais dos pensamentos hindu e budista. Muitas abordagens religiosas da Nova Era já tinham, portanto, sido formadas por inteiro no final do século XIX. Roderick Main, em um artigo sobre a relação entre as ideias de Jung e o pensamento da Nova Era, comenta:

> É possível interpretar que a psicologia junguiana, mesmo como exposta, a princípio, por Jung, possa ter, ela própria, sido influenciada pelo pensamento da Nova Era [...]. Embora Jung com certeza tenha influenciado o movimento da Nova Era, ele mesmo

pode ter sido influenciado pela religião da Nova Era ou sido um de seus representantes.[7]

A ideia da Nova Era como época definida em termos astrológicos – presumida, nos tempos modernos, como a "Era de Aquário" – começou a tomar forma no final do século XVIII, sendo cristalizada no século XIX, e é popular ainda hoje. Dane Rudhyar acreditava que a Era de Aquário começaria em 2060, embora pensasse que seu "período de semeadura" tivesse começado entre 1844 e 1846.[8] Wouter Hanegraaff, em seu importante trabalho, *Preparações Ocultas Para Uma Nova Era*, se refere à Nova Era *in sensu strictu*: as correntes de ideias que focam na expectativa de uma iminente Era de Aquário e em uma mudança radical de consciência, em paralelo, que reflita o significado da constelação astrológica. Hanegraaff discute, então, a Nova Era *in sensu lato*: um movimento inovador "em sentido geral" que não precisa, necessariamente, carregar uma conotação astrológica específica.[9]

Essa é uma abordagem heurística útil pela qual se pode explorar muitas espiritualidades atuais. Mas é difícil chegar a um acordo entre os autores sobre o que constitui a Nova Era no sentido amplo. Muitas das ideias que formam a base do pensamento da Nova Era são muito antigas e não foram significativamente alteradas por outro termo excessivamente ambíguo, "modernidade". Elas poderiam ser vistas, simultaneamente, como "Era Antiga", pois refletem certos temas cosmológicos e antropológicos consistentes de grande atuação e são imensamente adaptáveis em termos culturais, ao mesmo tempo que mantêm uma integridade estrutural por mais de dois milênios. Essas ideias não foram necessariamente "secularizadas" no sentido de que os atuais adeptos se tornaram "irreligiosos", nem no sentido de que eles evitam uma forma organizada de religião. Jung considerava essas ideias arquetípicas: elas pertencem ao "Espírito das Profundezas", não, como se poderia supor, ao "Espírito deste Tempo".

Alguns acadêmicos presumem que certas ideias da Nova Era – em particular a convicção de que a autoconsciência e a consciência de Deus são indistinguíveis, e que Deus pode ser encontrado no interior – são exclusivas das espiritualidades "modernas". Essa suposição não tem base em evidências textuais. A analogia entre "conhecimento de Deus" e "autoconhecimento" é expressa com clareza nas literaturas hermética, neoplatônica, gnóstica e judaico-esotérica primitiva.[10]

Nesse sentido, a suposição de Hanegraaff da modernidade do pensamento da Nova Era pode ser enganosa, criando acentuadas divisões artificiais entre períodos históricos, culturas e esferas de expressão humana nas quais uma perspectiva mais matizada poderia ser mais útil. Mas, por mais problemáticas que possam ser as definições da Nova Era *in sensu lato*, o pensamento de Jung sobre a Nova Era que está por vir pertence, sem dúvida, à categoria que Hanegraaff chama de *in sensu strictu*; pois parece que Jung acreditava, de todo coração, que uma nova época refletindo o simbolismo da constelação de Aquário estava prestes a despontar, e que sua psicologia poderia dar uma contribuição significativa para os conflitos que, sem dúvida, surgiriam diante de uma mudança tão profunda na consciência coletiva.

O deus no ovo

Em 1951, após dois ataques cardíacos, Jung escreveu uma obra chamada *Aion*.[11] Para o frontispício, escolheu uma escultura romana do deus mitraico conhecida por vários estudiosos como *Aion*, *Aeon*, *Kronos*, *Cronos* ou *Zervan* (ver Gravura 4).[12]

Enquanto trabalhava no *Liber Novus*, Jung contou, em grande parte, com as traduções alemãs de Dieterich e com as de Mead para o inglês, da *Liturgia de Mithra*. Também adquiriu os dois livros de Franz Cumont sobre mitraísmo: *Die Mysterien des Mithra* e o anterior, bem mais longo, *Textes et Monuments Figurés Relatifs aux Mystères de Mythra*.[13] Jung referiu-se a

Cumont como "a maior autoridade no culto mitraico".[14] Mas Cumont rejeitou a importância central da astrologia no culto mitraico romano, considerando sua iconografia astrológica como pertencente à forma mais antiga, "caldeia", do culto e culpando essa antiga corrente religiosa "oriental" por contaminar as crenças ocidentais com a "longa cadeia de erros e terrores" da astrologia.[15] Jung não parece ter concordado.

Em anos recentes, Roger Beck e David Ulansey desafiaram as suposições de Cumont, focando, em particular, nos fundamentos astrológicos do mitraísmo romano.[16] Achados arqueológicos mitraicos forneceram a principal fonte para esses exames; as iniciações do culto foram um segredo bem guardado, e não existe nenhum corpo de literatura produzido diretamente por seus membros. Somente referências sobreviveram, muitas vezes baseadas em rumores e nos escritos de autores da Antiguidade Tardia como Orígenes e Porfírio.[17] Mas numerosas imagens de Aion sobreviveram aos séculos, descobertas na Mitreia romana em toda a Europa. Em geral, elas apresentam uma figura masculina alada de cabeça de leão segurando um cajado e uma chave, envolta em uma serpente espiralada, e costuma – embora não sempre – ser cercada por, ou carregar sobre o corpo, os signos do zodíaco.[18]

A palavra grega *aionos* tem vários significados e usos diferentes, todos eles relevantes para a compreensão de Jung da iminente mudança psíquica coletiva que ele imaginou no *Liber Novus*.[19] Homero e Heródoto usaram a palavra para descrever a vida de um indivíduo.[20] Eurípedes, em comum com alguns tratados herméticos, personificou Aion como um ser divino, chamando-o de "filho do tempo" que "faz passar muitas coisas".[21] Ésquilo e Demóstenes usaram a palavra para descrever tanto uma época quanto uma geração.[22] Sófocles o entendeu como o destino de alguém ou lote, semelhante à ideia de *moira*.[23] Hesíodo usou-o para definir uma idade ou época, como a Era do Ouro ou a Era do Ferro.[24] Paulo usou-o para se referir ao mundo atual, bem como a uma era ou época.[25] Em *Timeu*, de Platão, *aionos*, em contraste com *chronos*, constitui a eternidade, enquanto *chronos* expressa *aionos* temporalmente através dos movimentos dos corpos celestiais:

> Agora a natureza do ser ideal era eterna, mas outorgar esse atributo, em sua plenitude, a uma criatura era impossível. Por isso ele resolveu ter uma imagem em movimento da eternidade [*aionos*], e, quando colocou em ordem o céu, ele fez essa imagem eterna, mas em movimento, de acordo com o número, enquanto a própria eternidade repousa na unidade; é essa imagem que chamamos de tempo [*chronos*].[26]

Jung parece ter contribuído para a ideia de *aion* tanto como época astrológica – com duração de cerca de 2.165 anos, ou um duodécimo do que ele acreditava ser o grande "Ano Platônico" de vinte e seis mil anos – quanto como imagem de Deus, que emergia da imaginação religiosa humana e incorporava as qualidades específicas dessa época. Essas épocas astrológicas refletem-se no fenômeno astronômico da precessão dos equinócios: o movimento gradual para trás do equinócio da primavera (o momento a cada ano em que o Sol entra no signo zodiacal de Áries) através das estrelas das doze constelações zodiacais.[27]

Pistis Sophia descreve os *aions* como poderes celestiais que governam regiões específicas do cosmos e as próprias regiões: constelações zodiacais com portais ou portões pelos quais o deus redentor passa a cumprir sua tarefa de salvação.[28] Em contraste, a *Liturgia de Mithra* apresenta Aion não como constelação zodiacal, arconte planetário, ou época do tempo, mas como divindade primordial ardente, também chamada Hélios-Mithra: como Jung a entendia, uma imagem da libido ou da força vital.[29] Uma visão desse ser eterno é o objetivo do ritual, levando à "imortalização" temporária do iniciado.[30]

> Pois devo contemplar hoje com Olhos Mortíferos – eu, mortal, nascido do ventre mortal, mas [agora] feito melhor pelo Poder do Poderoso, sim, pela Mão Direita Incorrupta – [devo ver hoje], em

virtude do Espírito Sem-Morte, o *Aeon* Sem-Morte [αθανατον Αιωνα], o mestre dos Diademas de Fogo.³¹

Mais tarde no ritual, oferecem-se orações aos "sete Destinos do céu", as divindades planetárias que governam o *Heimarmene*. Uma invocação é, então, dirigida a Aion, que nomeia seus principais atributos e funções:

> Doador de Luz [e] Soprador de Fogo; Soltador de Fogo, cuja Vida está na Luz; Turbilhão de Fogo, que põe a Luz em Movimento; Tu Trovão-usuário; Ó Tu, Glória-Luz, Ampliador de Luz; Controlador da Luz Empírica; Ó Tu, Estrela-Domador!³²

Aion, o "domador de estrela", emana e controla as esferas celestiais, e a visão outorgada ao iniciado na *Liturgia de Mithra* permite uma identificação com a divindade que, pelo menos por algum tempo, quebra o poder do *Heimarmene*.³³ Como vimos, Jung associou essa liberdade dos laços da compulsão astral à potência integradora de uma experiência direta do *Self*; como a *Liturgia*, ele não estipulou nenhuma garantia da permanência do estado. Uma comparação de Aion na *Liturgia* com as palavras do gigante Izdubar no *Liber Novus*, que se levanta do ovo ardente revelado como o Deus-sol, sugere quão profundamente a *Liturgia de Mithra* afetou a compreensão de Jung do símbolo astrológico do Sol.

> Correntes de fogo se romperam de meu corpo irradiante –
> Eu surgi através das chamas abrasadoras –
> Nadei em um mar que me envolveu em fogueiras vivas –
> Cheias de luz, cheias de saudade, cheias de eternidade –
> Eu era antigo e me renovei perpetuamente [...]
> Eu sou o sol.³⁴

A descrição de Jung de Aion incluía o nome Cronos (Saturno), mas ele o eludiu com *chronos* (tempo) e enfatizou os atributos leoninos da figura:

> Encontramos na religião mitraica um estranho Deus do Tempo, Aion, chamado Cronos ou Deus *Leontocephalus,* porque sua representação estereotipada é um homem com cabeça de leão que, postado em atitude rígida, é espiralado por uma cobra [...]. Além disso, a figura às vezes carrega o Zodíaco em seu corpo [...]; Ele é um símbolo do tempo, composto, de modo mais interessante, de símbolos da libido. O leão, signo do zodíaco do maior calor do verão, é o símbolo do desejo mais poderoso.[35]

Paradoxalmente, Jung associou esse "Deus *Leontocephalus*" não somente ao Sol, mas também ao arconte gnóstico Ialdabaoth e ao planeta do arconte, Saturno.[36] Aion era muitas coisas para Jung: um símbolo ardente da libido abrangendo todos os opostos; um símbolo do tempo expresso através do caminho solar do círculo zodiacal; e uma personificação da divindade planetária Saturno-Cronos, regente do próprio horóscopo natal. Aion pode, assim, ser entendido também como o aspecto universal ou coletivo do "*daimon* pessoal" de Jung, Filêmon, o "Mestre da Casa".[37] E Aion, para Jung, encarnou uma era astrológica – a de Aquário – que combina, em seu imaginário e significado, a forma humana do Portador de Água com sua constelação oposta de Leão, o Leão. Em um dos primeiros quadros do *Liber Primus*, os símbolos da polaridade do novo Aion, Aquário e Leão, são apresentados: o Leão ergue-se no topo esquerdo da imagem com um disco solar vermelho sobre a cabeça, enquanto o Portador de Água, vestido com uma túnica azul em vez do padrão arlequim do posterior "Rodízio de Água Benta", ergue-se no topo direito da imagem, despejando sua água de uma urna vermelha, com o glifo de Saturno no ombro esquerdo.[38] William Butler Yeats, preocupado com a mesma polaridade zodiacal, descreveu sua visão da aproximação da Nova Era em seu poema "A Segunda Vinda", escrito logo após o armagedom da Grande Guerra, com um pessimismo profético não muito diferente do de Jung: um ser aterrador com o corpo de um leão e a cabeça de um homem que "anda com desleixo rumo a Belém para nascer" em meio ao caos e à desintegração da ordem social.[39]

Em *Liber Novus*, Jung descreveu sua própria transformação em uma divindade leontocefálica circundada por uma serpente, com "braços estendidos como alguém crucificado".[40] Mais tarde, relacionou essa visão, de modo explícito, com a iconografia mitraica de Aion:[41]

> O rosto animal no qual senti o meu transformado foi o famoso [Deus] Leontocéfalo dos mistérios mitraicos. É a figura que é representada com uma cobra enrolada ao redor do homem, a cabeça da cobra repousando na cabeça do homem, e o rosto do homem é o rosto do leão.[42]

Essa alusão sugere um significado bastante pessoal subjacente à escolha de Jung da capa para *Aion*. A visão no *Liber Novus*, como a da *Liturgia de Mithra*, descreve uma experiência interior transitória, embora profundamente transformadora, que resulta em uma consciência ampliada e, na terminologia de Jung, em uma integração mais completa da personalidade. No horóscopo natal de Jung, como ele bem sabia, a oposição entre Aquário e Leão predomina. Aquário estava ascendendo no momento do nascimento de Jung, e o Sol se posicionava em Leão. Não é de surpreender que ele sentiu que o simbolismo de Aion era relevante não apenas para a psique coletiva, mas para a sua própria.

A Era de Aquário

A primeira imagem na primeira página do *Liber Novus* incorpora a letra D, com iluminuras ao estilo de um manuscrito alemão medieval, apresentando a frase inicial da obra: *Der Weg des Kommenden* ("O Caminho do Que Está por Vir").

Uma "faixa" astrológica pode ser vista na parte superior da imagem (ver Gravura 5); é pintada em um azul mais claro que o do céu com seus corpos celestes.⁴³ As constelações zodiacais, representadas por seus tradicionais glifos, correm em ordem anti-horária, começando com Câncer na extrema esquerda, seguido de Gêmeos, Touro, Áries e Peixes, terminando com Aquário na extrema direita. A grande estrela de quatro raios na "faixa" é colocada no ponto de encontro preciso entre a constelação representada pelo glifo de Peixes e a constelação representada pelo glifo de Aquário. A estrela representa, é evidente, o Sol no momento do equinócio anual da primavera.⁴⁴ Esse ponto equinocial, que retrocede devagar pelas constelações ao longo dos séculos, atingiu agora, segundo Jung, o final da constelação de Peixes e está prestes a entrar em sua jornada de 2.165 anos através da constelação de Aquário. Jung se referiu a esse evento astronômico como o novo Aion, o "Caminho do Que Está por Vir". Mais tarde o chamou de "καιρος – o momento certo – para uma 'metamorfose dos deuses'".⁴⁵

O tema principal de *Aion* é a mudança na consciência humana e uma simultânea mudança na imagem de Deus, refletida pelo fim do Aion de Peixes. Peixes está associado aos símbolos cristãos de Jesus e Satanás como os dois Peixes, e o advento do Aion Aquariano está associado a um novo símbolo: a humanidade como o Portador de Água. Lance Owens sugeriu que é necessário fazer uma referência cruzada do *Aion* com o *Liber Novus*, a fim de entender ambos: *Aion* é o esforço de Jung, tarde na vida, de fornecer uma exegese racional das revelações do *Liber Novus*, e as duas obras estão "fundamentalmente interligadas".⁴⁶ *Aion* parece oferecer um envolvimento mais impessoal com a astrologia do que a preocupação de Jung com o próprio horóscopo natal. Mas sua abordagem dos ciclos coletivos incorporou os mesmos modelos psicológicos que sua percepção da dinâmica psíquica no indivíduo: arquétipos, tipologias, complexos e indicadores astrológicos como símbolos das qualidades do tempo. Jung acreditava que cada uma das grandes mudanças representadas por um novo Aion astrológico está refletida no imaginário da constelação zodiacal que preside e de seu regente planetário:

> Aparentemente são mudanças nas constelações de dominantes psíquicos, dos arquétipos, ou "deuses", como costumavam ser chamados, que provocam, ou acompanham, transformações duradouras da psique coletiva. Essa transformação começou na era histórica e deixou seus traços primeiro na passagem do *aeon* de Touro para o de Áries, e depois de Áries para Peixes, cujo início coincide com a ascensão do cristianismo. Estamos agora às vésperas da grande mudança que pode ser esperada quando o ponto da primavera entrar em Aquário.[47]

Enquanto *Aion* discute a natureza histórica dessas transformações, como estão expressas em representações religiosas, *Liber Novus* revela a compreensão de Jung sobre o próprio papel na mudança iminente, de acordo com sua convicção de que cada indivíduo é parte do coletivo e que o futuro da coletividade depende da consciência do indivíduo.[48]

Tem havido considerável especulação sobre onde Jung adquiriu a ideia da Nova Era em relação ao movimento do ponto equinocial vernal. Isso parece ser importante, em particular, porque Jung se credenciou como a primeira pessoa nos tempos modernos a difundir a ideia de que a Nova Era havia muito esperada seria aquariana. A ideia da Era de Aquário está enraizada no Iluminismo do final do século XVIII, quando foram produzidos vários trabalhos acadêmicos que focavam na figura cristã de Jesus como alguém de longa linhagem de divindades solares.[49] Segundo Nicholas Campion, as ideias apresentadas nesses trabalhos podem ser divididas em três categorias distintas. A primeira era a tentativa de estabelecer uma origem comum para as religiões. A segunda era a teoria de que essa origem compartilhada residia na adoração dos corpos celestes, especialmente do Sol. A terceira foi a utilização da precessão dos equinócios para estabelecer a datação dos textos sagrados indianos conhecidos como os Vedas.[50]

Embora nenhum dos autores dessas obras do século XVIII tenha fornecido o tipo de interpretações oferecidas pelos astrólogos contemporâneos a Jung, todos eles enfatizaram a importância do ciclo precessional no desenvolvimento histórico das imagens e ideias religiosas.

Em 1775, o astrônomo e matemático francês Jean Sylvain Bailly (1736-1793) propôs uma origem astral para todas as formas religiosas.[51] Bailly foi seguido por um advogado e professor de retórica francês, Charles François Dupuis (1742-1809), que, em sua *Origine de tous les Cultes* [A Origem de todos os Cultos], argumentou que todas as religiões surgiram do culto ao Sol, e que o cristianismo era apenas mais uma manifestação de mito solar.[52] Dupuis, como Max Heindel e o próprio Jung, mais de um século depois, notou os paralelos entre a constelação astrológica de Virgem e a mãe do messias solar. Descrevendo a gravura que ele encomendou para a capa de seu livro, Dupuis observou: "Uma mulher segurando uma criança, coroada com estrelas, postada sobre uma serpente, chamada de Virgem celestial [...]. Ela tem sido, sucessivamente, Ísis, Themis, Ceres, Erigone, a mãe de Cristo".[53]

O frontispício de Dupuis (ver Gravura 6) combina a ideia de uma religião solar universal com temas religiosos relacionados com a precessão dos equinócios. No canto superior esquerdo, no céu, estão as constelações zodiacais de Áries e Touro, com o Sol brilhando no ponto médio entre elas. O ponto equinocial vernal está, assim, atravessando de Touro para Áries, refletido na passagem de várias formas religiosas taurinas representadas na gravura (Mithra matando o touro cósmico, o Touro egípcio Ápis, o Bezerro de Ouro) para as de Áries (Zeus entronizado como deus do céu, o Sumo Sacerdote israelita ante a Arca da Aliança). No centro superior da capa estão os símbolos da dispensação cristã: os quatro apóstolos com seus animais simbólicos, a "virgem celestial" coroada com estrelas, e Cristo criança como o recém-nascido Sol. Embora Dupuis tenha se concentrado na mudança de Touro para Áries em vez de Peixes para Aquário, há um paralelo impressionante entre a ilustração do Sol de Dupuis no ponto médio entre as constelações de Touro e Áries e a estrela solar de quatro pontas de Jung no ponto médio entre as constelações de Peixes e Aquário na página de abertura do *Liber Novus*. Jung nunca mencionou Dupuis em seu trabalho publicado, tampouco uma cópia de *Origines* aparece listada no catálogo de sua biblioteca. Mas é provável que ele estivesse familiarizado com o livro de Dupuis.

Especulações sobre uma relação entre a precessão do ponto equinocial vernal e a mudança das formas religiosas continuaram durante o final do século XVIII e o século XIX. François-Henri-Stanislas de l'Aulnaye (1739-1830), autor de dois livros sobre maçonaria, produziu um texto em 1791 chamado *L'histoire Générale et particulière des Religions et du Cultes*.[54] Campion afirma que essa obra foi a primeira a considerar as implicações da precessão do ponto equinocial vernal para Aquário, a qual De l'Aulnaye acreditava ter ocorrido em 1726.[55] Godfrey Higgins (1772-1833), historiador religioso cujo trabalho exerceu grande influência sobre Blavatsky,[56] declarou, em seu *Anacalypsis*, publicado em 1836, que a mudança equinocial de Touro para Áries foi a época em que "o cordeiro morto" substituiu "o touro morto".[57] No final do século XIX, Gerald Massey (1828-1907), poeta inglês e egiptólogo autodidata, ofereceu um esquema detalhado da evolução das formas religiosas de acordo com a precessão dos equinócios através das constelações zodiacais.[58] É em um dos documentos de Massey, "The Historical Jesus and the Mythical Christ" ["O Jesus Histórico e o Cristo Místico"], publicado em particular em 1887, que a primeira referência à Era de Aquário aparece na língua inglesa:[59]

> As bases de um novo céu foram depositadas no signo do Carneiro, 2410 AEC; e de novo, quando o Equinócio entrou no signo de Peixes, 255 AEC. Profecia que será *mais uma vez* cumprida quando o Equinócio entrar no signo do Homem de Água, por volta do final deste século [XIX].[60]

Todos esses autores – Dupuis, De l'Aulnaye, Higgins e Massey – utilizaram mitos para ilustrar vastas mudanças coletivas nas formas e percepções religiosas e associaram os mitos a constelações zodiacais particulares no ciclo de precessão. Embora Jung não tenha citado nenhum de seus escritos no próprio trabalho publicado, ainda assim as mesmas ideias são centrais para *Aion*. O fato de ninguém parecer ter chegado a um consenso sobre a data para o início do novo Aion aquariano não é de surpreender. Como o próprio Jung declarou: "A delimitação das constelações é conhecida por ser um tanto arbitrária".[61]

Fontes antigas para a Nova Era

Textos relacionando explicitamente o alvorecer de uma Nova Era com a precessão dos equinócios podem ter começado apenas na era moderna. Mas Jung acreditava que fontes anteriores apoiavam sua crença de que um novo Aion astrológico estava prestes a começar. Sua busca por evidências históricas da ideia da vindoura Era de Aquário às vezes o levou a assumir conexões que um acadêmico do século XXI, preocupado com especulações do tipo "universalista", poderia muito bem evitar. Entretanto, a recusa em reconhecer a longevidade e a universalidade de certas ideias pode, por si só, revelar um plano poderoso, e os saltos intuitivos de Jung parecem ter sido válidos com mais frequência do que mal interpretados. Um exemplo da busca de Jung para encontrar validação para a Era de Aquário em textos alquímicos é fornecido pelo alquimista e médico do século XVI, Heinrich Khunrath (1560-1605),[62] que declarou que a "Era de Saturno" começaria, em algum momento, em um futuro não muito distante e inauguraria uma época em que os segredos alquímicos estariam disponíveis a todos:

> A Era de Saturno ainda não é, na qual tudo o que é privado se tornará propriedade pública: pois ainda não se toma e se usa aquilo que é bem-intencionado e bem-feito no mesmo espírito.[63]

Khunrath não menciona nem a precessão dos equinócios nem a constelação zodiacal de Aquário em qualquer parte de seu texto. Tampouco a ideia aparece em alguma outra literatura alquímica do início da era moderna, embora estivesse impregnada de astrologia. Mas Jung acreditava que Khunrath estava se referindo à Era de Aquário, porque essa constelação é tradicionalmente regida por Saturno. Em uma palestra dada no ETH em 1940, Jung citou a declaração de Khunrath e depois comentou:

> Khunrath quer dizer que a Era de Saturno ainda não despontou [...]. É óbvio que a questão é: o que Khunrath quer dizer com a Era de Saturno? Os antigos alquimistas também eram astrólogos, é claro, e pensavam de forma astrológica. Saturno é o regente do signo de Aquário, e é bem possível que Khunrath se referisse que a era vindoura, a Era de Aquário, o Portador de Água, estivesse quase chegando. É concebível que ele tenha pensado que a humanidade estaria transformada por essa época e capacitada a compreender o mistério dos alquimistas.[64]

Jung encontrou no trabalho desse influente alquimista o que percebeu como evidência de que a Era de Aquário estaria preocupada com revelações de natureza esotérica e psicológica, "segredos" que tinham ou sido perdidos ou nunca tinham sido conhecidos, cuja emergência na consciência coletiva resultaria em uma importante transformação na autoconsciência humana. Apesar de seu pessimismo sobre a capacidade de autodestruição global inerente na interiorização do deus-arquétipo, Jung estava, pelo menos a princípio, otimista sobre o potencial psicológico da Nova Era.

Na literatura gnóstica, Jung também pode ter encontrado "evidências" semelhantes de uma crença na precessão como um arauto de grandes mudanças religiosas – embora aqui, tal como nos escritos de Khunrath, não haja referências explícitas sobre os *aions* astrológicos em relação à precessão do ponto equinocial. O texto gnóstico conhecido como *Trimorphic*

Protennoia (*Protenoia Trimórfica*) fala de uma grande ruptura nos domínios dos arcontes e seus poderes. Horace Jeffery Hodges, em um artigo discutindo a preocupação gnóstica com *Heimarmene*, sugere que essa profecia de grande mudança nos reinos celestes reflete o conhecimento dos gnósticos sobre a mudança do ponto equinocial vernal da constelação de Áries para a constelação de Peixes.[65] Como a precessão já havia sido reconhecida por volta de 130 AEC, os gnósticos de inclinação astrológica dos primeiros séculos podem ter tido conhecimento sobre ela, embora não haja evidências textuais sobreviventes de que a tenham relacionado nem ao "Ano Platônico" nem aos *aions* astrológicos. No entanto, mesmo que a *Protenoia Trimórfica* de fato se refira à precessão, nem Jung nem Mead teriam conhecimento sobre ela nas primeiras décadas do século XX, pois a única cópia existente do tratado foi encontrada em Nag Hammadi, em 1945. Mas dois outros textos gnósticos, aos quais Jung teve acesso, estão voltados a uma grande "perturbação" dos reinos celestiais. O *Apócrifo de João*, conforme descrito por Irineu,[66] fala da quebra das cadeias do destino astral com o advento do Redentor: "Ele [Cristo] desceu pelos sete céus [...] e de modo gradual os destituiu de seu poder".[67] *Pistis Sophia* também fornece descrições de uma grande "perturbação" nos céus. Mas, assim como no *Apócrifo de João*, não há nenhuma referência explícita à precessão que pode ser encontrada no texto.

David Ulansey argumentou que a precessão dos equinócios forneceu a base para a imagem central dos mistérios mitraicos: a tauroctonia, ou matança do touro cósmico.[68] Mas a obra de Ulansey não foi publicada até 1989, vinte e oito anos após a morte de Jung. Entretanto, mesmo antes da ruptura com Freud, Jung havia relacionado o simbolismo do touro aos mistérios mitraicos com a polaridade de Touro e sua constelação oposta, Escorpião, descrevendo-as como "sexualidade destruindo-se" na forma de "libido ativa" e "libido resistente (incestuosa)".[69] Na época em que escreveu *Psicologia do Inconsciente,* Jung já estava bem ciente do movimento do ponto equinocial através das constelações:

> Touro e Escorpião são signos equinociais que indicam claramente que a cena sacrificial [a Tauroctonia] se refere principalmente ao ciclo do Sol [...]. Touro e Escorpião são os signos equinociais para o período de 4300 a 2150 AEC. Esses signos, havia muito suplantados, foram mantidos mesmo na era cristã.⁷⁰

Jung já tinha, portanto, começado a chegar a certos *insights* a respeito da precessão dos equinócios em relação ao significado da iconografia mitraica. Mas a literatura acadêmica sobre mitraísmo disponível na época – sobretudo as obras de Cumont e Reitzenstein e a tradução de Dieterich da *Liturgia de Mithra* – não discutia a precessão. Nem Mead, em sua própria exegese do mitraísmo. Não obstante, Jung parece ter se convencido de que Touro e Escorpião – os *aions* astrológicos que ele acreditava terem regido o período de 4300 a 2150 AEC – eram, embora "havia muito tempo suplantados", ainda relevantes como símbolos potentes de geração e regeneração, mesmo na Era Pisciana, quando o culto romano de Mithra surgiu pela primeira vez.

O chamado Ano Platônico de vinte e seis mil anos nunca foi descrito por Platão, pois a precessão não havia sido descoberta em sua época. Platão definiu o "ano perfeito" como o retorno dos corpos celestes e a rotação diurna das estrelas fixas às suas posições originais no momento da criação.⁷¹ O astrólogo romano Júlio Fírmico Materno, fazendo eco a Platão, discutiu um grande ciclo de trezentos mil anos, após o qual os corpos celestes retornarão às posições que ocupavam quando o mundo foi criado pela primeira vez.⁷² Fírmico parece ter combinado o "ano perfeito" de Platão com a crença estoica de que o mundo sofre sucessivas conflagrações de fogo e água, após o que é regenerado. Mas os estoicos não descreveram nenhuma transformação de consciência, como Jung descreveu – apenas uma réplica precisa do que havia acontecido antes.⁷³ Vários outros autores da Antiguidade ofereceram várias outras durações para o Grande Ano, variando de quinze mil anos a dois mil quatrocentos e oitenta e quatro anos. Mas nenhuma dessas especulações se baseou no movimento do ponto equinocial vernal pelas constelações.[74] Foi na literatura moderna astrológica, teosófica, e na literatura oculta que Jung encontrou inspiração para a própria interpretação, bastante individual, do Aion de Aquário.

Fontes novas para a Nova Era

O entendimento singular de Jung sobre o significado de Aquário como constelação do vindouro Aion não é rastreável em nenhuma fonte antiga ou medieval. Sua principal percepção em relação ao Aion de Aquário se baseava na ideia da união dos opostos, da interiorização da imagem de Deus e da luta para reconhecer e reconciliar o bem e o mal como dimensões da psique humana. "Temos agora um novo símbolo no lugar do peixe [pisciano]: um conceito psicológico da totalidade humana".[75]

Em uma carta a Walter Robert Corti, escrita em 1929, Jung profetizou um tempo de confusão que precederia a nova consciência:

> Vivemos na era do declínio do cristianismo, quando as premissas metafísicas da moralidade estão em colapso [...]. Isso provoca reações no inconsciente, inquietude e anseio pelo preenchimento dos tempos [...]. Quando a confusão estiver no auge, uma nova revelação chegará, ou seja, no início do quarto mês da história mundial.[76]

O "quarto mês da história mundial" é o Aion de Aquário; a "história mundial", no contexto de Jung, começou com a história registrada no Aion de Touro, o qual Jung acreditava ter ocorrido entre 4300 e 2150 AEC. A iminente transformação coletiva exigirá, na opinião de Jung, um longo e potencialmente perigoso processo de integração, como o seria em um indivíduo. O *Liber Novus*, com sua imagem de abertura do movimento do ponto equinocial adentrando Aquário e suas frequentes referências a Fanes-Abraxas, o deus andrógino de luz escura do novo *aion*, poderia ser compreendido como uma narrativa bastante pessoal, justamente daquele processo integrativo dentro do próprio Jung. O interesse de Jung pelo trabalho de Nietzsche deve ter contribuído para a ideia de que o Portador da Água celestial – uma das três únicas imagens zodiacais com forma humana[77] – poderia ser um símbolo do *Übermensch*, o "Super-Homem, ou Super-Humano, aquele que está além do humano",* que transcende os opostos. A convicção de Nietzsche de que a humanidade estaria progredindo rumo a um objetivo que reside "além do bem e do mal" sugere a ideia do ser humano totalmente individualizado, cujo surgimento Jung esperava que se desse no novo Aion.[78] Mas Nietzsche nunca associou seu *Übermensch* à Era de Aquário.

Uma fonte óbvia moderna para as expectativas de Jung de uma transformação de consciência baseada na precessão dos equinócios poderia parecer ser os teosofistas, que certamente promulgaram a ideia de uma Nova Era iminente. Blavatsky estava familiarizada com autores como Higgins e Massey. Mas ela não igualou sua Nova Era à entrada do ponto equinocial vernal na constelação de Aquário, preferindo usar o que chamou de "a ideia hindu de cosmogonia" (o conceito dos Yugas), combinada com certas estrelas fixas em relação ao ponto equinocial.[79] Segundo Blavatsky, ocorrerão doze transformações no mundo, após uma destruição parcial pela água ou pelo fogo (um empréstimo dos estoicos), e a geração de um novo mundo com um novo ciclo de doze desdobramentos. Ela identificou essa ideia como "a verdadeira doutrina astrológica sabiana", a qual descreve essas doze transformações como reflexos das doze constelações zodiacais.[80] Mas essa abordagem não envolve precessão, e as doze transformações não compreendem um ciclo precessional

---

* Além-homem, super-homem ou sobre-homem é o termo originado do alemão *Übermensch*, descrito no livro *Assim Falou Zaratustra*, do filósofo alemão Friedrich Nietzsche, em que explica os passos através dos quais o homem pode se tornar um "além-homem". (N. da R.)

de vinte e seis mil anos; elas abrangem toda a história do planeta ao longo de muitos milhões de anos.

Em um artigo sobre a história da ideia da Nova Era, Shepherd Simpson aponta que Jung, a quem ele credita a primeira promulgação da ideia de uma "Era Aquariana" nos tempos modernos, não poderia ter obtido a ideia de Blavatsky.[81] O esoterista alemão Rudolf Steiner, cuja Sociedade Antroposófica rejeitou as inclinações orientais dos teosofistas, mas manteve muitas de suas ideias, concordou, do mesmo modo, com a ideia de uma Nova Era, referindo-se a ela como a "Era da Segunda Vinda de Cristo". Mas essa Nova Era, que, na opinião de Steiner, começou em 1899, não é aquariana.

> Fala-se muito de períodos de transição. De fato, estamos vivendo, com exatidão, no momento em que a Idade das Trevas chegou ao fim e uma nova época está apenas começando, na qual os seres humanos desenvolverão, devagar e aos poucos, novas faculdades [...]. O que está começando neste momento preparará lentamente a humanidade para novas faculdades da alma.[82]

Essas "novas faculdades da alma" pertencem, de fato, à Era de Aquário, mas estão apenas em preparação. De acordo com o cálculo idiossincrático de Steiner, a Era de Aquário não começará antes de 3573, e o mundo ainda vive hoje a Era de Peixes, que começou em 1413.[83] Steiner escreveu muito sobre o problema do mal; como Jung, ele acreditava que o mal era mais uma realidade do que mera "privação do bem" e, também como Jung, ficou fascinado pelas ideias de Nietzsche, mas também as rechaçou.[84] Steiner entendeu a necessidade de os seres humanos assumirem a responsabilidade pelo mal:

> Até agora, os deuses cuidaram dos seres humanos. Agora, porém, nesta quinta época pós-Atlântica, nosso destino, nosso poder para o bem e para o mal, vai ser progressivamente entregue a nós mesmos.

É, portanto, necessário saber o que bem e mal significam e reconhecê-los no mundo.[85]

Mas Steiner estava muito mais próximo que Jung das percepções gnósticas e entendia o mal como pertencendo ao mundo encarnado e às potências espirituais (Lúcifer e Ahriman) que, como os arcontes gnósticos, trabalham para inflamar o egoísmo inato e a destrutividade do ser humano. Steiner também não associou a integração do bem e do mal a uma iminente Era de Aquário. É provável que Steiner não fosse uma fonte para a compreensão de Jung sobre o novo Aion mais do que Blavatsky o era. Em 1906, Mead ofereceu sua própria versão da Nova Era:

> Eu também espero o alvorecer dessa Nova Era, mas duvido que a Gnose da Nova Era será nova. Por certo ela será apresentada em novas formas, pois as formas podem ser infinitas [...]. Na verdade, se estiver correto, a própria essência da Gnose é a fé de que o homem pode transcender os limites da dualidade que o faz homem e tornar-se um ser divino, de modo consciente.[86]

Essa ideia de resolução do problema da dualidade está muito mais próxima da formulação de Jung, e Mead pode ter contribuído com ideias importantes para a visão de Jung de "O Caminho Que Está por Vir". Em *Aion,* Jung desenvolveu a descrição de Mead em um contexto psicológico:

> A abordagem do próximo mês Platônico, nomeadamente Aquário, constelará o problema da união de opostos. Assim, não será mais possível eliminar o mal como mera privação do bem; sua existência real terá que ser reconhecida. Esse problema não pode ser resolvido nem pela filosofia, nem pela economia, ou pela política, mas somente pelo ser humano individual, pela sua experiência do espírito vivo.[87]

A visão de Jung sobre o novo vindouro Aion estava repleta de presságios e carrega pouca semelhança com as apresentações sentimentalistas da "Era de Aquário" que emergiram durante os anos 1960, exemplificadas pelo primeiro musical-conceito da Broadway, *Hair*, no qual o despertar da Nova Era seria de "harmonia e compreensão, simpatia e confiança abundantes".[88] O idealismo romântico dessas letras e seu contexto cultural pertencem a uma era mais otimista e menos cética. Não é de surpreender que Jung – que, em 1913, um ano antes do início da Grande Guerra, teve uma visão aterrorizante de "rios de sangue" que cobriam todo o norte da Europa[89] –, a princípio, antecipou a abertura do novo Aion como uma luta mortal que exigiria reconhecimento da "existência real" do mal. Mas, embora Mead se referisse aos "ciclos do Aeon",[90] ele não os relacionou à precessão dos equinócios em seu trabalho publicado. A Nova Era, o que quer que poderia ser, aparentemente não era, para Mead, a Era de Aquário. Enquanto Jung se voltava para o trabalho de Mead para obter *insights* sobre muitos dos textos da Antiguidade Tardia, ele parece ter procurado em outros lugares ideias sobre o significado do Portador de Água.

Duas fontes mais prováveis para as ideias de Jung sobre a Era de Aquário foram os dois astrólogos de inclinação teosófica que forneceram a Jung muito de seus conhecimentos sobre astrologia: Alan Leo e Max Heindel. Leo abraçou a ideia de Blavatsky de que a humanidade estava na metade de seu ciclo evolutivo milenar. Mas não podia ignorar o significado da precessão dos equinócios e associou a Nova Era à constelação de Aquário. Em *Esoteric Astrology* (*Astrologia Esotérica*), publicado pela primeira vez em 1913 – ano em que Jung começou a trabalhar no *Liber Novus* –, Leo declarou: "Sou estimulado pelo motivo principal de expressar o que acredito ser a verdadeira Astrologia, para a Nova Era que está agora despertando no mundo".[91]

Não há nenhuma menção a Aquário nessa declaração. Mas, dois anos antes, Leo havia declarado explicitamente que acreditava que a Era de Aquário começaria em 21 de março de 1928.⁹² Ele se esforçou para conciliar a ideia de Blavatsky sobre os Yugas hindus com a precessão, mas suas conclusões foram, no final, mais próximas às de Jung:

> A constelação de Touro estava no primeiro signo do zodíaco [ou seja, Áries] no início do Kali Yuga, e, em decorrência, o ponto equinocial caiu nele. Nessa época, também, Leão estava no solstício de verão, Escorpião no equinócio outonal, e Aquário no solstício de inverno; e esses fatos formam a chave astronômica para metade dos mistérios religiosos do mundo – entre eles, o projeto cristão.⁹³

Na opinião de Leo, o grande ciclo de precessão está voltado para a evolução espiritual, e o despertar da Era de Aquário marcará o ponto de virada do ciclo: o início da lenta ascensão da humanidade de volta ao reino do espírito puro.⁹⁴ Embora Jung usasse modelos psicológicos e escrevesse sobre a totalidade e a integração de opostos em vez de um retorno a um mundo aperfeiçoado de espíritos puros, ele parece, em princípio, ter concordado.

Leo descreveu a Era de Aquário em termos gerais. Max Heindel era mais específico. Sua declaração sobre o propósito da Fraternidade Rosacruz, feita em 1911, enfatiza o caráter aquariano da Nova Era: "Ela [a Fraternidade Rosacruz] é o arauto da Era de Aquário, quando o Sol, por sua passagem precessional pela constelação de Aquário, trará à tona todas as potências intelectuais e espirituais do homem simbolizadas por aquele signo".⁹⁵

Essas "potências intelectuais e espirituais" florescentes não envolveram, para Heindel, o problema psicológico da integração do bem e do mal. Em *The Rosicrucian Cosmo-Conception* (*Conceito Rosacruz do Cosmos*), publicado em 1909, Heindel forneceu uma explicação detalhada da precessão dos equinócios, chamando o ciclo inteiro de "Ano Mundial".⁹⁶ De acordo com a tendência geral de discordar sobre quando a Nova Era começaria, Heindel declarou que a Era de Aquário não começaria senão em "algumas centenas de anos".[97]

A Mensagem das Estrelas, de Heindel, pode ter sido mais útil para Jung, pois descreve as idades astrológicas em relação à polaridade de cada constelação zodiacal com seu oposto. A visão de Heindel de que a Era de Aquário contém os atributos de Leão, a constelação oposta, deve ter sido de considerável interesse para Jung, que estava inclinado a ver o funcionamento da astrologia, bem como da psicologia humana, como uma tensão dinâmica entre opostos. Heindel havia apresentado esse tema em 1906, em *A Mensagem das Estrelas*:

> Existem dois conjuntos de três pares de signos, o primeiro sendo Câncer e Capricórnio, Gêmeos e Sagitário, Touro e Escorpião. Nesses pares de signos podemos ler a história da evolução humana e da religião [...]. Isso é também divisível em três períodos distintos, a saber: A ERA DE ÁRIES, de Moisés a Cristo, que está sob o domínio de Áries-Libra;[98] a ERA DE PEIXES, que leva os últimos dois mil anos sob o catolicismo de Peixes-Virgem; e os dois mil anos que estão à nossa frente, chamados ERA DE AQUÁRIO, em que os signos Aquário e Leão serão iluminados e vivificados pela precessão solar.[99]

Heindel também discutiu o simbolismo religioso das eras astrológicas:

> No Novo Testamento encontramos um outro animal, os Peixes, alcançando grande destaque, e os apóstolos foram chamados para serem "Pescadores de Homens", pois então o sol, por precessão, se aproximava da cúspide de Peixes, os Peixes, e Cristo falou do tempo em que o Filho do Homem (Aquário) viria [...]. Um novo ideal será encontrado no Leão de Judá, Leão. Coragem de convicção, força de caráter e virtudes afins farão do homem, verdadeiramente, o Rei da Criação.[100]

O "Filho do Homem" de Heindel, com sua "coragem" e "força" leonina, abunda com ecos do *Übermensch* de Nietzsche. Jung, assim como Heindel, desenvolveu a ideia de que uma era astrológica reflete o simbolismo de duas constelações opostas. Isso está enfatizado não apenas nas discussões de Jung sobre a polaridade Peixes-Virgem em *Aion*, mas também de inúmeras maneiras pelas imagens no *Liber Novus*. Por exemplo, em uma das primeiras pinturas do *Liber Primus*, os símbolos da polaridade do novo Aion, Aquário e Leão, são apresentados: o Leão está de pé no topo esquerdo da imagem, com um disco solar vermelho sobre a cabeça, enquanto o Portador de Água, vestido com um manto azul, mantém-se no topo direito da imagem, derramando sua água de uma urna vermelha, com o glifo de Saturno no ombro esquerdo.[101] Esse é apenas um exemplo da incorporação de Jung da polaridade Aquário-Leão no *Liber Novus*. Mas Jung não foi tão otimista quanto Heindel sobre o novo Aion. Jung não considerou a união dos opostos uma passagem suave para um estágio mais elevado e amoroso da consciência espiritual, como fizeram os teosofistas e os defensores da "Nova Era" do final do século XX. Ele previu "um novo avanço no desenvolvimento humano",[102] mas viu a transição para o Aion aquariano como uma época perigosa, repleta do potencial humano de autodestruição. Em uma carta ao padre Victor White, escrita em abril de 1954, Jung declarou que a mudança para o Aion de Aquário "significa que o homem será essencialmente Deus e Deus homem. Os signos que apontam nessa direção consistem no fato de que o poder cósmico de autodestruição é entregue às mãos do homem".[103]

Com um pessimismo ainda mais evidente, ele escreveu, um ano depois, para Adolf Keller: "E agora estamos nos mudando para Aquário, do qual os livros de Sibylline dizem: *Luciferi vires accendit Aquarius acres* (Aquário inflama as forças selvagens de Lúcifer). E estamos apenas no início desse desenrolar apocalíptico!"[104]

À luz da história do século XX, a profecia sombria de Jung não parece ter sido imprecisa.

O tempo do novo Aion

Nunca houve acordo entre os autores sobre a data de início da Nova Era. No final do século XVIII, De l'Aulnaye acreditava que o Aion aquariano tinha começado em 1726. No final do século XIX, Gerald Massey insistiu em que a Era de Peixes começou em 255 AEC, com o nascimento "real" de Jesus, e que o ponto equinocial se mudaria para a constelação de Aquário em 1901.[105] Alan Leo ofereceu a data bem específica de 21 de março de 1928 – o dia do equinócio vernal daquele ano –, enquanto Dane Rudhyar, ao escrever em 1969, sugeriu que a Era de Aquário tivesse começado em 1905.[106] E Rudolf Steiner, nas primeiras décadas do século XX, estava convencido de que a Era de Aquário não começaria antes de 3573.

Jung, a princípio, foi também impreciso, e igualmente independente, sobre a data em que o novo Aion começaria. Em agosto de 1940, ele escreveu a H. G. Baynes: "Este é o ano fatídico pelo qual esperei mais de vinte e cinco anos [...] 1940 é o ano em que nos aproximamos do meridiano da primeira estrela em Aquário. É o terremoto premonitório da Nova Era".[107]

Essa data não veio da literatura esotérica, mas de uma jovem astrônoma holandesa judia chamada Rebekka Aleida Biegel (1886-1943), que tinha se mudado para Zurique em 1911 para obter seu doutorado em Astronomia.[108]

Ela se tornou paciente de Jung e depois fez formação com ele, apresentando trabalhos na Sociedade de Psicologia Analítica em Zurique entre 1916 e 1918. Um desses trabalhos, apresentado em 1916, foi intitulado "Die Mathematische Parallele zür Psychoanalyse" ["Paralelo Entre Matemática e Psicanálise"]; com base nas observações feitas nesse trabalho, Jung creditou a Biegel a expressão "função transcendente",[109] que descreveu, logo em seguida, em um ensaio escrito no mesmo ano, como "comparável, a seu modo, a uma função matemática de mesmo nome", que ele definiu como "a união da consciência e de conteúdos inconscientes".[110]

FIGURA 6.1. Rebekka Aleida Biegel.

Em 1917, ele observou, ainda, que só recentemente havia descoberto "que a ideia da função transcendente também ocorre na matemática superior".[111]

Em 1918, enquanto Biegel trabalhava no Observatório de Zurique, então localizado em Gloriastrasse, no centro da cidade, ela enviou a Jung um envelope de materiais que ele assinalou como "Astrologia", guardando-os em sua mesa, em casa.[112] Biegel teve considerável trabalho para preparar uma longa lista de cálculos indicando quando o ponto equinocial vernal – o momento em que o Sol entra no primeiro grau do signo zodiacal de Áries a cada ano – se alinhava a cada uma das estrelas nas constelações tanto de Peixes como de Aquário. Com esses cálculos, a carta de apresentação de Biegel oferecia três possíveis datas para o início do Aion de Aquário: 1940 (quando o ponto equinocial se alinhava com o ponto médio entre a última estrela de Peixes e a primeira estrela de Aquário), 2129 e 2245 (quando o ponto equinocial se alinhava com duas estrelas diferentes na constelação de Aquário, qualquer uma das quais podendo ser considerada o "início" da constelação).[113] O que Jung chamou de "terremoto premonitório" do Aion de Aquário, de acordo com a primeira data sugerida por Biegel em 1940, coincidiu com alguns dos piores capítulos da Segunda Guerra Mundial. A Alemanha invadiu e ocupou a Noruega, a Dinamarca, a Bélgica, a Holanda e a França; Hitler assinou seu Pacto do Eixo com Mussolini; a Blitz começou em Londres; e o maior campo de concentração, Auschwitz-Birkenau, foi aberto na Polônia, onde mais de um milhão de pessoas seriam assassinadas no decorrer dos próximos cinco anos.

Mais tarde, Jung ficou menos seguro sobre a data do início do Aion de Aquário. Em um ensaio intitulado "The Sign of the Fishes" ["O Signo dos Peixes"], escrito em 1958,[114] ele declarou que o ponto equinocial "entrará em Aquário no curso do terceiro milênio".[115] Em uma nota de rodapé desse parágrafo, Jung explicou que, de acordo com o ponto de partida preferido, o advento do novo Aion "cai entre 2000 e 2200 EC", mas que "essa data é muito indefinida" porque "a delimitação das constelações, como se sabe, é um tanto quanto arbitrária".[116] Mas a natureza "indefinida" e "arbitrária" da data não dissuadiu Jung de sua convicção ao longo da vida de que o Aion de Aquário chegaria em breve, e que seu impacto inicial não seria agradável.

O mapa natal de Jesus

Jung estava tão preocupado em descobrir a data de nascimento de Jesus, quem ele acreditava ser o avatar e símbolo principal do Aion de Peixes, quanto estava com a data do início do próprio Aion. Ele não estava sozinho nessa busca, embora sua compreensão de sua importância em relação aos padrões arquetípicos no inconsciente coletivo fosse única. Jung tinha ampla gama de referências do final do século XVIII em diante que já tinha feito uma ligação explícita entre Cristo, a imagem zodiacal de Peixes e os peixes como símbolo importante da crença cristã. Entre essas referências estava uma obra chamada *The Zodia or the Cherubim in the Bible and the Cherubim in the Sky*, de E. M. Smith, publicada em 1906, na qual Smith declarou: "Especulação astrológica moderna [...] associa os Peixes a Cristo".[117]

A busca pela "verdadeira" natividade de Jesus, embora compreensivelmente não seja de interesse particular para os astrólogos pagãos da Antiguidade Tardia, começou no mundo árabe no século VIII e tem se mantido até os dias atuais.[118] Mas ela nem sempre envolveu a analogia do horóscopo natal de Jesus com o advento da Era de Peixes. Os astrólogos árabes estavam mais interessados no nascimento de Jesus em relação ao "grande ciclo de mutação" de Júpiter e Saturno. Esses planetas alinham-se em conjunção ao longo da eclíptica a cada vinte anos, aproximadamente, mas levam novecentos e sessenta anos para voltar a uma conjunção em signo do mesmo elemento. Esse "grande ciclo de mutação" de quase um milênio foi baseado nas primeiras teorias astrológicas persas sassânidas de que as conjunções de Júpiter e Saturno sustentaram os grandes ciclos da história mundial e a ascensão e a queda de reis. Como Jung estava familiarizado com o trabalho de exegetas árabes como Abu Ma'shar, bem como com os escritos de Kepler, que discutiram o ciclo no início do século XVII, o ciclo Júpiter-Saturno não escapou de sua atenção.[119]

Jung também não negligenciou os escritos do astrólogo do século XIII e do mago Alberto Magno, que insistiu que Virgem estaria ascendendo quando Jesus nasceu,[121] ou as especulações do cardeal do século XIV, Pierre d'Ailly, que estava de acordo.[122] Girolamo Cardano, outro dos astrólogos favoritos de Jung do início da modernidade, também preparou um horóscopo natal para Jesus, usando a data tradicional de 25 de dezembro, logo após o solstício de inverno. Cardano propôs o ano de nascimento de I AEC, com Libra em vez de Virgem como ascendente.[123] Jung comparou todos esses "horóscopos natais ideais de Cristo" em *Aion*,[124] concluindo que a data de nascimento "correta" para Jesus era, de fato, VII AEC, já que a conjunção de Júpiter e Saturno em Peixes naquele ano, com Marte em oposição a Virgem, era "excepcionalmente grande e de um brilho impressionante".[125] Mas, em vez de aceitar 25 de dezembro como data de nascimento, Jung seguiu os cálculos do astrônomo alemão Oswald Gerhardt e propôs 29 de maio, a data em que a configuração de Júpiter, Saturno e Marte havia sido exata.[126] Isso resultou em Gêmeos como signo solar de Jesus: o "tema dos irmãos hostis" que Jung acreditava ser um dos assuntos arquetípicos dominantes do Aion pisciano.

Nas discussões de Jung sobre o simbolismo de Peixes, ele revelou uma perspectiva sobre imagens astrológicas focada, com firmeza, no

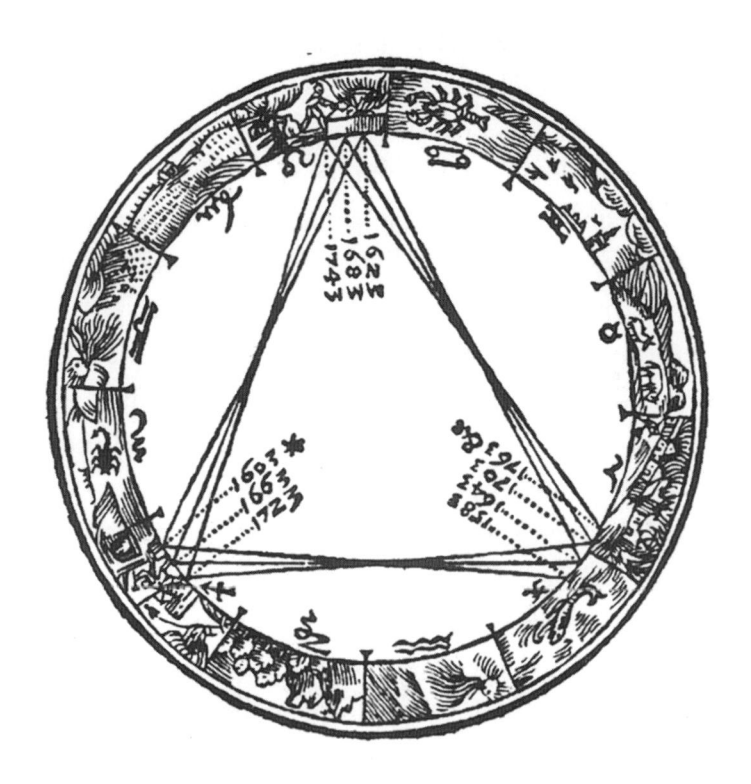

FIGURA 6.2. Diagrama de Kepler do Grande Ciclo de Mutação de Júpiter e Saturno.[120]

significado arquetípico de um símbolo zodiacal em vez de em suas qualidades caracterológicas e em sua relação com a "imagem de Deus" – sinônimo da imagem do *Self* –, tal como ela aparece na psique humana. "Como o valor mais alto e supremo dominante na hierarquia psíquica, a imagem de Deus é logo relacionada com, ou idêntica a, o *Self*, e tudo o que acontece com a imagem de Deus tem efeito sobre este último".[127]

Os símbolos religiosos de cada Aion zodiacal refletem, assim, com fidelidade e em forma imaginária, o "valor mais alto e dominante supremo" na psique coletiva para uma época particular da história. No início do *Liber Novus*, Jung enfatizou a importância dessa mudança da imagem de Deus: "Não é o próprio Deus que vem, mas sua imagem que aparece no sentido supremo. Deus é uma imagem, e aqueles que o adoram devem adorá-lo nas imagens do significado supremo".[128]

Rebekka Biegel havia indicado o século IV AEC como o início do Aion de Peixes, com base no movimento do ponto equinocial. O interesse de Jung pela conjunção Júpiter-Saturno de VII AEC, apenas três anos antes, levou-o a concluir que essa configuração era a "estrela de Belém" que havia aparecido como o augúrio do nascimento de Jesus:

> Cristo nasceu no início do *aeon* de Peixes. Não está, de modo algum, excluído que houvesse cristãos instruídos que soubessem da *coniunctio maxima* de Júpiter e Saturno em Peixes no ano VII AEC, assim como, de acordo com os relatórios gospel, havia caldeus que de fato encontraram o local de nascimento de Cristo.[129]

Jung amalgamou a imagem de Cristo como o "significado supremo" do vindouro Aion de Peixes com a *coniunctio maxima* de Júpiter e Saturno no signo zodiacal de Peixes.[130] Ele viu o Aion de Aquário como a época em que os indivíduos iriam interiorizar a imagem de Deus; assim, não antecipou um novo avatar para o novo Aion que se manifestaria "lá fora". Ele se recusou a adotar a crença de Steiner em uma "Segunda Vinda" de Jesus ou a expectativa de Annie Besant de um "Professor do Novo Mundo".

Agora reconhecemos que o ungido deste tempo é um Deus que não aparece em carne; ele não é um homem e, ainda assim, é um filho do homem, mas em espírito, não em carne e osso; portanto, ele só pode nascer através do espírito dos homens como a concepção no ventre de Deus.[131]

Tampouco Fanes, o novo deus aiônico do *Liber Novus*, é, de forma alguma, humano; ele/ela é andrógino e esférico, como a *Alma Mundi* de Platão.[132] Jung não acreditava que uma única pessoa personificasse o espírito da nova dispensação; o Portador de Água "parece representar o *self*".[133] Ele entendeu o próprio papel como importante, mas como um indivíduo, não um avatar, que poderia ajudar a iluminar o difícil processo psicológico de interiorização pelo seu trabalho publicado. A compreensão de Jung sobre o Aion de Aquário espelha, em última análise, a de Alan Leo, que insistiu em que "a natureza interior e o destino desse signo estão expressos em uma única palavra: HUMANIDADE".[134]

Notas

1. Dane Rudhyar, *Astrological Timing* (Nova York: Harper & Row, 1969), pp. 166-67.
2. Jung, *Liber Novus*, pp. 314-15.
3. Para uma visão geral útil incluindo referências, ver David John Tacey, *Jung and the New Age* (Hove: Brunner-Routledge, 2001).
4. Hammer, *Claiming Knowledge*, pp. 67-70; ver também pp. 437-40 para a discussão de Hammer sobre o conceito de Jung sobre os arquétipos, o qual "se assemelha a um conceito hermético de correspondências em vez de uma teoria psicológica no sentido habitual da palavra". Noll usa a palavra "junguismo"; ver Noll, *The Jung Cult*, pp. 7-9 e 291-94.
5. Paul Heelas, *The New Age Movement* (Oxford: Blackwell, 1996), p. 46. Para o próprio trabalho de Gurdjieff, ver G. I. Gurdjieff, *Meetings with Remarkable Men* (Londres: E.P. Dutton, 1964). Ver também P. D. Ouspensky, *In Search of the Miraculous* (Nova York: Harcourt, Brace, 1949). [*Fragmentos de um Ensinamento Desconhecido: Em Busca do Milagroso*. São Paulo: Pensamento, 1982.]

6. Hanegraaff, *New Age Religion*, p. 497.
7. Ver Roderick Main, "New Age Thinking in the Light of C. G. Jung's Theory of Synchronicity", *Journal of Alternative Spiritualities and New Age Studies* 2 (2006), pp. 8-25, p. 9; Hanegraaff, *New Age Religion*, pp. 521-22.
8. Rudhyar, *Astrological Timing*, p. 167.
9. Hanegraaff, *New Age Religion*, p. 94.
10. Ver Hanegraaff, *New Age Religion*, pp. 421-513; Alex Owen, "Occultism and the 'Modern *Self*' in *Fin-de-Siècle* Britain", em Martin Daunton e Bernhard Rieger (orgs.), *Meanings of Modernity* (Oxford: Berg, 2001), pp. 71-96. A ideia de que Deus pode ser encontrado no interior e de que a "sabedoria de Deus" é "autoconhecimento" é declarada, de modo explícito, em Plotino, Ennead I:6.7 e Ennead VI:9.11.
11. Jung, CW9ii, publicado originalmente como *Aion: Untersuchungen zur Symbolgeschichte* (*Psychologische Abhandlungen* VIII, Zurique: Rascher Verlag, 1951).
12. *Aeon* é a ortografia latina da palavra grega *Aion* (Αιων). Kronos (Κρονος), como descrito na *Teogonia* de Hesíodo, é o antigo titã grego que se tornou governante dos deuses depois de ter castrado o pai, Ouranos. Cronos associou-se ao deus romano Saturno e é o nome usado para o planeta Saturno no *Tetrabiblos* de Ptolomeu, o qual foi escrito em grego. *Chronos* (χρονος) é a palavra grega para tempo. Zervan (ou Zurvan) é uma divindade persa pré-zoroástrica cujo nome, tal como o grego *chronos*, significa "tempo"; ele é senhor do tempo finito da história, bem como do "tempo sem limites", a luz primordial da qual tudo emanou. Essa divindade tem muitas semelhanças com o Fanes órfico; ver Greene, *The Astrological World of Jung's* Liber Novus, Capítulo 6.
13. Franz Cumont, *Textes et Monuments Figurés Relatifs aux Mystères de Mythra* (Bruxelas: Lamertin, 1896).
14. Jung, *Psychology of the Unconscious*, p. 83.
15. Franz Cumont, *The Mysteries of Mithra*, trad. Thomas J. McCormack (Chicago: Open Court, 1903), pp. 125-26.
16. David Ulansey, *The Origins of the Mithraic Mysteries* (Oxford: Oxford University Press, 1991); Roger Beck, *Planetary Gods and Planetetary Orders in the Mysteries of Mithras* (Leiden: Brill, 1988); Roger Beck, *The Religion of the Mithras Cult in the Roman Empire* (Oxford: Oxford University Press, 2006).
17. Ver Origen, *Contra Celsum*, trad. Henry Chadwick (Cambridge: Cambridge University Press, 1953), 6:21-22; Porfírio, *De antro nympharum*, em Thomas

Taylor (org. e trad.), *Select Works of Porphyry* (Londres: Thomas Rodd, 1823), pp. 5-6.

18. Ver Cumont, *The Mysteries of Mithra*, p. 105.
19. Ver Owens, "Jung and Aion", p. 268.
20. Homero, *Iliad* 5.685, 16.453, 19.27, 22.58; Homero, *Odissey* 5.160; Heródoto, *Histories,* 1.32. Essas e as seguintes traduções estão disponíveis em: www.perseus.tufts.edu.
21. Eurípides, *Heracleidae*, trad. Ralph Gladstone (Chicago: University of Chicago Press, 1955), p. 900; *Corpus Hermeticum*, 11.
22. Ésquilo, *The Seven Against Thebes*, org. e trad. David Grene, Richmond Lattimore, Mark Griffith e Glenn W. Most (Chicago: University of Chicago Press, 2013), p. 219; Demóstenes, *On the Crown*, trad. A. W. Pickard-Cambridge, em A. W. Pickard-Cambridge (org. e trad.), *Public Orations of Demosthenes*, 2 vols. (Oxford: Clarendon Press, 1912), 18.199.
23. Sófocles, *Trachiniae*, 34.
24. Hesíodo,*Theogony*, 609.
25. Paulo, *Romans*, 12.2.
26. Platão, *Timaeus*, 37d.
27. Constelações zodiacais (compostas de estrelas fixas) e signos zodiacais (divisões da eclíptica) não são idênticos; isso é conhecido pelos astrólogos desde o segundo século AEC. Para uma explicação do fenômeno da precessão, ver Patricia Viale Wuest, *Precession of the Equinoxes* (Atlanta: Georgia Southern University, 1998).
28. Mead, *Pistis Sophia*, 14.
29. Ver Jung, *Psychology of the Unconscious*, pp. 104-5; 110-11; 500, n. 21; 520, n. 14.
30. Ver Betz, *The "Mithras Liturgy"*, p. 1.
31. Mead (trad.), *A Mithraic Ritual*, II.3. Ver também Betz, *The "Mithras Liturgy"*, pp.518-21, p. 51.
32. Mead (trad.), *A Mithraic Ritual*, V:3. Ver também Betz, *The "Mithras Liturgy"*, pp. 591-603, p. 53.
33. "Essa imortalização acontece três vezes por ano": Betz, *The "Mithras Liturgy"*, p. 748, p. 57.
34. Jung, *Liber Novus*, p. 286.

35. Jung, *Psychology of the Unconscious*, pp. 313-14. Comparar com Mead, *The Mysteries of Mithra*, pp. 70-1.
36. Ver Jung, CW9ii, pars. 128 e 325; Jung, CW13, par. 275. As observações de Jung sobre o cabeça de leão Ialdabaoth e Saturno foram publicadas pela primeira vez em 1949, mas a identidade do planeta e do arconte gnóstico é anunciada em Wolfgang Schultz, *Dokumente der Gnosis* (Jena: Diederichs, 1910), p. 103, em que Jung o teria encontrado não mais tarde do que sua pintura de Izdubar, em 1915. Jung, posteriormente, deu como suas próprias referências o *Contra Celsum,* de Origen, o *Hauptprobleme der Gnosis,* de Bousset, e a tradução de *Pistis Sophia,* de Mead. Como o primeiro foi citado em *Psychological Types* (1921) e os dois últimos em *Psychology of the Unconscious* (1911-1912), Jung já estava familiarizado com a ideia de Saturno como o Deus Leontocéfalo enquanto trabalhava no *Liber Novus*. Ver anteriormente, n. 17.
37. Para o Fanes órfico como Aion em *Liber Novus*, ver Greene, *The Astrological World of Jung's* Liber Novus, Capítulo 6.
38. A imagem está em *Liber Primus*, fólio v(r). Para o texto incluído na imagem, ver Jung, *Liber Novus*, p. 243. Para uma discussão perspicaz dessa imagem em relação ao horóscopo natal do próprio Jung, ver Safron Rossi, "Saturn in C. G. Jung's *Liber Primus*: An Astrological Meditation", *Jung Journal* 9:4 (2015), pp. 38-57.
39. William Butler Yeats, *The Second Coming* (1919), em *Collected Poems of William Butler Yeats* (Londres: Macmillan, 1933), p. 211.
40. Jung, *Liber Novus*, p. 252.
41. Para o ser leontocefálico como Ialdabaoth em iconografia gnóstica, ver M. J. Edwards, "Gnostic Eros and Orphic Themes", *Zeitschrift für Papyrologie und Epigraphik* 88 (1991), pp. 25-40.
42. Jung, *Analytical Psychology*, p. 98.
43. Para a observação de que a imagem retrata a precessão do ponto equinocial de Peixes para Aquário, ver Shamdasani, *C. G. Jung: A Biography in Books*, p. 117; Owens, "Jung and Aion", p. 271.
44. Ver anteriormente, n. 28.
45. Jung, CW10, par. 585.
46. Owens, "Jung and Aion", p. 253.
47. Jung, CW10, par. 589.
48. Ver Jung, CW10, par. 536.

49. Para obras mais recentes que exploram esse tema, ver Fideler, *Jesus Christ, Sun of God*; Herbert Cutner, *Jesus* (Nova York: Truth Seeker, 1950), pp. 129-64.

50. Ver Nicholas Campion, *Astrology and Popular Religion in the Modern West* (Farnham: Ashgate, 2012), p. 22.

51. Jean Sylvain Bailly, *Histoire de l'astronomie ancienne, depuis son origine jusqu'à l'établissement de l'école d'Alexandrie* (Paris: Debure, 1775); Jean Sylvain Bailly, *Traite de l'astronomie indienne et orientale* (Paris: Debure, 1787).

52. Charles Dupuis, *Origine de tous les cultes, ou religion universelle* (Paris: H. Agasse, 1795).

53. Charles Dupuis, *Planches de l'origine de l'tous les cultes* (Paris: H. Agasse, 1795), p. 6.

54. François-Henri-Stanislas de L'Aulnaye, *L'histoire générale et particulière des religions et du cultes* (Paris: J. B. Fournier, 1791).

55. Campion, *Astrology and Popular Religion*, pp. 22-3. Ver também Godwin, *The Theosophical Enlightment,* pp. 69 e 82.

56. Ver William Emmette Coleman, "The Sources of Madame Blavatsky's Writings", em Vsevolod Sergyeevich Solovyoff, *A Modern Priestess of Isis* (Londres: Longmans, Green, 1895), Apêndice C, pp. 353-66.

57. Godfrey Higgins, *Anacalypsis*, 2 volumes (Londres: Longman, Rees, Orme, Brown, Green e Longman, 1836), II:110-11.

58. Gerald Massey, "The Hebrew and Other Creations, Fundamentally Explained", em *Gerald Massey's Lectures* (Londres: Private Publication, 1887), pp. 105-40, na p. 114.

59. Ver Campion, *Astrology and Popular Religion*, p. 24; Hammer, *Claiming Knowledge*, pp. 248-49.

60. Gerald Massey, *"The Historical Jesus and Mythical Christ",* nas *Palestras de Gerald Massey* (Londres: Private Publication, 1887), pp. 1-26, na p. 8.

61. Jung, CW 9ii, par. 149, n. 84.

62. Para mais informações sobre Khunrath, ver Peter Forshaw, "Curious Knowledge and Wonder-Working Wisdom in the Occult Works of Heinrich Khunrath", em R. J. W. Evans e Alexander Marr (orgs.), *Curiosity and Wonder from the Renaissance to the Enlightenment* (Farnham: Ashgate, 2006), pp. 107-30.

63. Heinrich Khunrath, *Von hylealischen, das ist, pri-materialischen catholischen, oder algemeinem natürlichen Chaos, der naturgemessen Alchymiae und Alchemisten*

(Magdeburg, 1597), p. 36, citado em Jung, *Modern Psychology*, vol. 5-6, p. 156. Jung adquiriu a obra de Khunrath na edição original de 1597.

64. Jung, *Modern Psychology*, vol. 5-6, p. 156.
65. Horace Jeffery Hodges, "Gnostic Liberation from Astrological Determinism", *Vigiliae Christianae* 51:4 (1997), pp. 359-73.
66. Irineu, *Haer*.I:29-30.
67. Irineu, *Haer*.I:30.12.
68. Ulansey, *The Origins of the Mithraic Mysteries*, pp. 49-51, 76-81, 82-4.
69. Jung, Carta a Sigmund Freud, 26 de junho de 1910, em *The Freud-Jung Letters*, p. 336. Ver também Jung, CW5, par. 665, n. 66; Noll, "Jung, the Leontocephalus", p. 67. Compare a descrição de Jung de Touro com a de Mead em *The Mysteries of Mithra*, p. 63: "O 'Deus que rouba o Touro' [Mithra] ocultamente significa geração". Ver também Jung, Carta a Sigmund Freud, 22 de junho de 1910, em *The Freud-Jung Letters*, p. 334.
70. Jung, *Psychology of the Unconscious*, pp. 226-27 e p. 523, n. 60. A tauroctonia é a imagem de culto característica de Mithra matando o touro.
71. Platão, *Timaeus*, 39d.
72. Júlio Fírmico Materno, *Of the Thema Mundi*, em Taylor (trad.), *Ocellus Lucanus*.
73. Para cosmologia estoica, ver A. A. Long, *From Epicurus to Epictetus* (Oxford: Oxford University Press, 2006), pp. 256-84; John Sellars, *Stoicism* (Berkeley: University of California Press, 2006), pp. 99-100.
74. Macróbio propôs quinze mil anos; Aristarco propôs 2.484 anos. Ver a discussão em J. D. North, *Stars, Mind, and Fate* (Londres: Continuum, 1989), pp. 96-115.
75. Jung, CW9ii, par. 286.
76. Jung, Carta a Walter Robert Corti, 12 de setembro de 1929, em *C. G. Jung Letters*, vol. 1, pp. 69-70.
77. Os outros dois são do signo de Gêmeos (os Gêmeos) e do signo de Virgem (a Virgem). Todas as outras constelações são representadas por animais, exceto Libra, a Balança inanimada, ou Balança.
78. Ver Friedrich Nietzsche, *Also sprach Zarathustra* (Chemnitz: Ernst Schmeitzner, 1883-1884). Há várias traduções em inglês desse trabalho.
79. Para as discussões de Blavatsky sobre as "Eras", ver Blavatsky, *Isis Unveiled*, II:443, 455-56, 467-69; Blavatsky, *The Secret Doctrine*, II:198-201.
80. Blavatsky, *Isis Unveiled*, II:456.

81. Disponível em: www.oocities.org/astrologyages/ageofaquarius.htm, outubro de 2009. Essa URL está agora desatualizada, mas está arquivada.
82. Rudolph Steiner, *The Reappearance of Christ in the Etheric* (Spring Valley, NY: Anthroposophic Press, 1983), pp. 15-9.
83. Ver Campion, *Astrology and Cosmology in the World's Religions*, pp. 194-95.
84. Rudolph Steiner, *Friedrich Nietzsche, Ein Kaempfer Gegen Seine Zeit* (Weimar: E. Felber, 1895).
85. Rudolph Steiner, *Evil*, org. Michael Kalisch (Forest Row: Rudolf Steiner Press, 1997; publicação original, *Das Mysterium des Bösen*, Stuttgart: Verlag Freies Geitesleben, 1993), p. 56.
86. Mead, *Echoes*, I:47.
87. Jung, CW9ii, par. 142.
88. *Hair* (1967), livro e letra de James Rado e Gerome Ragni, música de Galt Mac-Dermot. A letra é da canção "Aquarius".
89. Jung, *MDR*, pp. 199-200.
90. Mead, *Echoes*, I:46.
91. Leo, *Esoteric Astrology*, p. v.
92. Alan Leo, "The Age of Aquarius", *Modern Astrology* 8:7 (1911), p. 272.
93. Alan Leo, *Dictionary of Astrology*, org. Vivian Robson (Londres: Modern Astrology Offices/L. N. Fowler, 1929), p. 204. Esta obra foi publicada com título póstumo.
94. Para mais informações sobre a ideia do Leão da Era de Aquário, ver Nicholas Campion, *What Do Astrologers Believe?* (Londres: Granta, 2006), p. 36.
95. Max Heindel, *The Rosicrucian Mysteries* (Oceanside, CA: Rosicrucian Fellowship, 1911), p. 15.
96. Heindel, *The Rosicrucian Cosmo-Conception*, pp. 159-60.
97. *Idem*, p. 305.
98. A elisão de Heindel de "Aryan" com "Arian" pode refletir seu próprio plano de trabalho sociorreligioso, mas a primeira grafia nada tem a ver com a constelação zodiacal do Carneiro.
99. Heindel, *Message of the Stars*, p. 12.
100. *Idem,* pp. 25-7.
101. A imagem está em *Liber Primus*, fólio v(r). O texto incluído na moldura pictórica conclui: "A constelação do seu nascimento é uma estrela doente e

mutável. Estas, ó criança do que está por vir, são as maravilhas que darão testemunho de que você é um verdadeiro Deus". Ver Jung, *Liber Novus*, p. 243.

102. Jung, CW9ii, par. 141.
103. Carta ao padre Victor White, 10 de abril de 1954, em *C. G. Jung Letters*, II:167.
104. Carta a Adolf Keller, 25 de fevereiro de 1955, em *C. G. Jung Letters*, II:229.
105. Gerald Massey, *The Natural Genesis*, 2 vols. (Londres: Williams & Norgate, 1883), vol. 2, pp. 378-503.
106. Rudhyar, *Astrological Timing*, p. 115.
107. Carta a H. G. Baynes, 12 de agosto de 1940, em *C. G. Jung Letters* I.285.
108. A dissertação de Biegel sobre astronomia egípcia, *Zur Astrognosie der alten Ägypter*, foi publicada três anos após sua correspondência com Jung (Göttingen: Dieterichsche Universitäts-Buckdruckerei, 1921). Para mais informações sobre Biegel, ver A. C. Rümke e Sarah de Rijcke, *Rebekka Aleida Beigel (1886-1943): Een Vrouw in de Psychologie* (Eelde: Barkhuism, 2006). Foto de Biegel, Stichting Archief Leids Studentenleven, Leiden.
109. Comunicação pessoal de Sonu Shamdasani, 28 de julho de 2014.
110. Jung, CW8, par. 131.
111. Jung, CW7, par. 121, n. 1.
112. Esses materiais nunca foram arquivados em nenhum arquivo oficial. Andreas Jung gentilmente permitiu-me examiná-los e declarou que devem ter sido de grande importância pessoal para Jung, porque não tinham sido arquivados com outros papéis, mas, sim, guardados em um lugar especial, em sua escrivaninha.
113. Jung alterou os cálculos de Biegel na época em que escreveu *Aion*. Em CW9ii, par. 149, n. 84, deu a data como 2154 "se o ponto de partida for *Omicron Piscium*", e 1997 "se o ponto de partida for *Alpha* 113, o que está de acordo com a lista de estrelas no *Almagest* de Ptolomeu". Biegel declarou também que o ponto equinocial tinha chegado à primeira estrela da constelação de Peixes em IV AEC, data que Jung aceitou, a princípio, como a "verdadeira" data de nascimento de Cristo, mas que mais tarde alterou para VII AEC.
114. Jung, CW9ii, pars. 127-49.
115. Jung, CW9ii, par. 149, n. 88.
116. Jung, CW9ii, par. 149, n. 84.

117. E. M. Smith, *The Zodia, or The Cherubim in the Bible and The Cherubim in the Sky* (Londres: Elliot Stock, 1906), p. 280, citado em Jung, CW9ii, par. 149, n. 85.

118. Ver James H. Holden, "Early Horoscopes of Jesus", *American Federation of Astrologers Journal of Research* 12:1 (2001).

119. Para a discussão de Jung sobre o ciclo Júpiter-Saturno e *De magnis coniunctionibus*, de Abu Ma'shar, ver Jung, CW9ii, pars.130-38.

120. Johannes Kepler, *De Stella Nova in pede Serpentarii* (Praga: Pavel Sessius, 1606), p. 25, mostrando as conjunções de Júpiter e Saturno de 1583 a 1763. Foto de Wikimedia Commons.

121. Para uma tradução inglesa de Alberto Magno, *Speculum Astronomiae*, que discute o horóscopo natal de Jesus, ver Paola Zambelli, *The Speculum Astronomiae and its Enigma* (Dordrecht: Kluwer Academic, 1992). Para as referências de Jung a Alberto Magno, ver Jung, CW9ii, pars. 130, 133, 143, 404.

122. Pierre d'Ailly, *Tractatus de Imagine Mundi Petri de Aliaco* (Louvain: Johannes Paderborn de Westfalia, 1483). Para o horóscopo natal de Jesus de d'Ailly, ver Ornella Pompeo Faracovi, *Gli Oroscopi di Cristo* (Veneza: Marsilio Editori, 1999), p. 104. Para as referências de Jung a d'Ailly, ver Jung, CW9ii, pars. 128, 130, n. 35, 136, 138, 153-54, 156.

123. Faracovi, *Gli oroscopi di Cristo*, p. 130.

124. Ver Jung, CW9ii, par. 130 n. 39.

125. Jung, CW9ii, par.130.

126. Oswald Gerhardt, *Der Stern des Messias* (Leipzig: Deichert, 1922).

127. Jung, CW9ii, par.170.

128. Jung, *Liber Novus*, p. 229. Para a distinção de Jung entre a imagem de Deus e a existência ontológica de Deus, ver Jung, *Liber Novus*, p. 229, n. 7.

129. Jung, CW9ii, par. 172. *Chaldaeans* é um sinônimo antigo para "astrólogos"; ver Cícero, *De Divinatione*, II:44.93.

130. Jung, CW9ii, pars. 147 e 162.

131. Jung, *Liber Novus*, p. 299 e n. 200.

132. Para a natureza esférica da *Alma Mundi*, ver Platão, *Timaeus*, 37d.

133. Jung, MDR, p. 372.

134. Leo, *Astrology for All,* p. 44.

CONCLUSÃO

"Ele [Sócrates] havia declarado com frequência, em público, ter recebido conselhos de uma voz divina, a qual ele chamava de seu *Daimon* [...]. Ele deveria ter tomado cuidado para não passar na frente dos amigos nem por mentiroso nem por visionário; e, ainda assim, como poderia evitar incorrer nessa censura se os acontecimentos não tivessem justificado a verdade das coisas que ele alegava terem sido reveladas a ele?"[1]

— XENOFONTE

"A falta de sentido inibe a plenitude da vida e é, portanto, equivalente à doença. O sentido faz com que muitas coisas sejam suportáveis – talvez tudo. Nenhuma ciência jamais substituirá o mito, e um mito não pode ser feito a partir de nenhuma ciência. Pois não é que "Deus" seja um mito, mas que o mito é a revelação de uma vida divina no homem.[2]

— C. G. JUNG

"Essa maldita coisa funciona até mesmo após a morte"[3]

Com base em suas declarações publicadas, suas cartas e materiais nos arquivos particulares, a evidência do profundo e duradouro compromisso de Jung com a astrologia é inegável. Poderia até ser sugerido que a astrologia foi tão importante para ele quanto a alquimia, em termos tanto de método de hermenêutica quanto de mapeamento simbólico dos processos psíquicos, tendo lhe fornecido uma ferramenta que ele utilizou, de forma ativa, na prática psicoterapêutica ao longo de sua vida adulta. Entretanto, nos círculos acadêmicos e clínicos, o compromisso de Jung com a astrologia, e tudo o que isso poderia implicar em termos de desenvolvimento de modelos psicológicos, tem permanecido, em grande parte, inexplorado.

A ausência de qualquer referência à astrologia é previsível nas biografias sobre Jung escritas na última parte do século XX, e não seria de surpreender se a edição seletiva de *Memórias, Sonhos, Reflexões*, de Aniele Jaffé, erradicasse qualquer menção que Jung pudesse ter feito sobre a importância da astrologia para ele. Mas essa ausência é surpreendente em termos das abordagens mais inclusivas e pluralistas do meio acadêmico do século XXI. Um exemplo dessa tendência de utilizar a velha prática romana de *damnatio memoriae* pode ser encontrado no abrangente, não fosse por esse detalhe, trabalho de David Tacey, *Jung e a Nova Era*. Não há nenhuma referência à astrologia de Jung nessa monografia, embora a astrologia seja geralmente considerada tanto como uma corrente principal da Nova Era quanto como uma característica central do reavivamento oculto do *fin-de-siècle* que contribuiu com tantas ideias tanto para o pensamento contemporâneo da Nova Era quanto para as próprias teorias de Jung em desenvolvimento.[4] Do mesmo modo, o impacto de Jung sobre as astrologias modernas, não menos pela própria astrologia, tem sido considerável, embora isso não seja discutido na obra de Tacey.

Quando o envolvimento de Jung com a astrologia é reconhecido, as formas pelas quais isso é tratado podem ser igualmente problemáticas. Alguns autores veem o trabalho astrológico de Jung como um interesse que diminuiu com o tempo ou uma espécie de *hobby* excêntrico que não tinha nenhuma relação significativa com suas teorias e práticas, como se fosse uma obsessão inofensiva com o crescimento de medulas gigantes. A análise de Roderick Main das ideias de Jung sobre sincronicidade, *The Rupture of Time*, reconhece plenamente o interesse de Jung pela astrologia e sua interpretação psicológica dela. Mas Main sugere que, na década de 1950, Jung tinha "substituído" a astrologia por outras ideias sobre os funcionamentos da sincronicidade.[5] No entanto, poderia ser sugerido, em vez disso, que Jung apenas encontrou maneiras mais novas e coletivamente mais aceitáveis de definir *sumpatheia* astrológica. Ele certamente nunca deixou de buscar uma explicação científica para a validade da astrologia. Mas a ideia de que ele havia superado isso mais tarde na vida é desmentida não apenas por suas longas declarações a André Barbault e por sua recomendação a Ira Progoff de que todos os psicoterapeutas deveriam aprender astrologia, mas também por sua declaração à sua filha, feita quando ele estava morrendo, de que "a maldita coisa funciona mesmo depois da morte". Main parece associar o interesse inicial de Jung pela astrologia com a "moda" esotérica que era corrente nas primeiras décadas do século XX, e não discute até que ponto a imersão de Jung no assunto possa ter ajudado significativamente a moldar seus modelos psicológicos de individuação, complexos e tipologia.

Outros trabalhos, embora reconhecendo a seriedade do compromisso de Jung, usam-no como justificativa para a insistência de que sua psicologia não é realmente psicologia de maneira alguma, mas uma forma de esoterismo disfarçado de psicologia e, portanto, suspeito dentro da construção científica da pesquisa e prática psicológica e psiquiátrica. Essa resposta é tipificada tanto por Richard Noll quanto por Wouter Hanegraaff. Noll sugere que o interesse de Jung pela astrologia surgiu de suas tendências teosóficas, que se desenvolveram através da influência de G. R. S. Mead,[6] e que essas inclinações teosóficas formaram parte importante das "inclinações de construção religiosa" de Jung e serviram a seus supostos esforços para criar seu próprio "movimento" ocultista.[7] Que Jung era profundamente desconfiado de movimentos como teosofia e antroposofia, sobretudo por causa de sua falta de *insight* psicológico, parece ter escapado à atenção de Noll. Hanegraaff, que parece ter baseado sua análise sobre Jung sobretudo nos pontos de vista de Noll, e não nos próprios escritos de Jung, insiste em que Jung "recorreu" a "modelos derivados da cosmologia" para descrever a psique humana, embora tais modelos cosmológicos fossem, de alguma forma, gerados por uma fonte externa que não a própria psique e, portanto, irrelevantes para a psicologia. Além disso, de acordo com Hanegraaff, o trabalho de Jung "empresta legitimidade científica às crenças religiosas", mas, no final das contas, Jung tinha mais em comum com Blavatsky do que com Freud, porque ele era "um esoterista moderno" que promulgou um "culto ao Sol Interior".[8]

Se as suposições inatas e o "viés do pesquisador" nessas percepções forem reconhecidos, e as evidências forem exploradas com mais rigor e algum esforço para alcançar mais neutralidade, torna-se possível fazer perguntas mais relevantes. Que tipo de astrologia Jung praticava? Onde ele a aprendeu? Por que ele a considerou útil e de que maneiras? Como ele compreendeu sua longevidade e incorporou seus conhecimentos no trabalho psicológico? Este livro tem sido um esforço para demonstrar não apenas o profundo e duradouro envolvimento com a astrologia que Jung buscou ao longo de sua vida adulta, mas também como ele definiu a astrologia, como percebeu os símbolos astrológicos no contexto da psique humana e como a astrologia contribuiu com *insights* e elementos estruturais para seu desenvolvimento dos modelos psicológicos.

Os aspectos mais superficiais da astrologia – como o jogo de adivinhação de "Qual é o seu signo?" – não estavam sob a atenção de Jung.

> Às vezes, pessoas que não sabem a data do nascimento podem fazer suposições notáveis sobre quais são os signos de alguém. Isso já aconteceu comigo duas vezes [...]. Disseram-me que meu Sol estava em Leão e minha Lua em Touro, ascendente Aquário. Isso causou uma grande impressão em mim. Como diabos eles sabiam?[9]

Isso pode parecer um comentário trivial em comparação com temas complexos como os *oikodespotes*. No entanto, um indivíduo que aprecie a riqueza de Wagner, Mozart e Schubert pode também apreciar *jazz* e música popular. Tal como as correntes religiosas exibem tanto expressões "aprendidas" como "vernaculares", assim também o fazem as esferas de conhecimento pertencentes aos reinos liminares, e, sendo liminares, as distinções entre "erudito" e "inculto" podem ser fluidas ou mesmo inexistentes.[10] A apreciação de Jung, tanto dos aspectos aprendidos quanto dos vernaculares em relação à astrologia, não se baseou na crença em "influências" planetárias ou zodiacais de um tipo material, mas na importância psicológica da astrologia como um retrato imaginário das qualidades cíclicas do tempo. Se as colunas de signos solares tivessem existido durante os primeiros anos de seus estudos astrológicos, Jung, sem dúvida, teria verificado seu horóscopo natal todos os dias no *Neu Zürcher Zeitung*, entre a tradução de passagens de Plotino e da *Liturgia de Mithra*.

Jung relacionou a eficácia da astrologia à propensão humana inata de perceber e encapsular as qualidades cíclicas do tempo em imagens simbólicas e baseou essa ideia em uma relação sincrônica ou simpática entre microcosmo (o ser humano individual) e macrocosmo (o inconsciente coletivo). A abordagem de Jung atribui uma qualidade "psicoide" tanto para o microcosmo quanto para o macrocosmo – o físico e o psíquico são expressões de uma unidade fundamental, em vez de um dualismo ontológico de espírito e matéria, como descrito em muitos tratados gnósticos. Isso vincula sua astrologia a outros quadros simbólicos e às assim chamadas práticas mânticas que integram tanto domínios espirituais quanto materiais, como a alquimia, o tarô e o *I Ching*, todos os quais lhe interessavam por razões semelhantes. Essas estruturas simbólicas, para Jung, refletiam padrões psicológicos humanos fundamentais, o mais importante dos quais foi a grande jornada pela qual o inconsciente busca se tornar consciente por meio da utilização da faculdade de fazer símbolos da imaginação, gerando, assim, uma crescente integração e plenitude da personalidade individual e, em última análise, da própria psique coletiva.

Ciência e arte

A astrologia, assim como a psicologia, é passível de muitas definições e não pode ser vista como um corpo único e monolítico de conhecimento ou prática. Por pertencer aos reinos liminares, a astrologia tem se revestido agradavelmente, ao longo de sua história, nas vestes de diferentes paradigmas e diferentes contextos culturais, imaginando-se, de acordo com o tempo e o lugar, como ciência, arte, religião, adivinhação, psicologia, filosofia e metáfora poética. Alexander Ruperti (1913-1998), um astrólogo nascido na Alemanha, bastante influenciado tanto pela psicologia analítica de Jung quanto pelos escritos teosóficos de Alice Bailey, observou: "Não há uma Astrologia com A maiúsculo. Em cada época, a astrologia de seu tempo era um reflexo do tipo de ordem que cada cultura via em movimentos celestes, ou do tipo de relação que a cultura formulava entre o céu e a terra".[11]

A questão da "crença" na astrologia (e se Jung "acreditava" nela) é tão problemática quanto defini-la, uma vez que muitos indivíduos ou que praticam astrologia eles mesmos ou que procuram um astrólogo para obter *insights* não consideram sua própria atitude como de "crença" ou "fé", mas, sim, de experiência e conhecimento adquirido.[12] Parece que Jung não era um "crente", mas pertencia ao grupo de indivíduos que se envolviam na astrologia porque, para eles, ela "funciona" – embora Jung, como tantos outros astrólogos, nunca tenha sido capaz de encontrar uma explicação científica convincente de como ou por que isso deveria ser assim. Sua teoria da sincronicidade, apesar de aceitável para modos de pensamento racionais contemporâneos, é, acima de tudo, uma reescrita da antiga ideia de *sumpatheia*, redigida em uma linguagem que não carrega bagagem religiosa e não requer, *a priori*, nenhuma crença em qualquer divindade transcendente. Mas *sumpatheia*, como modelo cosmológico, não é menos psicológica do que qualquer modelo criado pela psiquiatria moderna, pois é, em última instância, gerada pela psique humana. A fronteira bem definida entre "religião" e "ciência", imposta nos tempos modernos, tende a vacilar e a se dissolver nos reinos liminares da imaginação humana. E as tentativas de "provar" a sincronicidade em termos científicos, como o próprio Jung demonstrou em seu experimento astrológico, tendem a fracassar, porque o observador e o momento da observação fazem tanto parte do experimento quanto o observado, e as qualidades cíclicas perpetuamente móveis do tempo não ficarão paradas para agradar àqueles que buscam validação científica.

A abordagem de Jung em relação à astrologia foi única para seu tempo e envolveu uma profunda investigação sobre as dimensões interiores e psicológicas do simbolismo astrológico. Mas dentro do meio em que ele trabalhou a astrologia permaneceu, para a maioria das pessoas, uma "crença" que teria tornado suas teorias psicológicas suspeitas se a extensão de seu compromisso tivesse sido amplamente conhecida. A correspondência de Jung com Michael Fordham e a carta de Progoff a Cary Baynes testemunham o desconforto que Jung sentiu com qualquer divulgação de seu trabalho astrológico. Hoje em dia, as colunas de horóscopo natal nos jornais e revistas são tudo o que muitos indivíduos conhecem sobre astrologia, e a aparente frivolidade de tais escritos populares tem desencorajado uma investigação mais séria do assunto nos círculos acadêmicos e psicoterapêuticos. As colunas de horóscopo natal em sua forma atual não existiam no início do século XX,[13] mas os preconceitos contra a astrologia já estavam estabelecidos com firmeza no crescente cientificismo daquelas décadas.[14] Tentar explorar a astrologia de Jung com base nas perspectivas acadêmica e histórica exige uma abertura intelectual que muitos analistas e historiadores – tão vulneráveis aos preconceitos e às opiniões do coletivo quanto o próprio Jung – muitas vezes não estão preparados para buscar.

O doloroso conflito de Jung entre *ciência* e *arte*, pungentemente descrito no *Liber Novus* em seu encontro com o gigante Izdubar, não era exclusividade dele.[15] Tem existido desde os tempos antigos, evidenciado nos debates filosóficos entre platonistas, peripatéticos, estoicos e céticos, mesmo quando a astrologia era *mainstream* e parte integrante das correntes religiosas e filosóficas das culturas da época.[16] Embora o *Liber Novus* seja um notável testemunho pessoal da profundidade e intensidade do conflito de Jung, reflete uma tensão endêmica que pode ser vista como fundamentalmente humana entre a evidência mensurável dos sentidos e a evidência não racional da experiência interior. Parece que essa tensão tem fervilhado e borbulhado por tanto tempo quanto os seres humanos têm tentado especular sobre seu lugar no universo. Os modelos psicológicos de Jung podem ser vistos como um esforço individual para criar uma espécie de terreno neutro onde pensamento racional, metodologia científica – relativa, naturalmente, a como a "ciência" é definida em qualquer contexto cultural – e a evidência experiencial dos reinos limítrofes podem encontrar espaço para o engajamento em um diálogo civilizado. Esse mesmo esforço também estava sendo feito no mundo do ocultismo britânico na virada do século XX:

> O que é maravilhoso no subliminar é que ele proporcionou um espaço para que todos os tipos de fenômenos não naturais e sobrenaturais ocorressem [...] nós agora tínhamos um local teórico no qual eles poderiam residir. Essa neutralidade em relação à veracidade das ideias na mente fez da psicologia uma útil terra de ninguém no final da Inglaterra Vitoriana, onde cientistas, clérigos e espiritualistas poderiam se encontrar com alegria.[17]

Somente se alguém estiver ligado por completo ao "espírito deste tempo" – a crença de que a ciência empírica constitui a única visão autorizada do mundo –, o valor potencial de tal abordagem poderá ser descartado. Mas até mesmo o terreno neutro do "subliminar" se tornou um campo de batalha. A pesquisa acadêmica nesse terreno parece ter se dividido em dois campos: os "religiosos" (que, em geral, são também praticantes) e o "campo empírico-histórico" (daqueles que, em geral, não o são); e foram emitidos avisos de que o futuro do estudo do esoterismo como disciplina acadêmica poderia estar comprometido "se parte considerável de seus representantes se recusasse a respeitar a distinção entre pesquisa e a expressão de crenças pessoais".[18] Essa afirmação, embora pareça favorável ao empirismo, expressa em si uma crença pessoal em um ideal de pura objetividade, e a questão que poderia ser levantada de forma razoável é se, de fato, é possível para qualquer ser humano alcançar tal objetividade, desprovido de qualquer plano pessoal. Em sua experiência astrológica, Jung tentou, com coragem, alcançar resultados tão livres quanto possível da "expressão de crenças pessoais", mas, como ele mesmo reconheceu, os resultados de qualquer experiência, por mais rigorosa que seja em termos científicos, são, em última análise, vulneráveis à psique do pesquisador. É possível que o conflito que assolou Jung, e que permanece em muitos círculos, a respeito de seu envolvimento com a astrologia e as "artes mânticas" semelhantes não possa ser resolvido, mas apenas explorado com grau razoável de reflexividade – atitude por parte do pesquisador que reconhece a responsabilidade inevitável de impor opiniões pessoais na discussão, ainda que tente "agrupá-las" o máximo possível. Foi com esse espírito que Jung declarou: "Toda psicologia – incluindo a minha – tem o caráter de uma confissão subjetiva [...]. Toda psicologia que é o trabalho de um homem é matizada de subjetividade".[19]

O "espírito deste tempo"

Várias ideias de Jung parecem ter sido inspiradas por Platão, cuja desconfiança na opinião coletiva, em contraposição à capacidade individual de conhecimento adquirido pela razão, é evidente em muitos de seus *Diálogos*.[20]

> Opiniões corretas são uma coisa boa e fazem todo tipo de bem, desde que permaneçam em seu lugar, mas não ficarão muito tempo. Elas fogem da mente de um homem; portanto, não valem muito até que você as amarre pelo trabalho com a razão [...]. Uma vez

amarradas, elas se tornam conhecimento, e são estáveis. É por isso que o conhecimento é algo mais valioso do que a opinião correta.[21]

Assim como Platão, Jung desconfiava do que ele entendia como "psicologia de massa" – uma percepção que, às vezes, tem sido interpretada como "elitista", mas que, na verdade, tem pouco a ver com questões de classe, educação ou economia.[22] "Psicologia de massa", para Jung, envolve a vontade humana – não importando o nascimento, a posição social, a escolaridade ou as circunstâncias materiais – de abandonar a razão individual, os valores, a experiência e a consciência, a fim de desfrutar da segurança da fusão com o grupo, que pode, então, exigir autorização para descarregar medos inconscientes, agressão, ódio e ganância sem a necessidade de reflexão ou responsabilidade.

> Todos os movimentos de massa, como seria de esperar, caem com a maior facilidade em um plano tendencioso representado por grandes números. Onde os muitos estão, há segurança; aquilo em que os muitos acreditam deve ser verdade, é claro; aquilo que os muitos querem é algo pelo que deve valer a pena e ser necessário lutar, e, portanto, deve ser bom. No clamor de muitos, há o poder de arrebatar desejos à força [...]. Onde quer que condições sociais desse tipo se desenvolvam em larga escala, o caminho para a tirania está aberto, e a liberdade do indivíduo se transforma em escravidão física e espiritual.[23]

Jung viveu a devastação de duas Guerras Mundiais que foram impulsionadas pela psicologia de massa, assim como Platão vivenciou a Guerra do Peloponeso por trinta anos, com suas sucessivas e cada vez mais cínicas mudanças de governo, da aristocracia para a oligarquia, para a democracia, para a tirania; e pode ser argumentado que, dadas suas experiências, tanto Jung quanto Platão tinham uma justificativa considerável para suas desconfianças.[24]

Assim como Platão, Jung também atribuiu enorme valor à responsabilidade individual como chave para o bem-estar da coletividade:[25]

> Se as coisas dão errado no mundo, isso é porque algo está errado com o indivíduo, porque algo está errado comigo. Portanto, se eu for sensato, me colocarei corretamente primeiro. Para isso preciso – porque a autoridade externa não significa mais nada para mim – de conhecimento dos fundamentos mais íntimos do meu ser, a fim de poder me basear firmemente nos fatos eternos da psique humana.[26]

Embora ele estivesse comprometido com a astrologia, Jung não "culpou" as configurações planetárias pelas vicissitudes da vida nem presumiu que o destino fosse uma força externa, irrevogável, imposta por uma ordem celestial impessoal. Como declara o Cássio de Shakespeare: "A culpa, caro Brutus, não está em nossas estrelas, mas em nós mesmos" – mas não, na visão de Jung, porque os seres humanos sejam "subalternos".[27] Ao contrário, a "culpa" é a relutância do indivíduo em olhar para dentro, resultando naquelas cadeias de escolhas e consequências inconscientes geradas por compulsões desconhecidas que parecem predestinar não apenas vidas individuais, mas também a vida e a história da coletividade.[28]

O "Espírito Deste Tempo", como se revela aos poucos nas primeiras décadas do século XXI, parece exibir uma preferência por evitar as "grandes" questões que preocuparam Jung ao longo da vida. A natureza do mal, o significado e o propósito de uma vida individual, as motivações mais profundas que impulsionam os indivíduos e as coletividades e o enigma do sofrimento humano não são temas populares para o discurso em muitos círculos psicológicos hoje em dia, até porque esses temas são potenciais campos minados de observações politicamente incorretas. Em vez disso, os esforços estão concentrados em encontrar métodos – medicinais, psicoterapêuticos ou sociais – que dissiparão os sintomas sem investir tempo nem despesas na exploração de suas causas inconscientes.

Nem a história – seja individual ou coletiva – é mais percebida como ferramenta essencial para compreender os dilemas do presente. De acordo com o *site* do Serviço Nacional de Saúde Britânico, a terapia cognitiva comportamental

> é um tipo de terapia oral que pode ajudá-lo a administrar seus problemas ao mudar a maneira como você pensa e se comporta [...]. A TCC (terapia cognitivo-ccomportamental) lida com seus problemas atuais, ao invés de se concentrar em questões do passado. Procura maneiras práticas de melhorar seu estado de espírito dia a dia.[29]

A eficácia de tal abordagem é, como a de todos os métodos psicoterapêuticos, tema de debate contínuo.[30] Num esforço para combinar o melhor de ambos os mundos, alguns psicoterapeutas e grupos de formação terapêutica misturaram técnicas cognitivas e analíticas para produzir um modelo "integral".[31] Mas "TCC" é a abordagem previamente favorecida pelas autoridades coletivas na Grã-Bretanha, e grupos de formação psicoterapêutica de todas as convicções – entre eles, grupos junguianos – estão hoje em dia sob pressão para adotar métodos cognitivos se seus praticantes desejarem obter encaminhamentos e financiamento do Serviço Nacional de Saúde.[32]

A dificuldade pode, em última análise, não estar na falta de utilidade das técnicas cognitivas, mas na eliminação do senso de continuidade com o passado que, às vezes, pode resultar de um foco apenas nas condições e nas circunstâncias atuais. A compreensão das dimensões interiores da história humana – seja ela explorada pela história das ideias, das religiões ou emocional de uma família e sua trajetória ao longo de gerações – pode se tornar o centro para o qual qualquer esperança de um futuro convergirá. Essa era a própria perspectiva de Jung. Ele a descreveu vividamente quando escreveu sobre a casa de vários andares que chamou de "minha casa", que apareceu em um sonho que ele experienciou enquanto ainda trabalhava com Freud. O andar superior da casa dos sonhos de Jung era mobiliado em "estilo rococó". O andar térreo era muito mais antigo, datando do século XV ou XVI. Um caminho de escada de pedra levava a uma adega, que datava da época romana. Quando Jung olhou melhor para o piso dessa adega, notou um anel pelo qual podia levantar uma das placas de pedra. Mais uma escada desceu até as profundezas, na qual ele descobriu "ossos dispersos e cerâmica quebrada, como restos de uma cultura primitiva".[33] Jung interpretou o sonho como "uma espécie de imagem da psique". O salão rococó, bem acima da superfície, representava a consciência pessoal; o piso térreo simbolizava o primeiro nível do inconsciente. Quanto mais fundo Jung descia, mais escura se tornava a cena, e mais antigas e universais era as relíquias:

> Esse foi meu primeiro indício de um coletivo *a priori* sob a psique pessoal. Isso eu tomei pela primeira vez como sendo os traços de modos de funcionamento antigos. Com o aumento da experiência e com base em conhecimentos mais confiáveis, reconheci-os como formas de instinto, ou seja, como arquétipos.[34]

A história, para Jung, não era uma listagem linear de eventos isolados ou, como diz um personagem em uma das peças de Alan Bennett, "apenas uma coisa f... após outra".[35] A história mais profunda e interior da criatividade humana e da destrutividade foi fundamental para a compreensão psicológica de Jung. A astrologia, como ele apontou, encapsulou a psicologia do passado e forneceu as bases para a própria história da psicologia. Jung, em contraposição ao "espírito deste tempo", compartilhou a visão de Goethe sobre a importância central da história:

> Deixe aquele que falha aprender e assinalar
> Três mil anos, ainda ficam,
> Destituídos de experiência, na escuridão,
> E vivos dia a dia.[36]

O "Espírito Deste Tempo" também parece abranger a confortável certeza de que os problemas do indivíduo provêm de uma fonte social, econômica ou mesmo climática, não psicológica, e que esses problemas podem ser "curados" com o governo certo, a legislação certa e as garantias certas de um protocolo científico que, muitas vezes, acredita ser, tal como um papa infalível, incapaz de juízo errado ou ignorância, mesmo nas esferas liminares em que seus instrumentos de medida podem ser inadequados ou inapropriados. A lealdade de Jung, apesar de si mesmo e à custa de sofrimento considerável, foi, afinal de contas e de modo irrevogável, dada ao que ele entendia como o "Espírito das Profundezas", e as correntes religiosas e filosóficas mais antigas que ele estudou com tanta assiduidade lhe pareceram formas variadas de um esforço humano a ser renovado de maneira perene para expressar esse espírito – mesmo que a visão de mundo coletiva prevalecente se opusesse a ele.

Invocando o "espírito das profundezas"

Que Jung trabalhou com invocações de rituais dos arquétipos planetários que ele identificou no próprio horóscopo natal, e que os resultados dessas invocações inspiram muitos dos personagens no *Liber Novus*, pode parecer uma sugestão perturbadora e até chocante para os que não estão familiarizados com as raízes históricas da técnica que Jung chamou de imaginação ativa. Mas a relação entre magia e imaginação ativa foi descrita pelo próprio Jung, e a sugestão de que ele era incapaz de fazer as próprias conexões entre os rituais teúrgicos da Antiguidade Tardia e a "busca das imagens interiores" que resultaram no *Liber Novus* não é convincente. Jung também deixou claro que ele entendia os "deuses" planetários como arquétipos, e que o propósito da imaginação ativa era estabelecer um diálogo entre as potências arquetípicas e a consciência humana individual. Seu interesse nos grimórios medievais e do início da era moderna, textos mágicos de inclinação astrológica, como a *Liturgia de Mithra*, e em teurgistas neoplatônicos, como Plotino, Jâmblico e Proclo, todos os que integraram a astrologia em suas percepções cosmológicas, evidencia a probabilidade de Jung ter feito um esforço deliberado e consciente para trabalhar imaginariamente – ou, dito de outra forma, magicamente – com os conflitos internos que ele acreditava estar retratados, de modo simbólico, no mapa natal.

O propósito desse trabalho interno, tanto para Jung como para seus antecessores da Antiguidade Tardia, era uma transformação da personalidade pela integração da consciência com centro psíquico maior que Jung entendia como *Self*. Embora Jâmblico e seus colegas teurgistas interpretassem de maneiras diversas esse centro como um deus ou *daimon*, ou como o Uno platônico do qual tudo mais emana, a busca destes sobre tal processo de integração por meio do uso de símbolos e imagens baseadas firmemente na sustentação da ideia de *sumpatheia* reaparece no conceito de individuação de Jung e no trabalho que ele sugeriu que deveria ser feito pelo indivíduo para facilitar sua jornada de outra forma natural, mas inconsciente, às vezes desnecessariamente dolorosa ou mesmo malsucedida. Jung gostava de citar o axioma alquímico "O que a natureza deixa imperfeito a arte aperfeiçoa",[37] e – permitindo sua preferência pela ideia de totalidade à ideia de perfeição – esse é o objetivo da psicoterapia que ele desenvolveu e praticou.

Jung entendia o destino em geral, e o destino astral, em particular, como um paradoxo. Da perspectiva do astrólogo, não se pode devolver o horóscopo natal e encomendar um novo, a menos que se abrace uma convicção religiosa que prometa um novo horóscopo natal coincidente com um novo "renascimento" espiritual, como fez o teólogo cristão Taciano, no século II EC.[38] Embora alguns astrólogos aceitem a ideia de que o destino é concreto e fixo, astrólogos de inclinação mais psicológica entendem o destino como multinivelado e negociável. Na visão de Jung, o destino horoscópico apresenta profundo enigma. É preciso "fazer de bom grado e com liberdade aquilo que se deve fazer"; mas esses advérbios, "de bom grado" e "com liberdade", implicam cooperação consciente voluntária com os "fatos eternos" – os próprios arquétipos – que não podem ser coagidos nem erradicados por qualquer esforço humano. O livre-arbítrio, para Jung, envolvia respeito e aceitação da vontade do *daimon*, ao mesmo tempo que envolvia o diálogo e uma transformação potencial capaz de permitir que tanto a personalidade quanto o *daimon* florescessem da maneira mais criativa possível.

No contexto junguiano, essa união da personalidade com o *Self* não depende de perfeição nem resulta dela, e a sugestão de que se pode "transcender", "superar" ou "curar" as dimensões difíceis de um horóscopo natal teria lhe parecido tão absurda quanto curvar a cabeça e aceitar um sofrimento imposto pelo destino sem tentar entender o porquê. Totalidade era o ideal que Jung aspirava, e isso requer viver com os conflitos simbolizados pelo horóscopo natal de formas que, às vezes, podem envolver luta e fracasso, mas também reconhecendo o significado e a teleologia desses conflitos, ao lado da lealdade à verdade de si mesmo. O *I Ching*, que Jung via como o equivalente oriental da astrologia ocidental, oferece uma percepção paradoxal semelhante:

> Eles [os santos sábios] se colocaram de acordo com o Tao e seu poder e, em conformidade com isso, estabeleceram a ordem do que é certo. Pensando pela ordem do mundo exterior até o fim, e explorando a lei de sua natureza até o mais profundo núcleo, chegaram à compreensão do destino.[39]

Tanto no âmbito psicológico quanto no astrológico, a experiência, para Jung, afinal, acabou tendo mais peso do que a especulação intelectual e as metodologias científicas, apesar do argumento racional mais persuasivo, e mesmo quando esse argumento foi apresentado pelo próprio intelecto, treinado de forma científica. Em outubro de 1959, perto do final da vida, Jung foi entrevistado pelo apresentador de televisão John Freeman para um programa da BBC intitulado *Face to Face*. Freeman perguntou a Jung se ele ainda acreditava em Deus, e Jung respondeu:

"Agora? Difícil responder. Eu sei. Não preciso, não preciso mais acreditar. Eu sei".

Freeman não perguntou a Jung se ele "acreditava" em astrologia. Mas é provável que a resposta teria sido a mesma.

Notas

1. Xenofonte, *The Memorable Thoughts of Socrates,* trad. Edward Bysshe (Londres: Cassell, 1888), p. 10. Jung possuía duas traduções alemãs dessa obra.
2. Jung, *MDR*, p. 373.
3. Jung descreve a astrologia à sua filha Gret pouco antes de sua morte, citada em Baumann-Jung, "The Horoscope of C.G. Jung", p. 55.
4. Sobre a astrologia como fenômeno da Nova Era, ver William Sims Bainbridge, *The Sociology of Religious Movements* (Londres: Routledge, 1997), pp. 363-85.
5. Main, *The Rupture of Time*, pp. 75-7.
6. Noll, *The Jung Cult,* pp. 67-9.
7. Noll, *The Jung Cult,* p. 270.
8. Hanegraaff, *New Age Religion,* pp. 496-505.
9. Jung, *Dream Analysis*, vol. 1, p. 405.
10. Para expressões "vernaculares" *versus* "oficiais" sobre religião, ver Leonard Norman Primiano, "Vernacular Religion and the Search for Method in Religious Folklife", *Western Folklore* 54:1 (1995), pp. 37-56.
11. Alexander Ruperti, "Dane Rudhyar", *The Astrological Journal* 32:2 (1986), p. 57.
12. Ver Campion, *What Do Astrologers Believe*, pp. 59-72. Para um exemplo da presunção de que a astrologia envolve "fé" ou "crença", ver Bart J. Bok e Margaret W. Mayall, "Scientists Look at Astrology", *Scientific Monthly* 52:3 (1941), pp. 233-44.
13. Para a história de colunas de horóscopo natal, ver Kim Farnell, *Flirting with the Zodiac* (Bournemouth: Wessex Astrologer, 2007), pp. 123-42; Campion, *Astrology and Popular Religion*, pp. 69-84.
14. Para a história do "cienticifismo", ver Casper Hakfoort, "Science Deified", *Annals of Science* 49:6 (1992), pp. 525-44; Gregory R. Peterson, "Demarcation and the Scientistic Fallacy", *Zygon* 38:4 (2003) pp. 751-61.

15. Ver Greene, *The Astrological World of Jung's Liber Novus*, Capítulo 2.
16. Para exemplos desses debates, ver James Allen, *Inference from Signs* (Oxford: Oxford University Press, 2001).
17. David S. Katz, *The Occult Tradition* (Londres: Jonathan Cape, 2005), p. 140.
18. Wouter J. Hanegraaff, "Introduction: The Birth of a Discipline", em Antoine Faivre e Wouter J. Hanegraaff (orgs.), *Western Esotericism and the Science of Religion* (Leuven: Peeters, 1998), pp. xii-xiii.
19. Jung, CW4, pars. 774-75.
20. Para as muitas citações de Platão nos *Collected Works* de Jung, ver Jung, CW20, "Platão". Elas incluem as ideias platônicas como arquétipos (Jung, CW8, par. 275; Jung, CW9i, par. 5) e as discussões de Platão sobre a *Alma Mundi* (Jung, CW5, pars. 404-06, 649; Jung, CW9ii, pars. 380, 389; Jung, CW18, par. 1361). Para a desconfiança de Platão da coletividade, ver Platão, *Republic*, 6.476d-6.506c; Platão, *Meno*, 97d; Platão, *Crito*, 44-47; Platão, *Phaedrus*, 260a.
21. Platão, *Meno*, 98a.
22. Para a utilização desse termo por Jung, ver Jung, CW3, par. 513; Jung, CW9i, pars. 225, 228; Jung, CW10, pars. 453-77. Para Jung como "elitista", ver Nicholas Lewin, *Jung on War, Politics and Nazi Germany* (Londres: Karnac Books, 2009), pp. 145-46.
23. Jung, CW10, pars. 538-39.
24. Para a discussão de Platão sobre regimes políticos e sua sucessão cíclica, ver Platão, *Republic*, 8.546-79.
25. Para a ênfase de Platão na responsabilidade do indivíduo dentro do coletivo, ver Platão, *Laws*, III:389b-d; Platão, *Republic*, IV:434d-e.
26. Jung, CW10, par. 329.
27. William Shakespeare, *Julius Caesar*, I.ii.140-41.
28. Para o apelo apaixonado de Jung por maior consciência e responsabilidade individual, ver Jung, CW10, pars. 488-588.
29. "Cognitive Behavioural Therapy: Introduction", disponível em: www.nhs.uk/conditions/Cognitive-behavioural-therapy/Pages/Introduction.aspx.
30. Ver Andrew C. Butler, Jason E. Chapman, Evan M. Forman e Aaron T. Beck, "The Empirical Status of Cognitive-Behavioural Therapy", *Clinical Psychology Review* 26:1 (2006), pp. 17-31; Tullio Scrimali, *Neuroscience-Based Cognitive Therapy* (Londres: John Wiley & Sons, 2012).

31. Essa mistura é, por vezes, denominada "terapia analítica cognitiva". Ver a Association for Cognitive Analytic Therapy em: www.acat.me.uk/page/home, incluindo um artigo de Susie Black intitulado "CAT, Jung and Neuroscience", em: www.acat.me.uk/page/acat+ newsletter+4+december+2011.
32. Ver Hilary Platt, "Fighting for Professional Survival", *Psychotherapist* 48 (2011), pp. 29-32, e outros artigos relevantes nesse número da revista do Conselho Britânico de Psicoterapuia.
33. Jung, *MDR*, pp. 182-83.
34. *Idem*, pp. 184-85.
35. Alan Bennett, *The History Boys* (Londres: Faber & Faber, 2004), p. 85.
36. Johann Wolfgang von Goethe, *West-Eastern Divan*, trad. Edward Dowden (Londres: J. M. Dent, 1914; originalmente publicado como *West-östlicher Divan*, Stuttgart: Cotta, 1819), V:74.
37. Jung apresentou várias paráfrases dessa citação de um alquimista desconhecido; ver Jung, CW8, par. 560; Jung, CW14, par. 422; Jung, *MDR*, p. 284.
38. Para Taciano, ver Lewis, *Cosmology and Fate*, p. 159.
39. Richard Wilhelm e Cary F. Baynes (trad.), *The I Ching or Book of Changes* (Nova York: Pantheon,1950), p. 281.

BIBLIOGRAFIA

Trabalhos citados por C. G. Jung

Obras Completas

Jung, C. G., *Psychiatric Studies*, CW1, trad. R. F. C. Hull (Londres: Routledge & Kegan Paul, 1957).

———, *Experimental Researches*, CW2, trad. Leopold Stein (Londres: Routledge & Kegan Paul, 1969).

———, *The Psychogenesis of Mental Disease*, CW3, trad. R. F. C. Hull (Londres: Routledge & Kegan Paul, 1960).

———, *Freud and Psychoanalysis*, CW4, trad. R. F. C. Hull (Londres: Routledge & Kegan Paul, 1961).

———, *Symbols of Transformation*, CW5, trad. R. F. C. Hull (Londres: Routledge & Kegan Paul, 1956).

———, *Psychological Types*, CW6, trad. R. F. C. Hull (Londres: Routledge & Kegan Paul, 1971).

———, *Two Essays on Analytical Psychology*, CW7, trad. R. F. C. Hull (Londres: Routledge & Kegan Paul, 1972).

———, *The Structure and Dynamics of the Psyche*, CW8, trad. R. F. C. Hull (Londres: Routledge & Kegan Paul, 1960).

———, *The Archetypes and the Collective Unconscious*, CW9i, trad. R. F. C. Hull (Londres: Routledge & Kegan Paul, 1959).

———, *Aion: Researches into the Phenomenology of the Self*, CW9ii, trad. R. F. C. Hull (Londres: Routledge & Kegan Paul, 1959).

———, *Civilization in Transition*, CW10, trad. R. F. C. Hull (Londres: Routledge & Kegan Paul, 1964).

———, *Psychology and Religion*, CW11, trad. R. F. C. Hull (Londres: Routledge & Kegan Paul, 1958).

———, *Psychology and Alchemy*, CW12, trad. R. F. C. Hull (Londres: Routledge & Kegan Paul, 1953).

———, *Alchemical Studies*, CW13, trad. R. F. C. Hull (Londres: Routledge & Kegan Paul, 1967).

———, *Mysterium Coniunctionis*, CW14, trad. R. F. C. Hull (Londres: Routledge & Kegan Paul, 1963).

———, *The Spirit in Man, Art, and Literature*, CW15, trad. R. F. C. Hull (Londres: Routledge & Kegan Paul, 1966).

———, *The Practice of Psychotherapy*, CW16, trad. R. F. C. Hull (Londres: Routledge & Kegan Paul, 1954).

———, *The Development of Personality*, CW17, trad. R. F. C. Hull (Londres: Routledge & Kegan Paul, 1954).

———, *The Symbolic Life*, CW18, trad. R. F. C. Hull (Londres: Routledge & Kegan Paul, 1977).

———, *General Index to the Collected Works*, CW20 (Londres: Routledge & Kegan Paul, 1979).

Outros trabalhos citados por Jung em inglês e alemão

Jung, C. G., *Wandlungen und Symbole der Libido*, publicado em duas partes em *Jahrbuch für psychoanalytische und psychopathologische Forschungen* (Leipzig), III-IV (1911-1912; reimpr. Leipzig: Dueticke Verlag, 1912).

―――, "Versuch einer Darstellung der psychoanalytischen Theorie", em *Jahrbuch für psychoanalytische und psychopathologische Forschungen* 5 (Viena e Leipzig, 1913).

―――, "The Theory of Psychoanalysis", *Psychoanalytic Review* (Nova York), 1 (1913-1914), pp. 1-4 e 2 (1915).

―――, *Collected Papers on Analytical Psychology*, ed. e trad. Constance E. Long (Londres: Baillière, Tindall e Cox, 1916).

―――, *Psychology of the Unconscious*, trad. Beatrice M. Hinkle (Nova York: Moffat, Yard, 1916).

―――, *Studies in Word-Association: Experiments in the Diagnosis of Psychopathological Conditions Carried Out at the Psychiatric Clinic of the University of Zürich*, trad. M. D. Eder (Londres: William Heinemann, 1918).

―――, "The Psychological Foundations of Belief in Spirits", *Proceedings of the Society for Psychical Research* 31 (1920).

―――, *Psychologische Typen* (Zurique: Rascher Verlag, 1921).

―――, "Die Bedeutung der schweizerischen Linie im Spektrum Europas", *Neue Schweitzer Rundschau* 24:6 (1928), pp. 1-11.

―――, "Über den Archetypus mit besonderer Berücksichtigung des Animabegriffes", *Zentralblatt für Psychotherapie und ihre Grenzgebiete* 9:5 (1936), pp. 259-75.

―――, *The Integration of the Personality*, trad. Stanley Dell (Nova York: Farrar & Rinehart, 1939).

―――, *Aion: Untersuchungen zur Symbolgeschichte, Psychologische Abhandlungen* VIII, (Zurique: Rascher Verlag, 1951).

―――, Cartas a Michael Fordham, 15 de dezembro de 1954; 9 de novembro de 1954; 20 de outubro de 1954; Michael J. Fordham, Carta a C. G. Jung, 10 de janeiro de 1955; Wellcome Library, Londres, PP/FOR/C.1/1/2: Box 7.

―――, "Exercitia spiritualia of St. Ignatius of Loyola", em *Modern Psychology: Notes on Lectures Given at the Eidgenössische Technische Hochschule, Zürich by Prof. Dr. C. G. Jung, October 1933-July 1941*, 3 volumes, trad. e org. Elizabeth Welsh e Barbara Hannah (Zurique: K. Schippert, 1959-60), vol. 3-4, pp. 153-57.

―――, *Modern Psychology: Notes on Lectures Given at the Eidgenössische Technische Hochschule, Zürich by Prof. Dr. C. G. Jung, October 1933-July 1941*, 3 vols., trad. e org. Elizabeth Welsh e Barbara Hannah (Zurique: K. Schippert, 1959-1960).

———, *Memories, Dreams, Reflections*, ed. Aniela Jaffé, trad. Richard e Clara Winston (Londres: Routledge & Kegan Paul, 1963), pp. 194-225.

———, "The Psychological Aspects of the Kore", em C. G. Jung e C. Kerényi, *Essays on a Science of Mythology: The Myth of the Divine Child and the Mysteries of Eleusis* (Princeton, NJ: Princeton University Press, 1963).

———, *Analytical Psychology: Its Theory and Practice* (Londres: Routledge & Kegan Paul, 1968).

———, *C. G. Jung Letters*, 2 volumes, ed. Gerhard Adler, trad. R. F. C. Hull (Londres: Routledge & Kegan Paul, 1973-76).

———, "Letters to Oskar Schmitz, 1921-1931", trad. James Kirsch, *Psychological Perspectives* 6:1 (1975), pp. 79-95.

———, *The Visions Seminars*, 2 vols. (Zurique: Spring, 1976).

———, *Septem Sermones ad Mortuos: Written by Basilides in Alexandria, the City Where East and West Meet*, trad. Stephan A. Hoeller, em Stephan A. Hoeller, *The Gnostic Jung and the Seven Sermons to the Dead* (Wheaton, IL: Theosophical Publishing House, 1982), pp. 44-58.

———, *Dream Analysis: Notes of the Seminar Given in 1928-1930 by C. G. Jung*, org. William C. McGuire (Londres: Routledge & Kegan Paul, 1984).

———, *Introduction to Jungian Psychology: Notes of the Seminar on Analytical Psychology Given in 1925 by C. G. Jung*, org. William McGuire e Sonu Shamdasani (Princeton, NJ: Princeton University Press, 1989).

———, *Jung's Seminar on Nietzsche's Zarathustra*, org. James Jarrett (Princeton, NJ: Princeton University Press, 1997).

———, *Visions: Notes of the Seminar Given in 1930–1934 by C. G. Jung*, org. Claire Douglas, 2 vols. (Princeton, NJ: Princeton University Press, 1997).

———, *Children's Dreams: Notes from the Seminar Given in 1936-1940*, org. Lorenz Jung e Maria Meyer-Grass, trad. Ernst Falzeder e Tony Woolfson (Princeton, NJ: Princeton University Press, 2008).

———, *The Red Book: Liber Novus*, org. Sonu Shamdasani, trad. Mark Kyburz, John Peck e Sonu Shamdasani (Nova York & Londres: W. W. Norton, 2009).

———, *Jung on Astrology*, seleção e introdução de Keiron le Grice e Safron Rossi (Abingdon: Routledge, 2017).

Fontes principais

Abraham von Worms, *Die egyptischen großen Offenbarungen, in sich begreifend die aufgefundenen Geheimnisbücher Mosis; oder des Juden Abraham von Worms Buch der wahren Praktik in der uralten göttlichen Magie und erstaunlichen Dingen, wie sie durch die heilige Kabbala und durch Elohym mitgetheilt worden. Sammt der Geister – und Wunder-Herrschaft, welche Moses in der Wüste aus dem feurigen Busch erlernet, alle Verborgenheiten der Kabbala umfassend* (Colônia: Peter Hammer, 1725).

Agrippa, Henrique Cornélio von Nettesheim, *De occulta philosophia libri tres* (Colônia: J. Soter, 1533).

———, *De incertudine & vanitate omnium scientiarum declamatio omiectium* (Colônia: T. Baumann, 1584).

———, *De incertidome & vanitate omnium scientiarum & artium liber* (Hagae-Comitum: A. Ulacq, 1653).

———, *Die Cabbala des H. C. Agrippa von Nettesheim*, trad. Johann Scheible e Friedrich Barth (Stuttgart: Johann Scheible, 1855).

———, *Magische Werke sammt den geheimnisvollen Schriften des Petrus von Abano, Pictorius von Villingen, Gerhard von Cremona, Abt Tritheim von Spanheim, dem Buche Arbalel, der sogenannten Heil*, 3 volumes (Berlim: Hermann Bardsdorf, 1916).

———, *Magische Werke samt den geheimnisvollen Schriften des Petrus von Abano, Pictorius von Villingen, Gerhard von Cremona, Abt Tritheim von Sponheim, dem Buche Arbatel, der sogenannten Heil. Geist-Kunst und verschiedenen anderen*, 2 volumes (Viena: Amonesta-Verlag, 1921).

Anônimo, "Ancient Landmarks: From the Neoplatonists to H. P. B.", *Theosophy* 28:2 (1939), pp. 53-7.

"Astrologers' Weekend", *Picture Post: Hulton's National Weekly*, 29 de abril de 1939, pp. 3-4.

Atwood, Mary Ann, *Hermetic Philosophy and Alchemy: A Suggestive Inquiry into "The Hermetic Mystery" with a Dissertation on the More Celebrated of the Alchemical Philosophers* (Londres: Trelawney Saunders, 1850).

Bachofen, Johann Jacob, *Das Mutterrecht: Eine Untersuchung über die Gynaikokratie der alten Welt nach ihrer religiösen und rechtlichen Natur* (Stuttgart: Krais und Hoffmann, 1861).

Bailey, Alice A., *Esoteric Astrology: A Treatise on the Seven Rays, Volume III* (Nova York: Lucis, 1951).

Bailey, George H., "The Descent to Birth and the Soli-Lunar Interchanges", *Modern Astrology* (1915); reimpr. como "The Prenatal Epoch and the Soli-Lunar Interchanges", *Astrologer's Quarterly* 3:2 (1929).

Bailly, Jean Sylvain, *Histoire de l'astronomie ancienne, depuis son origine jusqu'à l'établissement de l'école d'Alexandrie* (Paris: Debure, 1775).

———, *Traite de l'astronomie indienne et orientale* (Paris: Debure, 1787).

Basílio de Cesareia, *Hexaemeron*, trad. Blomfield Jackson (Amazon CreateSpace, 2014) Berthelot, Marcellin, *Les origines de l'alchemie* (Paris: Georges Steinheil, 1885).

———, *Collection des anciens alchemistes grecs*, 3 vols. (Paris: Georges Steinheil, 1887-1888).

Besant, Annie, *A Study in Consciousness: A Contribution to the Science of Psychology* (Londres: Theosophical Publishing Society, 1904). [*Um Estudo Sobre a Consciência*. São Paulo: Pensamento, 1988 (fora de catálogo).]

Biegel, Rebekka Aleida, *Zur Astrognosie der alten Ägypter* (Göttingen: Dieterichsche Universitäts-Buckdruckerei, 1921).

Blavatsky, H. P., *Isis Unveiled: A Master-Key to the Mysteries of Ancient and Modern Science and Theology*, 2 vols. (Londres: Theosophical Publishing, 1877). [*Ísis sem Véu*. São Paulo: Pensamento, 1991.]

———, *The Secret Doctrine: The Synthesis of Science, Religion, and Philosophy*, 2 volumes (Londres: Theosophical Publishing, 1888). [*A Doutrina Secreta*. São Paulo: Pensamento, 1980.]

———, *The Theosophical Glossary*, org. G. R. S. Mead (Londres: Theosophical Publishing House, 1892).

———, *Collected Writings, 1874-1891*, 15 vols., org. Boris de Zirkoff (Wheaton, IL: Theosophical Publishing House, 1966).

Bouché-Leclercq, Auguste, *L'astrologie grecque* (Paris: Ernest Leroux, 1899).

Bousset, Wilhelm, *Hauptprobleme der Gnosis* (Göttingen: Vandenhoeck & Ruprecht, 1907).

Brunner, Cornelia, *Die Anima als Schicksalsproblem des Mannes* (Zurique: Rascher Verlag, 1963).

Buch Abramelin das ist Die egyptischen großen Offenbarungen. Oder des Abraham von Worms Buch der wahren Praktik in der uralten göttlichen Magie (Leipzig: Editions Araki, 2001).

Bundy, Murray Wright, *The Theory of Imagination in Classical and Medieval Thought* (Urbana: University of Illinois Press, 1927).

Cardanus, Jerome [Girolamo Cardano], *Commentarium in Ptolemaeum de astrorum iudiciis*, em Girolamo Cardano, *Opera omnia* (Lyons: Charles Sponius, 1663).

Carter, Charles E. O., *An Encyclopaedia of Psychological Astrology* (Londres: Theosophical Publishing House, 1924).

———, *The Astrological Aspects* (Londres: Theosophical Publishing House, 1930).

Coleman, William Emmette, "The Sources of Madame Blavatsky's Writings", em Vsevolod Sergyeevich Solovyoff, *A Modern Priestess of Isis* (Londres: Longmans, Green, 1895), Apêndice C, pp. 353-66.

Cory, Isaac Preston, *Ancient Fragments of the Phoenician, Chaldean, Egyptian, Tyrian, Carthaginian, Indian, Persian, and Other Writers; With an Introductory Dissertation; And an Inquiry into the Philosophy and Trinity of the Ancients* (Londres: William Pickering, 1832; repr. Londres: Reeves and Turner, 1876).

Creuzer, Georg Friedrich, *Symbolik und Mythologie der alten Völker, besonders der Griechen* (Leipzig: K. W. Leske, 1810-1812).

——— (org.), *Plotini Enneades cum Marsilii Ficini Interpretatione Castigata; primum accedunt Porphyryii et Procli Institutiones et Prisciani Philosophi Solutiones* (Paris: Dübner, 1855).

Crowley, Aleister, *777 and Other Qabalistic Writings of Aleister Crowley*, org. Israel Regardie (Londres: Ordo Templi Orientis, 1912; reimpr. York Beach, ME: Samuel Weiser, 1973).

Cumont, Franz, *Textes et monuments figurés relatifs aux mystères de Mythra* (Brussels: H. Lamertin, 1896).

———, *Die Mysterien des Mithra* (Leipzig: Teubner, 1903; reimpr. 1911).

———, *Die orientalischen Religionen im römischen Heidentum: Vorlesungen am Collège de France* (Leipzig: Teubner, 1910).

D'Ailly, Pierre, *Tractatus de imagine mundi Petri Aliaco, et varia ejusdem auctoris, et Joannis Gersonis opuscula* (Louvain: Johannes de Westphalia, 1483).

Damáscio, *Dubitationes et solutiones de primis principiis in Platonis Parmenidem*, 2 volumes (Paris: Ruelle, 1889).

Delatte, Louis, *Textes latins et vieux français relatifs aux Cyranides* (Paris: Droz, 1942).

De l'Aulnaye, François-Henri-Stanislas, *L'histoire générale et particulière des religions et du cultes de tous les peuples du monde, tant anciens que modernes* (Paris: J. B. Fournier, 1791).

———, *Récapitulation de toute la maçonnerie, ou Description et explication de l'hiéroglyphe universel du maître des maîtres* (publicação particular, Paris, 1812).

———, *Thuileur des trente-trois degrés de l'écossisme du rit ancien, dit accepté, auquel on a joint la rectification, l'interprétation et l'étymologie des mots sacrés, de passe, d'attouchement, de reconnaissance* (publicação particular, Paris, 1813).

Deussen, Paul, *Allgemeine Geschichte der Philosophie*, 2 vols. (Leipzig: F. A. Brockhaus, 1894).

Dieterich, Albrecht, *Abraxas: Studien zur Religionsgeschichte des spätern Alterums* (Leipzig: Teubner, 1891).

———, *Ein Mithrasliturgie* (Leipzig: Teubner, 1903).

Dionísio, o Areopagita, *Was mir das Jenseits mitteilteas Der mystische Weg und innere Doktor Johannes Fausts Magia naturalis et innaturalis, oder dreifacher Höllenzwang, letztes Testament und Siegelkunst* (Stuttgart: Scheible, 1849).

Drews, Arthur C., *Plotin und der Untergang der antiken Weltanschaunng* (Jena: Diederichs, 1907).

———, *Die Christusmythe* (Jena: E. Diederichs, 1910).

Dupuis, Charles, *Origine de tous les cultes, ou religion universelle* (Paris: H. Agasse, 1795).

———, *Planches de l'origine de tous les cultes* (Paris: H. Agasse, 1795).

Eisler, Robert, *Weltmantel und Himmelszelt: Religionsgeschichtliche Untersuchungen zur Urgeschichte des antiken Weltbildes*, 3 volumes (Munique: C. H. Beck, 1910).

———, *Orpheus the Fisher: Comparative Studies in Orphic and Early Christian Cult Symbolism* (Londres: J. M. Watkins, 1921); originalmente publicado como uma série de artigos em *The Quest* 1:1 (1909), pp. 124-39; 1:2 (1910), pp. 306-21; 1:4 (1910), pp. 625-48.

———, *Orphisch-dionysische Mysteriengedanken in der christlichen Antike* (Leipzig: Teubner, 1925).

———, *L'origine babylonienne de l'alchimie: A propos de la découverte récente de recettes chimiques sur tablettes cunéiformes*, trad. Robert Bouvier (Paris: La Renaissance du Livre, 1926).

———, "Pistis Sophia und Barbelo", *Angelos: Archiv für Neutestamentliche und Kulturkunde* 3:1-2 (1928), pp. 93-110.

———, "Nachleben dionysischer Mysterienriten?", *Archiv für Religionswissenschaft* 27 (1928), pp. 171-83.

———, *Man into Wolf: An Anthropological Interpretation of Sadism, Masochism, and Lycanthropy* (Londres: Routledge & Kegan Paul, 1951).

Epifânio, *Ausgewählte Schriften* (Munique: Josef Kösel, 1919).

Festugière, André-Jean, *La révélation d'Hermès Trismégiste*, 4 volumes (Paris: Bibliothèque des textes philosophiques, 1946-1954).

Ficino, Marsilio, *Mercurii Trismegisti: Pimander sive de potestate et sapientia Dei* (Treviso: Gerardus de Lisa, 1471).

Flambart, Paul [Paul Choisnard], *Preuves et bases de l'astrologie scientifique* (Paris: Bibliothèque Chacornac, 1921).

Flamel, Nicolas, *Le Livre des figures hiéroglyphiques* (Paris: Veuve Guillemot, 1612).

Fliess, Wilhelm, *Der Ablauf des Lebens: Grundlegung zur Exakten Biologie* (Leipzig: F. Deuticke, 1906).

Fortune, Dion, *The Goat-Foot God* (Londres: Norgate, 1936).

———, "Types of Mind Working", em Dion Fortune e Gareth Knight, *An Introduction to Ritual Magic* (Loughborough: Thoth, 1997), pp. 32-9.

Frazer, James, *The Golden Bough: A Study in Magic and Religion* (Nova York: Macmillan, 1922).

Frey-Rohn, Liliane, Interview with Gene Nameche, C. G. Jung Biographical Archive 1968-1973, Countway Library of Medicine, Harvard University, entrevista 2, p. 25.

Gerhardt, Oswald, *Der Stern des Messias: das Geburts- und das Todesjahr Jesu Christinach astronomischer Berechnung* (Leipzig: Deichert, 1922).

Ginzburg, Christian D., *The Kabbalah: Its Doctrines, Development, and Literature* (Londres: Longmans, Green, 1863).

Heindel, Max, *The Rosicrucian Cosmo-Conception, or Mystic Christianity* (Oceanside, CA: Rosicrucian Fellowship, 1909).

———, *The Rosicrucian Mysteries* (Oceanside, CA: Rosicrucian Fellowship, 1911).

———, *The Message of the Stars: An Esoteric Exposition of Medical and Natal Astrology Explaining the Arts of Prediction and Diagnosis of Disease* (Oceanside, CA: Rosicrucian Fellowship, 1918).

———, *Simplified Scientific Astrology: A Complete Textbook on the Art of Erecting a Horoscope* (Londres: L. N. Fowler, 1928).

Henry, Paul e Hans-Rudolf Schwyzer (eds.), *Plotini opera. Porphyrii vita Plotini; Enneades I-III* (Paris: Desclée de Brouwer, 1951).

———, *Plotini opera. Enneades IV-VI* (Paris: Desclée de Brouwer, 1959).

Higgins, Godfrey, *Anacalypsis: An Attempt to Draw Aside the Veil of the Saitic Isis or an Inquiry into the Origin of Languages, Nations and Religions*, 2 vols. (Londres: Longman, Rees, Orme, Brown, Green e Longman, 1836).

Hinkle, Beatrice, "Jung's Libido Theory and the Bergsonian Philosophy", *New York Medical Journal* 30 (1914), pp. 1080-86.

Inge, William Ralph, *Christian Mysticism, Considered in Eight Lectures Delivered Before the University of Oxford* (Londres: Methuen, 1899).

Irineu, *Irenaei episcopi lugdunensis contra omnes haereses* (Oxford: Thomas Bennett, 1702).

———, *Des heiligen Irenäus fünf Bücher gegen die Häresine*, trad. Ernst Klebba (Munique: Josef Kösel, 1912).

James, William, "Frederic Myers's Service to Psychology", *Popular Science Monthly* (agosto 1901), pp. 380-89.

———, *The Varieties of Religious Experience: A Study in Human Nature* (Londres: Longmans, Green, 1902). [*As Variedades da Experiência Religiosa*. São Paulo: Cultrix, 2ª edição, 2017.]

Janet, Pierre, *The Major Symptoms of Hysteria: Fifteen Lectures Given in the Medical School of Harvard University* (Nova York: Macmillan, 1924).

Kern, Otto (org.), *Orphicorum fragmenta* (Berlim: Weidmann, 1922).

Khunrath, Heinrich, *Von hylealischen, das ist, pri-materialischen catholischen, oder algemeinem natürlichen Chaos, der naturgemessen Alchymiae und Alchemisten* (Magdeburg: Andreas Genen, 1597).

King, Charles William, *The Gnostics and Their Remains: Ancient and Medieval* (Londres: Bell & Dalby, 1864).

Knorr von Rosenroth, Christian, *Kabbala denudata, seu, Doctrina Hebraeorum transcendentalis et metaphysica atque theologica: opus antiquissimae philosophiae barbaricae... in quo, ante ipsam translationem libri... cui nomen Sohar tam veteris quam recentis, ejusque tikkunim... praemittitur apparatus [pars 1-4]*, 3 vols. (Sulzbach/Frankfurt: Abraham Lichtenthal, 1677-1684).

Krafft, Karl Ernst, *Le premier traité d'astro-biologie* (Paris: Wyckmans, 1939).

Kyranides: The Magick of Kirani, King of Persia and of Harpocration; Containing the Magical and Medicinal Vertues of Stones, Herbs, Fishes, Beasts and Birds (Londres: n. p., 1685; reimpr. as *Kyranides: On the Occult Virtues of Plants, Animals, and Stones: Hermetic and Talismanic Magic*; Nova York: Renaissance Astrology, 2010).

Leadbeater, C. W., *Man, Visible and Invisible* (Londres: Theosophical Publishing Society, 1902). [*O Homem Visível e Invisível*. São Paulo: Pensamento, 1967 (fora de catálogo).]

Leo, Alan, *Astrology for All, Part I: Individual and Personal Characteristics as Represented by the Sun and Moon; Part II, Casting the Horoscope* (Londres: Modern Astrology Office, 1899).

———, *How to Judge a Nativity* (Londres: Modern Astrology Office, 1903).

———, *The Progressed Horoscope* (Londres: Modern Astrology Office, 1905).

———, *Astrology for All* (Londres: Modern Astrology Office, 1910).

———, *The Key to Your Own Nativity* (Londres: Modern Astrology Office, 1910).

———, "The Age of Aquarius", *Modern Astrology* 8:7 (1911), p. 272.

———, *The Art of Synthesis* (Londres: Modern Astrology Office, 1912).

———, *Esoteric Astrology* (Londres: Modern Astrology Office, 1913).

———, *Mars: The War Lord* (Londres: Modern Astrology Office/L. N. Fowler, 1915).

———, *Saturn: The Reaper* (Londres: Modern Astrology Office, 1916). [*Saturno: o Construtor de Universos*. São Paulo: Pensamento, 1988 (fora de catálogo).]

———, *Dictionary of Astrology*, org. Vivian Robson (Londres: Modern Astrology Office/L. N. Fowler, 1929).

Leo, Bessie, *The Life and Work of Alan Leo, Theosophist – Astrologer – Mason* (Londres: Modern Astrology Office/N. L. Fowler, 1919).

Longfellow, Henry Wadsworth, *The Song of Hiawatha* (Boston, MA: Ticknor and Fields, 1855).

Machen, Arthur, "The Novel of the White Powder", em Arthur Machen, *The Three Impostors* (Londres: John Lane, 1895), pp. 95-111.

Maier, Michael, *Symbola aureae mensae duodecim nationum* (Frankfurt: Julius Ägidius von Negelein, 1617).

Mann, Thomas, *Doktor Faustus: Das Leben des deutschen Tonsetzers Adrian Leverkühn, erzählt von einem Freunde* (Frankfurt: S. Fischer, 1947).

Marc Aurel, *Selbstbetrachtungen*, trad. Otto Kiefer (Leipzig: E. Diederichs, 1903).

Massey, Gerald, *The Natural Genesis, or Second Part of a Book of the Beginnings: Concerning an Attempt to Recover and Reconstitute the Lost Origins of the Myths and Mysteries, Types and Symbols, Religion and Language, with Egypt for the Mouthpiece and Africa as the Birthplace*, 2 volumes (Londres: Williams and Norgate, 1883).

———, *Gerald Massey's Lectures* (Londres: Private Publication, 1887).

———, "The Hebrew and Other Creations, Fundamentally Explained", em *Gerald Massey's Lectures* (Londres: Publicação particular, 1887), pp. 105-40.

———, "The Historical Jesus and Mythical Christ", em *Gerald Massey's Lectures* (Londres: Publicação particular, 1887), pp. 1-26.

Mead, G. R. S., "Pistis-Sophia", *Lucifer* 6 (março 1890-agosto 1890), pp. 107-13, 230-39, 315-23, 392-401, 489-99; *Lucifer* 7 (setembro 1890-fevereiro 1891), pp. 35-43, 139-47, 186-96, 285-95, 368-76, 456-63; *Lucifer* 8 (março 1891-agosto 1891), pp. 39-47, 123-29, 201-04.

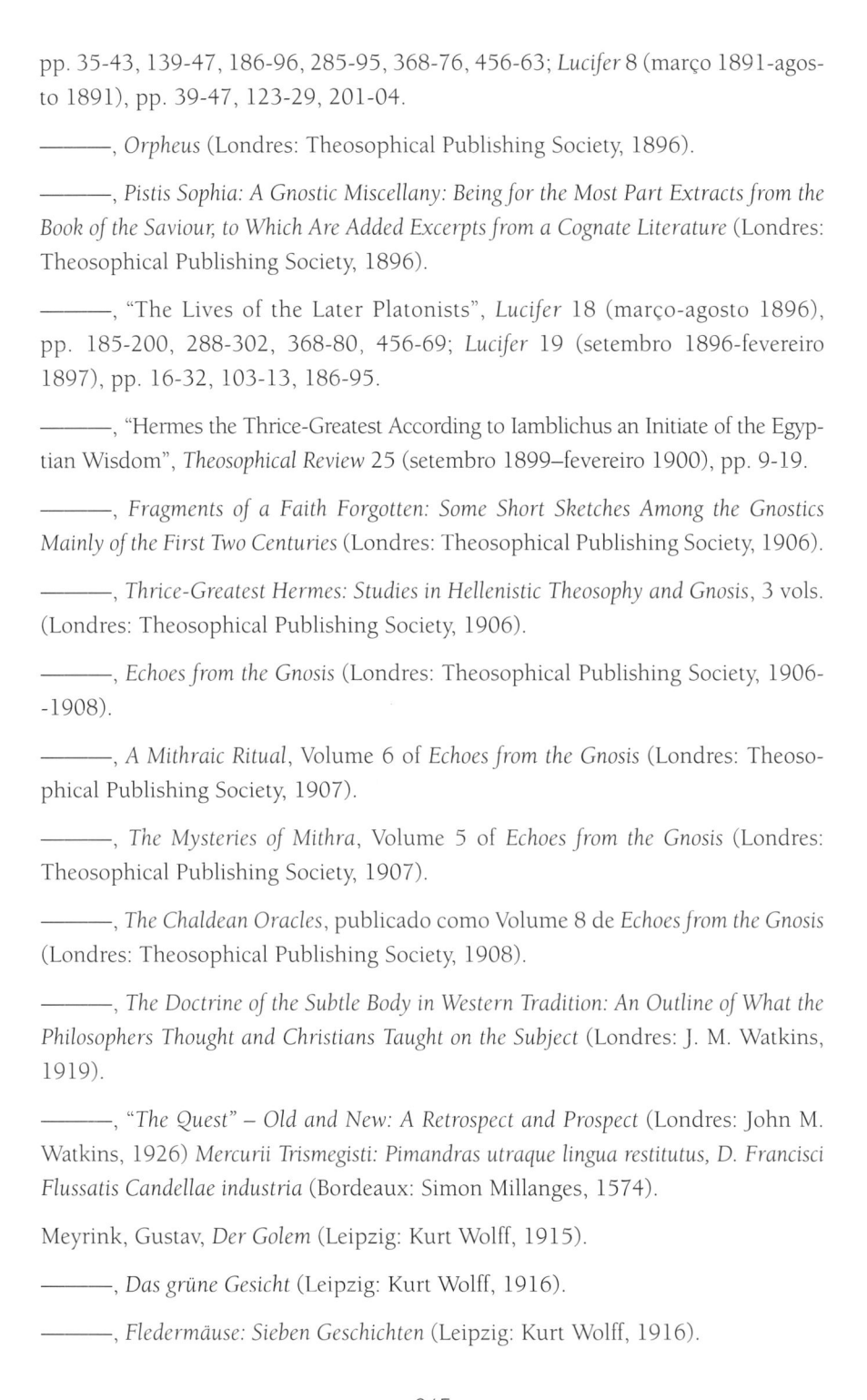

―――, *Orpheus* (Londres: Theosophical Publishing Society, 1896).

―――, *Pistis Sophia: A Gnostic Miscellany: Being for the Most Part Extracts from the Book of the Saviour, to Which Are Added Excerpts from a Cognate Literature* (Londres: Theosophical Publishing Society, 1896).

―――, "The Lives of the Later Platonists", *Lucifer* 18 (março-agosto 1896), pp. 185-200, 288-302, 368-80, 456-69; *Lucifer* 19 (setembro 1896-fevereiro 1897), pp. 16-32, 103-13, 186-95.

―――, "Hermes the Thrice-Greatest According to Iamblichus an Initiate of the Egyptian Wisdom", *Theosophical Review* 25 (setembro 1899–fevereiro 1900), pp. 9-19.

―――, *Fragments of a Faith Forgotten: Some Short Sketches Among the Gnostics Mainly of the First Two Centuries* (Londres: Theosophical Publishing Society, 1906).

―――, *Thrice-Greatest Hermes: Studies in Hellenistic Theosophy and Gnosis*, 3 vols. (Londres: Theosophical Publishing Society, 1906).

―――, *Echoes from the Gnosis* (Londres: Theosophical Publishing Society, 1906--1908).

―――, *A Mithraic Ritual*, Volume 6 of *Echoes from the Gnosis* (Londres: Theosophical Publishing Society, 1907).

―――, *The Mysteries of Mithra*, Volume 5 of *Echoes from the Gnosis* (Londres: Theosophical Publishing Society, 1907).

―――, *The Chaldean Oracles*, publicado como Volume 8 de *Echoes from the Gnosis* (Londres: Theosophical Publishing Society, 1908).

―――, *The Doctrine of the Subtle Body in Western Tradition: An Outline of What the Philosophers Thought and Christians Taught on the Subject* (Londres: J. M. Watkins, 1919).

―――, "The Quest" – Old and New: A Retrospect and Prospect (Londres: John M. Watkins, 1926) *Mercurii Trismegisti: Pimandras utraque lingua restitutus, D. Francisci Flussatis Candellae industria* (Bordeaux: Simon Millanges, 1574).

Meyrink, Gustav, *Der Golem* (Leipzig: Kurt Wolff, 1915).

―――, *Das grüne Gesicht* (Leipzig: Kurt Wolff, 1916).

―――, *Fledermäuse: Sieben Geschichten* (Leipzig: Kurt Wolff, 1916).

———, *Walpurgisnacht* (Leipzig: Kurt Wolff, 1917).

———, *Der Engel vom westlichen Fenster* (Bremen: Schünemann, 1927).

Müller, F. Max, *Lectures on the Origin and Growth of Religions as Illustrated by the Religions of India* (Londres: Longmans, Green, 1878).

———, *Vorlesungen über den Ursprung und die Entwickelung der Religion* (Estrasburgo: Trübner, 1880).

———, *Theosophy: Or, Psychological Religion: The Gifford Lectures Delivered Before the University of Glasgow in 1892* (Londres: Longmans, Green, 1917).

Myers, F. H. W., *Human Personality and Its Survival of Death* (Londres: Longmans, 1903).

Mylius, Johann Daniel, *Philosophia reformata* (Frankfurt: Luca Jennis, 1622).

Nietzsche, Friedrich, *Also sprach Zarathustra: Ein Buch für Alle und Keinen* (Chemnitz: Ernst Schmeitzner, 1883-1884).

Paracelso, *Sämtliche Werke: 1. Abt. Medizinische, naturwissenschaftliche und philosophische Schriften*, VIII, org. Karl Sudhoff, 14 vols. (Munique e Berlim, 1922-1933), pp. 161-70.

———, *Liber de nymphis, sylphis, pygmaeis et salamandris et de caeteris spiritibus*, em *Sämtliche Werke*, 1:14.7, org. Karl Sudhoff e Wilhelm Matthiessen (Munique: Oldenbourg, 1933).

Pearce, Alfred J., *The Weather Guide-Book: A Concise Exposition of Astronomic-Meteorology* (Londres: Simpkin, Marshall, 1864).

———, *The Science of the Stars* (Londres: Simpkin, Marshall, 1881).

——— (org.), *The Future: A Monthly Magazine of Predictive Sciences and Events of the Day* (1892-1894).

Filo de Alexandria, *Philonis Iudaei, scriptoris eloquentissimi, ac philosophi summi, lucubrationes omnes quotquot haberi potuerunt: cuius opera uterque est integritati restitutus* (Basileia: Sigmund Gelen, 1561).

———, *Opera quae supersunt*, 6 vols., ed. Leopold Cohn and Paul Wendland (Berlim: Walter de Gruyter, 1898-1915).

Quillard, Pierre (trad.), *Le livre de Jamblique sur les mystères* (Paris: Libraire de l'art indépendant, 1875).

Raphael, *The Key to Astrology, Containing a Complete System of Genethliacal Astrology* (Londres: W. Foulsham, 1896).

Regardie, Israel, *The Tree of Life: A Study in Magic* (Londres: Rider, 1932).

———, *An Account of the Teachings, Rites, and Ceremonies of the Hermetic Order of the Golden Dawn*, 4 vols. (Chicago: Aries Press, 1937-1940; reimpr. em um volume, St Paul, MN: Llewellyn, 1989).

———, *The Philosopher's Stone: A Modern Comparative Approach to Alchemy from the Psychological and Magical Points of View* (Londres: Rider, 1938).

Reitzenstein, Richard, *Poimandres: ein paganisiertes Evangelium: Studien zur griechischäegtischen und frühchristlichen Literatur* (Leipzig: Teubner, 1904).

———, *Die hellenistiche Mysterienreligionen* (Leipzig: Teubner, 1910).

———, *Mysterionreligionen nach ihren Grundgedanken und Wirkungen* (Leipzig: Teubner, 1910).

———, *Das iranische Erlösungsmysterium; religionsgeschichtliche Untersuchungen* (Bonn: A. Marcus and E. Weber, 1921).

Rhine, J. B., *Extra-Sensory Perception* (Boston, MA: Boston Society for Psychic Research, 1934).

———, *New Frontiers of the Mind: The Story of the Duke Experiments* (Nova York: Farrar & Rinehart, 1937).

Rohde, Erwin, *Seelencult und Unsterlichkeitsglaube der Griechen*, 2 volumes (Tübingen: Mohr, 1903).

Roscher, Wilhelm Heinrich, *Ausfürliches Lexikon der griechischen und römischen Mythologie Lexicon* (Leipzig: Teubner, 1884).

Rudhyar, Dane, *The Rebirth of Hindu Music* (Adyar: Theosophical Publishing House, 1928).

———, *The Astrology of Personality: A Reinterpretation of Astrological Concepts and Ideals in Terms of Contemporary Psychology and Philosophy* (Nova York: Lucis Trust, 1936).

———, *Astrological Timing: The Transition to the New Age* (Nova York: Harper & Row, 1969).

———, *The Transition to the New Age* (Londres: Harper & Row, 1969).

———, *The Planetarization of Consciousness* (Nova York: Harper, 1972).

———, *The Astrology of America's Destiny: A Birth Chart for the United States of America* (Nova York: Random House, 1974).

Ruland, Martin, *Lexicon alchemiae sive Dictionarium alchemisticum* (Frankfurt: Zachariah Palthenus, 1612).

Saturn Gnosis: Offizielles Publikations-Organ der deutschen Gross-Loge Fraternitas Saturni Orient Berlin.

Scheible, Johann (org.), *Das sechste und seibente Buch Mosis, das ist: Mosis magische Geisterkunst, das Geheimnis aller Geheimnisse. Sammt den verdeutschten Offenbarungen und Vorschriften wunderbarster Art der alten weisen Hebrer, aus den Mosaischen Buchern, der Kabbala und den Talmud zum leiblichen Wohl der Menschen* (Stuttgart: Scheible, 1849).

Schmitz, Oskar A. H. *Geist der Astrologie* (Munique: Müller, 1922).

Schultz, Wolfgang, *Dokumente der Gnosis* (Jena: Diederichs, 1910).

Sêneca, Lúcio Aneu, *L. Annaei Senecae rhetoric opera, quae extant Integris Nicolai Fabri, Andr. Schotti, accuratissimo aucta* (Amsterdã: Elsevier, 1672).

———, *L. Annaei Senecae operum tomus secundus: in quo epistolae et quaestiones naturales* (Amsterdã: Elsevier, 1673).

Sepharial,*The New Manual of Astrology: In Four Books* (Filadélfia, PA: David McKay, 1898).

———, *Directional Astrology: To Which Is Added a Discussion of Problematic Points and a Complete Set of Tables Necessary for the Calculation of Arcs of Direction* (Londres: Rider, 1921).

———, *How to Read the Crystal; or Crystal and Seer* (Londres: Foulsham, 1922).

———, *The Solar Epoch: A New Astrological Thesis* (Londres: Foulsham, 1925).

Silberer, Herbert, *Probleme der Mystik und ihre Symbolik* (Viena: Hugo Deller, 1914; publicado em inglês como *Problems of Mysticism and Its Symbolism*, trad. Ely Jelliffe Smith (Nova York: Moffat, Yard, 1917); reimpr. como *Hidden Symbolism of Alchemy and the Occult Arts* (Nova York: Dover, 1971).

Smith, E. M., *The Zodia, or the Cherubim in the Bible and the Cherubim in the Sky* (Londres: Elliot Stock, 1906).

Smith, George, "The Chaldean Account of the Deluge", *Transactions of the Society of Biblical Archaeology* 1-2 (1872), pp. 213-34.

Staudenmaier, Ludwig, *Die Magie als Experimentelle Narurwissenschaft (Magic as an Experimental Science)* (Leipzig: Akademische Verlagsgesellschaft, 1912).

Steiner, Rudolf, *Friedrich Nietzsche, Ein Kaempfer Gegen Seine Zeit* (Weimar: E. Felber, 1895).

———, *Das Mysterium des Bösen: Zehn Vorträge* (publicação póstuma: Stuttgart: Verlag Freies Geitesleben, 1993).

Strauss, Heinz Arthur, *Psychologie und astrologische Symbolik: eine Einführung* (Zurique: Rascher Verlag, 1953).

———, *Astrologie: Grundsätzliche Betrachtungen* (Leipzig: Kurt Wolff, 1977).

Strauss, Heinz Arthur e Sigrid Strauss-Klöbe, *Die Astrologie des Johannes Kepler: Eine Auswahl aus seinen Schriften* (Munique: Oldenbourg, 1926).

Strauss-Klöbe, Sigrid, "Über die psychologische Bedeutung des astrologischen Symbols", em *Eranos Jahrbuch 1934, Band 2: Ostwestliche Symbolik und Seelenführung* (Zurique: Rhein-Verlag, 1935).

———, *Kosmische Bedingtheit der Psyche: Kosmische Konstellation und seelische Disposition* (Oberbayern: O. W. Barth, 1968).

———, *Das kosmopsychische Phänomen: Geburtskonstellation und Psychodynamik* (Freiburg: Walter-Verlag, 1977).

Theatrum chemicum, Praecipuous selectorum auctorum tractatus de Chemiae et Lapidis Philosophici Antiquitate, 4 vols. (Estrasburgo, 1602-1613).

Thierens, A. E., *The General Book of the Tarot* (Londres: Rider, 1930).

———, *Elements of Esoteric Astrology: Being a Philosophical Deduction of Astrological Principles* (Filadélfia, PA: David McKay, 1931).

Thorburn, James MacCaig, "Mysticism and Art", *The Monist* 30:4 (1920), pp. 599-617.

———, "Analytical Psychology and the Concept of Individuality", *International Journal of Ethics* 35:2 (1925), pp. 125-39.

———, *Art and the Unconscious* (Londres: Kegan Paul, Trench, Trubner, 1925).

———, "Do the Gods Exist?", *Harvest* 6 (1959), pp. 72-87.

Thorburn, J. M., A. H. Hannay e P. Leon, "Artistic Form and the Unconscious", *Proceedings of the Aristotelian Society* 13 (1934), pp. 119-58.

Von Goethe, Johann Wolfgang, *Faust: Der Tragödie erster Teil* (Stuttgart: J. G. Cotta, 1808).

———, *West-östlicher Divan* (Stuttgart: Cotta, 1819).

———, *Faust: Der Tragödie zweiter Teil* (Stuttgart: J. G. Cotta, 1828-1829).

Waite, A. E., *The Real History of the Rosicrucians: Founded on Their Own Manifestoes, and on Facts and Documents Collected from the Writings of Initiated Brethren* (Londres: George Redway, 1887).

———, *The Key to the Tarot: Being Fragments of a Secret Tradition Under the Veil of Divination* (Londres: William Rider & Son, 1909).

———, *The Secret Doctrine of Israel: A Study of the Zohar and Its Connections* (Londres: William Rider & Son, 1912).

———, *The Real History of the Rosicrucians and the Brotherhood of the Rosy Cross* (Londres: William Rider & Son, 1924).

———, *The Holy Kabbalah: A Study of the Secret Tradition in Israel* (Londres: Williams & Norgate, 1929).

White, William, *Emanuel Swedenborg: His Life and Writings*, 2 vols. (Londres: Simpkin, 1867).

Wilhelm, Richard, *Das Geheimnis der goldenen Blüte: Ein chinesisches Lebensbuch* (Munique: Dorn, 1929).

———, *The Secret of the Golden Flower* (Londres: Kegan Paul, Trench, Tubner, 1931).

Yeats, William Butler, *The Second Coming* (1919), em William Butler Yeats, *The Collected Poems of William Butler Yeats* (Londres: Macmillan, 1933), p. 211.

———, *A Vision: An Explanation of Life Founded upon the Writings of Giraldus and upon Certain Doctrines Attributed to Eusta Ben Luka* (Publicação particular, 1925; reimpr. Nova York: Macmillan, 1939).

———, *The Autobiography of William Butler Yeats* (Nova York: Macmillan, 1953).

Principais fontes traduzidas

Abraham von Worms, *The Book of the Sacred Magic of Abramelin the Mage*, trad. Samuel Liddell MacGregor Mathers (Londres: John M. Watkins, 1900).

———, *The Book of Abramelin*, org. Georg Dehn, trad. Steven Guth (Lake Worth, FL: Nicolas-Hays, 2006).

Agrippa, Henrique Cornélio, *Three Books of Occult Philosophy (De occulta philosophia)*, ed. Donald Tyson, trad. James Freake (St. Paul, MN: Llewellyn, 2004 [1993]; primeira tradução completa em inglês, James Freake, Londres: Gregory Moule, 1651).

———, *The Ante-Nicene Fathers*, org. e trad. Alexander Roberts, James Donaldson e A. Cleveland Coxe, 10 vols. (Buffalo, NY: Christian Literature Publishing, 1885).

Apocryphon of John, trad. Frederik Wisse, em James M. Robinson (org.), *The Nag Hammadi Library in English* (Leiden: Brill, 1977), pp. 98-116.

Apuleio, *The Golden Ass*, trad. Thomas Taylor (Frome: Prometheus Trust, 1997).

Aurélio, Marco. *Meditations*, trad. Martin Hammond (Londres: Penguin, 2006).

Bachofen, Johann Jacob, *Myth, Religion and Mother Right*, trad. Ralph Manheim (Princeton, NJ: Princeton University Press, 1967).

Betegh, Gábor (org. e trad.), *The Derveni Papyrus: Cosmology, Theology, and Interpretation* (Cambridge: Cambridge University Press, 2004).

Betz, Hans Dieter (org. e trad.), *The Greek Magical Papyri in Translation* (Chicago: University of Chicago Press, 1986).

——— (org. e trad.), *The "Mithras Liturgy": Text, Translation and Commentary* (Tübingen: Mohr Siebeck, 2003).

Bonatti, Guido, *Liber Astronomiae*, 4 vols., org. Robert Hand, trad. Robert Zoller (Berkeley Springs, WV: Golden Hind Press, 1994-1996).

Charcot, Jean-Martin, *Clinical Lectures on Diseases of the Nervous System (Leçons sur les maladies du système nerveux [1886])*, trad. Thomas Savill, org. Ruth Harris (Londres: Routledge, 1991).

Charles, R. H. (trad.), *The Book of Enoch, or 1 Enoch* (Oxford: Clarendon Press, 1912).

Cícero, M. Túlio, "De divinatione", em *On Old Age, On Friendship, On Divination*, trad. W. A. Falconer (Cambridge, MA: Harvard University Press, 1970).

Clemente de Alexandria, "Stromata", in *St. Clement of Alexandria: Selected Works*, em *The Ante-Nicene Fathers: The Writings of the Fathers Down to A.D. 325*, org. e trad. Alexander Roberts, James Donaldson e Arthur Cleveland Cox, vol. 2 (Buffalo, NY: Christian Literature Publishing, 1885), pp. 299-568.

Copenhaver, Brian P. (org. e trad.), *Hermetica: The Greek Corpus Hermeticum and the Latin Asclepius in a New English Translation* (Cambridge: Cambridge University Press, 1992).

Cumont, Franz, *The Mysteries of Mithra*, trad. Thomas J. McCormack (Chicago: Open Court, 1903).

Demóstenes, *On the Crown*, trad. A. W. Pickard-Cambridge, em A. W. Pickard-Cambridge (org. e trad.), *Public Orations of Demosthenes*, 2 vols. (Oxford: Clarendon Press, 1912).

Dillon, John (org. e trad.), *Fragments of Iamblichus' Commentary on the Timaeus* (Leiden: Brill, 1973).

Ésquilo, "The Seven Against Thebes", em *Aeschylus 1: The Persians, the Seven Against Thebes, the Suppliant Maidens, Prometheus Bound*, org. e trad. David Grene, Richmond Lattimore, Mark Griffith e Glenn W. Most (Chicago: University of Chicago Press, 2013).

Eurípides, *The Heracleidae*, trad. Ralph Gladstone, em *Euripides 1: Alcestis/The Medea/The Heracleidae/Hippolytus*, org. Richmond Lattimore and David Grene, trad. Ralph Gladstone (Chicago: University of Chicago Press, 1955).

Evans-Wentz, W. Y. (org. e trad.), *The Tibetan Book of the Dead: Or the After-Death Experiences on the Bardo Plane, According to Lama Kazi Dawa-Samdup's English Rendering* (Oxford: Oxford University Press, 1927). [*O Livro Tibetano dos Mortos*. São Paulo: Pensamento, 3ª edição, 2024.]

Firmico Materno, Júlio, *Ancient Astrology, Theory and Practice: The Mathesis of Firmicus Maternus*, trad. Jean Rhys Bram (Park Ridge, NJ: Noyes Press, 1975).

Freud, Sigmund, *The Interpretation of Dreams*, SE5, trad. James Strachey (Londres: Hogarth Press/Institute of Psychoanalysis, 1953).

———, *Three Essays on the Theory of Sexuality and Other Works*, trad. James Strachey, SE7 (Londres: Hogarth Press/Institute of Psychoanalysis, 1953).

Freud, Sigmund e Joseph Breuer, *Studies on Hysteria*, SE2, trad. James Strachey (Londres: Hogarth Press/Institute of Psychoanalysis, 1955).

Freud, Sigmund e C. G. Jung, *The Freud-Jung Letters*, org. William McGuire, trad. Ralph Manheim e R. F. C. Hull (Londres: Hogarth Press/Routledge & Kegan Paul, 1977).

Frey-Rohn, Liliane, *From Freud to Jung: A Comparative Study of the Psychology of the Unconscious*, trad. Fred E. Engreen e Evelyn K. Engreen (Nova York: Putnam, 1976; reimpr. Shambhala/Daimon Verlag, 1990).

Ganss, George E. (trad.), *The Spiritual Exercises of Saint Ignatius: A Translation and Commentary* (Chicago: Loyola Press, 1992).

Godwin, Joscelyn, *The Theosophical Enlightenment* (Albany: SUNY Press, 1994).

——— (trad.), *Hypnerotomachia Poliphili: The Strife of Love in a Dream* (Londres: Thames and Hudson, 1999).

Gospel of Philip, em M. R. James (org. e trad.), *The Apocryphal New Testament: Being the Apocryphal Gospels, Acts, Epistles, and Apocalypses* (Oxford: Clarendon Press, 1924), p. 12.

Gospel of Thomas, NHC II.2.50, trads. Helmut Koester e Thomas O. Lambdin, em James McConkey Robinson e Richard Smith (orgs.), *The Nag Hammadi Library in English* (Leiden: Brill, 1977), pp. 117-30.

Gregório de Nissa, *On the Soul and Resurrection*, trad. Catherine P. Roth (Yonkers, NY: St.Vladimir's Seminary Press, 1993).

Heródoto, *The Histories*, trad. Robin Waterfield (Oxford: Oxford University Press, 1998).

Hesíodo, *Theogony and Works and Days*, trad. M. L. West (Oxford: Oxford University Press, 1988).

Homero, *The Iliad of Homer*, trad. Richmond Lattimore (Chicago: University of Chicago Press, 1951).

———, *The Odyssey of Homer*, trad. Richmond Lattimore (Nova York: Harper & Row, 1967).

Ibn Ezra, Abraham, *The Book of the World*, trad. Shlomo Sela (Leiden: Brill, 2010).

"J. K." [Julius Kohn] (org. e trad.), *Splendor Solis: Alchemical Treatises of Solomon Trismosin, Adept and Teacher of Paracelsus* (Londres: Kegan Paul, Trench, Trubner, 1920).

Jâmblico, *On the Pythagorean Life*, trad. Gillian Clark (Liverpool: Liverpool University Press, 1989).

———, *De Mysteriis*, trad. Emma C. Clarke, John M. Dillon e Jackson P. Hershbell (Leiden: Brill, 2004).

———, *Iamblichus of Chalcis: The Letters*, trad. John M. Dillon e Wolfgang Polleichtner (Atlanta, GA: Scholars Press, 2009).

Kahn, Charles H. (trad.), *The Art and Thought of Heraclitus: An Edition of the Fragments with Translation and Commentary* (Cambridge: Cambridge University Press, 1981).

Kant, Immanuel, *Critique of Practical Reason*, trad. Lewis White Beck (Upper Saddle River, NJ: Prentice-Hall, 1993).

Karr, Don (org. e trad.), *Liber Salomonis: Cephar Raziel, British Library Sloane MS 3826:2r- 57r* (2007-2010), disponível em: www.digital-brilliance.com/kab/karr/Solomon/LibSal.pdf.

Kerényi, Karl, "Kore", em C. G. Jung e Carl Kerényi, *Essays on a Science of Mythology: The Myth of the Divine Child and the Mysteries of Eleusis*, trad. R. F. C. Hull (Princeton, NJ: Princeton University Press, 1969), pp. 101-55.

Lewy, Hans (org. e trad.), *Chaldaean Oracles and Theurgy: Mysticism, Magic, and Platonism in the Later Roman Empire* (Paris: Institut d'Études Augustiniennes, 2011 [1956]).

Macróbio, *The Saturnalia*, trad. Percival Vaughan Davies (Nova York: Columbia University Press, 1969).

———, *Commentary on the Dream of Scipio*, trad. William Harris Stahl (Nova York: Columbia University Press, 1990 [1952]).

Marsanes, NHC X.5.24-6, trad. Birger A. Pearson, em James McConkey Robinson (org.), *The Nag Hammadi Library in English* (Leiden: Brill, 1977), pp. 417-26.

Masson, Jeffrey Moussaieff (org. e trad.), *The Complete Letters of Sigmund Freud to Wilhelm Fliess, 1887-1904* (Cambridge, MA: Harvard University Press, 1985).

Müller, Ernst (org. e trad.), *Der Zohar: Das Heilige Buch der Kabbala* (Viena: Heinrich Glanz, 1932).

Origen [Origens], *Contra Celsum*, trad. Henry Chadwick (Cambridge: Cambridge University Press, 1953).

Peterson, Joseph (org. e trad.), *The Sixth and Seventh Books of Moses: Or, Moses' Magical Spirit Art Known as the Wonderful Arts of the Old Wise Hebrews, Taken from the Mosaic Books of the Kabbalah and the Talmud, for the Good of Mankind* (Lake Worth, FL: Ibis Press, 2008).

Piché, D. (org. e trad.), *La condamnation parisienne de 1277* (Paris: Vrin, 1999).

Platão, *Plato in Twelve Volumes*, trad. W. R. M. Lamb (Londres: William Heinemann, 1925).

———, *The Collected Dialogues of Plato*, ed. Edith Hamilton e Huntington Cairns (Princeton, NJ: Princeton University Press, 1961).

Plotino, *The Enneads*, trad. Stephen MacKenna, 6 vols. (Londres: Medici Society, 1917-1930; reimpr. Londres: Faber & Faber, 1956).

———, *Enneads*, 7 vols., trad. A. H. Armstrong (Loeb Classical Library, 1966-1988).

Plutarco, *On the Daimonion of Socrates: Human Liberation, Divine Guidance and Philosophy*, org. Heinz-Günther Nesselrath, trad. Donald Russell, George Cawkwell, Werner Deuse, John Dillon, Heinz-Günther Nesselrath, Robert Parker, Christopher Pelling e Stephan Schröder (Tübingen: Mohr Siebeck, 2010).

Porfírio, *De antro nympharum*, trad. Thomas Taylor, em Thomas Taylor (org. e trad.), *Select Works of Porphyry; Containing His Four Books on Abstinence from Animal Food; His Treatise on the Homeric Cave of the Nymphs; and His Auxiliaries to the Perception of Intelligible Natures* (Londres: Thomas Rodd, 1823).

———, *Introduction to the Tetrabiblos*, em *Porphyry the Philosopher, Introduction to the Tetrabiblos, and Serapio of Alexandria, Astrological Definitions*, trad. James Holden (Tempe, AZ: American Federation of Astrologers, 2009).

Posidônio, *The Fragments*, 2 volumes, org. e trad. L. Edelstein e I. G. Kidd (Cambridge: Cambridge University Press, 1972).

Proclo, *On the Sacred Art and On the Signs of Divine Possession*, org. Stephen Ronan, trad. Thomas Taylor e Alexander Wilder (Londres: Chthonios Books, 1989).

———, *Commentary on Plato's Timaeus*, org. e trad. Harold Tarrant (Cambridge: Cambridge University Press, 2007).

———, *Commentary on Plato's Timaeus*, trad. Dirk Baltzly (Cambridge: Cambridge University Press, 2010).

Ptolomeu, *Tetrabiblos*, org. e trad. F. E. Robbins (Cambridge, MA: Harvard University Press, 1971).

Reitzenstein, Richard, *Hellenistic Mystery-Religions: Their Basic Ideas and Significance*, trad. John E. Steely (Pitsburgo, PA: Pickwick Press, 1978).

Ronan, Stephen (org.), Thomas Taylor e Alexander Wilder (trad.), *Porphyry's Letter to Anebo and Iamblichus' On the Mysteries* (Hastings: Chthonios Books, 1989).

Ruland, Martin, *A Lexicon of Alchemy or Alchemical Dictionary, Containing a Full and Plain Explanation of All Obscure Words, Hermetic Subjects, and Arcane Phrases of Paracelsus*, trad. A. E. Waite (Londres: impressão particular, 1892; reimpr. York Beach, ME: Samuel Weiser, 1984).

Savedow, Steve (org. e trad.), *Sepher Rezial Hemelach: The Book of the Angel Rezial* (York Beach, ME: Samuel Weiser, 2000).

Schopenhauer, Arthur, *Prize Essay on the Freedom of the Will*, trad. Eric F. J. Payne, org. Günter Zöller (Cambridge: Cambridge University Press, 1999).

Scott, Walter (org. e trad.), *Hermetica: The Ancient Greek and Latin Writings Which Contain Religious or Philosophic Teachings Ascribed to Hermes Trismegistus*, 4 volumes (Oxford: Clarendon Press, 1924-1936).

Sperling, Harry e Maurice Simon (trad.), *The Zohar*, 5 vols. (Londres: Soncino Press, 1931-1934).

Steiner, Rudolf, *The Way of Initiation, or How to Attain Knowledge of the Higher Worlds*, trad. Max Gysi (Londres: Theosophical Publishing Society, 1910).

———, *An Outline of Occult Science*, trad. Max Gysi (Londres: Theosophical Publishing Society, 1914).

———, *Friedrich Nietzsche: Fighter for Freedom*, trad. Margaret Ingram de Ris (Englewood, NJ: Rudolf Steiner, 1960).

———, *The Reappearance of Christ in the Etheric* (Spring Valley, NY: Anthroposophic Press, 1983).

———, *Evil: Selected Lectures*, org. e trad. Michael Kalisch (Forest Row: Rudolf Steiner Press, 1997).

———, *The Secret Stream: Christian Rosenkreutz and Rosicrucianism: Selected Lectures and Writings* (Great Barrington, MA: Anthroposophic Press, 2000).

Taylor, Thomas (trad.), *Ocellus Lucanus, on the Nature of the Universe; Taurus, the Platonic Philosopher, on the Eternity of the World; Julius Firmicus Maternus, of the Thema Mundi; Select Theorems on the Perpetuity of Time, by Proclus* (Londres: John Bohn, 1831).

———, *The Hymns of Orpheus: Translated from the Original Greek, With a Preliminary Dissertation on the Life and Theology of Orpheus* (Londres: T. Payne, 1792); reimpr. *The Mystical Hymns of Orpheus* (Londres: B. Dobell, 1896); reimpr. *The Mystical Hymns of Orpheus* (Londres: Robert Triphoon, 1824); reimpr. *Hymns and Initiations* (Frome: Prometheus Trust, 1994).

Tomás de Aquino, *Summa Contra Gentiles*, trad. Anton C. Pegis, James F. Anderson, Vernon J. Bourke e Charles J. O'Neil (Nova York: Hanover House, 1955).

Trimorphic Protennoia (NHC XIII.1), trad. John D. Turner, em James McConkey Robinson (org.), *The Nag Hammadi Library in English* (Leiden: Brill, 1977), pp. 461-70.

Vettius Valens, *The Anthology*, trad. Robert Schmidt (Berkeley Springs, WV: Golden Hind Press, 1993-1996).

Von Goethe, Johann Wolfgang, *West-Eastern Divan*, trad. Edward Dowden (Londres: J. M. Dent, 1914).

Von Hardenberg, Friedrich [Novalis], *Heinrich von Ofterdingen: A Romance*, trad. John Owen (Cambridge: Cambridge Press, 1842).

Walker, Alexander (trad.), *Apocryphal Gospels, Acts, and Revelations* (Edimburgo: T&T Clark, 1911).

West, M.L. (org. e trad.), *The Orphic Poems* (Oxford: Oxford University Press, 1983).

Wilhelm, Richard e Cary F. Baynes (trad.), *The I Ching or Book of Changes* (Nova York: Pantheon, 1950).

Xenophon [Xenofonte], *The Memorable Thoughts of Socrates*, trad. Edward Bysshe (Londres: Cassell, 1888).

Zoller, Robert (trad.), *Liber Hermetis: Book of Hermes*, 2 vols. (Golden Hind Press, 2000).

Trabalhos secundários

Addey, Crystal, "Oracles, Dreams, and Astrology in Iamblichus' *De Mysteriis*", em Patrick Curry e Angela Voss (orgs.), *Seeing with Different Eyes: Essays in Astrology and Divination* (Newcastle: Cambridge Scholars Press, 2007), pp. 35-58.

———, "Oracles, Religious Practices, and Philosophy in Late Neoplatonism", *Practical Philosophy* 8:2 (2007), pp. 31-5, disponível em: www.practical-philosophy.org.uk

———, "Divine Possession and Divination in the Graeco-Roman World: The Evidence from Iamblichus' *On the Mysteries*", em Bettina E. Schmidt e Lucy Huskinson (orgs.), *Spirit Possession and Trance: New Interdisciplinary Perspectives* (Londres: Continuum, 2010), pp. 171-81.

———, "In the Light of the Sphere: The "Vehicle of the Soul" and Subtle-Body Practices in Neoplatonism", em Geoffrey Samuel e Jay Johnston (orgs.), *Religion and the Subtle Body in Asia and the West* (Londres: Routledge, 2013), pp. 149-67.

Addison, Ann, "Jung, Vitalism, and 'the Psychoid': An Historical Reconstruction", *Journal of Analytical Psychology* 54 (2009), pp. 123-42.

Allen, James, *Inference from Signs: Ancient Debates About the Nature of Evidence* (Oxford: Oxford University Press, 2001).

Allen, Michael J. B., Valery Rees e Martin Davies (orgs.), *Marsilio Ficino: His Theology, His Philosophy, His Legacy* (Leiden: Brill, 2002).

Altmann, Alexander, "Myth and Symbol", *Philosophy* 20:76 (1945), pp. 162-71.

Andresen, Jensine (org.), *Religion in Mind: Cognitive Perspectives on Religious Belief, Ritual, and Experience* (Cambridge: Cambridge University Press, 2001).

Armstrong, A. H., "Was Plotinus a Magician?", *Phronesis* 1:1 (1955), pp. 73-9.

——— (org.), *Later Greek and Early Medieval Philosophy* (Cambridge: Cambridge University Press, 1967).

Arroyo, Stephen, *Astrology, Psychology, and the Four Elements: An Energy Approach to Astrology and Its Use in the Counseling Arts* (Davis, CA: CRCS, 1975).

Aythos, *Die Fraternitas Saturni: Eine saturn-magische Loge* (Munique: ARW, 1979).

Bain, David, "Μελανιτις γη in the *Cyranides* and Related Texts: New Evidence for the Origins and Etymology of Alchemy", em Todd Klutz (org.), *Magic in the Biblical World: From the Rod of Aaron to the Ring of Solomon* (Edimburgo: T&T Clark, 2003), pp. 191-213.

Bainbridge, William Sims, *The Sociology of Religious Movements* (Londres: Routledge, 1997).

Barbault, André, *De la psychanalyse à l'Astrologie* (Paris: Seuil, 1961).

———, *From Psychoanalysis to Astrology: The Bridge Between the Soul and the Cosmos* (Munique: Hugendubel, 1991 [1961]).

———, "L'astrologia, psicologia del profondo dell'antichità", *Ricerca '90* 48 (2001), pp. 105-13.

Barker, Eileen e Margit Warburg (orgs.), *New Religions and New Religiosity* (Aarhus: Aarhus University Press, 1998).

Barnard, G. William, "Diving into the Depths: Reflections on Psychology as a Religion", em Diane Jonte-Pace e William B. Parsons (orgs.), *Religion and Psychology: Mapping the Terrain* (Londres: Routledge, 2001), pp. 297-318.

Barton, Tamsyn, *Ancient Astrology* (Londres: Routledge, 1994).

Baumlin, James S., "Reading/Misreading Jung: Post-Jungian Theory", *College Literature* 32:1 (2005), pp. 177-86.

Beck, Roger, *Planetary Gods and Planetary Orders in the Mysteries of Mithras* (Leiden: Brill, 1988).

———, *The Religion of the Mithras Cult in the Roman Empire: Mysteries of the Unconquered Sun* (Oxford: Oxford University Press, 2006).

Becker, Ken L., *Unlikely Companions: C. G. Jung and the "Spiritual Exercises" of Ignatius of Loyola: An Exposition and Critique Based on Jung's Lectures and Writings* (Leominster: Gracewing/ Inigo, 2001).

Beebe, John, "Can There Be a Science of the Symbolic?", em Kelly Bulkeley e Clodagh Weldon (orgs.), *Teaching Jung* (Oxford: Oxford University Press, 2011), pp. 255-68.

Bell, Lynn, *Cycles of Light: Exploring the Mysteries of Solar Returns* (Londres: CPA Press, 2005).

Bennett, Alan, *The History Boys* (Londres: Faber & Faber, 2004).

Benz, Ernst, *The Mystical Sources of German Romantic Philosophy*, trad. Blair R. Reynolds e Eunice M. Paul (Eugene, OR: Pickwick, 1983).

Berchman, Robert M. e John F. Finamore (eds.), *History of Platonism: Plato Redivivus* (Nova Orleans, LA: University Press of the South, 2005).

Bernabé, Alberto e Ana Isabel Jiménez San Cristóbal, *Instructions for the Netherworld: The Orphic Gold Tablets* (Leiden: Brill, 2008).

Bernardini, Riccardo, *Jung a Eranos* (Milão: Franco Angeli, 2011).

Besterman, Theodore, *Crystal-Gazing* (Londres: Rider, 1924).

Betz, Hans Dieter, "Hermetism and Gnosticism: The Question of the 'Poimandres'", em Søren Giversen, Tage Petersen e Podemann Sørensen, *The Nag Hammadi Texts in the History of Religions* (Copenhagen: Royal Danish Academy of Sciences and Letters, 2002), pp. 84-94.

Bikerman, E., "The Orphic Blessing", *Journal of the Warburg Institute* 2:4 (1939), pp. 370-71.

Bishop, Paul, "Thomas Mann and C. G. Jung", em Paul Bishop (org.), *Jung in Contexts: A Reader* (Londres: Routledge, 1999), pp. 154-88.

———, *Analytical Psychology and German Classical Aesthetics: Goethe, Schiller, and Jung* (Londres: Routledge, 2009).

Bishop, Paul (org.), *Jung in Contexts: A Reader* (Londres: Routledge, 1999).

Black, Stephen, "The Stephen Black Interviews", em William McGuire e R. F. C. Hull (orgs.), *Jung Speaking* (Princeton, NJ: Princeton University Press, 1977).

Black, Susie, "CAT, Jung and Neuroscience" (2011), disponível em: www.acat.me.uk/page/acat+news letter+4+december+2011.

Bloomfield, Morton W., *The Seven Deadly Sins* (East Lansing: Michigan State College Press, 1952).

Blumenthal, Henry J. e Robert A. Markus (orgs.), *Neoplatonism and Early Christian Thought* (Farnham: Ashgate, 1981).

Bok, Bart J. e Margaret W. Mayall, "Scientists Look at Astrology", *Scientific Monthly* 52:3 (1941), pp. 233-44.

Bonazzi, Mauro e Christoph Helmig (orgs.), *Platonic Stoicism, Stoic Platonism: The Dialogue Between Platonism and Stoicism in Antiquity* (Leuven: Leuven University Press, 2007).

Brain, Peter, *Galen on Bloodletting: A Study of the Origins, Development, and Validity of His Opinions, with a Translation of the Three Works* (Cambridge: Cambridge University Press, 1986).

Brainard, F. Samuel, "Defining 'Mystical Experience'", *Journal of the American Academy of Religion* 64:2 (1996), pp. 359-93.

Bremmer, Jan N. e Jan R. Veenstra (orgs.), *The Metamorphosis of Magic: From Late Antiquity to the Early Modern Period* (Leuven: Peeters, 2002).

Brenner, E. M., "Gnosticism and Psychology: Jung's *Septem Sermones ad Mortuos*", *Journal of Analytical Psychology* 35 (1990), pp. 397-419.

Brodie-Innes, J. W. et al., *Astrology of the Golden Dawn*, org. Darcy Küntz (Sequim, WA: Holmes Publishing Group, 1996).

Brooke, Roger, "Jung in the Academy: A Response to David Tacey", *Journal of Analytical Psychology* 42:2 (1997), pp. 285-96.

Budiansky, Stephen, *The Character of Cats* (Londres: Weidenfeld and Nicolson, 2002).

Bulkeley, Kelly e Clodagh Weldon (orgs.), *Teaching Jung* (Oxford: Oxford University Press, 2011).

Burckhardt, Jacob, *The Civilization of the Renaissance in Italy: An Essay (Die Kultur der Renaissance in Italien: Ein Versuch, 1860)*, trad. Samuel George Chetwynd Middlemore (Nova York: Doubleday, 1878).

Burnet, John, *Early Greek Philosophy* (Londres: A&C Black, 1920).

Burrow, John, *A History of Histories: Epics, Chronicles, Romances and Inquiries from Herodotus and Thucydides to the Twentieth Century* (Londres: Penguin, 2009).

Butler, Andrew C., Jason E. Chapman, Evan M. Forman e Aaron T. Beck, "The Empirical Status of Cognitive-Behavioural Therapy: A Review of Meta-Analyses", *Clinical Psychology Review* 26:1 (2006), pp. 17-31.

Callahan, John F., "Greek Philosophy and the Cappadocian Cosmology", *Dumbarton Oaks Papers* 12 (1958).

Campbell, Bruce F., *Ancient Wisdom Revived: A History of the Theosophical Movement* (Berkeley: University of California Press, 1980).

Campion, Nicholas, "Sigmund Freud's Investigation of Astrology", *Culture and Cosmos* 2:1 (1998), pp. 49-53.

———, *What Do Astrologers Believe?* (Londres: Granta, 2006).

———, *A History of Western Astrology, Vol. 2: The Medieval and Modern Worlds* (Londres: Continuum, 2009).

———, *Astrology and Cosmology in the World's Religions* (Nova York: NYU Press, 2012).

———, *Astrology and Popular Religion in the Modern West: Prophecy, Cosmology and the New Age Movement* (Farnham: Ashgate, 2012).

―――, "Is Astrology a Symbolic Language?", em Nicholas Campion e Liz Greene (orgs.), *Sky and Symbol* (Lampeter: Sophia Centre Press, 2013), pp. 9-46.

Campion, Nicholas e Patrick Curry (orgs.), *Sky and Psyche: The Relationship Between Cosmos and Consciousness* (Edimburgo: Floris Books, 2005).

Campion, Nicholas e Liz Greene (orgs.), *Astrologies: Plurality and Diversity* (Lampeter: Sophia Centre Press, 2011).

―――, *Sky and Symbol* (Lampeter: Sophia Centre Press, 2013).

Campion, Nicholas e Nick Kollerstrom (orgs.), *Galileo's Astrology: Culture and Cosmos* 7:1 (2003).

Carducci, Bernardo J., *The Psychology of Personality: Viewpoints, Research, and Applications* (Chichester: John Wiley & Sons, 2009).

"Carl Jung's 'Red Book': The Astrology Behind the Publication of Jung's Most Personal Work" (2009), disponível em: http://heavenlytruth.typepad.com/heavenly-truth/2009/09/zarl-jungs-red-book-the-astrology-behind-the-publication-of-jungs-most-personal-work.html.

Casement, Ann, *Carl Gustav Jung* (Londres: Sage, 2001).

Chapman, Graham, John Cleese, Eric Idle, Terry Jones, Michael Palin e Terry Gilliam, "The All-England Summarize Proust Competition", *BBC*, 16 de novembro de 1972, como Episódio 5, Temporada 3, do *Monty Python's Flying Circus*.

Charet, F. X., *Spiritualism and the Foundations of C. G. Jung's Psychology* (Albany: SUNY Press, 1993).

Childs, Gilbert, *Rudolf Steiner: His Life and Work* (Hudson, NY: Anthroposophic Press, 1996).

Chodorow, Joan (org.), *Jung on Active Imagination* (Princeton, NJ: Princeton University Press, 1997).

Clymer, R. Swinburne, *The Rosy Cross, Its Teachings* (Quakertown, PA: Beverly Hall, 1965).

Collins, Brendan, "Wisdom in Jung's Answer to Job", *Biblical Theology Bulletin* 21 (1991), pp. 97-101.

Cooperman, Bernard Dov (org.), *Jewish Thought in the Sixteenth Century* (Cambridge, MA: Harvard University Press, 1983).

Corbin, Henry, *Avicenna and the Visionary Recital*, trad. Willard R. Trask (Nova York: Pantheon, 1960).

———, "Mundus Imaginalis, or, the Imaginary and the Imaginal", trad. Ruth Horine, *Cahiers internationaux de symbolisme* 6 (1964), pp. 3-26.

Couliano, Ioan P., "The Angels of the Nations and the Origins of Gnostic Dualism", em Roelof van den Broek e M. J. Vermaseren (orgs.), *Studies in Gnosticism and Hellenistic Religions* (Leiden: Brill, 1981), pp. 78-91.

———, *Psychanodia I: A Survey of the Evidence Concerning the Ascension of the Soul and Its Relevance* (Leiden: Brill, 1983).

———, *Eros and Magic in the Renaissance*, trad. Margaret Cook (Chicago: University of Chicago Press, 1987).

Crane, Joseph, *Astrological Roots: The Hellenistic Legacy* (Bournemouth: Wessex Astrologer, 2007).

Curry, Patrick, *A Confusion of Prophets: Victorian and Edwardian Astrology* (Londres: Collins & Brown, 1992).

———, "Astrology", em Kelly Boyd (org.), *The Encyclopedia of Historians and Historican Writing* (Londres: Fitzroy Dearborn, 1999), pp. 55-7.

———, "The Historiography of Astrology: A Diagnosis and a Prescription", em Günther Oestmann, H. Darrel Rutkin (orgs.) e Kocku von Stuckrad, *Horoscopes and Public Spheres: Essays on the History of Astrology* (Berlim: Walter de Gruyter, 2005), pp. 261-74.

Curry, Patrick e Angela Voss (orgs.), *Seeing with Different Eyes: Essays in Astrology and Divination* (Newcastle: Cambridge Scholars Press, 2007).

Cutner, Herbert, *Jesus: God, Man, or Myth? An Examination of the Evidence* (Nova York: Truth Seeker, 1950).

Dan, Joseph (org.), *The Christian Kabbalah: Jewish Mystical Books and Their Christian Interpreters* (Cambridge, MA: Harvard University Press, 1997).

———, "Book of Raziel", *Encyclopaedia Judaica* 13 (2007), pp. 1591-93.

Daunton, Martin e Bernhard Rieger (orgs.), *Meanings of Modernity: Britain from the Late-Victorian Era to World War II* (Oxford: Berg, 2001).

Davies, Charlotte Aull, *Reflexive Ethnography: A Guide to Researching Selves and Others* (Londres: Routledge, 1999).

Davies, Owen, *Magic: A Very Short Introduction* (Oxford: Oxford University Press, 2012).

Dawson, Terence, "Jung, Literature, and Literary Criticism", em Polly Young-Eisendrath e Terence Dawson (orgs.), *The Cambridge Companion to Jung* (Cambridge: Cambridge University Press, 1997), pp. 255-80.

De Mijolla, Alain (org.), *The International Dictionary of Psychoanalysis*, 3 volumes (Farmington Hills, MI: Cengage Gale, 2004).

Dillon, John M., *The Middle Platonists* (Ithaca, NY: Cornell University Press, 1997).

———, "Iamblichus' Defence of Theurgy: Some Reflections", *International Journal of the Platonic Tradition* 1 (2007), pp. 30-41.

Dodds, E. R., "Theurgy and Its Relationship to Neoplatonism", *Journal of Roman Studies* 37:1-2 (1947), pp. 55-69.

———, *The Greeks and the Irrational* (Berkeley: University of California Press, 1957).

———, "The Astral Body in Neoplatonism", em Proclo, *The Elements of Theology: A Revised Text with Translation, Introduction, and Commentary*, trad. E. R. Dodds (Oxford: Clarendon Press, 1963), pp. 313-21.

Dourley, John P., *The Intellectual Autobiography of a Jungian Theologian* (Lampeter: Edwin Mellen Press, 2006).

Dronke, Peter (org.), *A History of Twelfth-Century Western Philosophy* (Cambridge: Cambridge University Press, 1992).

Durand, Gilbert, "Exploration of the Imaginal", em Benjamin Sells (org.), *Working with Images: The Theoretical Base of Archetypal Psychology* (Woodstock, CT: Spring, 2000), pp. 53-68.

Dykes, Benjamin N., *Traditional Astrology for Today: An Introduction* (St. Paul, MN: Cazimi Press, 2011).

Eagleton, Terry, *Literary Theory: An Introduction* (Londres: Blackwell, 1996).

Edighoffer, Roland, "Rosicrucianism: From the Seventeenth to the Twentieth Century", em Antoine Faivre e Jacob Needleman (orgs.), *Modern Esoteric Spirituality* (Nova York: Crossroad, 1992), pp. 186-209.

Edinger, Edward F., *Ego and Archetype* (Nova York: Putnam, 1972). [*Ego e Arquétipo*. São Paulo: Cultrix, 2ª edição, 2020.]

Edwards, M. J., "Gnostic Eros and Orphic Themes", *Zeitschrift für Papyrologie und Epigraphik* 88 (1991), pp. 25-40.

Eliade, Mircea, *The Forge and the Crucible: The Origins and Structures of Alchemy* (Chicago: University of Chicago Press, 1956).

Ellenberger, Henri F., *The Discovery of the Unconscious: The History and Evolution of Dynamic Psychiatry* (Nova York: Basic Books, 1970).

Evans, R. J. W. e Alexander Marr (orgs.), *Curiosity and Wonder from the Renaissance to the Enlightenment* (Farnham: Ashgate, 2006).

Eysenck, Hans Jurgen e David K.B. Nias, *Astrology: Science or Superstition?* (Nova York: St. Martin's Press, 1982).

Faivre, Antoine e Wouter J. Hanegraaff (orgs.), *Western Esotericism and the Science of Religion* (Leuven: Peeters, 1998).

Faivre, Antoine e Jacob Needleman (orgs.), *Modern Esoteric Spirituality* (Nova York: Crossroad, 1992).

Faivre, Antoine e Karen-Clare Voss, "Western Esotericism and the Science of Religion", *Numen* 42:1 (1995), pp. 48-77.

Fanger, Clare (org.), *Invoking Angels: Theurgic Ideas and Practices, Thirteenth to Sixteenth Centuries* (University Park: Penn State University Press, 2012).

Faracovi, Ornella Pompeo, *Gli oroscopi di Cristo* (Veneza: Marsilio Editori, 1999).

Faraone, Christopher e Dirk Obbink (orgs.), *Magika Hiera: Ancient Greek Magic and Religion* (Oxford: Oxford University Press, 1991).

Farnell, Kim, "A Brief Biography of Alan Leo" (2006), disponível em: www.skyscript.co.uk/Alan_Leo. html.

———, *Flirting with the Zodiac* (Bournemouth: Wessex Astrologer, 2007).

———, "Seven Faces of Raphael", disponível em: www.skyscript.co.uk/raphael.html.

———, "That Terrible Iconoclast: A Brief Biography of Sepharial", disponível em: www.skyscript.co.uk/sepharial.html.

Fideler, David, *Jesus Christ, Sun of God: Ancient Cosmology and Early Christian Symbolism* (Wheaton, IL: Quest Books/Theosophical Publishing House, 1993).

Fields, Stanley e Mark Johnston, *Genetic Twists of Fate* (Cambridge, MA: MIT Press, 2010).

Finamore, John F., *Iamblichus and the Theory of the Vehicle of the Soul* (Chico, CA: Scholars Press, 1994).

Flowers, Stephen E., *The Fraternitas Saturni or Brotherhood of Saturn: An Introduction to Its History Philosophy and Rituals* (Smithville, TX: Rûna-Raven Press, 2006 [1990]).

Fodor, Nandor, *Freud, Jung and Occultism* (New Hyde Park, NY: University Books, 1971).

Forshaw, Peter, "Curious Knowledge and Wonder-Working Wisdom in the Occult Works of Heinrich Khunrath", em R. J. W. Evans e Alexander Marr (orgs.), *Curiosity and Wonder from the Renaissance to the Enlightenment* (Farnham: Ashgate, 2006), pp. 107-30.

Foster, Mary LeCron, "Symbolism: The Foundation of Culture", em Tim Ingold (org.), *The Companion Encyclopedia of Anthropology* (Londres: Routledge, 1994), pp. 366-95.

Fowden, Garth, *The Egyptian Hermes: A Historical Approach to the Late Pagan Mind* (Princeton, NJ: Princeton University Press, 1993).

Frater V. D., *Die Fraternitas Saturni heute* (Büllingen: Verlag Ralph Tegtmeier Nachf, 1994).

Gersh, Stephen, *From Iamblichus to Eriugena* (Leiden: Brill, 1978).

Gerson, Lloyd P., *The Cambridge Companion to Plotinus* (Cambridge: Cambridge University Press, 1996).

Gerson, Lloyd P. (org.), *The Cambridge History of Philosophy in Late Antiquity*, 2 volumes (Cambridge: Cambridge University Press, 2010).

Gilbert, Robert A., *A. E. Waite: Magician of Many Parts* (Wellingborough: Crucible, 1987).

———, *The Golden Dawn Scrapbook: The Rise and Fall of a Magical Order* (Slough: Quantum, 1997).

Giversen, Søren, Tage Petersen e Podemann Sørensen (orgs.), *The Nag Hammadi Texts in the History of Religions* (Copenhagen: Royal Danish Academy of Sciences and Letters, 2002), pp. 84-94.

Godwin, Joscelyn, *The Theosophical Enlightenment* (Albany: SUNY Press, 1994).

Gombrich, Ernst H., "Icones Symbolicae: The Visual Image in Neo-Platonic Thought", *Journal of the Warburg and Courtauld Institutes* 11 (1948), pp. 163-92.

Goodman, Lenn E. (org.), *Neoplatonism and Jewish Thought* (Albany: SUNY Press, 1992).

Goodrick-Clarke, Clare e Nicholas Goodrick-Clarke, *G.R.S. Mead and the Gnostic Quest* (Berkeley, CA: North Atlantic Books, 2005).

Goodrick-Clarke, Nicholas, *The Occult Roots of Nazism* (Londres: Tauris Parke, 2004).

Graf-Nold, Angela, "C. G. Jung's Position at the Swiss Federal Institute of Technology Zürich", *Jung History* 2:2, disponível em www.philemonfoundation.org/resources/jung_history/ volume_2_issue_2.

Greenbaum, Dorian Gieseler, *Temperament: Astrology's Forgotten Key* (Bournemouth: Wessex Astrologer, 2005).

———, "Allotment and Fate: Lots in Ancient Astrology", *Astrological Journal* 56:2 (2014), pp. 27-31.

———, *The Daimon in Hellenistic Astrology: Origins and Influence* (Leiden: Brill, 2015).

Greene Liz, "Is Astrology a Divinatory System?", *Culture and Cosmos* 12:1 (2008), pp. 3-30.

———, "Signs, Signatures, and Symbols: The Language of Heaven", em Nicholas Campion e Liz Greene (orgs.), *Astrologies: Plurality and Diversity* (Lampeter: Sophia Centre Press, 2011), pp. 17-46.

———, *Magi and Maggidim: The Kabbalah in British Occultism, 1860-1940* (Lampeter: Sophia Centre Press, 2012).

———, *The Astrological World of Jung's 'Liber Novus': Daimons, Gods, and the Planetary Journey* (Londres: Routledge, 2017).

Gurdjieff, G. I., *Meetings With Remarkable Men* (Londres: E. P. Dutton, 1964).

Guthrie, W. K. C., *Orpheus and Greek Religion* (Princeton, NJ: Princeton University Press, 1952).

Hair, livro e letra de James Rado e Gerome Ragni, música de Galt MacDermot (1967).

Hakfoort, Casper, "Science Deified: Wilhelm Osstwald's Energeticist World-View and the History of Scientism", *Annals of Science* 49:6 (1992), pp. 525-44.

Hakl, Hans Thomas, *Eranos: An Alternative Intellectual History of the Twentieth Century*, trad. Christopher McIntosh (Montreal: McGill-Queens University Press, 2013).

Halbertal, Moshe, *Concealment and Revelation: Esotericism in Jewish Thought and Its Philosophical Implications* (Princeton, NJ: Princeton University Press, 2007).

Hammer, Olav, *Claiming Knowledge: Strategies of Epistemology from Theosophy to the New Age* (Leiden: Brill, 2004).

Hanegraaff, Wouter J., *New Age Religion and Western Culture: Esotericism in the Mirror of Secular Thought* (Leiden: Brill, 1996).

———, "Introduction: The Birth of a Discipline", em Antoine Faivre e Wouter J. Hanegraaff (orgs.), *Western Esotericism and the Science of Religion* (Leuven: Peeters, 1998), pp. vii–xvii.

———, "Romanticism and the Esoteric Connection", em Roelof van den Broek e Wouter J. Hanegraaff (orgs.), *Gnosis and Hermeticism: From Antiquity to Modern Times* (Albany: SUNY Press, 1998), pp. 237-68.

———, "How Magic Survived the Disenchantment of the World", *Religion* 33 (2003), pp. 357-80.

———, *Esotericism and the Academy: Rejected Knowledge in Western Culture* (Cambridge: Cambridge University Press, 2012).

Hart, Susan, *Brain, Attachment, Personality: An Introduction to Neuroaffective Development* (Londres: Karnac, 2008).

Haule, John Ryan, "Freud and Jung: A Failure of Eros", *Harvest* 39 (1993), pp. 147-58.

———, "Personal Secrets, Ethical Questions", em Diane Jonte-Pace e William B. Parsons (orgs.), *Religion and Psychology: Mapping the Terrain* (Londres: Routledge, 2001), pp. 151-67.

Hayes, Lynn, "The Astrology of Carl Jung and His Red Book" (2009), disponível em: www.beliefnet.com/columnists/astrologicalmusings/2009/09/carl-jung-and-the-astrology-of.html.

Heelas, Paul, *The New Age Movement: The Celebration of the Self and the Sacralization of Modernity* (Oxford: Blackwell, 1996).

Hegedus, Tim, "Necessity and Free Will in the Thought of Bardaisan of Edessa", *Laval théologique et philosophique* 69:2 (2003), pp. 333-44.

Helleman, Wendy Elgersma, "Plotinus and Magic", *International Journal of the Platonic Tradition* 4 (2010), pp. 114-46.

Henderson, James L., *A Bridge Across Time: The Role of Myths in History* (Londres: Turnstone, 1975).

Hillman, James, *Loose Ends: Primary Papers in Archetypal Psychology* (Zurique: Spring, 1975).

———, "Plotino, Ficino, and Vico as Precursors of Archetypal Psychology", em James Hillman, *Loose Ends: Primary Papers in Archetypal Psychology* (Zurique: Spring, 1975), pp. 146-69.

———, "Some Early Background to Jung's Ideas: Notes on C. G. Jung's Medium by Stephanie Zumstein-Preiswerk", *Spring* (1976), pp. 123-36.

———, "Jung's Daimonic Inheritanc", *Sphinx* 1 (1988), pp. 9-19.

———, *The Soul's Code: In Search of Character and Calling* (Londres: Bantam, 1996).

———, "Heaven Retains in Its Sphere Half of All Bodies and Maladies", artigo entregue em "Cycles and Symbols III: The Return of Soul to the Cosmos' Conference, Isis Institute, São Francisco, CA, fevereiro de 1997, disponível em: www.springpub.com/astro.htm.

———, "The Azure Vault: The Caelum as Experience", em Nicholas Campion e Patrick Curry (orgs.), *Sky and Psyche: The Relationship Between Cosmos and Consciousness* (Edimburgo: Floris Books, 2006), pp. 37-58.

Hillman, James e Sonu Shamdasani, *Lament of the Dead: Psychology After Jung's Red Book* (Nova York: W. W. Norton, 2013).

Hodges, Horace Jeffery, "Gnostic Liberation from Astrological Determinism: Hipparchan 'Trepidation' and the Breaking of Fate", *Vigiliae Christianae* 51:4 (1997), pp. 359-73.

Hoeller, Stephan A., *The Gnostic Jung and the Seven Sermons to the Dead* (Wheaton, IL: Theosophical Publishing House, 1982).

———, *Gnosticism: New Light on the Ancient Tradition of Inner Knowing* (Wheaton, IL: Theosophical Publishing Society, 1982).

—————, "C. G. Jung and the Alchemical Revival", *Gnosis* 8 (1988), pp. 34-9.

Hoffman, Leon, "Varieties of Psychoanalytic Experience: Review of *The Red Book*", *Journal of the American Psychoanalytic Association* 58 (2010), pp. 781-85.

Holden, James H., *A History of Horoscopic Astrology* (Tempe, AZ: American Federation of Astrologers, 1996).

—————, "Early Horoscopes of Jesus", *American Federation of Astrologers Journal of Research* 12:1 (2001).

Hone, Margaret, *The Modern Textbook of Astrology* (Londres: L.N. Fowler, 1950).

Hood, Ralph W. Jr., "The Construction and Preliminary Validation of a Measure of Reported Mystical Experience", *Journal for the Scientific Study of Religion* 14 (1975), pp. 29-41.

Horowitz, Asher e Terry Maley (orgs.), *The Barbarism of Reason: Max Weber and the Twilight of Enlightenment* (Toronto: University of Toronto Press, 1994).

Horowitz, Maryanne Cline (org.), *New Dictionary of the History of Ideas*, 6 volumes (Detroit, MI: Charles Scribner's Sons, 2005).

Horton, Scott, "Inside Jung's *Red Book*: Six Questions for Sonu Shamdasani", *Harper's Magazine*, 12 de julho de 2014, disponível em: http://harpers.org/blog/2009/10/inside-jungs-_red_book_-six-questions-for-sonu-shamdasani/.

Howe, Ellic, *Urania's Children: The Strange World of the Astrologers* (Londres: William Kimber, 1967).

Hubbs, V. C., "German Romanticism and C. G. Jung: Selective Affinities", *Journal of Evolutionary Psychology* 4:1-2 (1983), pp. 4-24.

Hughes, Aaron, "The Three Worlds of ibn Ezra's Hay ben Meqitz", *Journal of Jewish Thought and Philosophy* 11:1 (2002), pp. 1-24.

Huskinson, Lucy, *Nietzsche and Jung: The Whole Self in the Union of Opposites* (Londres: Routledge, 2004).

Idel, Moshe, "The Magical and Neoplatonic Interpretations of the Kabbalah in the Renaissance", em Bernard Dov Cooperman (org.), *Jewish Thought in the Sixteenth Century* (Cambridge, MA: Harvard University Press, 1983), pp. 186-242.

Iribarren, Isabel e Martin Lenz (orgs.), *Angels in Medieval Philosophical Inquiry* (Aldershot: Ashgate, 2008).

Jansen, Diana Baynes, *Jung's Apprentice: A Biography of Helton Godwin Baynes* (Einsiedeln, Suíça: Daimon Verlag, 2003).

Jensen, Ferne (org.), *C. G. Jung, Emma Jung, and Toni Wolff: A Collection of Remembrances* (São Francisco, CA: Analytical Psychology Club of San Francisco, 1982).

Johnston, Sarah Iles, "Introduction: Divining Divination", em Sarah Iles Johnston e Peter T. Struck (orgs.), *Mantikê: Studies in Ancient Divination* (Leiden: Brill, 2005), pp.1-28.

Johnston, Sarah Iles e Peter T. Struck (orgs.), *Mantikê: Studies in Ancient Divination* (Leiden: Brill, 2005).

Jonas, Hans, *The Gnostic Religion: The Message of the Alien God and the Beginnings of Christianity* (Boston, MA: Beacon Press, 1958).

Jonte-Pace, Diane e William B. Parsons (orgs.), *Religion and Psychology: Mapping the Terrain* (Londres: Routledge, 2001).

Kassenbrock, Brian W., *Novalis and the Two Cultures: The Chiasmic Discourse of Mathematics, Philosophy, and Poetics* (dissertação para Ph.D. não publicada, Department of Germanic Languages and Literatures, Nova York University, 2009).

Katz, David S., *The Occult Tradition: From the Renaissance to the Present Day* (Londres: Jonathan Cape, 2005).

Katz, Steven T. (org.), *Mysticism and Language* (Oxford: Oxford University Press, 1992).

Kaylo, Janet, "Imagination and the Mundus Imaginalis", *Spring* 77 (2007), pp. 107-24.

Kilcher, Andreas, "The Moses of Sinai and the Moses of Egypt: Moses as Magician in Jewish Literature and Western Esotericism", *Aries* 4:2 (2004), pp. 148-70.

Kim, J. C. e S. M. Dumecki, "Genetic Fate-Mapping Approaches: New Means to Explore the Embryonic Origins of the Cochlear Nucleus", *Methods in Molecular Biology* 493 (2009), pp. 65-85.

Kingsley, Peter, "Poimandres: The Etymology of the Name and the Origins of the Hermetica", *Journal of the Warburg and Courtauld Institutes* 56 (1993), pp. 1-24.

———, *Ancient Philosophy, Mystery, and Magic: Empédocles and Pythagorean Tradition* (Oxford: Clarendon Press, 1995).

Kirsch, Thomas B., *The Jungians: A Comparative and Historical Perspective* (Londres: Routledge, 2012).

Kline, Rangar, *Ancient Angels: Conceptualizing Angeloi in the Roman Empire* (Leiden: Brill, 2011).

Klutz, Todd (org.), *Magic in the Biblical World: From the Rod of Aaron to the Ring of Solomon* (Edimburgo: T&T Clark, 2003).

Knapp, Bettina L., *A Jungian Approach to Literature* (Carbondale: Southern Illinois University Press, 1984).

Koenig, Peter-Robert, "Did You Know Oscar R. Schlag?", disponível em: www.parareligion.ch/sunrise/schlag1.htm.

Kontos, Alkis, "The World Disenchanted, and the Return of Gods and Demons", em Asher Horowitz e Terry Maley (orgs.), *The Barbarism of Reason: Max Weber and the Twilight of Enlightenment* (Toronto: University of Toronto Press, 1994), pp. 223-47.

Kotansky, Roy, "Incantations and Prayers for Salvation on Inscribed Greek Amulets", em Christopher A. Faraone e Dirk Obbink (orgs.), *Magika Hiera: Ancient Greek Magic and Religion* (Oxford: Oxford University Press, 1991), pp. 114-16.

Kugelman, Robert, "Review of *The Red Book*", *Journal of the History of the Behavioral Sciences* 47:1 (2011), pp. 101-04.

Kuhn, Thomas, *The Structure of Scientific Revolutions* (Chicago: University of Chicago Press, 1962).

Laks, André e Glenn W. Most (orgs.), *Studies on the Derveni Papyrus* (Oxford: Oxford University Press, 2001).

Lehman, J. Lee, *Classical Solar Returns* (Atglen, PA: Schiffer, 2012).

Lehrich, Christopher, *The Occult Mind: Magic in Theory and Practice* (Ithaca, NY: Cornell University Press, 2007).

Lesses, Rebecca Macy, "Speaking with Angels: Jewish and Greco-Egyptian Revelatory Adjurations", *Harvard Theological Review* 89:1 (1996), pp. 41-60.

——— *Ritual Practices to Gain Power: Angels, Incantations, and Revelation in Early Jewish Mysticism* (Harrisburgo, PA: Trinity Press, 1998).

Lewin, Nicholas, *Jung on War, Politics and Nazi Germany: Exploring the Theory of Archetypes and the Collective Unconscious* (Londres: Karnac Books, 2009).

Lewis, H. Spencer, *Rosicrucian Questions and Answers with Complete Answers* (São José, CA: Supreme Grand Lodge of AMORC, 1969).

Lewis, James R., *The Astrology Book: The Encyclopedia of Heavenly Influences* (Canton, MI: Visible Ink Press, 2003).

Lewis, Nicola Denzey, *Cosmology and Fate in Gnosticism and Graeco-Roman Antiquity* (Leiden: Brill, 2013).

Linden, Stanton J. (org.), *The Alchemy Reader: From Hermes Trismegistus to Isaac Newton* (Cambridge: Cambridge University Press, 2003).

Long, A. A., *From Epicurus to Epictetus: Studies in Hellenistic and Roman Philosophy* (Oxford: Oxford University Press, 2006).

Long, A. A. e D. N. Sedley, *The Hellenistic Philosophers*, vol. 1: *Translation of the Principle Sources with Philosophical Commentary* (Cambridge: Cambridge University Press, 1987).

Louth, Andrew, *The Origins of the Christian Mystical Tradition: From Plato to Denys* (Oxford: Oxford University Press, 1983).

Luck, Georg, *Arcana Mundi: Magic and the Occult in the Greek and Roman Worlds* (Baltimore, MD: Johns Hopkins University Press, 1985).

MacIntyre, Alasdair, "Is Understanding Religion Compatible With Believing?", em Russell T. McCutcheon (org.), *The Insider/Outsider Problem in the Study of Religion: A Reader* (Londres: Cassell, 1999), pp. 37-49.

MacLennan, Bruce J., "Evolution, Jung, and Theurgy: Their Role in Modern Neoplatonism", em Robert M. Berchman e John F. Finamore (orgs.), *History of Platonism: Plato Redivivus* (Nova Orleans, LA: University Press of the South, 2005), pp. 305-22.

Main, Roderick, *The Rupture of Time: Synchronicity and Jung's Critique of Modern Western Culture* (Hove: Brunner-Routledge, 2004).

———, "New Age Thinking in the Light of C. G. Jung's Theory of Synchronicity", *Journal of Alternative Spiritualities and New Age Studies* 2 (2006), pp. 8-25.

——— (org.), *Jung, Synchronicity, and the Paranormal* (Londres: Routledge, 1997).

Marjanen, Antii e Petri Luomanen (eds.), *A Companion to Second-Century Christian "Heretics"* (Leiden: Brill, 2008).

Martindale, Philippa, "'Against All Hushing Up and Stamping Down': The Medico-Psychological Clinic of London and the Novelist May Sinclair", *Psychoanalysis and History* 6:2 (2004), pp. 177-200.

Maslow, Abraham, *Toward a Psychology of Being* (Londres: John Wiley & Sons, 1968).

Mayo, Jeff, *Astrology: A Key to Personality* (Londres: Teach Yourself Books, 1964).

Mazur, Zeke, "Unio Magica, Part I: On the Magical Origins of Plotinus' Mysticism", *Dionysius* 21 (2003), pp. 23-52.

——, "Unio Magica, Part II: Plotinus, Theurgy, and the Question of Ritual", *Dionysius* 22 (2004), pp. 29-56.

McCutcheon, Russell T. (org.), *The Insider/Outsider Problem in the Study of Religion: A Reader* (Londres: Cassell, 1999).

McGillion, Frank, "'The Influence of Wilhelm Fliess' Cosmology on Sigmund Freud", *Culture and Cosmos* 2:1 (1998), pp. 33-48.

McGuire, William e R. F. C. Hull (orgs.), *C. G. Jung Speaking: Interviews and Encounters* (Princeton, NJ: Princeton University Press, 1977).

McIntosh, Christopher, *The Rosicrucians: The History, Mythology, and Rituals of an Esoteric Order* (York Beach, ME: Weiserbooks, 1998).

Merkur, Dan, *Gnosis: An Esoteric Tradition of Mystical Visions and Unions* (Albany: SUNY Press, 1993).

——, *Mystical Moments and Unitive Thinking* (Albany: SUNY Press, 1999).

——, "Stages of Ascension in Hermetic Rebirth", *Esoterica* 1 (1999), pp. 79-96.

——, *Crucified with Christ: Meditation on the Passion, Mystical Death, and the Medieval Invention of Psychotherapy* (Albany: SUNY Press, 2007).

Merlan, Philip, "Plotinus and Magic", *Isis* 44:4 (1953), pp. 341-48.

Miller, David L., "Misprision: Pitfalls in Teaching Jung in a University Religious Studies Department", em Kelly Bulkeley e Clodagh Weldon (eds.), *Teaching Jung* (Oxford: Oxford University Press, 2011), pp. 29-50.

Mulacz, W. P., "Oscar R. Schlag", *Journal of the Society for Psychical Research* 60 (1995), pp. 263-67.

Murray, Gilbert, *Four Stages of Greek Religion* (Oxford: Oxford University Press, 1912).

Myers, Isabel Briggs, *An Introduction to Type: A Guide to Understanding Your Results on the Myers-Briggs Type Indicator* (Oxford: Oxford Psychologists Press, 2000 [1990]).

Neugebauer, Otto E., "The Study of Wretched Subjects", *Isis* 42:2 (1951), p. 111.

Neumann, Erich, *The Origins and History of Consciousness* (Princeton, NJ: Princeton University Press, 1954). [*História das Origens da Consciência*. São Paulo: Cultrix, 2ª edição, 2022.]

———, *The Great Mother* (Princeton, NJ: Princeton University Press, 1955). [*A Grande Mãe*. São Paulo: Cultrix, 2ª edição, 2021.]

Noll, Richard, *The Jung Cult: Origins of a Charismatic Movement* (Princeton, NJ: Princeton University Press, 1994).

———, "Jung the *Leontocephalus*", em Paul Bishop (org.), *Jung in Contexts: A Reader* (Londres: Routledge, 1999), pp. 51-91.

North, John D., *Stars, Mind, and Fate: Essays in Ancient and Medieval Cosmology* (Londres: Continuum, 1989).

Oestmann, Günther e H. Darrel Rutkin (orgs.) e Kocku von Stuckrad, *Horoscopes and Public Spheres: Essays on the History of Astrology* (Berlim: Walter de Gruyter, 2005).

Olyan, Saul M., *A Thousand Thousands Served Him: Exegesis and the Naming of Angels in Ancient Judaism* (Tübingen: Mohr Siebeck, 1993).

Ouspensky, P. D., *In Search of the Miraculous* (Nova York: Harcourt, Brace, 1949). [*Fragmentos de um Ensinamento Desconhecido: Em Busca do Milagroso*. São Paulo: Pensamento, 1982.]

Owen, Alex, "Occultism and the 'Modern Self' in Fin-de-Siècle Britain", em Martin Daunton e Bernhard Rieger (orgs.), *Meanings of Modernity: Britain from the Late-Victorian Era to World War II* (Oxford: Berg, 2001), pp. 71-96.

———, *The Place of Enchantment: British Occultism and the Culture of the Modern* (Chicago: University of Chicago Press, 2004).

Owens, Lance S., "Jung and Aion: Time, Vision, and a Wayfaring Man", *Psychological Perspectives: A Quarterly Journal of Jungian Thought* 54:3 (2011), pp. 253-89.

Page, Sophie, "Uplifting Souls: The *Liber de essentia spirituum* and the *Liber Razielis*", em Claire Fanger (org.), *Invoking Angels: Theurgic Ideas and Practices, Thirteenth to Sixteenth Centuries* (University Park: Penn State University Press, 2012), pp. 79-112.

Panofsky, Erwin, *Renaissance and Renascences in Western Art*, 2 vols. (Estocolmo: Almqvist & Wiksell, 1960).

Patai, Raphael, *The Jewish Alchemists: A History and Sourcebook* (Princeton, NJ: Princeton University Press, 1995).

Pavlov, Ivan Petrovich, *Conditioned Reflexes: An Investigation of the Physiological Activity of the Cerebral Cortex*, trad. G. V. Anrep (Oxford: Oxford University Press, 1927).

Pearson, Birger A., *Gnosticism, Judaism, and Egyptian Christianity* (Minneapolis, MN: Fortress Press, 1980).

———, "Jewish Elements in *Corpus Hermeticum* I (*Poimandres*)", em Roelof van den Broek e Cis van Heertum (orgs.), *From Poimandres to Jacob Böhme: Hermetism, Gnosis and the Christian Tradition* (Leiden: Brill, 2000), pp. 336-48.

———, "Basilides the Gnostic", em Antii Marjanen e Petri Luomanen (orgs.), *A Companion to Second-Century Christian "Heretics"* (Leiden: Brill, 2008), pp. 1-31.

Peck, M. Scott, *The Road Less Travelled: A New Psychology of Love, Traditional Values, and Spiritual Growth* (Londres: Hutchinson, 1983).

———, *People of the Lie: The Hope for Healing Human Evil* (Londres: Rider, 1988).

Peterson, Gregory R., "Demarcation and the Scientific Fallacy", *Zygon* 38:4 (2003), pp. 751-61.

Pittinger, David J., "Measuring the MBTI ... And Coming Up Short", *Journal of Career Planning and Employment* 54:1 (1993), pp. 48-52.

Platt, Hilary, "Fighting for Professional Survival", *Psychotherapist* 48 (2011), pp. 29-32.

Popovic, Mladen, *Reading the Human Body: Physiognomics and Astrology in the Dead Sea Scolls and Hellenistic-Early Roman Period Judaism* (Leiden: Brill, 2007).

Primiano, Leonard Norman, "Vernacular Religion and the Search for Method in Religious Folklife", *Western Folklore* 54:1 (1995), pp. 37-56.

Progoff, Ira, *The Symbolic and the Real: A New Psychological Approach to the Fuller Experience of Personal Existence* (Nova York: McGraw-Hill, 1973).

Quispel, Gilles, *Gnosis als Weltreligion: Die Bedeutung der Gnosis in der Antike* (Zurique: Origo Verlag, 1951).

———, *Gnostica, Judaica, Catholica: Collected Essays of Gilles Quispel*, org. Johannes van Oort (Leiden: Brill, 2008).

Raff, Jeffrey, *Jung and the Alchemical Imagination* (York Beach, ME: Nicolas-Hays, 2000).

Raine, Kathleen, *Yeats, the Tarot, and the Golden Dawn* (Dublin: Dolmen Press, 1972).

Raitt, Suzanne, "Early British Psychoanalysis and the Medico-Psychological Clinic", *History Workshop Journal* 58 (2004), pp. 63-85.

Raman, B. V., *How to Judge a Horoscope*, 2 vols. (Columbia, MO: South Asia Books, 2000).

Reichert, Carl-Ludwig, "Oskar Adolf Hermann Schmitz", em *New German Biography*, vol. 23 (Berlim: Duncker and Humblot, 2007), pp. 254-55.

Riffard, Pierre, *L'esoterisme* (Paris: Laffont, 1990).

Rist, John M., *The Stoics* (Berkeley: University of California Press, 1978).

———, "Plotinus and Christian Philosophy", em Lloyd P. Gerson (org.), *The Cambridge Companion to Plotinus* (Cambridge: Cambridge University Press, 1996), pp. 386-413.

Robinson, James McConkey e Richard Smith (orgs.), *The Nag Hammadi Library in English* (Leiden: Brill, 1977).

Roling, Bernd, "The Complete Nature of Christ: Sources and Structures of a Christological Theurgy in the Works of Johannes Reuchlin", em Jan N. Bremmer e Jan R. Veenstra (orgs.), *The Metamorphosis of Magic: From Late Antiquity to the Early Modern Period* (Leuven: Peeters, 2002), pp. 231-66.

Rosenmeyer, Thomas G., *Senecan Drama and Stoic Cosmology* (Berkeley: University of California Press, 1989).

Rudolph, Kurt, *Gnosis: The Nature and History of Gnosticism*, trad. P. W. Coxon, K. H. Kuhn e R. McL. Wilson (Edimburgo: T&T Clark, 1984).

Rümke, A. C. e Sarah de Rijcke, *Rebekka Aleida Beigel (1886-1943): Een Vrouw in de Psychologie* (Eelde: Barkhuism, 2006).

Ruperti, Alexander, "Dane Rudhyar: A Seed-Man for the New Era", *Astrological Journal* 32:2 (1986), p. 57.

Russell, D. A., "Some Texts Similar to *De genio*", em Plutarch, *On the Daimonion of Socrates: Human Liberation, Divine Guidance and Philosophy*, org. Heinz-Günther Nesselrath, trad. Donald Russell, George Cawkwell, Werner Deuse, John Dillon, Heinz-Günther Neselrath, Robert Parker, Christopher Pelling e Stephan Schröder (Tübingen: Mohr Siebeck, 2010), pp. 201-06.

Samuel, Geoffrey e Jay Johnston (orgs.), *Religion and the Subtle Body in Asia and the West* (Londres: Routledge, 2013).

Samuels, Andrew, *Jung and the Post-Jungians* (Londres: Routledge & Kegan Paul, 1985).

Sandbach, F. H., *The Stoics* (Londres: Duckworth, 1975).

Saunders, Barbara R., *Ivan Pavlov: Exploring the Mysteries of Behavior* (Berkeley Heights, NJ: Enslow, 2006).

Schäfer, Peter, "Jewish Magic Literature in Late Antiquity and the Early Middle Ages", *Journal of Jewish Studies* 41:1 (1990), pp. 75-91.

Scharfstein, Ben-Ami, *The Roots of Bergson's Philosophy* (Nova York: Columbia University Press, 1943).

Schaverien, Joy, *The Revealing Image: Analytical Art Psychotherapy in Theory and Practice* (Londres: Jessica Kingsley, 2009).

Schmidt, Bettina E. e Lucy Huskinson (orgs.), *Spirit Possession and Trance: New Interdisciplinary Perspectives* (Londres: Continuum, 2010).

Scholem, Gershom, *Jewish Gnosticism, Merkabah Mysticism, and Talmudic Tradition* (Nova York: Jewish Theological Seminary, 1970).

———, *Kabbalah: A Definitive History of the Evolution, Ideas, Leading Figures and Extraordinary Influence of Jewish Mysticism* (Nova York: Meridian, 1978).

———, "The Concept of Kavvanah in Early Kabbalah", em Alfred Jospe (org.), *Studies in Jewish Thought: An Anthology of German Jewish Scholarship* (Detroit, MI: Wayne State University Press, 1981), pp. 162-80.

———, *On the Mystical Shape of the Godhead: Basic Concepts in the Kabbalah*, trad. Joachim Neugroschel (Nova York: Schocken Books, 1991).

———, *Alchemy and Kabbalah*, trad. Klaus Ottman (Dallas: Spring, 2006).

Scrimali, Tullio, *Neuroscience-Based Cognitive Therapy: New Methods for Assessment, Treatment and Self-Regulation* (Londres: John Wiley & Sons, 2012).

Secret, François, "Sur quelques traductions du Sefer Raziel", *Revue des Études Juives* 128 (1969), pp. 223-45.

Segal, Alan F., "Heavenly Ascent in Hellenistic Judaism, Early Christianity and Their Environment", em *Aufstieg und Niedergang der römischen Welt* (ANRW), vol. 2, org. W. Haase (Berlim: De Gruyter, 1980), pp. 1333-394.

———, *Life After Death: A History of the Afterlife in Western Religion* (Nova York: Doubleday, 2012).

Segal, Robert A., "Jung's Very Twentieth-Century View of Myth", *Journal of Analytical Psychology* 48:5 (2003), pp. 593-617.

———, "Jung as Psychologist of Religion and Jung as Philosopher of Religion", *Journal of Analytical Psychology* 55:3 (2010), pp. 361-84.

——— (org.), *The Gnostic Jung, Including "Seven Sermons to the Dead"* (Princeton, NJ: Princeton University Press, 1992).

Sellars, John, *Stoicism* (Berkeley: University of California Press, 2006).

Sells, Benjamin (org.), *Working with Images: The Theoretical Base of Archetypal Psychology* (Woodstock, CT: Spring, 2000).

Serrano, Miguel, *C. G. Jung and Hermann Hesse: A Record of Two Friendships* (Einsiedeln, Suíça: Daimon Verlag, 1998).

Seznec, Jean, *The Survival of the Pagan Gods: The Mythological Tradition and Its Place in Renaissance Humanism and Art*, trad. Barbara F. Sessions (Nova York: Pantheon, 1953).

Shalit, Erel, *The Complex: Path of Transformation from Archetype to Ego* (Toronto: Inner City Books, 2002).

Shamdasani, Sonu, *Cult Fictions: C. G. Jung and the Founding of Analytical Psychology* (Londres: Routledge, 1998).

———, "Memories, Dreams, Omissions", em Paul Bishop (org.), *Jung in Contexts: A Reader* (Londres: Routledge, 1999), pp. 33-50.

———, *Jung and the Making of Modern Psychology: The Dream of a Science* (Cambridge: Cambridge University Press, 2003).

———, *C. G. Jung: A Biography in Books* (Nova York: W. W. Norton, 2012).

Shamdasani, Sonu (org.), *Jung contra Freud: The 1912 Nova York Lectures on the Theory of Psychoanalysis* (Princeton, NJ: Princeton University Press, 2011).

Shaw, Gregory, "Theurgy: Rituals of Unification in the Neoplatonism of Iamblichus", *Traditio* 41 (1985), pp. 1-28.

———, *Theurgy and the Soul: The Neoplatonism of Iamblichus* (University Park: Penn State University Press, 1995).

———, "Neoplatonic Theurgy and Dionysius the Areopagate", *Journal of Early Christian Studies* 7:4 (1999), pp. 573-99.

———, "The Talisman: Magic and True Philosophers", em Angela Voss e Jean Hinson Lall (orgs.), *The Imaginal Cosmos: Astrology, Divination and the Sacred* (Canterbury: University of Kent, 2007), pp. 25-34.

Sheldon-Williams, I. P., "The Greek Christian Platonist Tradition from the Cappadocians to Maximus and Eriugena", em A. H. Armstrong (org.), *Later Greek and Early Medieval Philosophy* (Cambridge: Cambridge University Press, 1967), pp. 421-534.

Sherry, Jay, *A Pictorial Guide to The Red Book* (Archive for Research in Archetypal Symbolism, ARAS Connections, 2010), disponível em: https://aras.org/sites/default/files/docs/ 00033Sherry.pdf.

Silverstone, Liesel, *Art Therapy Exercises: Inspirational and Practical Ideas to Stimulate the Imagination* (Londres: Jessica Kingsley, 2009).

Singer, Thomas e Samuel L. Kimbles (orgs.), *The Cultural Complex: Contemporary Jungian Perspectives on Psyche and Society* (Londres: Routledge, 2004).

Smart, Ninian, *The Science of Religion and the Sociology of Knowledge* (Princeton, NJ: Princeton University Press, 1973).

Smythe, William E. e Angelina Baydala, "The Hermeneutic Background of C. G. Jung", *Journal of Analytical Psychology* 57 (2012), pp. 57-75.

Solovyoff, Vsevolod Sergyeevich, *A Modern Priestess of Isis* (Londres: Longmans, Green, 1895).

Sperber, Dan, *Rethinking Symbolism*, trad. Alice L. Morton (Cambridge: Cambridge University Press, 1974).

Struck, Peter T., *Birth of the Symbol: Ancient Readers at the Limits of Their Texts* (Princeton, NJ: Princeton University Press, 2004).

———, "A World Full of Signs: Understanding Divination in Ancient Stoicism", em Patrick Curry e Angela Voss (orgs.), *Seeing with Different Eyes: Essays in Astrology and Divination* (Newcastle: Cambridge Scholars, 2007), pp. 3-20.

Sulloway, Frank J., *Freud, Biologist of the Mind: Beyond the Psychoanalytic Legend* (Cambridge, MA: Harvard University Press, 1992).

Swan, Wendy, "C. G. Jung's Psychotherapeutic Technique of Active Imagination in Historical Context", *Psychoanalysis and History* 10:2 (2008), pp. 185-204.

Swanson, R. N., *The 12th-Century Renaissance* (Manchester: Manchester University Press, 1999).

Swatos, William H. e Daniel V.A. Olson (eds.), *The Secularization Debate* (Nova York: Rowman & Littlefield, 2000).

Tacey, David John, *Jung and the New Age* (Hove: Brunner-Routledge, 2001).

———, "The Challenge of Teaching Jung in the University", em Kelly Bulkeley e Clodagh Weldon (orgs.), *Teaching Jung* (Oxford: Oxford University Press, 2011), pp. 13-27.

Taylor, Anne, *Annie Besant: A Biography* (Oxford: Oxford University Press, 1991).

Thomas, Keith, *Religion and the Decline of Magic* (Londres: Weidenfeld & Nicolson, 1971).

Thompson, Michael, *Roots and Role of Imagination in Kant: Imagination at the Core* (dissertação para Ph.D. não publicada, University of South Florida, 2009).

Thrower, James, *Religion: The Classical Theories* (Edimburgo: Edinburgh University Press, 1999).

Torijano, Pablo A., *Solomon the Esoteric King: From King to Magus, Development of a Tradition* (Leiden: Brill, 2002).

Tsantsanoglou, K., "The First Columns of the Derveni Papyrus and Their Religious Significance", em André Laks e Glenn W. Most (orgs.), *Studies on the Derveni Papyrus* (Oxford: Oxford University Press, 2001), pp. 93-128.

Ulansey, David, *The Origins of the Mithraic Mysteries: Cosmology and Salvation in the Ancient World* (Oxford: Oxford University Press, 1991).

Ulinov, Ann Bedford, "Teaching Jung in a Theological Seminary", em Diane Jonte-Pace e William B. Parsons (orgs.), *Religion and Psychology: Mapping the Terrain* (Londres: Routledge, 2001), pp. 51-9.

Vallée, Gérard, *A Study in Anti-Gnostic Polemics: Irenaeus, Hippolytus, and Epiphanius* (Waterloo, ON: Wilfrid Laurier University Press, 1981).

Van den Broek, Roelof, "The Creation of Adam's Psychic Body in the *Apocryphon of John*", em Roelof van den Broek e M.J. Vermaseren (eds.), *Studies in Gnosticism and Hellenistic Religions* (Leiden: Brill, 1981), pp. 38-57.

———, *Studies in Gnosticism and Alexandrian Christianity* (Leiden: Brill, 1996).

———, *Gnostic Religion in Antiquity* (Cambridge: Cambridge University Press, 2013).

Van den Broek, Roelof e Wouter J. Hanegraaff (eds.), *Gnosis and Hermeticism: From Antiquity to Modern Times* (Albany: SUNY Press, 1998).

Van den Broek, Roelof e Cis van Heertum (orgs.), *From Poimandres to Jacob Böhme: Hermetism, Gnosis and the Christian Tradition* (Leiden: Brill, 2000).

Van den Broek, Roelof e M. J. Vermaseren (orgs.), *Studies in Gnosticism and Hellenistic Religions* (Leiden: Brill, 1981).

Van Oort, Johannes, "Manichaeism: Its Sources and Influences on Western Christianity", em Roelof van den Broek e Wouter J. Hanegraaff (orgs.), *Gnosis and Hermeticism: From Antiquity to Modern Times* (Albany: SUNY Press, 1997), pp. 37-51.

Von Franz, Marie-Louise, *Alchemical Active Imagination* (Irving, TX: Spring, 1979).

———, "On Active Imagination", em Ian Baker (org.), *The Methods of Treatment in Analytical Psychology* (Fellbach: Verlag Adolf Bonz, 1980), pp. 88-99.

Voss, Angela e Jean Hinson Lall (orgs.), *The Imaginal Cosmos: Astrology, Divination and the Sacred* (Canterbury: University of Kent, 2007).

Walker, D. P., "The Astral Body in Renaissance Medicine", *Journal of the Warburg and Courtauld Institutes* 21:1-2 (1958), pp. 119-33.

———, *Spiritual and Demonic Magic: From Ficino to Campanella* (Londres: Warburg Institute, 1958).

Wallis, Richard T. e Jay Bregman (orgs.), *Neoplatonism and Gnosticism* (Albany: SUNY Press, 1992).

Wasserstrom, Stephen, *Religion After Religion: Gershom Scholem, Mircea Eliade, and Henry Corbin at Eranos* (Princeton, NJ: Princeton University Press, 1999).

Wear, Sarah Klitenic e John M. Dillon, *Dionysius the Areopagite and the Neoplatonist Tradition: Despoiling the Hellenes* (Farnham: Ashgate, 2007).

Webb, James, *The Occult Establishment* (Londres: Richard Drew, 1981).

Wehr, Gerhard, *An Illustrated Biography of Jung*, trad. M. Kohn (Boston, MA: Shambhala, 1989).

———, "C.G. Jung in the Context of Christian Esotericism and Cultural History", em Antoine Faivre e Jacob Needleman (orgs.), *Modern Esoteric Spirituality* (Nova York: Crossroad, 1995), pp. 381-99.

———, *Jung and Steiner: The Birth of a New Psychology*, trad. Magdalene Jaeckel (Great Barrington, MA: Anthroposophic Press, 2002).

Wels, Henrik, "Late Medieval Debates on the Location of Angels After the Condemnation of 1277", em Isabel Iribarren e Martin Lenz (eds.), *Angels in Medieval Philosophical Inquiry* (Aldershot: Ashgate, 2008), pp. 113-27.

Wilson, Robert McLachlan, "Gnosis and the Mysteries", em Roelof van den Broek e M. J. Vermaseren (orgs.), *Studies in Gnosticism and Hellenistic Religions* (Leiden: Brill, 1981), pp. 451-66.

Wind, Edgar, *Pagan Mysteries in the Renaissance* (Londres: Faber & Faber, 1968).

Winnicott, D. W., "Review of C. G. Jung, *Memories, Dreams, Reflections*", *International Journal of Psycho-analysis* 45 (1964), pp. 450-55.

Wolfson, Elliot R., "Merkavah Traditions in Philosophical Garb: Judah Halevi Reconsidered", *Proceedings of the American Academy for Jewish Research* 57 (1990--1991), pp. 179-242.

———, *Through a Speculum That Shines: Vision and Imagination in Medieval Jewish Mysticism* (Princeton, NJ: Princeton University Press, 1997).

———, "Theosis, Vision, and the Astral Body in Medieval German Pietism and the Spanish Kabballah", em Nicholas Campion e Liz Greene (orgs.), *Sky and Symbol* (Lampeter: Sophia Centre Press, 2013), pp. 119-42.

Wuest, Patricia Viale, *Precession of the Equinoxes* (Atlanta: Georgia Southern University, 1998).

Yates, Frances A., *Giordano Bruno and the Hermetic Tradition* (Londres: Routledge & Kegan Paul, 1964).

———, *The Rosicrucian Enlightenment* (Londres: Routledge & Kegan Paul, 1972).

Yoshida, Hiromi, *Joyce and Jung: The "Four Stages of Eroticism" in A Portrait of the Artist as a Young Man* (Nova York: Peter Lang, 2007).

Young-Eisendrath, Polly e Terence Dawson (orgs.), *The Cambridge Companion to Jung* (Cambridge: Cambridge University Press, 1997).

Zambelli, Paola, *The Speculum astronomiae and Its Enigma* (Dordrecht: Kluwer Academic, 1992).

Ziomkowski, Robert, "Neoplatonism", em Maryanne Cline Horowitz (org.), *New Dictionary of the History of Ideas*, 6 vols. (Detroit, MI: Charles Scribner's Sons, 2005), 4:1628.

Zoller, Robert, *Fate, Free Will and Astrology* (Nova York: Ixion Press, 1992).

——, *Tools & Techniques of the Medieval Astrologer, Book One: Prenatal Concerns and the Calculation of the Length of Life* (Londres: New Library, 2001).

Websites

www.capt.org/research/psychological-type-journal.htm#

http://wildhunt.org/blog/tag/liber-novus

www.fraternitas.de

www.oocities.org/astrologyages/ageofaquarius.htm

www.philemonfoundation.org/resources/jung_history/volume_1_issue_2

www.nhs.uk/conditions/Cognitive-behaviouraltherapy/Pages/Introduction.aspx

www.acat.me.uk/page/home

ÍNDICE REMISSIVO

Referências de página em itálico indicam uma figura.

Abraham of Worms 190-91
Abraxas 238-39
Abu Ma'shar 80, 301
Adoração ao Sol 284-85
aeons 240
agnosticism 29, 35
Agrippa, Henry Cornélio 164, 188-90, 193
Água, elemento 55-61
Aion (Jung) 276-86
Aion 276-81
aionios 277-78
Allan, William Frederick *ver* Leo, Alan
Allemann, Fritz 139
Alma 23, 225-26; *ver também anima mundi*
alquimia 47-8, 67-8, 91, 138-40, 148, 236-37, 248-49

anima mundi 153, 167-68, 180, 233, 249, 304
anjos da guarda 186-89
Ano Platônico 52, 289
Anthropos (homem original ou Filho de Deus) 235-36, 240
Antroposofia 92, 121, 316
Apuleio 229
Aquino, Tomás de 218
Ar, elemento 55-61
arquétipos e padrões arquetípicos 30, 55-61
Ascendente 108, 116, 183-84, 189
associação livre 137
"assuntos deploráveis", busca de 19, 25
astrologia "moderna" 82-8
astrologia rosacruciana 88-93, *94, 96*

astrologia: Alan Leo e 82-89, *88*;
alquimia e 67-9, 140; aristotélico
versus junguiano 22-3; como
ciência pré-moderna 22; como
esfera esotérica do estudo 25-6;
complexos e 63-4; conhecimento,
domínios de 22-3; definindo
317-18; elementos e 55-61;
especificidade cultural e 23-4, 30;
evolução de 23-4; falta de prova
científica e 178-79; fontes de Jung
para 79-83; Heindel e rosacruciano
89-93, *96*, 97-100; imaginação
ativa e 140-41; influência de Jung
em 114-20, 313-17; investigação
de Jung de 19-20, 33-4; Jâmblico e
169-70 ; individuação e 65-7; John
Thorburn e 104-17; libido e 49-53
; Mapas de "Época" e 110-14, *111*,
116-17; mitologia e 53-5, 100-04;
moderno" 83-8; ocidental 23;
ocultismo e 44-5; *oikodespotes*
(Mestre da Casa) e 181-86; oriental
equivalente a ocidental 328;
personagem humano e 43-4, 51-2;
planetas e 61-5; psicologia e 68,
122, 325; rosacruciano 88-93, *94*,
96; sabeano 291; *scientia versus ars*
e 318-21; século XX, início 44-8;
teorias persas sassânidas 301;
tipologia psicológica e 56-61;
transformação e 65-7; *ver também*
astrólogo em específico
autoconhecimento 276

Bachofen, Johann Jacob 230
Bailey, Alice A. 66, 318
Bailly, Jean Sylvain 284
Barbault, André 32, 45-7, 69,
  81, 153
Barnard, G. William 28-9
Basilides 251
Baumann-Jung, Gret 86
Baynes, Cary F. 47, 105, 319
Baynes, David 105
Baynes, H. G. 298
Beck, Roger 277
Bennett, Alan 325
Bergson, Henri 33, 51
Bernoulli, Rudolf 139
Berthelot, Marcellin 253
Besant, Annie 222, 303-04
Betegh, Gábor 185
Biegel, Rebekka Aleida 298-300,
  299, 303
Black Books (Os Livros Negros)
  (Jung) 27, 177, 194
Blavatsky, Helena Petrovna: Alan Leo
  e 23, 83; evolução espiritual da
  alma e 23; mitologia e 100; morte
  de 243; Nova Era e 274, 291-92;
  reencarnação e 220-21; Sociedade
  Teosófica e 44, 92-3, 242-44;
  Thierens e 112
Bleuler, Eugen 33, 97, 229
Bond, M. C. 116-19, *118*
Book of Abramelin, The 191-92
Bousset, Wilhelm 236
Briggs, Katharine 56

Cabala 44, 48, 137, 139-40, 175-76
Campion, Nicholas 283-85
Cardan (Cardanus), Jerome 80, 301
causa e causalidade 148, 219
Causa estoica 148
Charet, F.X. 139-40
Chnoumis (Chnoubis) *210*, 238
chronos 277-78
ciência: "moderna" 22; pós-moderna 22; pré-moderna 22; *versus arte* 318-21
ciências ocultas 21, 44-5, 252
cientificismo 29
classificações acadêmicas 21-2
Clínica Médico-Psicológica (Londres) 143-44
Colonna, Francesco 66
completude 235
complexo de Édipo 62-3
complexos 62-5, 107
compulsão: astral 226-28, 237, 279; interna 241
compulsões inconscientes 250-51
condicionamento 219
Conferências de Eranos 30, 119-20
Configuração Lua-Mercúrio 61, 64-6, 231-32
conhecimento: de Deus 276; domínios de 20-2
consciência, erupção de 250-51
conscientização 239, 247-48, 298-300
Corbin, Henry 30
"coroa da vitória" e destino 237
corpo astral 247-49

"corpo" sutil 247-49
Corti, Walter Robert 290
Cory, Isaac Preston 168
cosmos e cosmologia 122-23, 148-49; *ver também* astrologia
Cronos 279-80
Cross, Robert Thomas 83
Crowley, Aleister 191
culto mitraico 245-46, 277
Cumont, Franz 245-46, 276-77
Curry, Patrick 44

daimon pessoal 163, 181-86, 226; *ver também* Filêmon
daimons: ascendente e 183; anjos da guarda e 186-88; em *Papiro de Derveni* 185; *epitedeiotes* e 179-81; etimologia de 185; grimórios e 189-94; Hillman e 186; interpretações de 185-86; invocação de 183, 193-94; Jâmblico e 163, 169-76, 181-82; Jung e 163; *oikodespotes* (Mestre da Casa) e 182-84; pessoal 163, 181-86, 226; pinturas hieráticas de Jung e 176-79; platonismo e 164-69; saturnino 184-85; *ver também* Filêmon
damnatio memoriae 314
de l'Aulnaye, François-Henri-Stanislas 285
debate natureza criação 219-20
Demóstenes 277
destino (*destiny*) 215-16, 225-26; *ver também* destino (*fate*)

destino astral *ver Heimarmene*
(destino astral)
destino: Abraxas e 238-39; Alma e
223-25; compulsão astral e
225-29, 237; compulsão e 250-51;
compulsão interior e 241;
compulsões inconscientes e
250-51; contexto Cristão do
Heimarmene e 218; "coroa da
vitória" e 237; corpo "sutil" e
247-49; corpos celestes e 256;
debate natureza-criação e 219-21;
destino e 216; determinismo e
218; em *Liber Novus* 225, 230;
essência inerente e 220;
gnosticismo e 217; *Heimarmene*
estoico e 148, 225-32; *Heimarmene*
gnóstico e 224, 232-36;
Heimarmene hermético e 224,
251-56; Hone e 217; horóscopos
natais e 215-16; imagens
primordiais e 227; individuação e
222-25, 255; Jung e 215, 219-28,
328; liberdade de 255; libido e
224, 227; livre-arbítrio e 43, 224,
230-32; Mayo e 216; Mead e
239-46; modernização 215-18;
Pistis Sophia e 239-46;
reencarnação e 221-22; Saturno e
237-39; *Self* e 225; tema da
fabricação do tecido de 229-30;
tipologia psicológica e 224-25; *ver
também Heimarmene*
determinismo 218
Deus leontocéfalo 280

Deussen, Paul 173
Dieterich, Albrecht 245
Dillon, John 164
Dionísio, o Aeropagita 140-41, 188
Dodds, E. R. 24, 178
doutrina astrológica sabiana 291
Driesch, Hans 33
dualidade, problema de 293
Dupuis, Charles François 284-85
DuQuette, Lon Milo 191-92
durée créatrice (poder criativo) 51

Eisler, Robert 245
Eleazar de Worms 189-90
Eliade, Mircea 30
Empédocles 57
encarnação 218, 220-21
energia psíquica *ver* libido
epitedeiotes 179-81
Era de Aquário 193, 275, 281-97,
300, 303; *ver também* Nova Era
Era de Peixes 298, 303; *ver também*
Nova Era
Era de Saturno 286-87
Escola Arcana 122
escriação 142-43
escrita automática 139, 143, 178
esoterismo 26-9, 32, 315
especificidade cultural 23-4,
"Espírito das Profundezas" 19, 275,
326-28
Espírito Deste Tempo" 275, 320-26
espírito falsificado" 218
espiritualismo 33, 138-39
Ésquilo 277

estado de consciência religiosamente alterado 178
estoicismo 148, 226-32, 289
estruturas antropológicas 30
experiência mística 178-80
experiência unitiva 178

Fanes-Abraxas 291
Festugière, André-Jean 254
Ficha de Dados de Horóscopo Natal 95-7, 96
Ficino, Marsilio 164, 192
Filêmon 109, 177-78, 184-85, 190-92, 228, 280
Fílon de Alexandria 80-1
Fírmico Materno, Júlio 289
Flambart, Paul 80
Fliess, Wilhelm 50
Fogo, elemento de 55-61
Fordham, Michael 46, 319
"formas ideais" platônicas 153
Fortune, Dion 144
Fraternidade Rosa-Cruz 89-92, 94, 116, 119, 295
Fraternidade Rosacruz 92
Fraternitas Saturni 193
Frazer, Sir James 53-4, 69
Freeman, John 328-29
Freud, Sigmund 34, 48-50, 52-3, 62, 87-8, 97, 137, 250
Frey-Rohn, Liliane 114
função transcendente 298-99

Galeno, Cláudio 59, 249
Gerhardt, Oswald 302

gnosticismo: destino e 217-18; *Heimarmene* e 224, 232-36; Jung e 32-3, 48, 138-39, 232-33, 288, 292-93; Mead e 236, 245-46; *Pistis Sophia* e 239-46, 251-53, 278, 288; Platão e 234; Steiner e 292-93
gnósticos platonizadores 234
Goethe, Johann Wolfgang von 143
Gombrich, Ernst 228
Goodrick-Clarke, Clare e Nicholas 245
"grande maléfico" 109-10
Gregório de Nissa 165
grimórios 189-93
Gurdjieff, Georges Ivanovich 274

Hair (musical) 294
Hammer, Olav 274
Hanegraaff, Wouter J. 143, 274-76, 316
Haule, John 29
Heelas, Paula 274
Heimarmene (destino astral): Aion e 279; conceito de modernização de 216-18; contexto cristão de 218-19; corpo "sutil" e 247-49 em *Pistis Sophia* 241; estoico 148, 225-32; gnóstico 224, 232-36; hermético 224, 249-56; Jung e 48, 225, 228-29, 236-37, 327-28; liberdade de 255-56; libido e 227; *moira* e 185; regência de divindades planetárias 279; rejeição de 216-18; *rta* e 227;

Heimarmene estoico 148
Heimarmene hermético 224, 250-56
Heindel, Max: Astrologia
  rosacruciana e 89-93, 97-100, *96*;
  fotografia de *91*; livros de 92-3;
  Nova Era e 294-98; origem astral
  para formas religiosas e 284-85;
  transformação e 98
Heráclito 185, 215
Herder, Johan Gottfried 147
heresia 234-35
hermenêutica 31-2
Hermes 237
Hermética 241, 250-56
Hermetische Gesellschaft 139
Heródoto 277
Hesíodo 277
Higgins, Godfrey 285, 291
Hillman, James 186
Hipócrates 59
história e TCC 324
Hitler, Adolf 300
Hockley, Frederick 45
Hodges, Horace Jeffrey 288
Hoerni, Ulrich 81
Holden, James 81-2
Homer 277
Hone, Margaret 217
Horóscopos natais: da srta. X 55,
  232; de Gret Baumann-Jung 86; de
  Helene Jung *99*; delineação de
  Bond do mapa natal de Jung (C.
  G.) *118* ; desenho de Frey-Rohn de
  Jung (C. G.) para 1939-1940 *115*;
  desenho de Thorburn do mapa
  natal de Jung (C. G.) 106-08, *106,*
  117; desenhos de Emma Jung de
  97; desenhos de Jung (C. G.) de
  97, *98-9*; destino e 215; do
  indivíduo nascido em 12 de agosto
  de 1891 *98*; do nascimento de
  Jesus 300-04; "Época" 110-14,
  111, 117; mapa natal de Jung
  (C.G.) *88,* 106-07, *106,* 117, *118,*
  184; mapa natal de Leo 107; natal
  66, *88,* 100, *106-07, 118*;
  renascimento e 222 ;
Howe, Ellic 120

I Ching 116-17, 328
Ialdabaoth 238
ibn Ezra, Abrahão 188-89
ideias órficas e teologia 168-69
Iluminismo 22
imagem de Deus 303
imaginação ativa e teurgia: astrologia
  e 140; em termos terapêuticos,
  práticos 137-39; Filêmon e
  184-85, 190-92; Jâmblico e 21,
  24, 135, 169-76, 188 ; Jung e 135,
  142-44; *Liber Novus e* 136 ; magia
  e 169-71; origens de 135-45;
  pinturas de paciente e 145; Plotino
  e 152; ponto de entrada para 136;
  propósito de 137; rituais teúrgicos
  cristãos 140; ritual e 137, 139-40;
  Romantismo alemão e 143;
  sumbola e 145-50; *sumpatheia e*
  147-48, 153 ; *sunthemata* e
  149-50; termos para 135-36

Inácio de Loyola 57, 141, 192
inconsciente 149, 238-39, 298-301
inconsciente coletivo 149
individuação 65-8, 117, 166, 222-25, 255, 327
Inge, William Ralph 19
Irineu 288

Jaffé, Aniele 314
Jâmblico: astrologia e 169-70; concepção do gravador de *171*; *daimon* pessoal e 163 ; *daimons* e 163, 169-76, 181-84; *epitedeiotes* e 180-81; imaginação ativa e teurgia e 21, 24-5, 135, 170-76, 188; Jung e 152; ocultismo e 21, 24; *oikodespotes* e 182-83; Regardie e 176; Reitzenstein e 152; reputação de 24; *sumbola* e 146-52; *sumthemata* e 149-50; transformação e 170; universo e 147; viés do pesquisador e 48
James, William 142
João I, papa 187
Jung, C. G.: *Abramelin* e 191-92; Abraxas e 238-39; Aion e 277-80; alquimia e 47, 138, 236-37; anjos da guarda e 186-87; antecedente cristão de 140; antroposofia e 92, 121, 316; apreciação de aspectos de astrologia tanto aprendidos como vernaculares 317; Biegel e 298; biografias de 27-9, 32, 177-78, 314-15; Bond e 118-19; caráter humano e astrologia 43, 51; cientificismo e 29; como esotérico 26-8, 46; complexo de Édipo e 62-3; complexos e 63-6; compulsões inconscientes e 250; conhecimento técnico da astrologia 80, 86; controvérsia em torno do trabalho de 24; corpo "sutil" e 247-49; curso de correspondência em astrologia 93, *94*, 95-7, *96*; *daimons* e 163; destino e 215, 219-28, 327-28; Deus e, resposta sobre acreditar em 328-29; elementos astrológicos e 55-61; Era de Aquário e 290-92, 304; escrita automática de 178; "Espírito das Profundezas" e 19, 275, 326-28; "Espírito Deste Tempo" e 275, 321-26; espiritualismo e 33, 138-40; explorações filosóficas de 33; Filêmon e 177-78, 184-85, 190-92, 228, 280; fontes para astrologia 80-3; Freud e 48-51, 52-4, 87-8, 137; Gnosticismo e 33, 48, 138, 232-34, 287-88, 293; grimórios e 189-93; *Heimarmene* e 48, 225-26, 229, 236, 327-28; Heindel e 88-92, 97-8; história e 325; horóscopo natal de *88*, 106-07, *106*, 117, *118*, 183; ideias órficas e 168-69; imaginação ativa e 135-37, 142-43; individuação e 166, 255, 327; influência na astrologia 114-20, 313-18; interface da psicologia e religião

25; investigação da astrologia 19-21, 33-5; Jâmblico e 152; Khunrath e 286-87; Leo e 83-9, 87, 222-23; libido e 49-52, 144, 167-68, 278; literatura e, influência em 30; livre-arbítrio e 223-24; mágica e 141-43, 193; Mapa de "Época" de 111-13, *111*; Mapa Especial e 88-9, *88*; Mead e 32, 45, 242-46, 315; memórias autobiográficas de 27 ; método de amplificação de 31, 100-01; mitologia e 63-5; Müller e 102; "não científico" 28; natureza humana e alquimia e 147-48; neoplatonismo e 153; Nova Era e 274-76, 281-86, 292-94, 298, 314; ocultismo e 24, 28, 32, 290, 314-15; *oikodespotes* e 183-84; paciente srta. X de 53-7, 61-2, 67, 104, 109, 232; pinturas de, hieráticas 176-79; Platão e 321-23; Platonismo e 164-69; Plotino e 164-68; prece e 172-74; Proclo e 169; propensão para o mal de 55; psicoide e 149, 231, 317; psicologia de massa e 322; psicologia e reputação em 25-9; receptividade a experiência mística e 178-80; religião e 30-1, 141-42, 255-56; *rta* e 227; Rudhyar e 122-23; Saturno e 117, 184; Schmitz e 120, 123; *scientia versus ars* e 319-20 ; *Self* e 54, 164-66, 188-89, 225, 236- 40, 247, 279, 327-28; sessões frequentadas por 139; sigilo de interesse em astrologia 27, 46; significado e 313-14; símbolos e 79, 146-47, 149-51; sincronicidade e 153, 168, 318-19; sonho da casa com vários andares e 324-25; Staudenmaier e 193 ; teosofia e 121, 228-29, 243, 316; Thorburn e 104-14, 119; tipologia psicológica de 55-61, 108, 153, 223-24; trabalhos acadêmicos e 32-4; única abordagem para astrologia 318-19; *ver também trabalhos específicos de;* visões de 145-46, 174, 177-78
Jung, Emma 34, 97, 104-05, 113
junguianismo 32, 274
Júpiter 301-03, *302*

kairos 181
Kant, Immanuel 140
karma 220-22, 246
kavvanah (atenção dirigida) 137, 140
Keller, Adolf 297
Khunrath, Heinrich 286-87
Kosmobiologie 117-19
Krafft, Karl Ernst 80
Kugelman, Robert 143
Kuhn, Thomas 29-31

Lachat, Père William 174
Leadbeater, C. W. 243
LeCron Foster, Mary 146

Leo, Alan: astrologia e 83-8, *88*;
astrologia moderna e 83-8, 183-84;
biografia de, pela esposa 83-6;
Blavatsky e 23, 83-5; destino *versus*
livre-arbítrio e 43; elementos
astrológicos e 59-61; Era de
Aquário e 304; horóscopo natal de
107; Jung e 83-9, *87*, 222-24; Mead
e 85, 239-40; Nova Era e 294-98;
reencarnação e 221-22; retrato de
84; símbolos do zodíaco e 121;
teosofia e 23-4; Thorburn e 116 ;
trabalhos 85-6, *88*, 223, 294;
trânsito de Saturno e 117

Leo, Bessie 83-5

Liber Novus (Jung): *Aion* e 282-83;
Anacoreta Ammonius em 57;
arquétipo do "velho homem sábio"
em 109-10, 184; ciência *versus*
arte e 319-20; comentários de
Jung sobre 26-7; complexos e
62-3; conclusão da transcrição de
97; "coroa da vitória" em 237;
destino em 222-23, 229-30;
elementos astrológicos em 55-8;
Fanes em 304; horóscopo natal de
Jung no momento da escrita
255-56; imagem de Deus e,
mudança 303; imaginação ativa e
135-36; invocação de arquétipos
planetários e 326; invocação do
deus Sol em 193; Izdubar em 279;
mágica em, natureza de 112-13,
194; mensageiro em 186-87;
narrativa de, dominante 27;
pinturas de paciente de imagens
de imaginação ativa e 145;
pinturas hieráticas em 176-77;
polaridade Aquário-Leão em 297;
primeira página de 281;
referências ao Sol em 102;
"segredo público" de 27; símbolos
em 147-51; tempo de composição
44-5, 254-56; teurgia e 172-73;
transformação de Jung em 281;
visão geral 27;

Liber Razielis (Livro de Raziel) 189-90

liberdade 66; completo 61; maximal
66

liberdade psicológica 66

libido: Abraxas e 237-39; astrologia e
49-52; definição de Jung de 49-52,
144, 167-68, 278; destino e 223-24,
227; *Heimarmene* e 227; signo de
Virgem e 103; tempo e 49-55

literatura, influência de Jung em 30

Liturgia de Mithras 164, 194, 246,
253, 255, 276-81, 326

livre-arbítrio 43, 223-24, 231-32

Lua, símbolo de 116, 147

lumen naturae (luz da Natureza) 249

MacKenna, Stephen 167

maçonaria 90-1

Macróbio 253-54

maggid 192

mágica 142-43, 169-70, 175-76,
192-93; *ver também* imaginação
ativa e teurgia

mágica astral 192-93

Magno, Alberto 179, 301
Main, Roderick 274, 315
Mapa de Época Pré-Natal 111-12
Mapa de "Solar Epoch" 112
Mapa Especial *88*, 89
mapa natal de Jesus 300-04
Mapas de "Época" 110-14, *111*, 116-17
Marco Aurélio 231
Marsanes 234
Marte 302
Massey, Gerald 285, 291, 298
Mathers, Samuel Liddell MacGregor 44-5, 191-93
Mayo, Jeff 216
Mazur, Zeke 24
Mead, G. R. S.: corpo "sutil" e 248; destino e 239-46; gnosticismo e 235-36, 246-47; ideias órficas e teologia e 168-69; Jung e 32-3, 45, 242-46, 315-16; Leo e 85-6, 240; Nova Era e 292-93; Reitzenstein e 152; Sociedade Teosófica e 243-44
Memórias, Sonhos, Reflexões (Jung) 27, 166, 177, 184, 221, 223
mensageiro 186-87
Mercúrio 62, 65, 101
Metamorfoses (Apuleio) 229
método de amplificação 31, 100
Meyrink, Gustav 244-45
misticismo racional 24
místicos cristãos 141
mitologia 53-5, 63-4, 100-04, 151
moira 185, 222-23, 226-29, 277
morte e resurreição 53

Movimento maniqueísta 234
Müller, Friedrich Max 102
mundificatio 248
mundus imaginalis 188
Murray, Gilbert 148
Myers, F. W. H. 142
Myers, Isabel 56

Nameche, Gene F. 114
natividade de Jesus 300-04
neoplatonismo 20-1, 140, 146-47, 151-54, 172-73, 326-27
Neugebauer, Otto 20
Neumann, Erich 230
Nietzsche, Friedrich 291-92, 297
nigredo (enegrecimento) 184
Noll, Richard 28-9, 81, 232, 244, 274, 315-16
Nova Era: *Aion* e 276-81; Biegel e 299-300; Blavatsky e 274, 291-92; conceito de 273-76; cultos 22; Era de Aquário e 275, 281-97, 300, 303; Era de Peixes 298, 303; fontes antigas para 286-90; Gurdjieff e 274; Heindel e 294-98; Jung e 273-76, 281-86, 292-94, 314-15; Leo e 294-98; mapa natal de Jesus e 300-04; Mead e 293-94; momento 298-300; novas fontes para 290-97; ocultismo e 314-15
Novalis 215, 223-25

Obras Completas (*Collected* Works) (Jung) 48, 54, 123, 145, 150, 169, 174-75, 184, 193, 223-26

ocultismo: *Abramelin* e 191-92;
astrologia e 44-5; Jâmblico e 21, 24;
Jung e 24, 28-9, 32, 289-90,
314-15; magia e 175-76; Meyrink e
244-45; Nova Era e 314-15;
psicologia e 142-45; renascimento
de 143-44, 164, 244-45, 274-75,
319-20; visão de Freud de 49-50, 88
oikodespotes (Mestre da Casa)
182-86, 189-92
Old, Walter Gorn 112
*On the Psychology and Pathology of
So-Called Occult Phenomena* (Jung)
138-39
Oráculos Caldeus 164, 172, 178
Ordem Hermética da Aurora
Dourada 23, 44, 92, 143-44, 244
Origen 164-65, 276-77
Owens, Lance 232, 282-83

Palmer, John 83
Papiro de Derveni 185, 226
Paracelso 249
paradoxos no significado astrológico
dos planetas 108-10
Pavlov, Ivan Petrovich 219
Pearce, Alfred John 81-3, 117
perfeição 234-35, 328
periodicidade vital 50
phantasia 180-81, 249
Pistis Sophia 239-47, 251-53, 278,
288
planetas 61-5, 107
Platão: *aionos* e 277-78; *anima mundi*
e 304; ano perfeito e 289; *chronos*

e 277-78; *daimon* pessoal e
185-86; diálogos de comentários
em 165; elementos astrais e 57;
gnosticismo e 234; Jung e 321-23;
neoplatonismo e 20; tempo e 51-2;
universo e 147
platonismo hierático 164-69
Plotino 20, 24, 79-80, 122-24, 152,
164-69, *166*, 181
Poimandres 253-54
polêmica anticósmica 234
polêmica pró-cósmica 234
Porfírio 48, 181-82, 188, 277
Posidônio de Apameia 147-48,
226-27
práticas mânticas 317
preces 172-73
precessão dos equinócios 13, 278,
283-96
prima materia (substância
primordial) 237
Proclo 147-51, 169, 180
Progoff, Ira 47, 315, 319
Pronoia (intenção divina) 231
Protenoia Trimórfica 288
psicoide 149, 231, 317
psicologia 25-30, 68, 122-23,
142,-45, 325
psicologia de massa 322
Psicologia do Inconsciente (Jung) 62-3,
105, 236, 253
Psicologia e Religião (Jung) 224
psique objetiva 149
Ptolomeu, Claudio 23, 58, 80, 254
purificação 248

quadruplicidades 61
"Quarto Caminho" 274
quatro elementos e tipos
  psicológicos 55-61
Quispel, Gilles 30, 240

Raff, Jeffrey 138
Raman, Bangalore Venkata 32, 68, 81
Raphael 82-3
reencarnação 221
Reforma 21-2
Regardie, Israel 176
Reitzenstein, Richard 152, 168-69,
  236
religião 23-6, 28-31, 141, 233-34,
  255-56
Renascência 21; italiano 21-2, 164;
  século XII 21
renascimento 221-22
Rhine, J. B. 80
Riffard, Pierre 30
rituais 137, 140; efeito psicológico
  religioso 137-38, 173; mágica 45,
  139, 140-41, 151, 164, 165;
  teúrgico 35, 65, 140, 176-77, 180,
  188-89, 326; xamânico 64
Rohde, Erwin 168
Romantismo alemão 143, 147, 185,
  222-23
Rosenkreutz, Christian 90-1
rta 227
Rudhyar, Dane 32, 122-23, 273-75,
  298
Ruland, Martin 249
Ruperti, Alexander 32, 318

Samuels, Andrew 48
Saturno: Abraxas e 238-39; Aion e
  279-80; destino e 238-39;
  elemento Ar e 109; Era de Aquário
  e 193; Filêmon e 109-10; idade de
  286-87; Jung e 116-17, 184-86;
  nascimento de Jesus e 300-03,
  302
Schmitz, Oskar Adolf Hermann 108,
  120-23
Scholem, Gershom 30
Schopenhauer, Arthur 80
Scott, Sir Walter 254
secularização 22
Sefer ha-Raziel 190
Segal, Robert 48, 53-4, 234
Segunda Guerra Mundial 300
Segunda Vinda de Jesus 280-81,
  291-92, 303
"Segunda Vinda, A", (Yeats) 280-81
Self: caráter inerente e 220; imagem
  de Deus e 303; individuação e
  65-6; Jung e 54, 164-66, 188-89,
  225, 236-39, 247, 279, 326-28;
  nigredo e 184; signo de Virgem e
  103; "superior" 188; "Todo" 246
"*Self*" superior 188
Sêneca 229
Senhor da Casa *ver oikodespotes*
Sepharial (pseudônimo de Walter
  Gorn Old) 112
Serviço Nacional de Saúde Britânico
  324
sessões espíritas 139
Sete Pecados Capitais 251

Sexto e o Sétimo Livro de Moisés (O) (grimórios) 190-91
Shamdasani, Sonu 24, 29, 193
Shaw, Gregory 183
Shirley, Ralph 82
Signo e Constelação de: Aquário 101, 109, 184, 281-82, 284-85, 297-98; Áries 282, 284-85, 288; Câncer 104, 282; Escorpião 288-89; Gêmeos 282; Leão 52, 106, 280-81, 296-97; Libra 301; Peixes 282, 284-85, 288-89, 302; Touro 52, 107, 282, 284-85, 288-89; Virgem 59, 101-03, 301-02
signos e constelações zodiacais 32, 55-61, 100-04, 121-23, 281-82, 290-91; *ver também tipo em específico*
Silberer, Herbert 142
simbolismo do tarô 139
símbolos e elementos astrológicos 32, 55-61, 100-04, 121-23, 281-82, 290-91: *ver também tipo em específico*
símbolos, significado de 79, 146-52; *ver também tipo em específico*
Simpson, Shepherd 292
Sinclair, Upton 110
sincronicidade 153, 168, 319
Smart, Ninian 35
Smith, E.M. 301
Smith, Robert Cross 82
Sociedade Antroposófica, 92, 292
Sociedade para Pesquisa Psíquica (SPR – Society for Psychical Research) 142
Sociedade Teosófica 44-5, 85, 92, 122-23, 142-43, 243-44
Sófocles 277-78
Sol, símbolo de 54, 101-02, 112, 116, 279-81
srta. X (paciente de Jung) 53-5, 61-2, 67, 104, 109, 232
Staudenmaier, Ludwig 193
Steiner, Rudolf 92, 292-93, 303
Stella Matutina 176
Strauss, Heinz Arthur 117-18
Strauss-Klöbe, Sigrid 117, 119-21
"submundo do platonismo" 164-69
sumbola 145-50, 176-77, 181, 184
sumpatheia 147-48, 153, 165, 169, 226, 231, 315, 318, 327
sunthemata 149, 172, 175, 183

Tacey, David 28, 314
Taciano 327
Taylor, Thomas 194, 242
tempo 49-55
teorias astrológicas persas sassânidas 301
teosofia 22-4, 121-22, 228-29, 243, 316
terapia cognitivo-comportamental (TCC) 324
terapias behavioristas 219, 324
terra, elemento de 55-61
teurgia 171-72, 175-76, 181-82; *ver também* imaginação ativa e teurgia

Thierens, A. E. 112
Thorburn, John MacCaig 32, 97, 104-17, *111*
Tipologia de Myers-Briggs (MBTI) 56
tipologia psicológica 55-61, 108-09, 153-54, 223-24
Tipos Psicológicos (Jung) 58-60, 108, 173, 227
transformação 65-7, 98, 170, 175, 281
Transformações e Símbolos da Libido (Jung) 50-1, 54, 65, 110
Trismegisto, Hermes 110
Tylor, Edward Burnett 53

Übermensch (Além-Homem) 291
Ulansey, David 277, 288
Ulinov, Ann Bedford 29

Valens, Vettius 58, 110
van Ophuijsen, Johan 86-7
"Velho Saturno" 110, 116, 184

viés do pesquisador 48, 316
Visions Seminars (Jung) 52
von Franz, Marie-Louise 138
von Grasshoff, Carl Louis *ver* Heindel, Max von Schelling, Friedrich Wilhelm Joseph von 147
von Schelling, Friedrich Wilhelm Joseph 147

Waite, A. E. 91-2
Wehr, Gerhard 177
Westcott, William Wynn 44
White, Father Victor 297
Wilhelm, Richard 116, 119
Winnicott, D. W. 27
Wolff, Toni 81, 97, 103
Woodman, William Robert 44

Xenofonte 313

Yeats, William Butler 150, 280-81

Zósimo 236, 252-55